Michelle Mullen

Das große Buch vom BOWLING

Ball und Griff • Grundstellung • Anlauf und Timing • Beinarbeit • Armpendel • Endposition und Ballabgabe • Strike- und Sparewurf für Anfänger und Fortgeschrittene • Mentales Spiel • Ligen- und Turniersport

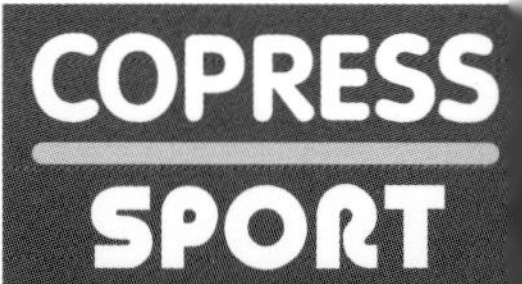

Die englischsprachige Ausgabe dieses Buches erschien 2014 unter dem Titel „Bowling Fundamentals" bei Human Kinetics, Champaign, IL 61825-5076.

Aus dem Englischen von der MCS Schabert GmbH, München, – www.mcs-schabert.de – unter Mitarbeit von Jürgen Brust/Translibri (Übersetzung) und Ruth Harper-Kurz (Fachberatung).

Bibliografische Information der Deutschen Nationalbibliothek
Die Deutsche Nationalbibliothek verzeichnet diese Publikation in der Deutschen Nationalbibliografie; detaillierte bibliografische Daten sind im Internet über http://dnb.d-nb.de abrufbar.

Die genannten Webadressen waren im Februar 2015 aktuell, wenn nichts anderes angegeben wird.

Printed in Hungary

www.copress.de

ISBN-13: 978-3-7679-1188-8

Meinen Schülern – sie erweisen mir die Ehre, sie anzuleiten

Inhalt

Dank

Ein besonderer Dank gilt meiner Familie, meinen Freunden, Teamgefährten, Trainern, Mitspielern und Zimmergenossen, die mich über die Jahre hinweg unterstützt und zu größeren Leistungen inspiriert haben; Dave Seidler und Coach Griffy für die Gründung unseres Highschool-Bowlingteams, der Familie Edwards für die Unterstützung und das Mitnehmen im Auto; Sheila Clegg, die mich vor vielen Jahren unter ihre Fittiche genommen hat; Steve Lawson, der unser Collegeteam in Illinois trainierte; Professor Dan Gould, der an mich geglaubt und mein Studium der Sportpsychologie in Illinois geprägt hat; Tom Kouros, der die Trainerin in mir herausgefordert und gefördert hat, und Heather (Hohm) Sauder, die uns bekannt gemacht hat; John Sommer und John Falzone (PWBA) für die Gelegenheit zum Wettkampf und einen besonderen Dank an alle, die mich mit ihrer Praxis wettkampffähig gemacht haben; Paul Marcinek, Donna Adamek, Don Moyer, Todd Kurowski, Aleta Sill und allen Vertretern der Ballhersteller, besonders Doene Moos, der auf Tour mein Gerät bohrt; Bill Supper, der mir die Chance für den Pro Staff gab; Don Moyer für die Freundschaft und das professionelle Training; Bill Vint für meinen ersten Beitrag im *Bowling Magazine;* Fred Borden für Training und Beratung; Eva Burridge für ihr Wissen und ihre Unterstützung; Mark und Diane Voight sowie Aleta Sill für die visionäre Idee von Your Bowling Coach; Jim Hamlin und sein Team bei Country Lanes für ihre Geduld und die Unterbringung; Aleta Sill für Aleta Sill's Bowling World und die Informationen zu diesem Projekt; Neil Bernstein für die bemerkenswerten Fotos und Informationen; Cynthia McEntire, Liz Evans und Sue Outlaw für ihr Lektorat, ihre Geduld und Anleitung sowie alle Redakteure und Grafiker, besonders die Illustratoren (echte Spürnasen!) für die Umsetzung meiner Skizzen; Justin Klug und Human Kinetics, die an mich glaubten; an meine wunderbaren Models Jordan Bryant, Ryan Hinman, Mike LaRocca, Allison Morris und Aleta Sill; Jeff Bleiler; Tom DiDonato, Barb Gamber, Mike Meager, Jim Taylor und Linda Witbeck für das Korrekturlesen; Todd Kurowski für sein Fachwissen und die Unterstützung bei den Illustrationen; Mark Robey für „Swing is King!"; Kent Shafer für das Autorenfoto; Sook und Walter einfach so; Bobby Michael, Emma und Rigby für ihre Gesellschaft und ihre Geduld und meiner Mutter und Aleta, die mich beim Schreiben geduldig unterstützt haben.

Allen meinen Schülern, die mir größte Ehre erwiesen haben, nämlich das Privileg, sie zu unterrichten. Ich setze mich dafür ein, dass Bowler besser bowlen. Das hat mir wiederum geholfen, meine Erkenntnisse niederzuschreiben. Ich freue mich über die Chance, weitere Bowler voranzubringen. Dieses Buch ist ihnen allen gewidmet.

Auch allen Lesern möchte ich danken, dass sie mir diese wunderbare Chance bieten. Wenn Sie besser bowlen wollen, bin ich gern bereit, Ihnen zu helfen.

Einleitung

Meine Liebe zum Bowling währt nun schon über 30 Jahre. Ich habe viele Wettkämpfe bestritten und bedeutende Preise gewonnen, aber ich bin noch lieber Trainerin als Spielerin. Jeden Tag sehe ich, wie sehr die Bowler ihren Sport lieben, und ich setze alles daran, damit sie sich verbessern können. Es ist ein Vergnügen zu sehen, wie sie besser werden und es auch genießen. Es ist aufregend, meine Erfahrungen als Sportlerin und als Trainerin in diesem Buch zusammenzutragen, Sie in der Liebe zum Bowlen zu unterstützen und dazu zu animieren, Freude am Fortschritt zu haben.

Seit vielen Jahren habe ich Tipps und Einsichten gesammelt, die für das Bowlen von Nutzen sind. Dieses Buch enthält diese Erkenntnisse und dazu aktuelle Strategien und Geschichten aus meiner Profikarriere. Auch gründliche und detaillierte Informationen für die Unterschiede im Spiel von Rechts- und Linkshändern sind enthalten.

Ich befasse mich seit langem eingehend mit den mentalen Herausforderungen, die sich durch die physischen Änderungen an der Technik ergeben. Sie erfahren hier also auch etwas über Psychologie, soweit sie mit den sportlichen Veränderungen zusammenhängt. Ich bereite Sie darauf vor, was Sie psychisch und physisch spüren, wenn Sie diese Fortschritte erleben. Das macht es Ihnen leichter, besser zu spielen.

Die Grundsätze des Bowlings gelten für Freizeitsportler wie für Wettkämpfer. Vielleicht erfahren Sie hier erstmals davon, oder Sie nutzen das Buch zur Auffrischung, doch Sie werden in beiden Fällen davon profitieren. Bis heute lehre und trainiere ich diese Grundlagen, um Bowlern aller Klassen zu helfen, besser zu spielen. Die Technik ist vorangeschritten, aber die Grundlagen gelten weiterhin.

Dieses Buch zeigt die einzelnen Bewegungen des Anlaufs im Detail, sodass Sie Ihr Spiel Schritt für Schritt weiterentwickeln können. Ich zeige die Grundlagen der Bewegungen auf, einschließlich Timing, Beinarbeit, Armpendel, Wurf und Ballabgabe, damit Sie deren Wechselwirkung verstehen. Ich befasse mich auch ausführlich mit der Ballabgabe, dem Bahnspiel, dem Verwandeln von Spares und der mentalen Einstellung.

Die Fortschritte in der Technik haben unser Gerät und den Zustand der Bahnen geändert. Ich helfe Ihnen zu lernen, wie Sie auf einer Bahn spielen, ob nun auf einer typischen Hausbahn oder unter sportlichen Bedingungen. Dazu erhalten Sie umfassende Informationen über das Gerät und die Variablen, die bestimmen, wie ein Ball auf einer bestimmten Bahn rollt (Kap. 8 und 9).

Die Strategien des Spieles, speziell zum Verwandeln von Spares, entwickeln sich ständig weiter. Ich zeige Ihnen ein traditionelles System (mit Anpassungen an verschiedene Bahnen) und ein fortgeschrittenes, bei dem Sie den Zustand der Bahn völlig außer Acht lassen können.

Über das körperliche Spiel, das Bahnspiel und das Verwandeln von Spares hinaus gibt es zahlreiche mentale Aspekte. Die werden mit zunehmender Fertigkeit auch immer wichtiger. Daher gibt es auch ein eigenes Kapitel über die mentale Einstellung, also darüber, wie sie mental zu einem besseren Bowler werden.

Ich behandle psychologische Aspekte, die daran beteiligt sind, ihr Spiel zu ändern. Dazu erläutere ich die Interaktion zwischen Gehirn und restlichem Körper. Sie werden durch dieses Wissen immer effektiver und machen damit schneller Fortschritte.

Von jedem meiner Schüler habe ich etwas gelernt und dabei erkannt, dass sich Veränderungen erfolgreicher und mit weniger Frustration umsetzen lassen, wenn man versteht, was in einem vorgeht und wie man sich dabei fühlt. Um auf eine höhere Ebene des Spieles zu gelangen, müssen Sie genau dieses Spiel anders fühlen. Ich hoffe, dass diese Erkenntnisse Ihnen Frustrationen ersparen und Sie ermutigen, auf dem Weg zu einer produktiven Veränderung durchzuhalten und Ihr Spiel auf eine höhere Ebene zu bringen.

GRUNDLAGEN

In meinen 27 Jahren Bowlen habe ich viel über die mentalen Herausforderungen gelernt, die mit physischen Änderungen einhergehen. Ich bin fest davon überzeugt, dass die Verbesserungen meines eigenen Spieles mich auch zu einer besseren Trainerin gemacht haben. Ich weiß, was es bedeutet, an sich zu arbeiten, um besser zu spielen, und wie es sich anfühlt, wenn man etwas ändert.

Selbst kleine Änderungen gehen mit viel Mühe einher, und es ist schwer, dabei auch noch anders zu fühlen. Oft ist das, was wir tun, nicht das, was wir meinen zu tun, gerade wenn wir an Veränderungen arbeiten. Es hilft aber, wenn man weiß, woran man arbeiten muss und was man wohl fühlen wird, wenn man an sich arbeitet. Schwierig ist es auch, das Muskelgedächtnis zu überlisten.

Wenn Sie als Bowler besser werden wollen, müssen Sie Ihre Komfortzone verlassen und Ihre Grenzen erweitern. Egal, ob Sie lernen, einen anderen Pfeil auf der Bahn anzupeilen, oder sich beim Timing an ein anderes Gefühl gewöhnen – wollen Sie sich verbessern, müssen Sie heraus aus der Komfortzone.

Um Ihr Spiel zu verbessern, sollten Sie ein paar Leitideen beachten. Sie werden auf Probleme Ihres Denkens und Fühlens stoßen. Sobald Sie aber entschieden haben, Ihre Komfortzone zu verlassen, sind Sie auch bereit, die folgenden vier Konzepte zu beachten, sollten Sie auf Schwierigkeiten stoßen.

Die Veränderung erfolgt in zwei Phasen und geht mit einer Kompensation einher

Wenn Sie Ihre Fertigkeiten in einer Hinsicht verbessern, wird diese sich anders anfühlen, ebenso Ihre übrigen Bewegungsabläufe. Dann muss auch noch Ihr Körper lernen, auf die bisherigen Kompensationen zu verzichten, die er zum Ausgleich der schlechten Technik bisher benötigt hat.

Sie brauchen Geduld, denn Sie werden während der Verbesserung einer Technik nicht sofort Resultate sehen. Schließlich muss Ihr Körper sich noch an den Unterschied gewöhnen, der mit der Veränderung Ihres Anlaufs eintritt. Der Körper braucht nicht mehr die gewohnten Kompensationen vornehmen und muss sich erst an die geänderte Technik anpassen: Er muss „vergessen", dass er nicht mehr zu kompensieren braucht.

Nehmen wir den häufigen Fall eines zu späten Herausschiebens (Abstoßens) des Balles beim Anlauf: Bei einem Spätstart müssen Sie den Ball ziehen, damit er aufholt. Wenn Sie also lernen, den Ball eher in Schwung zu bringen, was viel Übung und Konzentration erfordert, haben Sie vielleicht Ihr Timing optimiert, aber Sie werden zunächst einmal aus Gewohnheit den Ball trotzdem noch ziehen.

Sie brauchen Geduld und Einsicht, um zu erkennen, dass Sie die Veränderung geschafft haben, aber Ihr Körper noch nicht. Das schaffen Sie am besten, indem Sie die gleiche Bewegung so oft wiederholen, bis er sich angepasst hat. Das ständige Wiederholen der neuen Technik gibt Ihnen ein Gefühl für das neue Timing, Sie werden sich wahrscheinlich daran anpassen. Irgendwann hören Sie dann auf, am Ball zu ziehen wie zu Zeiten Ihres schlechten Timings.

Wenn Sie aber nach zahlreichen Wiederholungen des neuen Bewegungsablaufs immer noch ziehen, sollten Sie sich darauf konzentrieren zu lernen, den Schwung zum Wurf zu entspannen, denn Sie müssen ja nicht mehr ziehen. Manchmal genügt es, das alte Muskelgedächtnis von vor der Verbesserung der Technik zu löschen. Das gilt besonders für diejenigen, die schon lange bowlen und nun ihre Technik ändern wollen. Bleiben Sie dran, und Sie werden die Veränderungen erkennen.

Ich habe viel Respekt vor Schülern, die sich weiterentwickeln wollen und sich mir anvertrauen. Über die Jahre habe ich gelernt, den Schülern die Vorgänge bei Veränderungen zu erklären, besonders wenn ich ihre Frustration spüre, obwohl ich schon Verbesserungen sehe. Es ist einfach erst einmal frustrierend, wenn man hart arbeitet und keine Resultate sieht, zumindest nicht sofort.

Deshalb sollten Sie sich klarmachen, *dass der Veränderungsprozess in zwei Phasen abläuft*. Ich möchte Ihnen die Sicherheit geben, dass Sie Fortschritte machen. Sie müssen nur dranbleiben, bis der Körper sich an das Gefühl der neuen Technik und ihre Auswirkungen auf den Rest des Anlaufs gewöhnt. Üben Sie ruhig und geduldig, und Sie werden schon bald Resultate sehen.

Das Muskelgedächtnis mit Übertreibung verändern

Führen Sie einen Bewegungsablauf schon länger aus, hilft Übertreiben der Korrektur dem Körper, die Veränderungen schneller zu verinnerlichen. Unser Hang, immer gleich zu agieren, ist sehr stark und daher nicht leicht zu überwinden. Deshalb bin ich eine Freundin davon, jede Veränderung zu übertreiben. Die Erfahrung zeigt, dass dies den Veränderungsprozess beschleunigt; das bedeutet eine entgegengesetzte Bewegung im Kopf zu haben, um gegen das aktuelle Muskelgedächtnis vorzugehen, es zu überwinden. Am Anfang fühlt sich das noch stark nach Veränderung an, hilft aber beim Verinnerlichen der Korrektur.

Nehmen wir an, Sie bringen den Ball spät nach vorn, ein häufiges Timing-Problem. Liest man nach, wie man das ändert, klingt es ganz einfach. Ich versichere Ihnen, das ist es nicht. Wenn ich Schülern das Problem im Unterricht erläutere, scheint die Lösung ganz einfach. Aber jedes Video zeigt aufs Neue, dass sie zwar *meinen,* den Ball nach vorn zu bringen, es aber (noch) *nicht tun.*

Wenn Schüler beim Unterricht versuchen, gleichzeitig den Ball nach vorn zu bringen und selbst nach vorn zu gehen, kommt der Ball immer noch zu spät heraus; das passiert häufig und lässt sich ohne Kamera kaum aufdecken. Daher hilft hier nur eine Übertreibung der Technik. Schließlich hat Ihr Körper eine ganz eigene Vorstellung vom Timing, die Sie nur mit viel Arbeit überwinden.

Der Versuch, gleichzeitig den Ball nach vorn zu bringen und anzulaufen, scheitert fast immer. Also sollte man nicht weiter versuchen, gleichzeitig den Ball zu stoßen und anzulaufen, sondern übertreiben und versuchen, den Ball *noch eher* zu stoßen, kurz vor dem Anlauf. Dann erst fallen Stoß und Anlauf – oft – zusammen. Das ist nicht leicht umzusetzen und zu fühlen, denn man ist es gewohnt, den Ball im üblichen Rhythmus zu spät nach vorn zu bringen. Der Körper ist so daran gewöhnt, zunächst anzulaufen, dass es fast unmöglich erscheint, zuerst den Ball zu bewegen. Ihre Neigung, den Ball spät zu bewegen, ist so stark ausgeprägt, dass Sie versuchen müssen, ihn *gefühlt viel zu früh* nach vorn zu bringen, um es überhaupt *gleichzeitig mit dem Anlauf* zu schaffen. Das ist das Konzept der Übertreibung.

Oft ist das, was wir tun, nicht das, was wir meinen zu tun. Sie werden vermutlich immer noch zu spät dran sein, denn das Muskelgedächtnis ist gerade beim Timing des Starts nur schwer zu überlisten. Die Bowler mit einem guten Start, die ich kenne (einschließlich Profis), kann ich an einer Hand abzählen, und es bleiben noch Finger übrig.

Nehmen Sie an, Sie drücken den Ball beim Start zu früh nach unten, und er gerät zu früh in das Pendel. Auch wenn es Ihr Ziel ist, ihn mehr nach vorn (und nicht nach unten) zu bringen, müssen Sie wahrscheinlich den Stoß nach oben übertreiben, um der Tendenz zu begegnen, ihn nach unten zu drücken, damit Sie ihn letztendlich gerade nach vorn stoßen.

In Kapitel 4, Beinarbeit, zeigen wir, wie man sich durch Übertreibung abgewöhnt, beim Anlauf abzudriften. Auch hier ist das Muskelgedächtnis mächtig, wir wollen in unserer Komfortzone bleiben. Sie lernen Veränderungen schneller und kommen besser aus Ihrer Komfortzone, wenn Sie die Veränderung übertreiben, bis die gewünschte Bewegung natürlich ist.

Oft ist das, was Sie tun, überhaupt nicht das, was Sie meinen zu tun

Der Unterschied zwischen dem, was Sie meinen zu tun, und dem, was Sie tatsächlich tun, ist gerade bei der Arbeit an der Bewegung sehr ausgeprägt. Sie können das bearbeiten, indem Sie sich selbst beim Bowlen beobachten. Natürlich ist es besser, Videos mit einem qualifizierten Trainer zu analysieren, aber Sie können auch selbst Fotos oder Videos als visuelles Feedback zum Üben einer bestimmten Fertigkeit nutzen.

Es erstaunt mich immer wieder, wie sehr sich Bowler über die Richtigkeit ihrer Ausführung täuschen können. Als ich für Turniere trainierte, habe auch ich dies erlebt. Als ich daran arbeitete, meinen Rückwärtsschwung niedriger anzulegen, habe ich kaum noch einen Schwung gespürt, obwohl er immer noch schulterhoch war. Im Unterricht kann ich Schülern per Video zeigen, was sie tatsächlich tun. So ein Bild sagt mehr als tausend Worte.

Wer sich selbst sieht, kann die Bewegungen schneller verändern, weil er deutlich wahrnimmt, was er da tut. Das hilft, die gewünschte Veränderung umzusetzen. Im Unterricht nutze ich eine moderne Videoanlage für sofortiges Feedback. Man kann auch Smartphones und Tablets einsetzen, um Videos seines Bewegungsablaufs aufzunehmen.

In diesem Buch befassen wir uns mit bestimmten Veränderungen, wie man sie umsetzt und was man dabei spüren sollte. Denken Sie daran, wenn Sie an einer bestimmten Technik arbeiten, werden Sie nicht nur bei dieser einzelnen Fertigkeit ein neues Gefühl empfinden, sondern während des gesamten Anlaufs. Ich erkläre Ihnen, warum Sie etwas fühlen, und helfe Ihnen zu verstehen, was Sie bei Veränderungen zu erwarten haben.

Das Timing ändert alles

Oft müssen Sie das ändern, was Sie über die Bewegung denken – also besser verstehen, wie es sich anfühlen soll –, um in die Lage zu kommen, sie anders auszuführen. Das gilt besonders für das Timing und die Balance an der Foullinie. Sobald sie eine Vorstellung von dem Gefühl haben, das Sie erwartet, können Sie mit der Veränderung beginnen.

Über die Jahre hinweg habe ich gelernt, dass das, was der Bowler für richtig hält, seine Bewegung beeinflusst. Oft musste ich erst das Bewusstsein des Spielers ändern, also das, was er von der Bewegung denkt. Die große Meisterin Aleta Sill sagt immer: „Sie müssen anders denken, um es anders zu tun.“ D. h., ihre Vorstellung von einer Technik muss sich ändern, damit Sie die Technik selbst ändern können.

Das Timing beim Wurf ist mental gespeichert. Ich habe oft erlebt, dass meine Schüler an ihrer Mentalität arbeiten mussten, um die gewünschten Resultate zu erzielen. Also stelle ich gern folgende Aufgabe: Denken Sie an den Wurf …

a) Sollte der Ball vor Ihnen dort sein?

b) Sollten Sie vor dem Ball dort sein?

c) Sollten Sie beide auf gleicher Höhe sein?

Auch wenn Sie Punkt c für richtig halten, die Antwort ist b. Wegen der Kraft und der Balance sollten Sie etwas vor dem Ball sein. Das ist eine Frage von Millisekunden. Ihre Beine sollten beim Wurf fest und ausbalanciert stehen, um per Hebelwirkung Kraft auszuüben, wenn Sie den Ball loslassen. In den meisten

Sportarten bauen Sie ein Kraftpotenzial auf, um ein Gerät zu werfen oder zu treffen. Denken Sie an den Pitcher beim Baseball, der ausholt und wirft, oder den Batter, der vortritt und ausholt. Ihr Verständnis von der Reihenfolge der Bewegungen beeinflusst ihre Bewegung bis zur Linie. Sie bowlen so, wie Sie es für richtig halten.

WIE ÜBEN?

Wie Sie üben, ist genau so wichtig, wie das, was Sie üben. Hier sind ein paar Tipps, wie Sie Ihre Übungseinheiten optimal nutzen.

Zählen Sie nicht

Zählen Sie nicht, wenn Sie an Ihrer Technik arbeiten (dafür üben Sie ja). Wenn das Zählsystem läuft, weil das Bowlingcenter nur so abrechnen kann, ignorieren Sie es. Wir haben während der Vorbereitungen für die Turnier-Saison nie gezählt. Das Zählen war unwichtig, es hat nur abgelenkt; und lassen Sie sich auch nicht von den Pins irritieren, wenn Sie an Ihrer Technik arbeiten. Wenn Sie an einer bestimmten Fertigkeit arbeiten, konzentrieren Sie sich ganz darauf und nicht darauf, wohin der Ball läuft. Wenn Sie gern die Pins abräumen würden, könnte das schwierig werden!

Drillübungen

Machen Sie häufig Drillübungen, um das Gefühl für die zu verbessernde Fertigkeit zu bekommen. Drills sind das Sprungbrett zwischen dem Gelernten und Ihrer Fähigkeit, diese Bewegung oder dieses Gefühl beim Bowlen abzurufen. Die Übungen machen Sie mit dem Gefühl einer Technik vertraut und verbessern die Ausführung. Sie helfen Ihnen, das Gelernte anzuwenden und in Ihr Spiel zu integrieren. Dazu unterstützen Sie die richtige Technik und trainieren Ihren Körper, um ein neues Muskelgedächtnis aufzubauen. Dabei wird oft auch der Körper gestärkt. Er hält der Wiederholung der Bewegung besser stand. Davon profitiert später auch Ihr Spiel.

Eine Sache auf einmal

Denken Sie an ein Thema, maximal an zwei Themen. Mit 100 Ideen gleichzeitig – selbst wenn alle korrekt und wichtig sind – bekommen Sie keine perfekte Bewegung hin. Glauben Sie mir, Sie kommen viel besser voran, wenn Sie sich immer nur auf einen bestimmten Teil Ihrer Technik konzentrieren. Erst wenn Sie diesen beherrschen, dann können Sie etwas anderes üben, dann erst ist das überhaupt sinnvoll.

Spielen Sie ein Spiel oder machen Sie eine feste Zeit aus, etwa 15 oder 20 Minuten, und konzentrieren Sie sich darauf. Gewöhnen Sie sich an das Gefühl. Das wird anstrengend. Lassen Sie sich also nicht ablenken, z. B. dadurch, dass Sie noch etwas anderes üben. Das ist manchmal nicht einfach.

Sobald Sie das Gefühl haben, genügend Fortschritte erzielt zu haben, tun Sie etwas anderes. Das kann aber länger dauern als ein Spiel oder die 15–20 Minuten. Seien Sie flexibel. Es ist besser, eine Fertigkeit im Griff zu haben, als viele auszuprobieren und am Ende mit leeren Händen dazustehen.

Manchmal hilft es auch, das zu visualisieren. Schaffen Sie sich ein Bild und führen Sie es durch. Oder eifern Sie einem Bowler nach, der diese Technik beherrscht. In einem Bild lassen sich viele Gedanken vereinigen. Das macht es viel leichter, eine Fertigkeit zu entwickeln.

Keine vorschnellen Urteile

Beurteilen und beachten Sie keinen anderen Teil des Bewegungsablaufs, den Sie gerade nicht trainieren. Urteilen Sie nur, wie gut Sie die trainierte Bewegung ausführen. Widerstehen Sie der Versuchung, einen anderen Teil des Anlaufs zu verbessern, der nicht so gut geraten ist. Es ist schwer genug, eine Veränderung hinzubekommen, mehrere sind unmöglich. Eine Veränderung erfordert Konzentration und Hingabe ohne Ablenkung.

Wenn Sie dann einige Schlüsselbewegungen des Anlaufs beherrschen, kommen die anderen mehr oder weniger von selbst. Es lohnt sich also, an den wichtigen Themen wie Timing und Pendel dranzubleiben. Der Rest folgt dann von allein. Wenn Sie an anderen Teilen noch arbeiten, ist das in der Regel einfacher, wenn der Anlauf schon besser, das Armpendel bereits lockerer ist.

Bei der Sache bleiben

Wenn Timing und Balance stimmen, klappt oft auch die Ballabgabe besser. Aber man jagt gerne auch schnell anderen Mängeln hinterher, statt sich auf seine Aufgabe zu konzentrieren. Wenn Sie an Ihrem Timing arbeiten und sich schlecht vom Ball lösen, wechseln Sie nicht, um auch daran zu arbeiten. Machen Sie weiter, bis Ihr Timing perfekt ist. Wenn Sie dann Ihre Würfe wiederholen, sehen Sie, wie Ihre Ballabgabe sich nach dem geänderten Timing entwickelt hat. Ist die Ballabgabe nach vielen Wiederholungen mit dem neuen Timing immer noch ein Problem, sollten Sie dann erst daran arbeiten. Aber wenn Sie sich nicht mehr auf Ihr Timing konzentrieren, weil Sie sich gelegentlich schlecht vom Ball lösen, werden Sie den Grund für die schlechte Ballabgabe vielleicht nie herausfinden.

Schließlich: Änderungen erfolgen oft in zwei Phasen. Wenn Sie eine Veränderung vorgenommen haben, muss auch der Körper sich daran gewöhnen. In vielen Fällen muss die Ballabgabe sich auch auf das Timing einstellen. Arbeiten Sie daher an einem gleichmäßigeren Timing, und Sie werden beides verbessern.

Trainieren Sie, etwas zu tun, und nicht, etwas nicht zu tun

Konzentrieren Sie sich auf das, was Sie können, und nicht auf das, was Sie nicht tun wollen. Also trainieren Sie, etwas zu tun, und nicht, etwas nicht zu tun.

Nehmen Sie sich nicht etwas vor, wie beim nächsten Wurf nicht zu ziehen, sondern entspannen Sie sich und lassen Sie den Arm pendeln. Ihr Hirn konzentriert sich auf das Verb in Ihren Gedanken. Bei dem negativen Gedanken lautet das Verb „ziehen“, beim zweiten Gedanken sind die Verben „entspannen“ und „pendeln“. Im Endeffekt werden Sie eher ziehen, weil Sie dem ersten Verb folgen und nicht dem zweiten.

Darauf achte ich beim Trainieren meiner Schüler sehr. Ich sage ihnen, was sie tun sollen, und nicht, was sie nicht tun sollen. Etwas zu tun ist einfach, etwas zu vermeiden ist schwierig und oftmals kontraproduktiv.

Es geht stets um die Grundlagen. Ich versuche das Bowlen so darzustellen, dass Sie die Konzepte verstehen und anwenden können. So trainiere ich auch. Willkommen bei *Das große Buch vom Bowling*.

Kapitel 1

Ball und Griff

Bowlen erfordert Balance zwischen Kraft und Beständigkeit, denn es ist eine Kraft- und Wiederholungssportart. Obwohl der Anlauf aus mehreren Bewegungen besteht, die dann diese Kraft hervorbringen, liegt der Schlüssel zur Beständigkeit und Genauigkeit im Pendel. Deshalb sagen wir: „Swing is King!" Ein gesundes, natürliches Armpendel setzt Entspannung voraus. Das natürliche Pendel lässt sich am leichtesten wiederholen – und um die Spannung herauszunehmen und sich zu entspannen, benötigt man noch den richtigen Griff.

Die Passform des Balles und der richtige Druck beim Greifen haben viel Einfluss auf das Pendel. Für ein gleichmäßiges Armpendel brauchen Sie einen Ball, der passt; dann brauchen Sie beim Pendel weniger Griffdruck auszuüben. Mit einem passenden Ball sollten Sie das schaffen. Dadurch können Sie entspannen und so lange wiederholen, bis sie beständiger und präziser werden.

Ein passender Ball hilft auch, Verletzungen zu vermeiden. Sonst kommt es leicht zu Sehnen- oder Fingerschmerzen oder gar zu Hautabschürfungen. Ein schlechter Griff kann sogar Schmerzen in Arm, Schulter oder Rücken verursachen, und zwar durch die Spannung beim Versuch, den Ball zu halten sowie an den Kompensationsbewegungen beim Anlauf, damit der Ball nicht aus der Hand rutscht. Anfänger benötigen einen qualifizierten Ballexperten. Zu mir kommen Leute von weit her zur Beratung – der richtige Griff ist auch eine lange Reise wert.

Es gibt auch Zubehör zur Verbesserung der Passform: Mit speziellen Tapes (Klebestreifen) können Sie die Größe des Daumenlochs in kritischen Phasen des Spieles an die Schwellung oder Schrumpfung des Daumens anpassen.

Auch das Gewicht des Balles ist von Bedeutung: Ist er zu leicht, übt Ihr Arm zu viel Kraft aus und beeinträchtigt so den Pendeleffekt, den Sie mit dem Schwung ja erzeugen wollen; ist er dagegen zu schwer, können Sie kaum ein volles, lockeres Armpendel entwickeln. Daher sollten Sie überlegen, sich einen eigenen Ball anzuschaffen. Ich bin jedenfalls dafür. Mit einem eigenen Ball bekommen Sie die richtige Passform mit dem richtigen Gewicht, der Ball passt zu Ihrem Spiel.

Die Qualität des Balles, besonders der Schale, kann Ihre Leistung optimieren. Die heutigen Bowlingbälle profitieren von den Fortschritten in Forschung und Technik. Je nach Schale und Gewichtsblock ergibt sich unterschiedliches Hook-Potenzial. Der Experte in Ihrem ProShop passt den Ball perfekt an Ihr Spiel an. Denken Sie daran, Ihren Ball richtig zu pflegen. In diesem Kapitel finden Sie Tipps, wie Ihr Ball länger bessere Leistungen bringt.

DIE PASSFORM

Drei Aspekte sind hierbei zu beachten: Bohrung, Griffspanne und Neigung. Die Bohrung erklärt sich wohl von selbst. Griffspanne ist die Entfernung zwischen den Fingerlöchern und dem Daumenloch. Sie wird sorgfältig gemessen, damit Finger und Daumen richtig samt den Gelenken hineinpassen. Die Neigung bezeichnet den Winkel, in dem die Löcher in den Ball gebohrt werden. Das ist sehr wichtig für den Griff generell und hängt von der Flexibilität und der Handspanne ab.

Bohrung

Die richtige Größe der Bohrung (Abb. 1.1) ist wichtig. Finger und Daumen sollten bequem in die Löcher gleiten. Die dürfen aber nicht so groß sein, dass Sie den Ball drücken müssen, um ihn nicht zu verlieren. Die Bohrungen sollten eng anliegen, aber nicht so eng, dass Finger oder Daumen nicht bis zum Ende der Bohrung hineinpassen. Auch die Form der Bohrungen ist wichtig. Das Daumenloch kann an die Form des Daumens angepasst werden, ob er nun an den Seiten dicker ist, eher oval oder eine andere Form hat. So sitzt der Daumen gut, und es kommt nicht zu unnötiger Reibung bei der Ballabgabe.

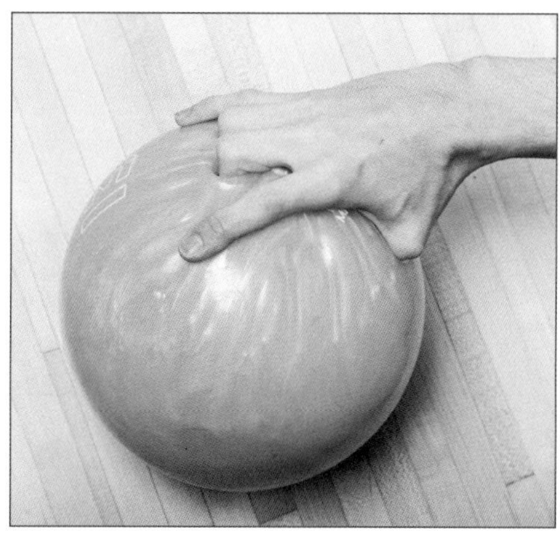

Abb. 1.1 Die richtige Größe der Bohrung. Finger und Daumen passen genau hinein.

Griffspanne

Der Abstand zwischen den Fingerlöchern und dem Daumenloch heißt Griffspanne. Sie wird an der Hand des Spielers abgemessen. Bei korrekter Griffspanne gleiten Finger und Daumen ganz leicht in die Grifflöcher hinein. Müssen Sie aber die Hand dehnen, damit Finger und Daumen einigermaßen hineinreichen, ist die Griffspanne zu groß; ist sie andererseits zu kurz, dann ist zwischen Ball und Handfläche zu viel Luft; generell: Passt die Griffspanne nicht, müssen Sie den Ball in jedem Fall drücken.

Es ist korrekt, zunächst die Finger und dann den Daumen in die Löcher zu schieben, und genau so können Sie auch Ihre Spanne provisorisch messen: Schieben Sie den Daumen ganz hinein und legen Sie die Finger auf dem Ball über die Fingerlöcher (Abb. 1.2). Die Gelenke sollten etwas über drei Viertel der Bohrung reichen, anstatt vom Daumen aus nur den vorderen Rand zu berühren. Wenn Sie sich ansehen, wie Ihre Finger sich in gerader Linie mit den Bohrungen decken, dann können Sie feststellen, ob die Spanne korrekt ist, wenn die Finger in die Grifflöcher eingeschoben sind.

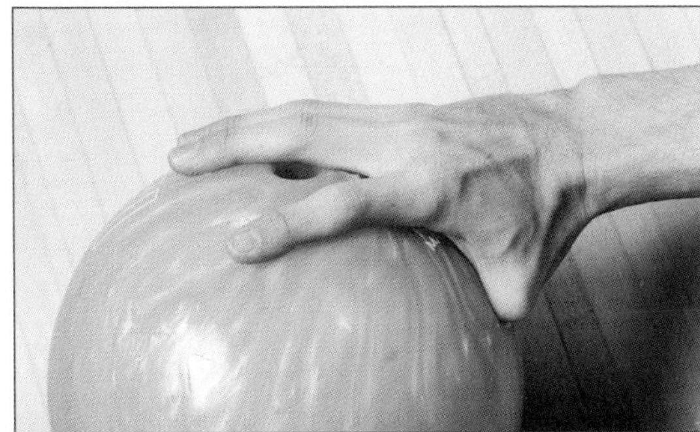

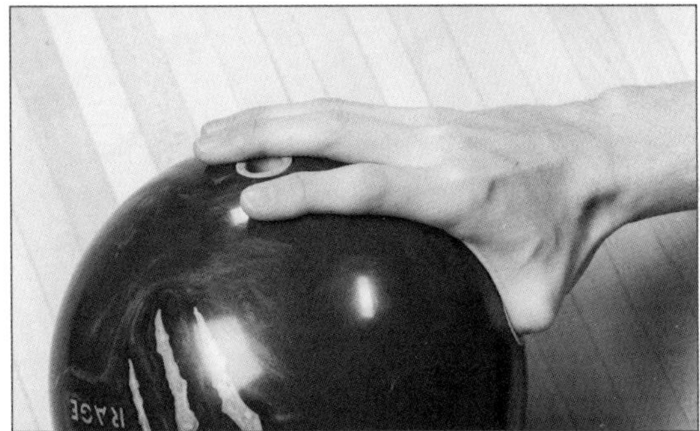

Abb. 1.2 Schnelltest für die richtige Spanne (a) konventioneller Griff, (b) Fingerspitzengriff.

Neigung

Neigung (Abb. 1.3) heißt der Winkel der Bohrung zum Ball. Zielt die Bohrung auf den Mittelpunkt des Balles, gilt die Neigung als null; hat sie eine Winkelabweichung zur Radiallinie der Kugel, hat sie eine Vorwärts- oder eine Rückwärtsneigung. Zeigt die Bohrung zur Handfläche hin, handelt es sich um eine Vorwärtsneigung, zeigt sie weg, heißt sie rückwärts geneigt. Die Neigung wird per Messgerät ermittelt.

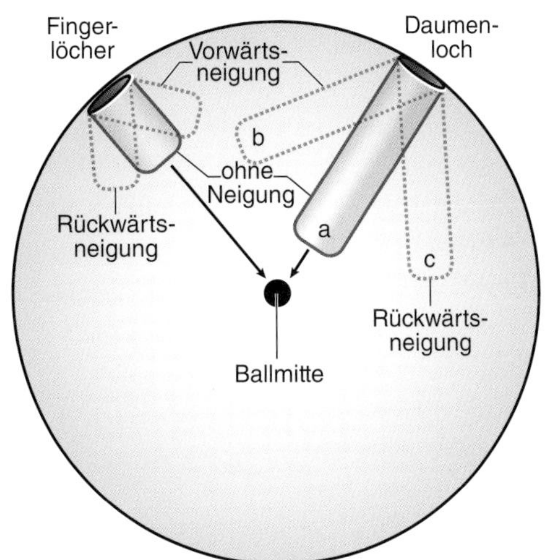

Abb. 1.3 Verschiedene Neigungen der Grifflöcher: (a) ohne Neigung, (b) mit Vorwärtsneigung, (c) mit Rückwärtsneigung.

Eine Vorwärtsneigung sorgt für mehr Sicherheit beim Halten des Balles. Mit der Rückwärtsneigung können Sie ihn leichter freigeben. Welche Neigung passt, hängt von Ihrer Spanne und Flexibilität ab. Zur Ermittlung der Neigungen muss Ihre Hand exakt vermessen werden.

Im Allgemeinen brauchen Sie mehr Unterstützung beim Halten des Balles, je kürzer die Spanne ist. Hier ist eine Vorwärtsneigung erforderlich. Deshalb ist bei einer konventionellen Spanne für den richtigen Griffdruck eine Vorwärtsneigung für Daumenloch und Fingerlöcher angeraten. Das Maß hängt von Ihrer Flexibilität ab. Konventioneller Griff und Fingerspitzengriff werden in diesem Kapitel noch erläutert.

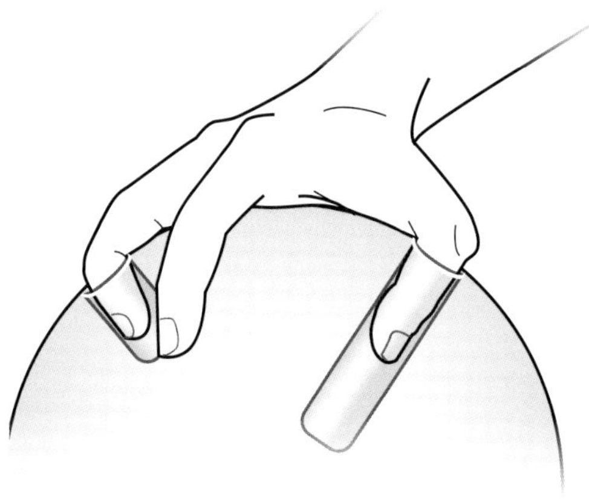

Abb. 1.4 Flexibilität der Fingerspitzen und die Neigung.

Beim Fingerspitzengriff hängt die Neigung des Daumenlochs von Ihrer Spanne, die der Fingerlöcher von Ihrer Flexibilität ab. Bei einer längeren Spanne sollte das Daumenloch etwas rückwärts geneigt sein, damit der Ball früh genug freigegeben werden kann. Die Neigung der Bohrungen hängt auch von der Flexibilität der Fingerspitzengelenke ab (Abb. 1.4). Die Fingerspitzen sollten bündig an der Vorderseite der Bohrung anliegen, ohne dass die Fingernägel hinten herausstehen, sonst müsste die Neigung geändert werden.

Neigung des Daumenlochs und Rückpendel

Eine gewisse Rückwärtsneigung ist je nach Spanne und Professionalität zwar notwendig, um den Daumen sauber herauszuziehen. Ist sie aber zu stark, greifen Sie beim Rückpendel zu fest zu, und das führt zu Problemen bei Pendel und Ballabgabe. Oben beim Rückpendel ist Ihre Hand während des gesamten Pendels zum ersten Mal über dem Ball. Bei zu viel Neigung müssen Sie dort kräftig drücken, damit Sie den Ball nicht zu früh verlieren.

Bei falscher Neigung des Daumenlochs kann der Griffdruck zur Straffung des Pendels führen und der Daumen bei der Ballabgabe hängen bleiben. Wenn Sie dann aber den Griff lockern, was meine Schüler im Unterricht oft tun, werden Sie den Ball verlieren. Klar: Sie benötigen eine andere Neigung.

Achtung: Rückwärtsneigung hilft zwar dabei, den Daumen schneller herauszuziehen. Mittlerweile verwenden Spieler aber gerne eine zu starke Rückwärtsneigung im Daumenloch und eine zu starke Vorwärtsneigung in den Fingerlöchern. Natürlich drückt der Bowler bei zu viel Rückwärtsneigung den Ball, damit er lange genug an der Hand bleibt. Daher gibt es zahllose Spieler, die beim Abwärtspendel den Ball reißen und ziehen. Ich selbst habe das jahrelang auch getan! Es ist aber ein Unterschied, ob die Rückwärtsneigung reicht, um den Daumen sauber aus dem Loch zu bekommen, oder ob sie so groß ist, dass Sie drücken müssen, damit der Daumen nicht zu früh herausrutscht. Zum Glück haben wir heute ein besseres Verständnis der Anpassungstechnik, sodass wir vielen Bowlern helfen konnten, das Problem zu lösen oder gleich zu vermeiden.

Neigung für die Fingerspitzen und Flexibilität

Außer bei wenigen Ausnahmen benötigen Spieler beim Fingerspitzengriff etwas Rückwärtsneigung, um die fehlende Flexibilität der Fingerspitzengelenke auszugleichen. Beim Fingerspitzengriff ist die Hand über eine größere Spanne gedehnt, was mehr Flexibilität in den Gelenken erfordert, um die Finger nach vorn zu biegen und die Fingerspitzen bündig in die Löcher zu bringen. Das lässt sich durch eine Rückwärtsneigung erreichen. Früher hat man die Fingerlöcher nach vorn geneigt, um dem Ball mehr Drall zu geben. Damals waren die Bälle aber schwächer und benötigten mehr Krafteinsatz. Bei den stärkeren Bällen, die natürlich bessere Haken schlagen, geht es darum, den Ball sauber freizugeben und in die Bahn zu bringen, damit er optimal rollt. Viele Bowler geben dem Ball immer noch einen Drall. Ich habe das als Trainerin nie unterrichtet!

Anpassung an das Alter

Gelenke verlieren im Lauf der Zeit ihre Flexibilität, manchmal kommt auch eine Arthritis dazu. Dann sollten Sie Ihren Ball anpassen, um sich beim Bowlen weiter wohlzufühlen, also den Griff ändern, um nachlassende Stärke und Flexibilität auszugleichen.

Für einen Fingerspitzengriff sollten Sie die Neigung der Fingerlöcher an den Bewegungsbereich Ihrer Gelenke anpassen. Letztendlich benötigen Sie eine stärkere Rückwärtsneigung, damit die Fingerspitzen weiter bündig an der Vorderseite der Löcher anliegen.

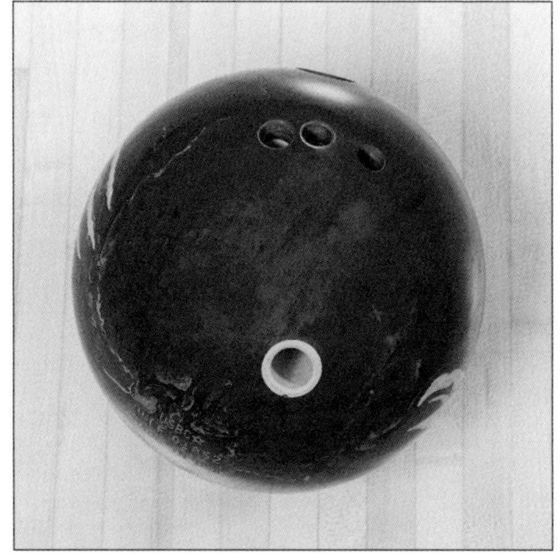

Abb. 1.5 Bowlingball mit viertem Loch für den kleinen Finger.

Je nach der Kraft in der Hand können Sie ein viertes Loch für den kleinen Finger (Abb. 1.5) bohren lassen, das gibt mehr Kontrolle über den Ball. Ich benutze das vierte Loch gern. Ring- und kleiner Finger haben meist eine gemeinsame Sehne und werden zusammen gebeugt. Früher habe ich den kleinen Finger für mehr Gefühl im Ringfinger auf den Ball gelegt. Das geht nun wegen einer Arthritis nicht mehr. Daher fühle ich mich mit einem vierten Loch einfach wohler.

Ihre Hand darf beim Bowlen nicht schmerzen. Ändert sich die Hand, sollten Sie den Griff anpassen, um sich wohlzufühlen und Verletzungen vorzubeugen. Das ist wichtig, wenn die Flexibilität nachlässt oder eine Arthritis auftritt.

DAS GEWICHT DES BALLES

Ein Bowlingball wiegt zwischen 2,7 und 7,5 kg. Bei Jugendlichen sollte der Ball etwa 10 % des Körpergewichts haben, bei einer maximalen Abweichung von 1 kg Körpergewicht. Das ist aber eher vage. Wenn Trainer über das Gewicht entscheiden, beobachten sie die Schüler beim Bowlen, notfalls mit einem Hausball, um zu sehen, wann das Pendel am besten ist.

Bei einem Hausball sollten Sie bedenken, dass die Bohrungen nicht für Ihre Hand maßgeschneidert sind. Daher finden Sie unter Umständen keinen Ball mit Ihrem Idealgewicht. Wenn Trainer ihre Schüler mit einem Hausball beobachten, um das Gewicht für einen eigenen Ball zu ermitteln, sollten sie bedenken, dass der neue Ball viel besser passen wird und deshalb auch ein Pfund schwerer sein kann als der Hausball, denn ein gut passender Ball fühlt sich leichter an.

Ist der Ball zu leicht, bringen Sie womöglich zu viel Kraft auf den Ball und haben Probleme, ein gleichmäßiges, ordentliches Pendel zu entwickeln. Sie benötigen am Ende des Armes eine Art Anker, um den Pendeleffekt beim Schwung zu erzeugen. Auch ein zu schwerer Ball ist nicht gut: Zum guten Bowlen brauchen Sie nicht den schwersten Ball, sonst brauchen Sie zu viel Kraft, um ihn durch einen vollen Bogen zu schwingen. Haben Sie Mühe, den Ball leicht über den vollen Bogen zu schwingen oder fällt es Ihnen schwer, dies über all Ihre Spiele durchzuhalten, ist ein leichter Ball besser. Wählen Sie ihn so schwer wie möglich, aber so, dass Sie ihn über das ganze Spiel sauber pendeln können.

Das ist wie beim Gewichtheben: Sie schaffen den korrekten Bewegungsablauf nicht oder aber nur ganz wenige Wiederholungen. Damit Sie mit mehr Gewicht sauber arbeiten können, müssen Sie Krafttraining machen.

Mehr Gewicht ist nicht unbedingt besser! Früher war der Kern der Bowlingbälle viel schwächer, die Durchschlagskraft des Balles hing dabei überwiegend vom Gewicht ab. Heutzutage sind die Kerne meist so stark, dass sie manchmal fast die Hälfte des Ballgewichts ausmachen. Die heutigen Bälle, auch die leichten, schlagen härter zu. Aus diesem Grund nehmen auch viele männliche Profis keinen 7,5-kg-Ball. Wenn es Ihnen schwerfällt, den Ball in das Pendel zu bekommen, Sie kein volles Rückpendel schaffen oder der Ball zu langsam ist, sollten Sie über einen leichteren nachdenken.

Nur weil Sie einen starken Wurf haben, brauchen Sie auch noch lange keinen schwereren Ball. Die besten Profis haben einen schnellen Ball mit einem guten Lauf. Das Gefühl, dass man zu stark wirft, liegt manchmal nur daran, dass der Lauf des Balles zu schwach für Ihre Geschwindigkeit ist. Liegt das daran, dass Ihr Handgelenk eine schwache Haltung hat, dann hilft auch ein schwererer Ball nicht. Für einen besseren Lauf brauchen Sie eine festere, stärkere Haltung des Handgelenks, und das erreichen Sie mit einem schwereren Ball kaum.

In manchen Fällen verhilft eine Handgelenkstütze zu einer stärkeren Haltung und zu einem besseren Lauf. Sie eignet sich für Bowler mit schwachen Handgelenken oder diejenigen, die durch stärkeren Druck das Handgelenk anspannen oder beim Pendel die Muskeln anspannen. Das geschieht häufig. Das Handgelenk wird nicht von denselben Muskeln gestützt, die den Ball halten oder schwingen. Abgesehen von der Kraft des Handgelenks brauchen Bowler eine feste Handgelenkhaltung, ohne das Handgelenk anzuspannen oder beim Pendel die Muskeln anzuspannen. Wer das nicht kann, sollte eine Handgelenkstütze in Betracht ziehen.

BÄLLE: KUNSTSTOFF ODER REAKTIVBALL

Heute werden drei Arten von Bällen benutzt: Kunststoff-, Urethan- und Reaktivbälle. Diese bestehen ebenfalls aus Urethan, verfügen zusätzlich aber über eine Beschichtung aus Reaktivharz, die den Hakenlauf ermöglicht. Dieses Additiv sorgt für eine stärkere Reaktion, weshalb diese Bälle bei Leistungssportlern beliebt sind und die normalen Urethanbälle praktisch abgelöst haben. Es gibt inzwischen aber wieder einige Urethanbälle für Profis, die sich bei bestimmten Bahnbedingungen mehr Kontrolle wünschen. Uns sollen hier aber die beliebteren Kunststoff- und Reaktivbälle genügen.

Kunststoffbälle

Kunststoffbälle sind wirklich nur einfach Bälle aus Kunststoff. Der ist sehr glatt und erzeugt dadurch nur wenig Reibung auf der Bahn. Damit ähneln sie einem Autoreifen mit abgefahrenem Profil.

Kunststoffbälle verfügen außer der Schale über einen kleinen Gewichtsblock, umgeben von Füllmaterial. Dieser Ball hat eine weniger dynamische Reaktion, wenn der Bowler ihn in Rotation versetzt. Wie die Schale ist auch der Gewichtsblock sehr schwach und sorgt kaum für einen Hakenlauf. Der Kunststoffball läuft praktisch geradeaus.

Er eignet sich gut für jüngere Anfänger, die einen geraden Ball werfen, und später, wenn sie reifer sind, sich dann einen schwereren Ball für mittlerweile größere Hände zulegen. Auch für Erwachsene, die gerade werfen und einen eigenen, angepassten Ball für optimale Ergebnisse möchten, ist ein Kunststoffball gut. Schließlich sind auch Senioren, die den Ball eher langsam rollen, damit gut bedient. Hat ein Reaktivball für die übliche Geschwindigkeit eines Bowlers zu viel Hakenlauf, könnte er zu einem Kunststoffball wechseln – allerdings hat der weniger Durchschlagskraft –, denn der schlägt bei entsprechender Rotation bei der Ballabgabe auch bei langsamerer Geschwindigkeit noch einen Haken. Vorgebohrte Hausbälle sind stets aus Kunststoff.

Kunststoffbälle eignen sich auch gut als Räumbälle. Wer mit einem aggressiven Ball einen Hakenlauf wirft, kann für den Pin an der Außenseite einen Kunststoffball nehmen, der vor dem Pin nicht noch einen Haken schlägt. Dazu finden Sie mehr in Kapitel 10, Verwandeln von Spares. Kapitel 11, Verwandeln von Spares für Fortgeschrittene, beschreibt ein System, bei dem ein Kunststoffball jegliche Ballreaktion verhindert.

Reaktivbälle

Reaktivbälle haben einen stärkeren Hakenlauf, wenn sie bei der Ballabgabe in Rotation versetzt werden. Das Material der Schale sowie Größe und Form des Gewichtsblocks, des Kernes, sorgen für einen stärkeren Hakenlauf. Bis auf die allerleichtesten haben Reaktivbälle einen größeren, speziell geformten Kern, der für eine dynamischere Reaktion auf der Bahn sorgt.

Reaktivbälle werden gerne als Anwurfbälle benutzt. Ihre Beschichtung sorgt für mehr Reibung auf der Bahn, sie verfügen über einen stärkeren Hakenlauf und mehr Durchschlagskraft. So ähneln sie einem Autoreifen mit gutem Profil, der sich in das Öl auf der Bahn verbeißt. Sie sind stärker und wirken beim Hakenlauf eckiger. Die Bälle können im übertragenen Sinn, so ähnlich wie die verschiedenen Reifen bei Fahrzeugen, die Haftung eines Pkw, eines Traktors oder sogar wie die eines Reifens mit Schneeketten entwickeln.

Beim Aufbau der Schale unterscheidet man drei Kategorien: Solid, Pearl und Hybrid. Solid-Bälle haben eine schlichte matte Oberfläche, Pearl-Bälle mehr Drall und glänzen meist mehr. Der Hybrid schließlich ist eine Mischung aus diesen beiden Formen.

Solid-Bälle

Solid-Bälle haben eine starke, aggressive Schale, die auf der Bahn früh – kurz nach der Ballabgabe – für viel Reibung sorgt. Da sie den Haken eher einleiten und schnell mehr Energie verbrauchen, ist der Haken am Ende der Bahn beim Auftreffen auf die Pins weicher (Abb. 1.6a).

Hybrid-Bälle

Der Hybrid-Ball vereint die Eigenschaften der Solid- und Pearl-Bälle. Er schlägt nicht so früh Haken wie der Solid und hat keinen so starken Hakenlauf am Ende wie der Pearl. In seiner Reaktion liegt er zwischen beiden (Abb. 1.6b).

Pearl-Bälle

Die Schale von Pearl-Bällen verfügt über ein Additiv, womit der Ball weiterrutscht und den Haken erst später schlägt. Durch das lange Rutschen speichert er mehr Energie für das Ende der Bahn. Somit ist die Reaktion am Ende der Bahn stärker, der Bogen in die Pins ist ausgeprägter (Abb. 1c).

Vielleicht sind Sie aufgrund dieser Beschreibung versucht, nun einen Ball zu kaufen. Bedenken Sie aber, dass alle effektiv sind – je nach Gegebenheit.

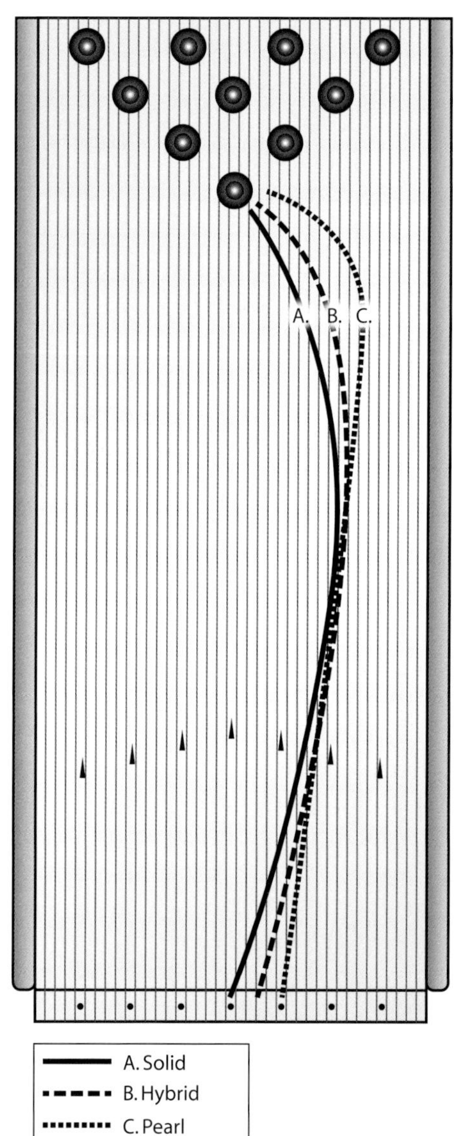

Abb. 1.6 Arten des Bogenlaufs: Solid, Hybrid und Pearl.

Um im Vergleich zu bleiben: Auf trockener Fahrbahn nützen Traktorreifen mit Schneeketten ebenso wenig wie abgefahrene Reifen auf Schnee. Es kommt darauf an, die Reibung des Balles auf die Bahnbedingungen abzustimmen. Dazu erfahren Sie mehr in den Kapiteln 8 und 9 über das Bahnspiel.

Oft ist das, was Sie meinen zu brauchen, gar nicht das, was Sie wirklich brauchen! Die Wahl des Balles hängt von vielen Variablen ab: Ihre Abgabetechnik, die Ballgeschwindigkeit, die Bahnbedingungen und Ihr Bahnspiel. Wenden Sie sich deshalb für die Auswahl eines Balles an einen qualifizierten Experten.

IM GRIFF

Da gibt es den konventionellen und den Fingerspitzengriff. Die meisten Bowler beginnen mit dem konventionellen und gehen später zum spezielleren über.

Jeder Finger hat zwei Gelenke. Das näher an der Fingerspitze bezeichnen wir hier als erstes Gelenk und das in der Fingermitte als zweites. Beim konventionellen Griff (Abb. 1.7) verschwinden die Finger bis zum zweiten Gelenk in der Bohrung. Ist der Ball für den konventionellen Griff gebohrt, liegen die Fingerlöcher näher am Daumenloch und sind größer, damit der Finger *bis zum zweiten Gelenk hineinpasst.* Wenn die Finger in den Löchern sind, sollte der gesamte Daumen in das Loch passen. Die meisten Spieler beginnen mit dem konventionellen Griff, weil sie sich beim Schwung damit sicherer fühlen.

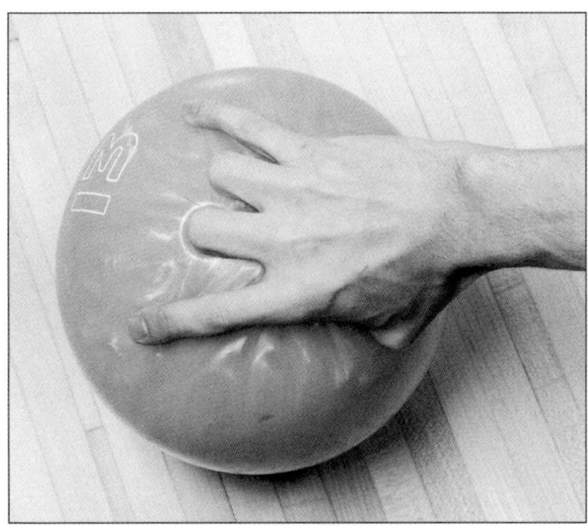

Abb. 1.7 Konventioneller Griff.

Dagegen passen beim Fingerspitzengriff (Abb. 1.8) die Finger nur bis zum ersten Gelenk in das Loch. Wenn der Ball für den Fingerspitzengriff gebohrt ist, liegen die Fingerlöcher weiter vom Daumenloch entfernt als bei einem Ball für den konventionellen Griff. Außerdem sind die Löcher kleiner, weil sie ja nur für die Fingerspitzen vorgesehen sind. Wenn die Finger in den Löchern stecken, sollte noch der gesamte Daumen in das Daumenloch hineinpassen.

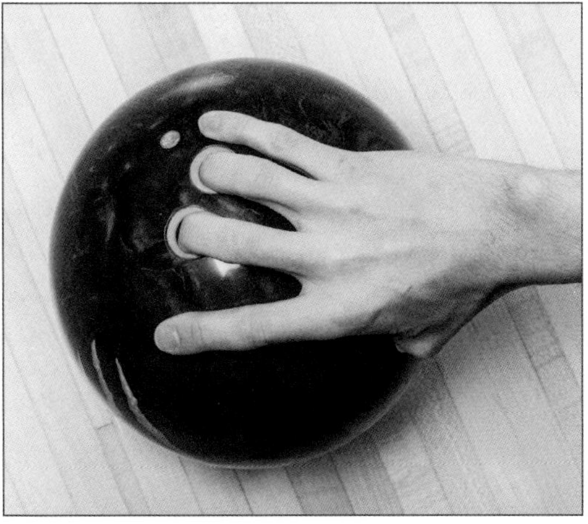

Abb. 1.8 Fingerspitzengriff.

Letztendlich ist der Fingerspitzengriff vorzuziehen, denn damit lässt sich bei der Ballabgabe eine stärkere Drehung bewirken. Beim Fingerspitzengriff rutscht der Daumen früher heraus als beim konventionellen. Dort rutschen Finger und Daumen fast gleichzeitig heraus. Da der Ball länger über den Fingern bleibt, dreht er sich stärker. *Anmerkung:* Es ist übrigens ein Gerücht, dass der Ball mit dem Fingerspitzengriff schwerer zu halten sei, weil nur die Fingerspitzen in den Löchern sind. Der Ball sitzt auch an dem einen Gelenk immer noch sicher. Deshalb raten wir vom Semi-Fingerspitzengriff ab, denn der Ball sollte an einem Gelenk sitzen. Wenn der Ball richtig zur Hand passt, können Sie ihn mit den Fingerspitzen sicher halten, ohne mehr Druck auszuüben.

Bei beiden Griffen rutscht der Daumen vor den Fingern aus dem Ball (siehe Kap. 7). Wie lange vor den Fingern er herausgezogen wird, ist bei beiden Griffen wegen der unterschiedlichen Griffspanne verschieden.

Für ein lockeres, natürliches Armpendel sollte möglichst wenig Griffdruck auf den Ball kommen. Bei korrektem Sitz sollten beide Finger bis zu den entsprechenden Gelenken im Bohrloch verschwinden, auch der Daumen (Abb. 1.9). Sitzt dieser nicht ganz in der Bohrung, wird der Griff unsicher und unwillkürlich drückt man stärker. Passt der Daumen nicht ganz in die Bohrung, liegt das an einem zu engen Daumenloch, oder die Spanne zu den Fingerlöchern ist zu lang.

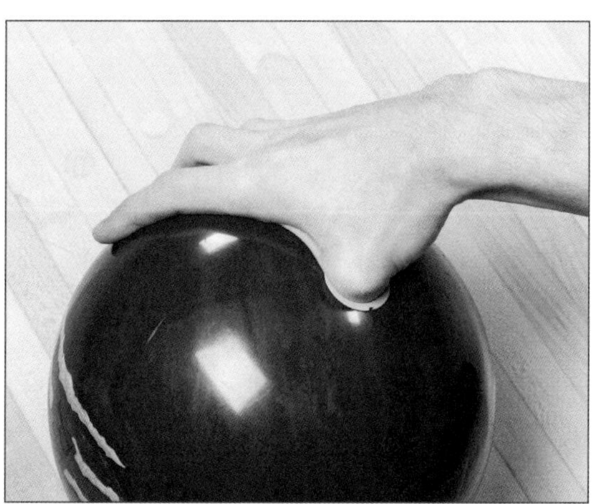

Abb. 1.9 Der Daumen verschwindet völlig in der Bohrung.

Die meisten Bowler beginnen mit dem konventionellen Griff, weil es sich zunächst sicherer anfühlt. Wer ein gewisses Niveau erreicht hat – in der Regel bei einem Punktestand von ca. 150 Pins –, wechselt dann meist zum Fingerspitzengriff. Auf diesem Niveau finden Sie die ideale Gasse und räumen die Spares häufiger ab. Sie müssen jetzt mehr Bewegung zwischen den Pins anstreben, wenn der Ball in die Gasse trifft. Mit dem Fingerspitzengriff treffen Sie mehr, räumen beim ersten Wurf mehr ab und haben einfachere Spares (mit weniger Pins) für den zweiten Wurf.

Bei einer guten Ballabgabe mit Fingerspitzengriff gibt der Daumen den Ball vor den Fingern frei – fast zur gleichen Zeit dagegen beim konventionellen Griff – und verleiht ihm damit eine stärkere Drehung. Die Abgabe beim Fingerspitzengriff sorgt für eine schnellere Übertragung des Ballgewichts vom Daumen auf die Finger. Das bringt über die Finger das Mehr an Rotation. Genau wegen dieses stärkeren Effekts auf die Rotation nehmen Fortgeschrittene und Profis den Fingerspitzengriff, denn er sorgt – vorausgesetzt richtiges Treffen der Gasse – für mehr Durchschlagskraft am Pindeck.

ZUBEHÖR FÜR DEN FINGERSPITZENGRIFF

Für den Fingerspitzengriff gibt es Inserts (Einlagen), die in die Fingerlöcher geklebt werden (Abb. 1.10a). Sie sind aus Gummi und bieten den Fingerspitzen ein besseres Gefühl. Die meisten Bowler, die den Fingerspitzengriff anwenden, nutzen auch diese Inserts. Daher werden die Löcher etwas größer gebohrt und dann die Inserts in die Löcher geklebt. Die meisten Bowler entscheiden sich bereits beim Kauf des Balles für die Inserts, doch die Fingerlöcher können auch später noch dafür ausgebohrt werden.

Viele Bowler bevorzugen einen glatten Daumeneinsatz (Abb. 1.10a), er lässt den Daumen besser aus dem Loch gleiten. Der Einsatz wird in den Ball geklebt und dann ausgebohrt. Wer mehr als einen Ball besitzt, hat durch den Daumeneinsatz bei jedem Ball das gleiche Gefühl. Sie müssen sich nicht sofort beim Kauf des Balles für einen Daumeneinsatz entscheiden, das Daumenloch kann auch später noch ausgebohrt werden.

Wer mehrere Bowlingbälle besitzt und beim Wechsel der Bälle gern das gleiche Gefühl im Daumenloch haben möchte, entscheidet sich für einen auswechselbaren Daumeneinsatz. Dazu verfügt der Einsatz über einen Haltemechanismus. Es gibt auch verschiedene Größen, um sich an die Veränderung des Daumens anzupassen, besonders wenn sich Ihre Daumengröße beim Bowlen stark ändert. Der Daumeneinsatz wird in einen Halter geklickt, den Sie in jeden Ihrer Bowlingbälle einsetzen lassen. Das macht aber das Tape keinesfalls überflüssig, denn auch in diesen Einsätzen unterliegt Ihr Daumen leichten Änderungen, die sich nur mit dem Tape ausgleichen lassen.

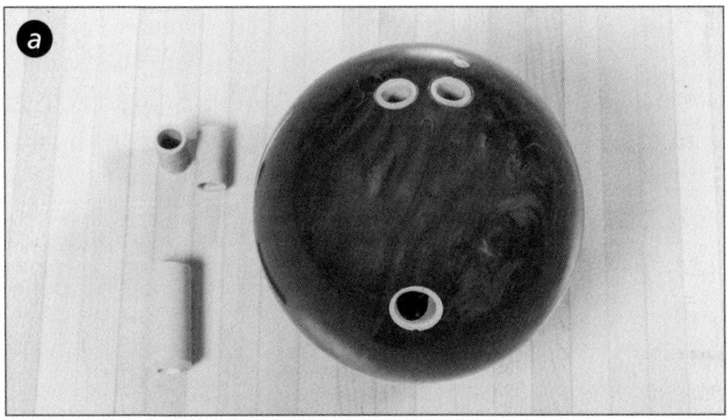

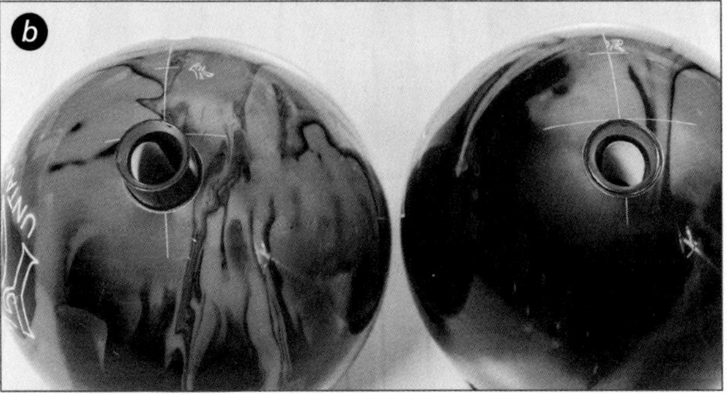

Abb. 1.10 Zubehör für den Fingerspitzengriff: (a) Inserts (Einlagen) für die Finger, (b) austauschbarer Daumeneinsatz.

Veränderungen: Der Griffdruck

Auch wenn Sie glauben, dass Ihr Daumenloch zu eng ist, weil der Daumen nur schwer herausrutscht, kann das Problem eine ganz andere Ursache haben, nämlich den Griffdruck. Was Sie für zu eng halten, ist unter Umständen zu weit! Oft wollen Bowler in unserem ProShop ein Daumenloch ausbohren lassen, weil Sie beim Herausziehen des Daumens stecken bleiben. In etwa 75 % aller Fälle ist aber das Loch bereits zu groß. Also übt der Bowler Druck aus, um den Ball nicht fallen zu lassen. Deshalb sollte er nicht das Loch aufbohren lassen, sondern lernen, sich zu entspannen und das Loch mit Tape verkleinern. Wer sich entspannt und den Ball richtig greift, hat oft das Problem gelöst und bekommt dazu ein besseres Armpendel!

Das Gleiche gilt für die Neigung des Daumenlochs. Bei einer Rückwärtsneigung können Sie zwar den Ball schneller freigeben, aber wenn Sie hängen bleiben, heißt das noch lange nicht, dass Sie noch mehr Rückwärtsneigung brauchen. Vielleicht brauchen Sie sogar weniger! Eine übermäßige Rückwärtsneigung führt dazu, dass Sie sich in den Löchern festklammern, um den Ball nicht zu früh freizugeben. Dann bleibt aber der Daumen hängen und Sie geben den Ball zu spät frei.

Bei einem schlecht angepassten Ball, ob nun ein Hausball oder der eigene, schlecht ausgemessene, üben Sie zu viel Griffdruck aus. Man neigt dann dazu, das Daumenloch zu vergrößern, um nicht am Ball hängen zu bleiben und ihn im Bogen freizugeben oder gar überhaupt nicht freigeben zu können.

Das geschieht häufig. Die Lösung ist aber eine andere als erwartet. Auch wenn Sie gern das Daumenloch aufbohren würden: Es geht darum, den Griff zu lockern, und dazu brauchen Sie ein etwas engeres Loch als gewöhnlich. Nur so können Sie lernen, sich zu entspannen.

Bohren Sie das Loch auf, um den Ball besser freizugeben, drücken Sie noch mehr, es wird sogar noch schlimmer. Die Spannung beeinflusst auch Ihr Pendel und das Ergebnis. Lernen Sie, sich zu entspannen und den Ball locker freizugeben. Ich sage nicht, dass es grundsätzlich falsch ist, das Daumenloch aufzubohren, ich berichte nur von vielen Bowlern, die es aufbohren lassen, ohne das wahre Problem zu erkennen. Der Schlüssel liegt im richtigen Griffdruck.

Ein paar Würfe im Stehen ohne Anlauf auf einem Teppich auf Ihren ProShop-Experten zu, können Sie lehren den Griffdruck anzupassen und die Angst zu verlieren, den Ball nicht richtig freizugeben. Wir machen das jedes Mal, wenn ein Spieler uns bittet, das Daumenloch aufzubohren: Wir lehren den richtigen Griffdruck. Wenn Sie den Ball aus dem Stillstand über den Boden rollen, sollten Sie ein volles Pendel durchführen. Ohne diese Zentrifugalkraft müssen Sie den Ball drücken, um ihn nicht zu verlieren. Auch wenn Ihnen ein halbes Pendel zu genügen scheint, müssen Sie ein volles Pendel durchführen, um den Griff zu entspannen.

Falls es Ihnen schwerfällt, den Ball freizugeben, dann hilft ein Trick, das Klammern einzustellen und den Ball besser loszulassen. Konzentrieren Sie sich darauf, Ihren Daumennagel gegen die Rückseite der Bohrung zu drücken, soll heißen, entwickeln Sie bei der Abgabe „Gegendruck". So geben Sie den Ball locker frei. Das hilft, wenn Sie gerade lernen, den Daumen leichter herauszubekommen. Sie strecken den Daumen, um nicht zu drücken. Das funktioniert gut bei Bowlern, die Hausbälle benutzt haben oder von einem schlecht angepassten Ball zu einem idealen Ball wechseln. Denken Sie so lange an diesen Trick, bis Sie den richtigen Griffdruck beherrschen.

TAPE

Mit einem Tape nehmen Sie die Feinanpassung des Daumenlochs vor. Tape wird während des Spieles benutzt, um bei Schwankungen der Daumengröße das Daumenloch anzupassen. Sie setzen das Tape für jeden Wurf ein und entfernen es wieder. Machen Sie keinen Wurf mit einer falschen Lochgröße.

Tape ist in zwei Farben und zwei Größen erhältlich: Das schwarze ist glatt, das weiße hat eine gewisse Textur. Beide sind in Breiten von einem Dreiviertel- oder einem ganzen Zoll erhältlich. Schwarzes Tape wird eher an der Rückseite der Bohrung eingesetzt (Abb. 1.11). Der Daumen wird in einem Winkel in den Ball geschoben. Legen Sie das Tape mit der abgerundeten Seite nach oben auf die gepolsterte Seite oder der Fingernagelseite der Bohrung an. Dafür benutzen Sie ein Werkzeug als Hilfsmittel.

Das weiße Tape sollten Sie vorn verwenden, aber nur ein Stück, denn es verändert die Spanne. Legen Sie es gegenüber dem schwarzen Tape ein – auf der weichen Seite des Daumens. Es genügt wenig, denn es soll nur das Gefühl verbessern. Was dann an Anpassung noch fehlt, nehmen Sie hinten mit dem schwarzen Tape vor. Ersetzen Sie das weiße erst, wenn es Öl aufnimmt und seine Farbe verändert oder wenn Ihr Gefühl verloren geht. Halten Sie für eine saubere Ballabgabe den Ausgang frei. Diese Anpassung beeinträchtigt die Spanne nicht. Manche Bowler nehmen weißes Tape vorn (Daumenpolster), weil die Textur ihnen Sicherheit gibt. Experimentieren Sie, bis es sich gut anfühlt.

Sie werden merken, dass Ihr Daumen beim Spiel wächst oder schrumpft. Dann nutzen Sie Tape, um die Bohrung exakt an den Daumen anzupassen, denn Sie sollten bei jedem Wurf den gleichen Griffdruck ausüben. Es gilt die Devise: „Den Ball an die Hand anpassen und nicht die Hand an den Ball."

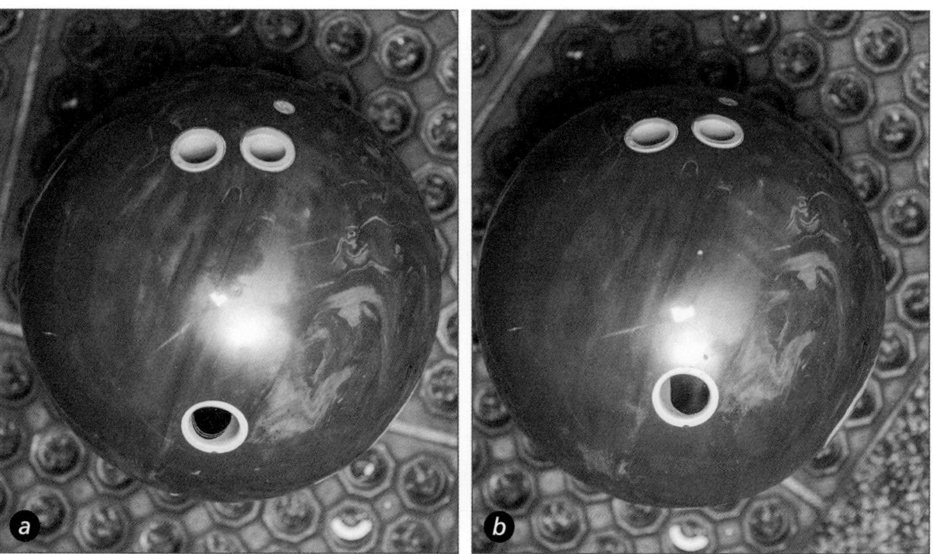

Abb. 1.11 Schwarzes Tape auf Daumennagelseite: (a) Rechtshänder, (b) Linkshänder.

FINGERTAPE

Ein Fingertape kommt auf die Rückseite des Daumens (Abb. 1.12) und hat nichts mit dem Tape für das Daumenloch zu tun. Es ist in verschiedenen Texturen erhältlich, um für die Ballabgabe das ideale Gefühl zu bekommen. Testen Sie, ob Ihnen das Gefühl mit Tape behagt oder ob Sie gar keines verwenden wollen. Es nimmt technisch gesehen etwas Platz in der Bohrung ein. Das ändert nichts daran, dass Sie natürlich weiter mit Tape im Daumenloch arbeiten müssen, um die Bohrung während des Spieles an die Daumengröße anzupassen.

Bowler- und Fingertapes richtig einzusetzen ist ein Zeichen von Reife eines Spielers. Zum einen lässt es erkennen, dass Sie wissen, wann Sie Tapes benötigen, und wer zweitens mit einer engeren Bohrung zurechtkommt, der ist auf dem Weg, den richtigen Griffdruck anzuwenden.

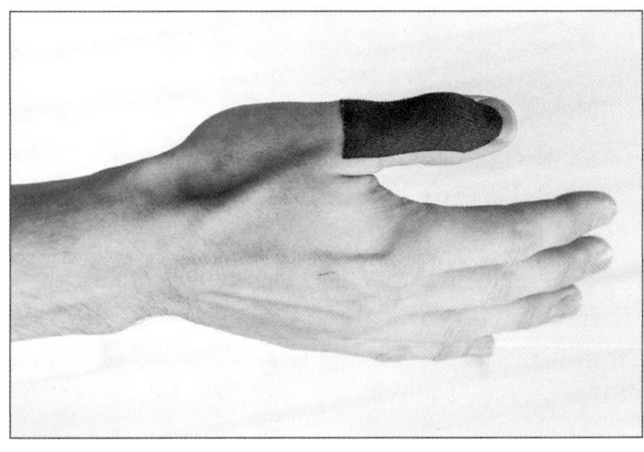

Abb. 1.12 Fingertape auf der Rückseite des Daumens.

Mit einem besseren Griffdruck muss auch die Passform des Balles angepasst werden. Wer sich mehr entspannt, kommt mit weniger Rückwärtsneigung aus und gibt den Ball dennoch sauber frei. Wenn Sie den Ball mit weniger Rückwärts- oder Vorwärtsneigung sauber abgeben, dann sind Sie entspannter.

BALLPFLEGE

Ihren Reaktivball sollten Sie nach dem Spielen stets reinigen, bevor Sie ihn in die Tasche legen. Diese Bälle nehmen das Öl der Bahn auf. Deshalb sollte man sie reinigen, um ihre Griffigkeit und ihre Fähigkeit zum Hakenlauf zu erhalten. Ein Kunststoffball benötigt keine Pflege.

Nehmen Sie einen guten, bewährten Reiniger für Bowlingbälle. Das Tuch sollten Sie in Ihrer Tasche aufbewahren und nur für diesen Ball benutzen. Sprühen Sie den Reiniger auf den Ball und wischen Sie ihn wieder ab. Bequemer kann man es nicht haben. Noch einmal: Reinigen Sie Ihren Ball jedes Mal auf diese Weise nach dem Bowlen mit einem Reiniger. Verschwenden Sie besser kein Geld an Reinigungsmaschinen, denn sie reinigen den Ball nicht, sie wachsen ihn nur.

Ab und zu sollten Sie den Ball in heißes Wasser mit Spülmittel legen. Es ist nicht weiter schlimm, wenn Wasser in die Löcher fließt. Lassen Sie ihn 20 Minuten im Wasser, bis kein Öl mehr nach oben steigt. So entfetten Sie den Ball effektiv. Diese Reinigung ist besonders wichtig für Bälle mit matter Oberfläche, denn sie saugen das Öl von der Bahn besonders schnell auf.

Reinigen Sie den Ball nie nur mit einem Tuch ohne Reiniger, verwenden Sie keinen Alkohol und verstauen Sie ihn nie ohne Reinigung. Das Abreiben nur mit dem Tuch entfernt das Öl nicht, und der Alkohol reicht nicht aus, um die Ölmenge zu entfernen, die heutzutage auf den Bahnen eingesetzt wird. Setzen Sie den Ball auch nicht extremen Temperaturen aus, etwa im Auto an heißen oder sehr kalten Tagen, und geben Sie ihn ja nicht in den Geschirrspüler. Das beschädigt ihn und trägt die Beschichtung ab, die für den Hakenlauf sorgt.

Lassen Sie die Oberfläche nach etwa zehn Spielen oder bei Bedarf auffrischen. Die Leistung eines matten Balles erhalten Sie, indem Sie die matte Oberfläche ab und zu wiederherstellen lassen. Ein glänzender Ball sollte poliert werden. Im Laufe des Bowlens verändert sich seine Oberfläche. Sie werden merken, wann ein Ball am besten funktioniert. Lassen Sie ihn im ProShop ab und zu wieder in diesen Zustand versetzen.

Doch selbst bei regelmäßiger Reinigung nach jedem Spiel bekommen Sie nicht alles an Öl aus dem Ball heraus. Deshalb müssen Sie das Öl, das tiefer in den Ball eindringt, regelmäßig entfernen lassen. Je nach Bahnbedingungen sollten Sie das Öl alle 75 bis 100 Spiele im ProShop entfernen lassen.

Da Ihr Ball direkten Kontakt zur Bahn hat und auf die Pins stößt, wird die Schale mit der Zeit abgenutzt und Scharten bekommen. Besonders problematisch sind Laufspuren. Sie finden sich dort, abhängig von der Art Ihrer Ballabgabe, wo er beim Lauf die Bahn berührt. Wenn sich die Abnutzung deutlich zeigt und der Ball allmählich träge wird, sollten Sie die Oberfläche wiederherstellen lassen, etwa alle 60 Spiele. Auch das bietet ein ProShop an.

Einen guten bis sehr guten Ball sollten Sie nach den folgenden Regeln pflegen. Doch handelt es sich hier nur um Empfehlungen, der Experte im ProShop berät Sie, welche Pflege erforderlich ist.

- Reinigen Sie Ihren Ball jedes Mal nach dem Bowlen.
- Lassen Sie die Oberfläche nach etwa zehn Spielen oder bei Bedarf auffrischen.
- Lassen Sie etwa alle 60 Spiele die Oberfläche neu aufbauen.
- Lassen Sie alle 100 Spiele das Öl aus dem Ball entfernen.

Hinweis: Die Neubehandlung der Oberfläche ist nicht zu verwechseln mit der Anpassung der Oberfläche an die Bahnbedingungen bei Ligaspielen oder anderen Wettbewerben. Diese Anpassungen gehören zur Feineinstellung der Ballreaktionen auf die Bahnbedingungen und werden in den Kapiteln 9 und 10 über das Bahnspiel behandelt.

ZUSAMMENFASSUNG

Wenn Sie vorhaben, regelmäßig zu bowlen und sich dabei auch verbessern wollen, dann kaufen Sie am besten einen eigenen Ball. Einer mit der richtigen Passform und dem passenden Gewicht hilft Ihnen nämlich, die Form zu einem besseren Bowling zu entwickeln. Denn es ist unumgänglich, dass Sie den richtigen Griffdruck erlernen, um ein entspanntes und gleichmäßiges Armpendel zu entwickeln.

Die Qualität des Balles ist für Komfort und Leistung entscheidend. Ein guter Ball verbessert die Leistung und beugt Verletzungen vor. Eine schlechte Passform kann die Leistung beeinträchtigen und zu Verletzungen führen – gute Passform ist unersetzlich.

Bekommen Sie beim Spielen Hautabschürfungen, Schwielen oder Blasen, gehen Sie mit Ihrem Ball zu einem guten ProShop, um den Griff prüfen und anpassen zu lassen.

Als ich anfing, Stunden zu geben, habe ich die Passform des Balles zum Ende des Unterrichts geprüft. Jetzt mache ich das gleich am Anfang, wenn ich beim Aufwärmen des Bowlers Probleme bei seiner Pendelbewegung erkenne. Gelegentlich musste ich den Unterricht verschieben, weil die Passform des Balles so schlecht war, dass der Schüler nicht entspannt üben konnte. Es ist erstaunlich, wie sich das Pendel nach der Korrektur der Passform verbessert.

Üben Sie beim Bowlen stets nur sanften Druck beim Griff aus. Halten Sie das Daumenloch mit Tape passend und ändern Sie die Passform, wenn sich die Größe Ihres Daumens ändert. Sie müssen den Griff entspannen, um überhaupt feststellen zu können, ob Sie Tape benötigen. Nehmen Sie so viel Tape, dass der Griff leicht wird. Manchmal genügen ein oder zwei Stück, um wieder ein lockeres Pendel hinzubekommen, weil Sie den Ball nicht mehr drücken. Der richtige Einsatz von Tape macht viel aus!

Und schließlich: Denken Sie daran, Ihren Ball stets zu pflegen, damit er leistungsfähig bleibt.

Kapitel 2

Starthaltung

Wenn Sie den Anlauf betreten, müssen Sie festlegen, wo Sie stehen und wie Sie stehen. Die Ausgangsposition, Ihre Starthaltung, bestimmt die nachfolgenden Bewegungen. Für eine gute Ballabgabe müssen Sie wissen, wo Sie stehen und ob Sie die richtige Körperhaltung einnehmen. Eine entspannte Haltung mit guter Balance sorgt für einen sauberen Anlauf. In diesem Kapitel erfahren Sie, wo Sie stehen und wohin Sie je nach Abgabe zielen sollten. Wo Sie stehen und wohin Sie zielen, verändert sich mit der Verbesserung Ihres Spieles, speziell der Abgabe, da Sie für den Hakenlauf die Bahnbeschaffenheit berücksichtigen müssen.

Zwei Faktoren bestimmen die Startposition: Die Entfernung von der Foullinie und die Leiste, auf der Sie stehen. Für eine gleichmäßige Bewegung mit gutem Rhythmus zur Foullinie sollten Sie ganz natürlich gehen. Viele Bowler enden vor der Foullinie oder machen einen großen Schritt bis zur Linie, weil sie den Anlauf zu weit hinten begonnen haben. Die Entfernung zur Foullinie hängt von Ihrer natürlichen Schrittlänge und der Anzahl Ihrer Schritte ab.

Ihre Art der Ballabgabe und eventuell der Bahnzustand (für einen Haken) bestimmen wiederum, auf welcher Leiste Sie starten. Abhängig von der Ballabgabe dreht sich der Ball im Uhrzeigersinn, geradeaus oder gegen den Uhrzeigersinn. Von der Drehung hängt wiederum ab, welche Gasse man benutzt und ob man auf die rechte oder linke Seite der Bahn zielt. Davon ausgehend lässt sich der Startpunkt bestimmen. Um die Pins optimal zu treffen und die Abfälschung des Balles bei dem Einschlag zu minimieren, sollte der Ball nach der Berührung der Pins in die richtige Gasse laufen, je nachdem, wie Sie ihn werfen. Der Bereich zwischen Pin 1 und 3 ist die rechte Gasse, der Bereich zwischen Pin 1 und 2 die linke Gasse. Pin 1 wird auch als Headpin bezeichnet.

Die Nummern der Pins sind festgelegt und gelten für alle, die Leisten dagegen werden von Rechts- und Linkshändern unterschiedlich gezählt. Rechtshänder zählen Leisten und Ziele von rechts, Linkshänder eben von links (Abb. 2.1).

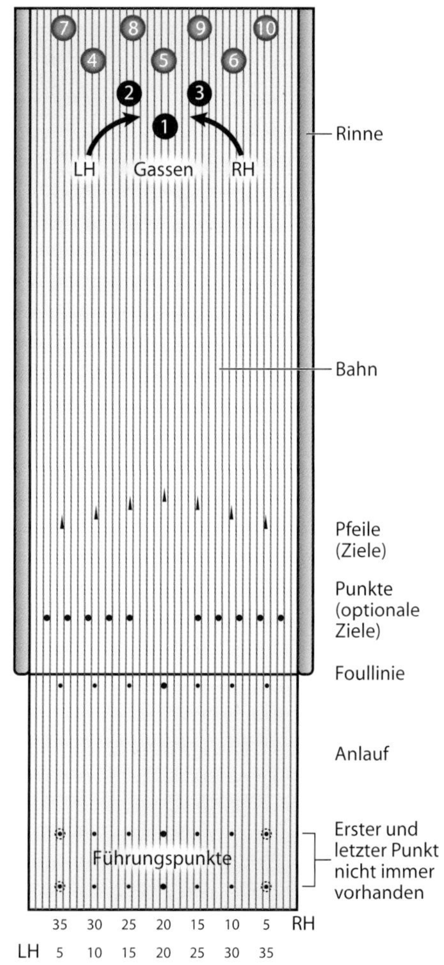

Abb. 2.1 Die Bowlingbahn.

Eine Bahn hat 39 Leisten und sieben Ziele (Pfeile). Sieben Punkte an der Foullinie liegen auf einer Linie mit den sieben Pfeilen. Unterschiedlich ist die Anzahl der Punkte am Anfang des Anlaufs: Es gibt entweder sieben Punkte, die auf einer Linie mit den Punkten auf der Foullinie und den Pfeilen auf der Bahn liegen, oder nur fünf; diese sind dann an den inneren fünf Punkten und Pfeilen ausgerichtet. Dann gibt es keine Punkte auf den Leisten 5 und 35. Bei fünf Punkten am Start ist der erste Punkt auf den zweiten Pfeil bzw. Leiste 10 ausgerichtet.

DIE HALTUNG

Sie stehen, beide Füße zusammen, die Knie leicht gebeugt, bereit für den Start. Leicht gebeugte Gelenke bewegen sich leichter als durchgedrückte. Der Körper ist entspannt, bereit für den Start. Die Wirbelsäule ist um etwa 15° nach vorn gebeugt, um den Oberkörper in der Balance zu halten. Ideale Balance halten Sie, wenn Ihr Schwerpunkt über der Standfläche liegt. Wenn Sie den Rumpf über den Beinen haben, dann erfolgt der erste Schritt kontrolliert, und Sie müssen nicht erst noch auf Ihre schlecht ausbalancierte Körperhaltung reagieren.

Der Rechtshänder startet mit dem rechten Fuß etwas zurückgesetzt gegenüber dem linken, um Hüfte und Schultern auf die Position bei der Ballabgabe einzustellen (Abb. 2.2a), der Linkshänder mit dem linken etwas zurückgenommen gegenüber dem rechten. Bei der Abgabe steht der Rechtshänder schließlich auf dem linken Fuß, das rechte Bein dahinter, die Hüfte geöffnet, der Linkshänder steht analog dazu auf dem rechten Fuß, die Hüfte geöffnet. Schultern, Hüfte und Füße sind auf das Ziel ausgerichtet. Die Wirbelsäule muss entspannt und darf nicht verdreht sein, um diese Haltung während des Anlaufs beizubehalten.

Der nicht startende Fuß wird etwas stärker belastet: Starten Sie mit dem rechten, belasten Sie den linken stärker, damit sich der rechte frei bewegen kann. Mehr zum Startfuß erfahren Sie in Kapitel 3 im Abschnitt über das Timing.

Der Körper sollte ausbalanciert sein, dafür bereit, Startfuß und Ball beim wichtigen ersten Schritt im richtigen Rhythmus zu bewegen.

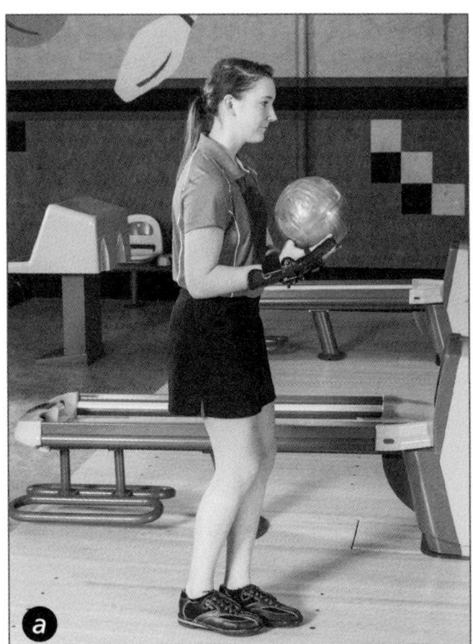

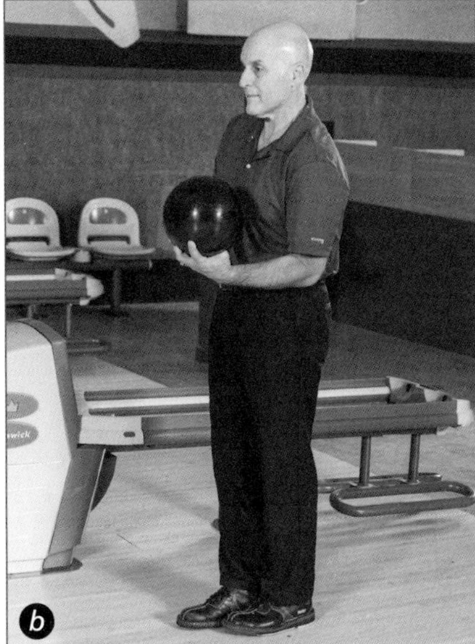

Abb. 2.2 Füße versetzt für Startposition von Füßen, Hüfte und Schultern: (a) Rechtshänder, (b)Linkshänder.

Der Oberkörper sollte entspannt sein. Stützen Sie das Gewicht des Balles mit beiden Händen, überwiegend aber mit der Hand ohne Ball, der nicht dominanten Hand, damit sich der Pendelarm entspannen kann, während Sie den Ball gerade nach vorn schieben.

Der Ellbogen des Pendelarms liegt an der Seite neben den Rippen. Wenn Sie die Stelle für den Ellbogen festlegen, starten Sie jedes Mal mit dem Ball in der gleichen Position. Halten Sie den Ball in einer Linie mit der Innenseite der Schulter (Abb. 2.3). Mit dem Ellbogen an der Seite und dem Ball auf einer Linie mit dem Schultergelenk ist ein gleichmäßiges, gerades Armpendel möglich.

Halten Sie dabei den Ball im Stand nahe am Körper. Das trägt zur Entspannung bei, denn je näher er am Körper ist, desto leichter fühlt er sich an. Mit mehr Abstand zum Körper wird er immer schwerer. Sie tragen eine schwere Kiste ja auch nahe am Körper und nicht mit ausgestreckten Armen. Je näher eine Last Ihrem Schwerpunkt ist, desto mehr Hebelwirkung haben Sie und desto leichter fühlt sie sich an: Entscheidend für ein gutes Armpendel ist die Entspannung!

In der Regel können Sie den Ball gut in Schwung bringen, wenn Ihr Arm an der Seite liegt und der Unterarm parallel zum Boden ausgerichtet ist. Je nach Timing ist der Ball in der Starthaltung höher oder niedriger. Wie hoch Sie ihn halten, beeinflusst die Form des Pendels beim Start. Das können Sie strategisch beeinflussen, um Ihr Timing zu verbessern. Mehr dazu auch hierzu in Kapitel 3.

Das nächste Ziel bei der Starthaltung ist die Ausrichtung des Balles zur Schulter und das Einnehmen einer Position, bei der die Pendelschulter auf das Zieldreieck ausgerichtet ist, das zur richtigen Gasse (oder Tasche) führt. Stellen Sie aufgrund Ihrer Ballabgabe erst einmal fest, was für ein Bowler Sie sind. Danach justieren Sie den Winkel zur Gasse fein nach.

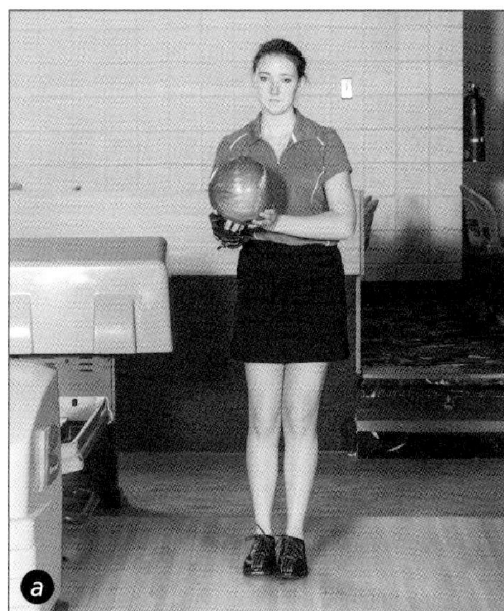
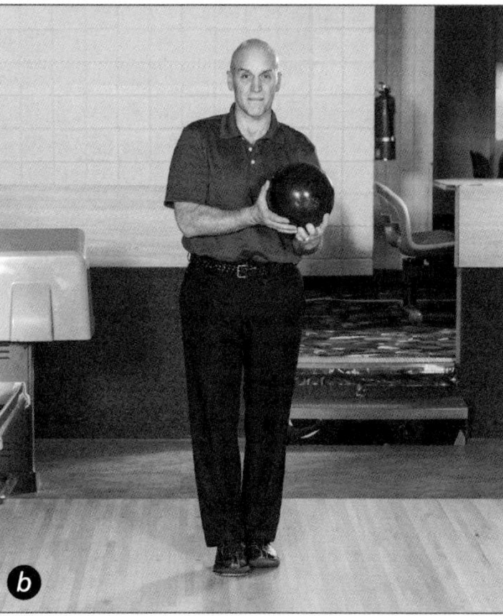

Abb. 2.3 Ball auf einer Linie mit der Schulter: (a) Rechtshänder, (b) Linkshänder.

DER STARTABSTAND

Zum Bestimmen des Abstands zur Foullinie gehen Sie zur Linie und stellen die Fersen auf die Punkte, also mit dem Rücken zu den Pins. Von der Foullinie aus machen Sie vier bequeme, aber zügige Schritte Richtung Startpunkt (Abb. 2.4). Machen Sie einen Fünf-Schritte-Anlauf, machen Sie auch hier beim Abmessen einen mehr. Nach dem vierten bzw. fünften Schritt nun nehmen Sie noch einen halben Schritt für die Gleitphase dazu (Abb. 2.5). So finden Sie Ihren Startpunkt für den Anlauf. Gehen Sie dabei also bequem, aber zügig. Normale Schritte

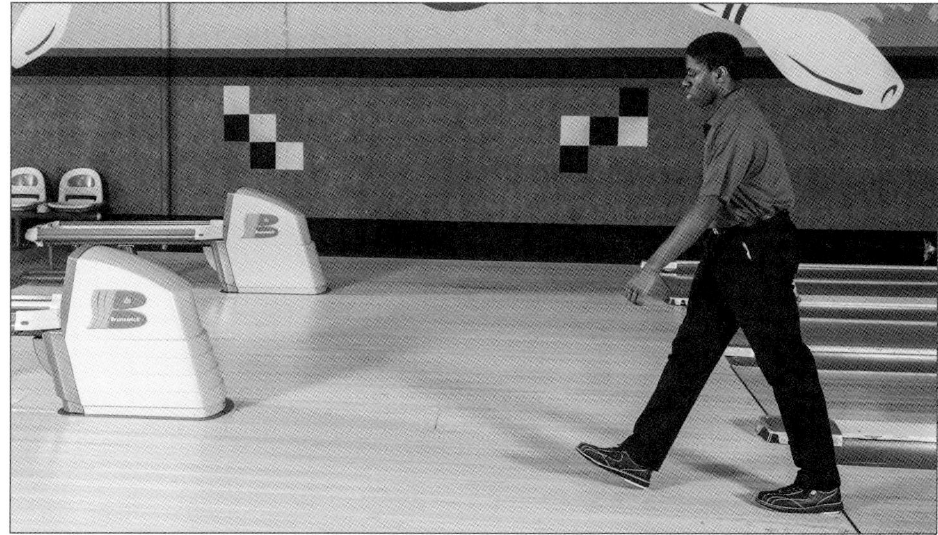

Abb. 2.4 Wählen Sie bequeme, aber zügige Schritte zum Startpunkt Ihres Anlaufs.

mit Schwung sind wichtig für einen bequemen Anlauf und die Fähigkeit, den Wurf zu wiederholen.

DIE STARTPOSITION

Um festzustellen, auf welcher Leiste Sie stehen sollten, müssen Sie zuerst die Art Ihrer Ballabgabe bestimmen; das hat auch Einfluss auf die ideale Gasse. Ihre Position auf der Bahn hängt vom Pendelarm und der Art der Ballabgabe ab, die Abgabe wiederum von der Drehrichtung des Balles; und das bestimmt dann, von welcher Seite her der Ball für maximale Durchschlagskraft auf die Pins treffen sollte. Damit er beim Aufprall möglichst wenig abgefälscht wird, sollte sich der Ball zur Mitte des Pindecks hindrehen. Die Gasse und Ihre Position beim Anlauf hängen also von der Drehung des Balles ab.

Ein Ball, der keinen Haken schlägt und kaum rotiert, also gerade durch die Gasse läuft, wird als Straight Ball bezeichnet, er schlägt keinerlei Haken. Bei einem solchen geraden Ball sollte man unbedingt die Nähe des Headpins suchen. Ein Rechtshänder nutzt bei einem geraden Ball die Strikegasse 1-3, der Linkshänder dagegen 1-2.

Bei einem Rechtshänder nennt man einen Ball, der eine Kurve von rechts nach links einschlägt, einen Haken. Man könnte auch sagen, dass sich der Ball bei einem Haken gegen den Uhrzeigersinn dreht. Der Rechtshänder zielt beim Haken auf die Strikegasse 1-3, um möglichst viel Durchschlagskraft beim Auftreffen auf die Pins zu erzielen, der Linkshänder auf die Strikegasse 1-2.

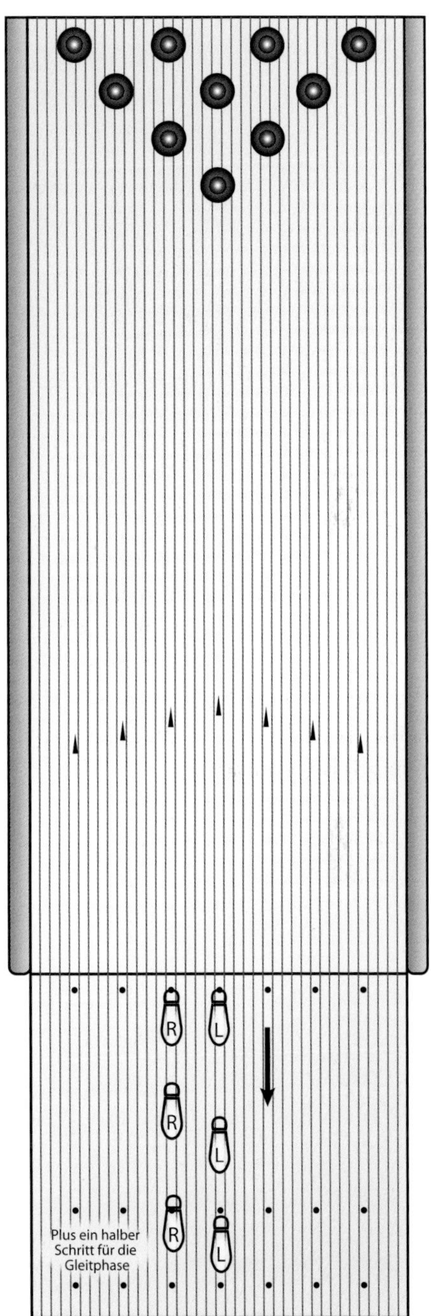

Abb. 2.5 Zum Bestimmen des Abstands zur Foullinie für den Start gehen Sie vier Schritte Richtung Startpunkt plus einen halben für die Gleitphase.

Der Ausnahmefall gegenüber diesem normalen Rechtshänder, der Strikegasse 1-3 benutzt und die Pfeile von rechts her zählt, ist der Bowler, der einen Reverse-Haken oder Back-up-Ball schlägt. Ein Reverse-Haken läuft von links nach rechts, weil der Ball sich im Gegensatz zum traditionellen Haken dreht. Der Reverse-Haken eines Rechtshänders dreht sich im Uhrzeigersinn. Um die Abfälschung des Balles gering zu halten, sollte ein Rechtshänder für möglichst viel Durchschlagskraft beim Reverse-Haken Strikegasse 1-2 benutzen. Da diese Drehung der des Hakens eines Linkshänders entspricht, schlage ich zur Vereinfachung vor, die Pfeile wie ein Linkshänder von links nach rechts zu zählen, weil hier die linke Gasse benutzt wird.

Im Prinzip nutzen Rechtshänder die rechte Strikegasse 1-3 und zählen die Leisten und Pfeile von der rechten Seite der Bahn aus. Linkshänder nutzen die linke Strikegasse 1-2 und zählen die Leisten und Pfeile von links her. Der Ausnahmefall ist der Bowler, der einen Reverse-Haken oder Back-up-Ball wirft. Wegen der umgekehrten Drehrichtung nutzt er die andere Gasse und zählt auch die Leisten und Pfeile von der anderen Seite der Bahn aus.

Hinweis: Der Bowler sollte den Fuß, mit dem er den Anlauf abschließt, beim Start auf die entsprechende Leiste stellen. Das ist bei Rechtshändern der linke Fuß und bei Linkshändern der rechte. Stellen Sie sich also mit der Innenseite des Fußes auf die entsprechende Leiste; mehr dazu in Kapitel 4, Beinarbeit.

Ein Rechtshänder, der einen geraden Ball wirft und ihn in die Strikegasse 1-3 bringen möchte, sollte beim Anlauf knapp links neben dem mittleren Punkt stehen (Abb. 2.6a). Der mittlere Punkt befindet sich auf Leiste 20 und ist größer als die anderen Punkte. Der linke Fuß steht dann etwa auf Leiste 23. Das Armpendel ist auf den dritten Pfeil ausgerichtet, der dritte Pfeil ist das Ziel.

Ein Linkshänder, der einen geraden Ball wirft und ihn in die Strikegasse 1-2 befördern möchte, sollte beim Anlauf rechts neben dem mittleren Punkt stehen (Abb. 2.6b). Der rechte Fuß steht dann etwa auf Leiste 23. Das Armpendel ist auf den dritten Pfeil ausgerichtet, der dritte Pfeil ist das Ziel.

Tabelle 2.1 Ballabgabe mit der rechten Hand

	gerade	**Haken**	**Reverse-Haken**
Richtung der Kurve	keine Kurve	rechts — links	links — rechts
Drehrichtung des Balles	keine Drehung	gegen den Uhrzeigersinn	im Uhrzeigersinn
Strikegasse	1-3	1-3	1-2
Ziel	dritter Pfeil	zweiter Pfeil	dritter Pfeil*

* Pfeile von links gezählt.

Tabelle 2.2 Ballabgabe mit der linken Hand

	gerade	**Haken**	**Reverse-Haken**
Richtung der Kurve	keine Kurve	links — rechts	rechts — links
Drehrichtung des Balles	keine Drehung	im Uhrzeigersinn	gegen den Uhrzeigersinn
Strikegasse	1-2	1-2	1-3
Ziel	dritter Pfeil	zweiter Pfeil	dritter Pfeil*

* Pfeile von rechts gezählt.

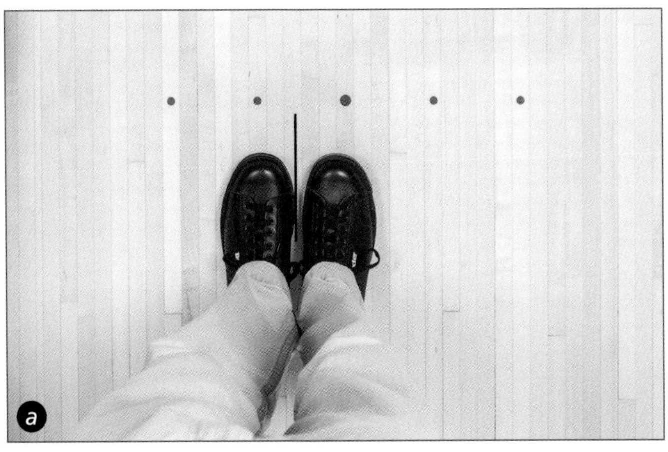

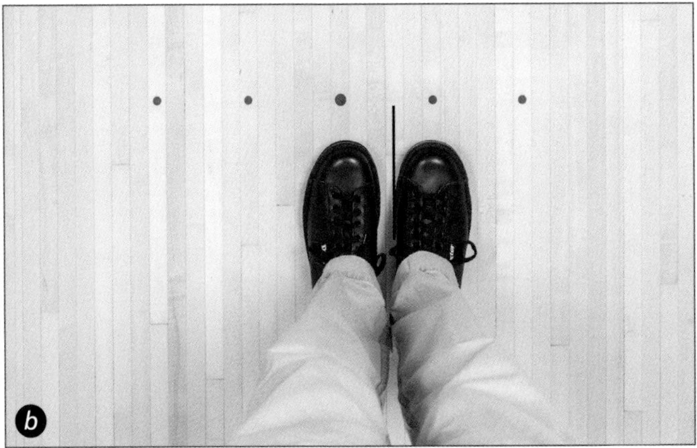

Abb. 2.6 Gerader Ball: (a) Rechtshänder, (b) Linkshänder.

Rechtshänder benutzen für einen Hakenball Strikegasse 1-3 und stehen beim Anlauf knapp rechts neben dem mittleren Punkt (Abb. 2.7a), den linken Fuß etwa auf Leiste 18, das Ziel ist dicht neben dem zweiten Pfeil. Linkshänder sollten für einen Hakenball Strikegasse 1-2 benutzen und beim Anlauf entsprechend links neben dem mittleren Punkt stehen (Abb. 2.7b), den rechten Fuß etwa auf Leiste 18, das Ziel ist dicht neben dem zweiten Pfeil.

Ein Rechtshänder zielt für einen Reverse-Haken auf Strikegasse 1-2. Handelt es sich nicht um einen aggressiven Reverse-Haken, stellt er sich mithilfe des dritten Pfeiles von links auf – mit dem linken Fuß etwa auf Leiste 7 von links (Abb. 2.8a). Sie müssen tatsächlich so weit außen stehen, denn das Armpendel ist rechts vom Körper, während die Strikegasse und das Ziel links auf der Bahn sind. Schlägt Ihr Ball einen starken Haken, dann spielen Sie näher an den zweiten Pfeil und passen sich an den Bahnzustand an.

Ein Rechtshänder zielt für einen Reverse-Haken auf Strikegasse 1-2. Wenn es sich nicht um einen aggressiven Reverse-Haken handelt, stellt er sich mithilfe des dritten Pfeiles von links auf, mit dem linken Fuß etwa auf Leiste 7 von

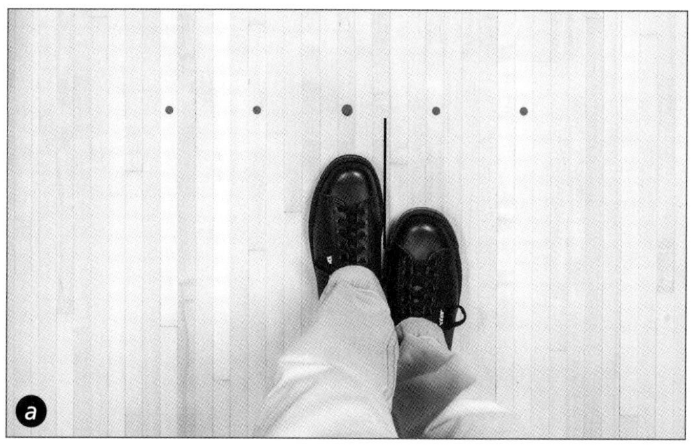

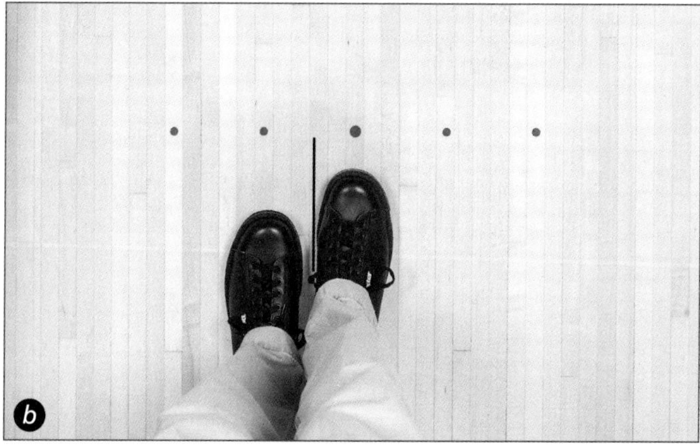

Abb. 2.7 Hakenball: (a) Rechtshänder, (b) Linkshänder.

links (Abb. 2.8a). Sie müssen so weit außen stehen, weil das Armpendel rechts vom Körper ist, während die Strikegasse und das Ziel links auf der Bahn sind. Schlägt Ihr Ball einen starken Haken, spielen Sie näher an den zweiten Pfeil und passen sich an den Bahnzustand an.

Ein Linkshänder zielt für einen Reverse-Haken auf Strikegasse 1-3 *(Hinweis:* Linkshänder schlagen selten Reverse-Haken.) und stellt sich mithilfe des dritten Pfeiles von rechts auf – mit dem rechten Fuß etwa auf Leiste 7 von rechts (Abb. 2.8b). Er muss so weit außen stehen, weil das Armpendel links vom Körper ist, während die Strikegasse und das Ziel rechts auf der Bahn liegen. Schlägt der Linkshänderball einen starken Haken, spielt er näher an den zweiten Pfeil und passt sich an den Bahnzustand an.

Diese Positionsangaben sind lediglich Anhaltspunkte, die Sie für sich anpassen. Je nachdem, wo der Ball die Strikegasse trifft (oder verfehlt), der Qualität des Balles sowie dem Drall, den Sie ihm beim Abwurf geben, stehen Sie entweder etwas rechts oder links dieser Leisten, um Ihren Winkel anzupassen oder die Stärke des Hakenlaufs. Diese hängt von der Reibung des Balles auf der Bahn ab und diese wiederum sowohl von der Abgabe wie der Art des Balles.

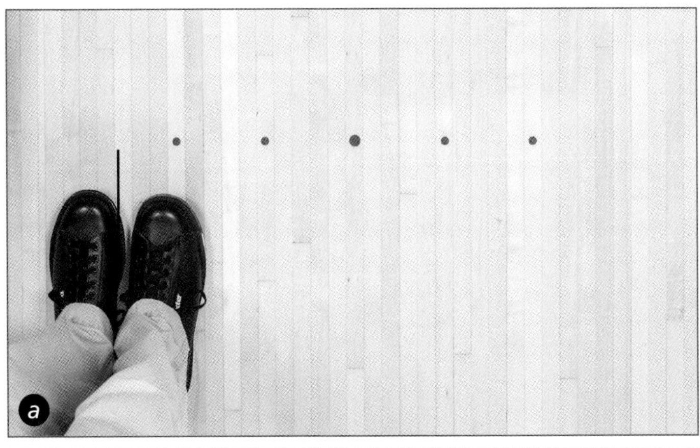

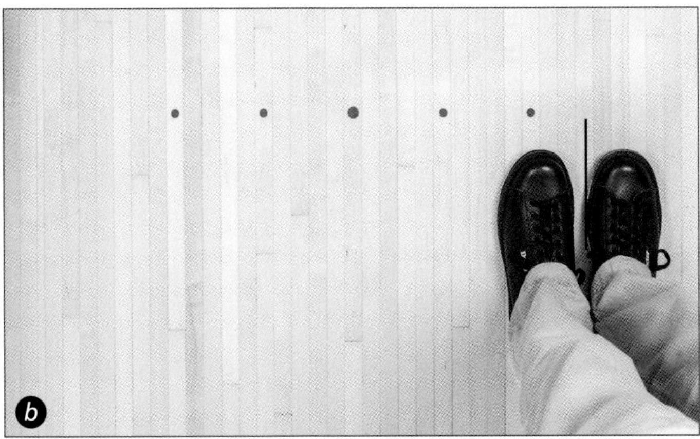

Abb. 2.8 Reverse-Haken: (a) Rechtshänder, (b) Linkshänder.

Verfehlen Sie bei einem Ball ohne oder mit nur geringem Haken die Gasse, dann verlegen Sie Ihren Stand genau in Richtung dieser Verfehlung. Trifft also ein Rechtshänder eher Pin 3, bewegt er sich nach rechts, nutzt aber denselben Pfeil als Ziel, um einen direkteren Winkel zur Strikegasse zu schaffen. Ein Linkshänder, der eher Pin 2 trifft, bewegt sich bei gleichem Ziel für einen direkteren Winkel zur Strikegasse nach links. Trifft der Ball eher den Headpin oder sogar die andere Gasse, bewegen Sie sich in diese Richtung, um den Winkel zur Strikegasse zu verkleinern. Diese Änderungen nehmen Sie nach einem guten Wurf vor!

Bei einem Haken hängt die Stärke der Reibung, die die Schale erzeugt, auch davon ab, wie Sie zum Ziel stehen. Eventuell müssen Sie Ihre Position an die Reibung auf der Bahn anpassen. Auch hier bewegen Sie die Füße in die Richtung, in der der Ball die Tasche verfehlt hat. Hier geht es aber um mehr als nur um die Anpassung des Winkels, denn Sie müssen sich auch an den Bahnzustand anpassen. Wichtig sind Änderungen zur Feinjustierung der Position beim Anlauf. Kapitel 8, Grundlagen des Bahnspiels, gibt Ihnen weitere Informationen über diese Anpassungen.

ENTSPANNEN BEIM ANLAUF

Damit Sie Anlauf und Ballabgabe gleichmäßig hinbekommen, müssen Sie entspannt sein. Bei jedem Wiederholungssport gilt es, locker zu bleiben, um die Leistung zu wiederholen. Die Herausforderung ist die gleiche wie beim Freiwurf im Basketball: Sie müssen in der Lage sein, die Bewegung zu wiederholen. Der Basketballer entwickelt eine gleichbleibende Prozedur, um sich auf den Freiwurf vorzubereiten, den er schon so oft ausgeführt hat. Die Starthaltung des Bowlers ist so etwas wie die Routine des Basketballers vor dem Freiwurf. Die Starthaltung ist die Vorbereitung für einen guten Wurf. Viele Bowler merken gar nicht, wie sehr sie ihre Muskeln im Normalzustand anspannen, wenn sie nicht an das Entspannen denken.

Es ist ein Gerücht, dass die Schultern in der Starthaltung im rechten Winkel zur Foullinie und gleich hoch sein sollen. Rechtshänder sollten die rechte Schulter tiefer als die linke halten (Abb. 2.9), damit sie sich entspannen kann, Linkshänder die linke. In Kapitel 6 werden Sie auch sehen, dass Sie die Schulter beim Abschluss senken dürfen. Entsprechend stellen wir uns mit den Schultern auf.

Haben Sie ein Problem, den Ball immer gleichmäßig richtig loszulassen, prüfen Sie, ob Sie Spannung im Griff oder in den Muskeln Ihres Pendelarms oder der Schulter aufbauen. Viele Bowler stehen mit angespannten Muskeln in der Starthaltung und merken es gar nicht.

Wer in der Starthaltung den Ball zu fest greift, schafft damit Spannungen im gesamten Oberkörper. Auch hier merken viele Bowler nicht, wie angespannt sie

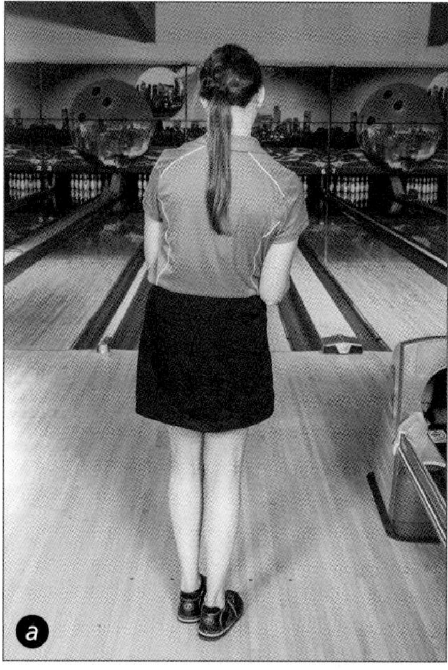

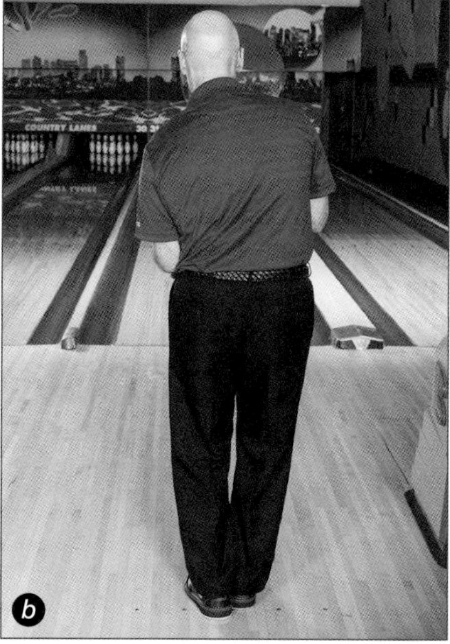

Abb. 2.9 Eine Schulter ist niedriger als die andere. Schultern entspannt: (a) Rechtshänder, (b) Linkshänder.

in der Starthaltung stehen. Bei so vielen Muskeln und unterschiedlich starken Spannungen an verschiedenen Punkten des Armpendels kann der Anlauf von Wurf zu Wurf völlig unterschiedlich ausfallen. Anspannung sorgt für Unregelmäßigkeit. Also entspannen Sie sich und lassen Sie die Physik das ihre tun. Sie ist viel zuverlässiger als wir.

Bei Unregelmäßigkeiten und Ungenauigkeiten sollten Sie sich lockern, damit der Ball ganz natürlich pendelt. Wenn Sie in der Starthaltung richtig stehen,

Sind Sie entspannt in der Starthaltung?

So prüfen Sie, ob Sie entspannt sind: Legen Sie Ihren Arm, so wie er in der Startposition sein sollte, in die Hand einer anderen Person (Abb. 2.10). Nehmen Sie die Starthaltung ohne Ball ein. Entspannen Sie sich völlig, lassen Sie die andere Person das Gewicht Ihres Armes unter Ihrem Handgelenk stützen. Dann lässt sie Ihren Arm spontan los.

Fällt Ihr Unterarm herunter? Wenn nicht, halten Ihre Muskeln ihn hoch. Entspannt würde der Arm ohne Stütze einfach herunterfallen. Wiederholen Sie diese Übung regelmäßig. Wenn Sie lernen, Ihre Muskeln zu entspannen, fällt der Arm irgendwann – das nenne ich Fortschritt!

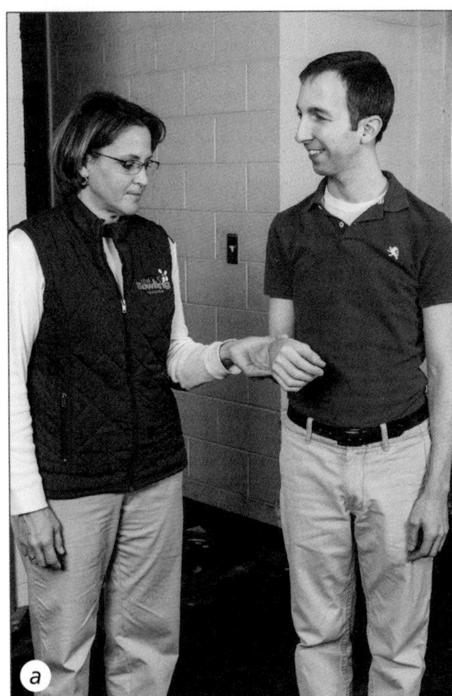

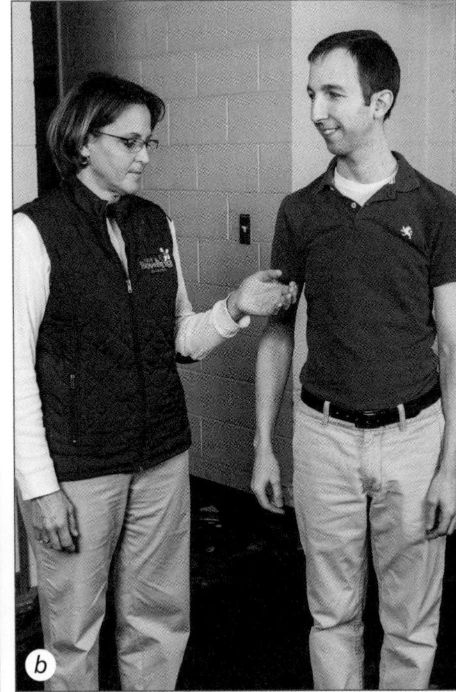

Abb. 2.10 So prüfen Sie, ob Sie entspannt sind: Lassen Sie jemand anderen Ihren Arm in der Starthaltung zuerst halten (a) und dann loslassen (b). Sind Sie entspannt, dann fällt Ihr Arm herunter.

Progressive Muskelentspannung

Wenn Sie nicht wissen, wie Sie sich entspannen können, versuchen Sie es zu Hause mit progressiver Muskelentspannung. Sie liegen abends im Bett und spannen und entspannen verschiedene Körperpartien, angefangen bei der Stirn über Gesicht, Hals, Schultern, Arme, Gesäß bis zu Beinen und Füßen. Wechseln Sie erst zur nächsten Körperpartie, wenn die vorherige völlig entspannt ist. Es kann sein, dass Sie einschlafen, bevor Sie fertig sind!

Sind Sie dann entspannt, denken Sie an etwas, was Sie mit Entspannung verbinden – einen Sonnenuntergang, Strand, was immer Ihnen dabei hilft. Üben Sie das mehrere Wochen lang jeden Abend. Der Körper fängt unbewusst an, dieses Bild mit dem Zustand der Entspannung zu verbinden. So können Sie beim Bowlen das Bild holen, und Ihr Körper beginnt sich schon zu entspannen.

So viele Menschen behaupten, dass sie sich nicht entspannen können. Dabei lässt sich das erlernen! Informieren Sie sich weiter über die progressive Muskelentspannung. Sie tut Ihnen gut, nicht nur beim Bowlen.

---

sorgt die natürliche Koordination zwischen Auge und Hand bei einem natürlichen Armpendel jedes Mal für exakte Würfe. Statt sich zu verspannen und zu versuchen, den Wurf zu steuern, sollten Sie sich entspannen und Vertrauen in sich haben!

ZUSAMMENFASSUNG

Ein guter Start sorgt für einen guten Abschluss. Aus der Starthaltung ergibt sich der gesamte Anlauf. Sie sollten die für die Startaufstellung wesentlichen Körperteile so positionieren, wie sie beim Abschluss stehen sollten. Das bewirkt, dass sich beim Anlauf weniger Körperpartien bewegen und Sie Ihre Würfe zuverlässig wiederholen können.

Eine entspannte Starthaltung ist wichtig für eine gleichmäßige Bewegung und ein lockeres Armpendel. Mit leicht gebeugten Gelenken ist der Körper bereit für die Bewegung, aus einer entspannten Haltung startet es sich leichter als aus einer angespannten. Viele Bowler halten in der Starthaltung den Ball zu fest. Einige starten angespannt und merken es gar nicht, während andere es beim Anlauf übertreiben. Starten Sie entspannt, damit Sie in der Bewegung entspannt bleiben.

Wenn sie sich auf die Pendelbewegung vorbereiten, unterschätzen zu viele Bowler die Bedeutung der anderen, nicht dominanten Hand für ein lockeres Armpendel. Achten Sie darauf, wie Sie Ihr Gewicht in der Starthaltung und während des Starts verteilen. Viele Bowler verlagern ihr Gewicht zur Pendelhand und belasten so die Muskeln des Pendelarms zu stark – dann ist ein lockeres, reines Pendel praktisch unmöglich. Denken Sie daran, den Ball mit der anderen Hand zu stützen!

Kapitel 3

Anlauf und Timing

Beim Anlauf versuchen Sie, das Armpendel mit der Beinarbeit zu synchronisieren. Das sorgt für eine gute Balance bei der Abgabe und ermöglicht das Wiederholen guter Würfe. Am einfachsten entwickeln Sie das Timing und ein lockeres Armpendel bei einem Anlauf von vier oder fünf Schritten. Dieses Kapitel beschreibt die einzelnen Abschnitte des Timings für jeden Schritt sowie häufige Probleme und die Lösungsmöglichkeiten dafür.

Das Timing betrifft alle Aspekte des Anlaufs: Rhythmus, Abschlussposition, Ballabgabe, Präzision und Wiederholbarkeit hängen vom Timing ab. Wenn Sie Ihr Timing verbessern, wird sich auch all das verbessern. Deshalb sind Anlauf und Abgabe von einem guten Timing abhängig.

ANLAUF MIT VIER SCHRITTEN

Bei einem Anlauf mit vier Schritten beginnt der Rechtshänder mit dem rechten Bein und endet auf dem linken. Die Schritte sind also rechts, links, rechts, links (Abb. 3.1).

Der Linkshänder beginnt mit dem linken Bein und endet auf dem rechten. Seine Schritte sind links, rechts, links, rechts (Abb. 3.2).

Der Arm bewegt sich im Rhythmus der Füße. Beim Anlauf mit vier Schritten steht jeder Schritt zur Foullinie für eine andere Ballposition. Im Prinzip handelt es sich um die Positionen vorn, unten, hinten und durch.

- **Erster Schritt: vorn bei eins.** Der Startschritt, der erste Schritt (der Grundschritt) beim Vier-Schritt-Anlauf beginnt damit, dass der Ball zusammen mit dem Bein nach vorn bewegt wird. Mit dem Grundschritt leiten Sie das Pendel ein, das Timing startet. Der Ball wird weg vom Körper geschoben (oft Abstoß oder Ballpositionierung genannt) und in die richtige Position gebracht. Er bewegt sich mit dem ersten Schritt nach vorn (Abb. 3.3a). Das ist der Beginn des Anlaufs. *Hinweis:* Beim ersten Schritt bringen Sie den Ball nach vorn, dahin, wo das Pendel beginnt. Mehr dazu finden Sie in Kapitel 5, Armpendel.

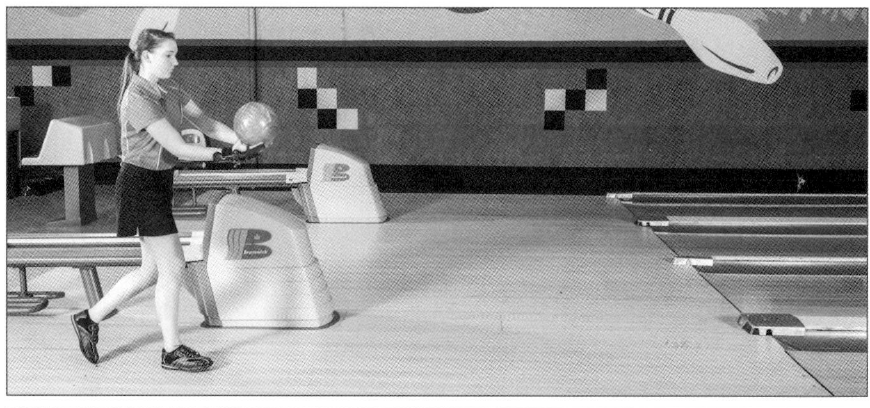

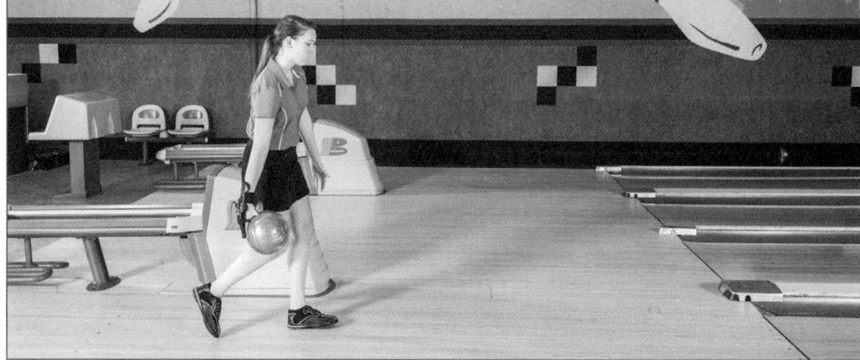

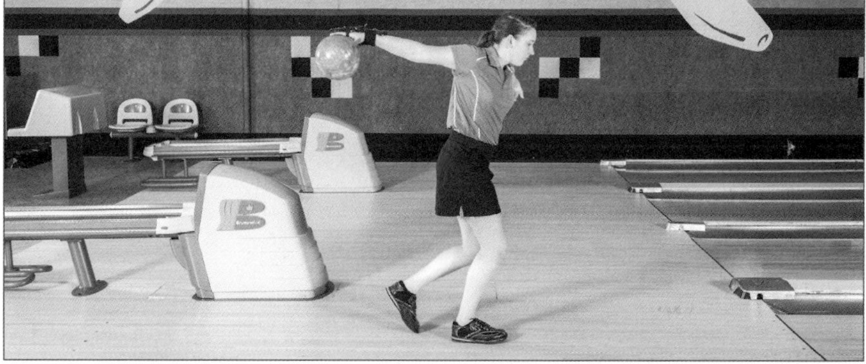

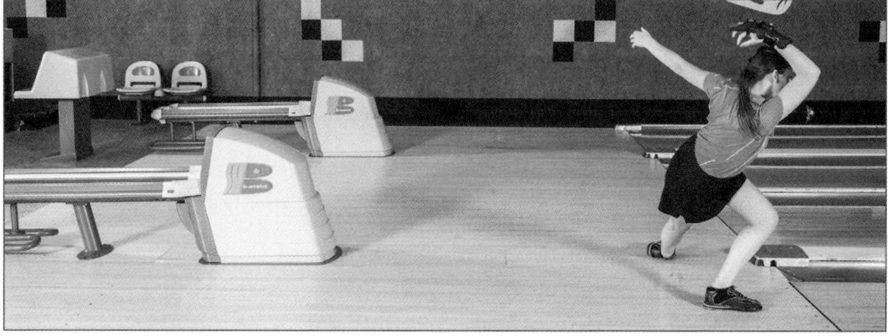

Abb. 3.1 Vier-Schritt-Anlauf für Rechtshänder: (a) rechts, (b) links, (c) rechts, (d) links.

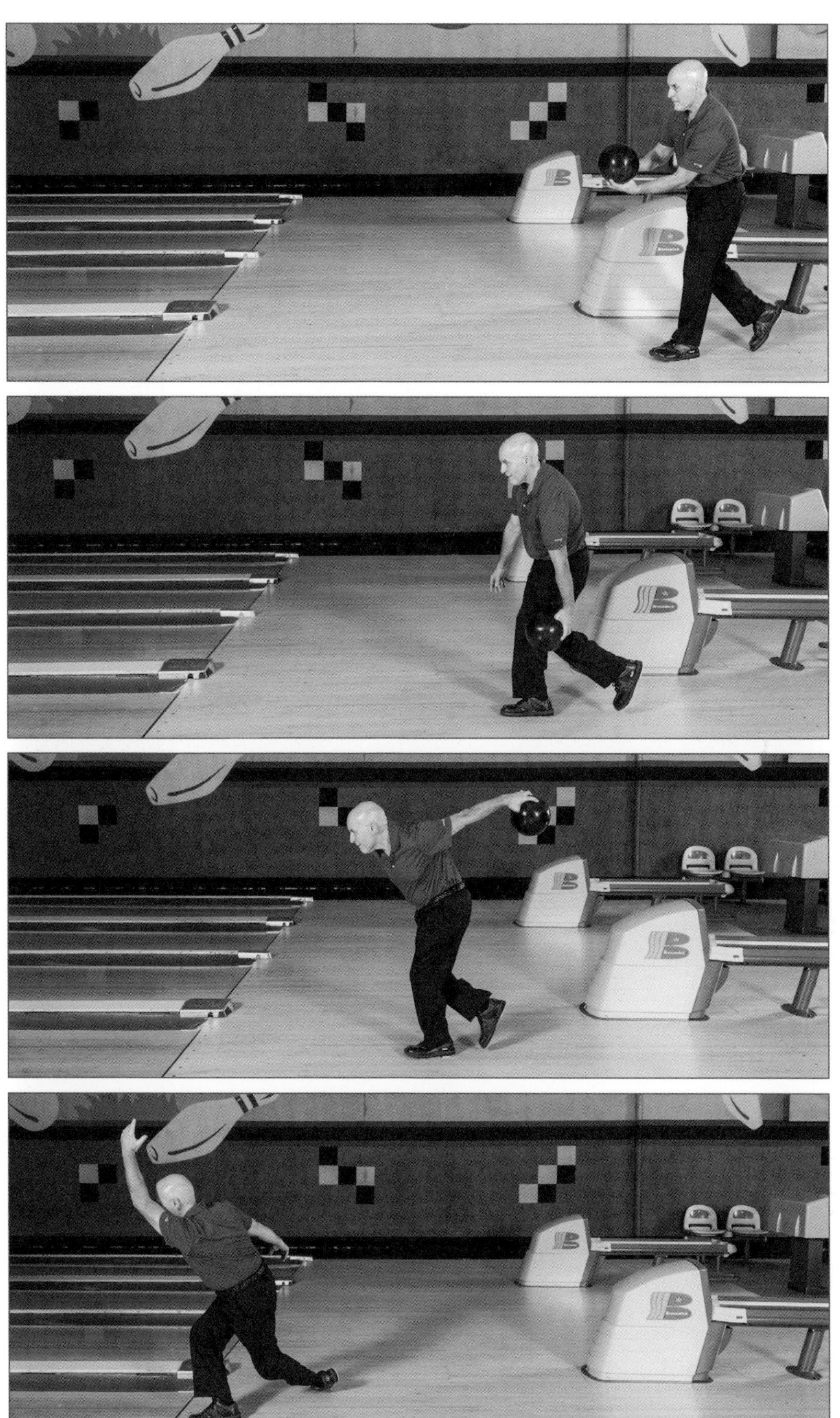

Abb. 3.2 Vier-Schritt-Anlauf für Linkshänder: (a) links, (b) rechts, (c) links, (d) rechts.

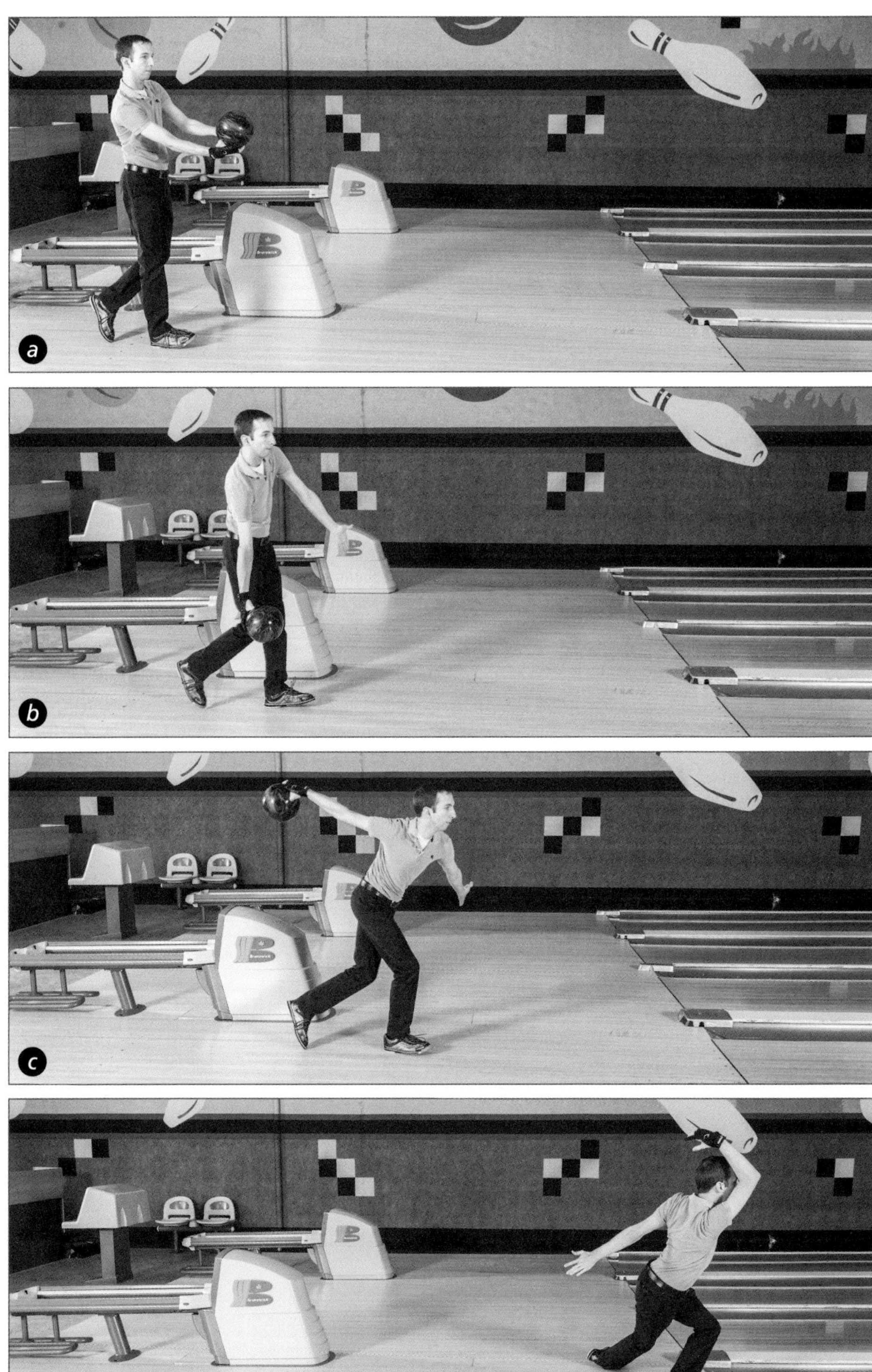

Abb. 3.3 Ballpositionen beim Vier-Schritt-Anlauf für Rechtshänder: (a) vorn bei eins, (b) unten bei zwei, (c) hinten bei drei, (d) durch bei vier.

TIMING NACH DEM LEHRBUCH ODER ANGEPASSTE TIMINGZONEN

Diese traditionellen Timingzonen dienen als Anleitung für ein gutes Timing mit lockerem Armpendel. Erfahrene Bowler entwickeln oft einen eigenen Ansatz um ihren Abwurf und die Schwungmechanik herum. Daher müssen Sie diese Timingpositionen in allgemeine Timingzonen umwandeln, um effektiv zu bleiben. Wichtig ist das richtige Timing zum Abschluss. Das wird in diesem Kapitel auch noch besprochen. Viele Bowler verbessern ihr Spiel durch Beachtung der Grundlagen einer besseren Schwungmechanik und Entspannung beim Anlauf.

- **Zweiter Schritt: unten bei zwei.** Bei Schritt zwei pendelt der Ball Richtung Anlauf (Abb. 3.3b). Beim Abschluss dieses Schrittes sollte er unten an Ihrer Seite sein.
- **Dritter Schritt: zurück bei drei.** Sie haben den Ball in Schritt eins nach vorn und in Schritt zwei nach unten gebracht, in Schritt drei folgt nun das Rückpendel (Abb. 3.3c). Das ist die Vorbereitung, um ihn im letzten Schritt freizugeben.
- **Vierter Schritt: durch bei vier.** Im letzten Schritt des Vier-Schritt-Anlaufs pendelt der Arm zum Abgabepunkt, wo Sie den Ball während des Gleitschritts loslassen (Abb. 3.3d).

ANLAUF MIT FÜNF SCHRITTEN

Einige Bowler finden es einfacher, mit dem nicht dominanten Bein zu starten. Ein Rechtshänder, der lieber mit dem linken Bein startet, macht einfach einen zusätzlichen Schritt, ohne dabei den Ball zu bewegen. Danach führt er den normalen Vier-Schritt-Anlauf durch. Der Linkshänder macht den zusätzlichen Schritt mit dem rechten Bein, ohne dabei den Ball zu bewegen. Daher ist im Fünf-Schritt-Anlauf der zweite Schritt der Grundschritt.

Ob vier oder fünf Schritte, der Ball wird zum ersten Mal mit dem Grundschritt bewegt. Bei einem Vier-Schritt-Anlauf ist das der erste Schritt, beim Fünf-Schritt-Anlauf der zweite. Der Rechtshänder macht den Startschritt auf dem rechten Bein, der Linkshänder auf dem linken.

Nach dem Startschritt ist das Timing beim Vier- und Fünf-Schritt-Anlauf das gleiche. Deshalb kann man den ersten Schritt des Fünf-Schritt-Anlaufs als Schritt null bezeichnen. Das ist einfach nur ein zusätzlicher Schritt, ohne den Ball zu bewegen. Deshalb handelt es beim Fünf-Schritt-Anlauf um einen modifizierten Vier-Schritt-Anlauf mit einem zusätzlichen Schritt null. Denken Sie daran, dass der Startschritt beim Fünf-Schritt-Anlauf der zweite Schritt ist.

FRÜHES UND SPÄTES TIMING

Frühes oder spätes Timing bezieht sich auf den Ball im Verhältnis zum Körper. Beim zu frühen Timing ist der Ball vor dem Körper, beim zu späten Timing ist der Körper vor dem Ball. Aus Gründen der Vereinfachung beziehen wir uns

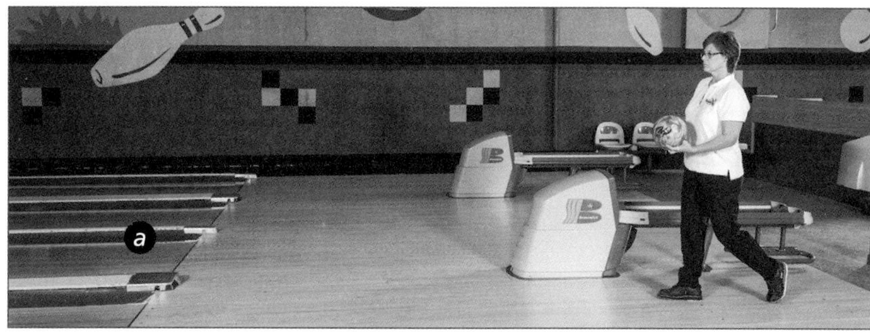

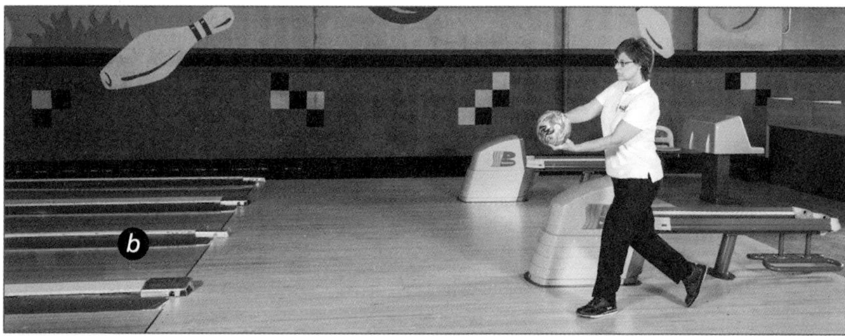

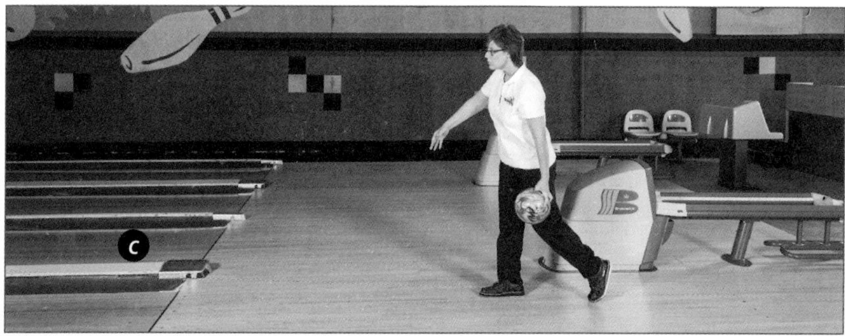

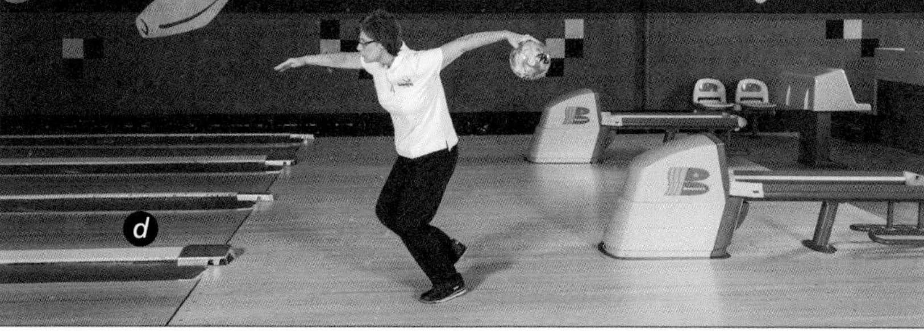

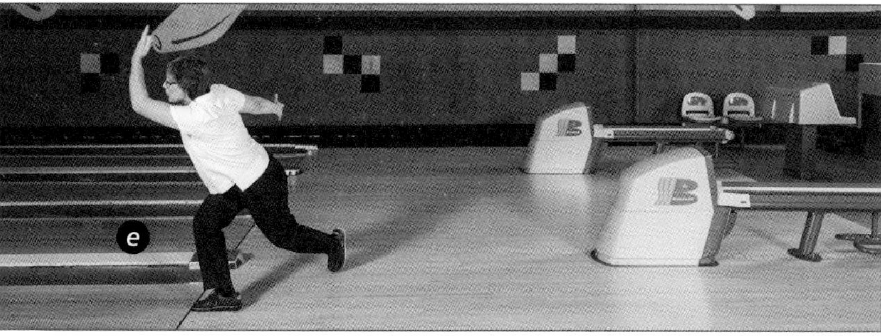

Abb. 3.4 Fünf-Schritt-Anlauf für Linkshänder: (a) erster Schritt ohne Ballbewegung, (b) zweiter Schritt (Grundschritt), Ball nach vorn, (c) dritter Schritt, Ball nach unten, (d) vierter Schritt, Ball zurück, (e) fünfter Schritt Ballabgabe, Arm pendelt durch.

beim Timing auf den Vier-Schritt-Anlauf. (Bei einem Fünf-Schritt-Anlauf sehen Sie den ersten Schritt als Schritt null. Das Timing beginnt mit dem Startschritt, genau wie beim Vier-Schritt-Anlauf.)

Fast alle Bowler, die ich kenne, selbst Profis, haben Probleme mit dem Timing beim Start. Wir alle neigen dazu, zu früh oder zu spät dran zu sein, davor ist wohl niemand gefeit. Deshalb arbeiten die Profis praktisch jeden Tag an ihrem Start, um diese Neigung zur Ungenauigkeit zu überwinden und besser zu starten. Viele sagen ja: „Ein guter Start sorgt für einen guten Abschluss."

Frühes Timing beim Start

Beim frühen Timing beginnt der Ball vor dem Körper zu pendeln. Das lässt sich anhand der Position des Balles beim zweiten Schritt feststellen. Ist der Ball beim zweiten Schritt bereits am Körper vorbei und nicht ganz unten, dann haben Sie ein frühes Timing (Abb. 3.5), d. h., der Ball ist *vor* dem Körper. Tabelle 3.1 zeigt einige Ursachen für frühes Timing und Lösungen dafür. Um das Problem anzugehen, müssen Sie überlegen, *wann* Sie den Ball starten, *wie* Sie ihn starten und *in welcher Form.*

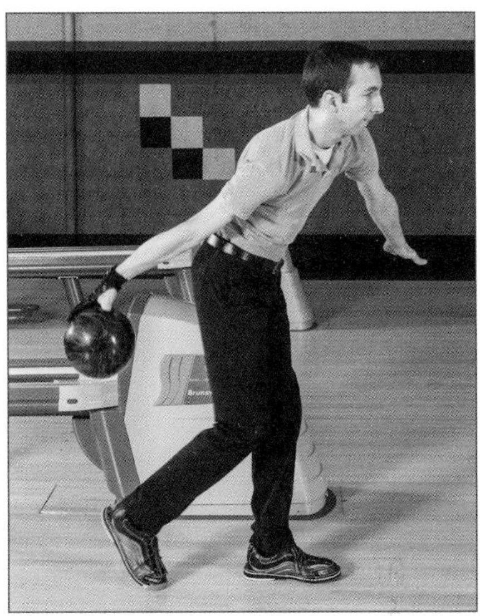

Abb. 3.5 Frühes Timing: Der Ball ist beim zweiten Schritt bereits am Körper vorbei.

Ball zu früh starten

Wer den Ball vor dem Startschritt nach vorn stößt, löst damit ein frühes Timing aus. Bei vier Schritten Anlauf schieben Sie den Ball mit dem Startschritt nach vorn, nicht vorher. Bei fünf Schritten stoßen Sie ihn mit dem zweiten Schritt. Machen Sie fünf Schritte Anlauf und

Tabelle 3.1 Frühes Timing – Ursachen und Lösungen

Ursachen	Lösungen
Ball wird zu früh gestoßen.	Ball nicht vor dem Grundschritt stoßen.
Ball wird zu stark nach unten gedrückt.	Den Ball in der Starthaltung niedriger halten, nach vorn und leicht aufwärts stoßen.
Ball wird beim Pendel zurückgezogen.	Länger als gewöhnlich nach vorn stoßen, dann den Ball in den nächsten Schritt fallen lassen.
Zu großer Grundschritt.	Grundschritt verkürzen, das eigene Gewicht nach hinten verlagern.
Zu weit hinten beim Anlauf, dann eilig aufholen.	Startposition anpassen und näher herangehen (siehe Kap. 2).

können es nicht erwarten, den Ball beim zweiten Schritt nach vorn zu stoßen, versuchen Sie es mit vier Schritten – dann können Sie ihn sofort stoßen.

Ball wird nach unten gedrückt

Wer den Ball mehr nach unten als nach vorn drückt, ist mit dem zweiten Schritt fast immer zu früh dran. Starten Sie mehr in einem Bogen, indem Sie den Ball nach vorn und aufwärts schieben, bevor er heruntergeht. Da Sie es gewohnt sind, ihn nach unten zu drücken, fühlt es sich an, als ob Sie ihn nach vorn und aufwärts stoßen. Halten Sie den Ball in der Starthaltung niedriger, um diese Aufwärtsbewegung zu erzeugen. Übertreiben und Nach-oben-Denken helfen Ihnen, die Neigung zum Herunterdrücken und das frühe Timing zu bekämpfen. Dabei erzeugen Sie eher eine kreisende Bewegung als eine gerade Linie zum Boden.

Diesen Bogen sollten Sie in zwei Schritten ausführen: Wenn Sie den Ball eher nach vorn stoßen als nach unten, warten Sie bis zum zweiten Schritt, um ihn fallen zu lassen und den Bogen zu vollenden. Wenn Sie beim ersten Schritt den Ball nach vorn stoßen, aber zu früh fallen lassen, gerät er auch zu früh in das Pendel. Die Abwärtsbewegung bis zum zweiten Schritt zu verzögern, ist wohl wegen Ihrer Tendenz zum frühen Timing besonders schwierig. Sie müssen den Ball länger als gewohnt nach vorn schieben und ihn erst im zweiten Schritt herunterkommen lassen. Denken Sie daran: vorn bei eins, unten bei zwei.

Viele meiner Schüler mit einem frühen Timing müssen übertreiben und fühlen sich dann, als ob sie den Ball mindestens zwei Schritte lang nach vorn stoßen. Wenn ich sie aufnehme und ihnen das zeige, sind sie überrascht und können kaum glauben, dass sie den Ball gar nicht so lange halten. Das, was sie meinen zu tun, ist nicht das, was sie wirklich tun.

Zurückziehen des Balles

Auch wenn Sie Ihre Armmuskeln einsetzen, um den Ball im Pendel nach hinten zu ziehen, kann der Arm vor den Körper geraten. Statt den Arm zurückzuziehen, sollten Sie lernen, ihn zu entspannen und wie ein Pendel zu schwingen. Der Pendelarm sollte entspannt sein, während die gegenüberliegende Hand den Ball nach vorn bringt und für das richtige Timing beim Start sorgt. Das Konzept, mit der anderen Hand beim Start ein gutes Pendel zu erzeugen, ist besonders wichtig und wird in Kapitel 5, Armpendel, ausführlich behandelt.

Ein zu langer Startschritt

Wer einen zu großen Grundschritt macht, gibt dem Ball zu viel Zeit, zu früh in den Schwung hineinzukommen. Der Ball sollte mit dem Startschritt nach vorn und erst beim nächsten Schritt nach unten pendeln. Je länger der Startschritt, desto größer die Gefahr, dass der Ball währenddessen nach unten pendelt. Man kann den schweren Ball nicht unbegrenzt lange vorn halten! Wenn Sie zu einem frühen Timing neigen, machen Sie einen kleineren Startschritt, während Sie den Ball nach vorn stoßen, damit der Schritt schneller fertig ist. Damit ist es einfacher, die Abwärtsbewegung bis zum nächsten Schritt hinauszuzögern.

Wenn man beim Startschritt das Gewicht zu weit nach vorn verlagert, fällt der Schritt schnell zu groß aus. Der vorgebeugte Oberkörper muss ja ausbalanciert werden, und das geschieht, indem Ihre Füße reagieren und nach vorn gehen. Weil das Gewicht nach vorn geneigt ist, muss der Schritt groß ausfallen, damit die Beine sich wieder unter dem Oberkörper befinden. So kommt es zu einem ungewöhnlich großen Schritt. Verlagern Sie also beim Schritt Ihr Gewicht nicht nach vorn. Eventuell müssen Sie sogar übertreiben und das Gewicht auf die Fersen verlagern, damit es nicht vor dem ersten Schritt zu weit vor die Zehen gerät.

Versuchen Sie es so: Sie nehmen die Starthaltung ein, als ob Sie diese üben wollten. Kurz vor dem Start verlagern Sie Ihr Gewicht nach vorn und machen einen Schritt. Nun versuchen Sie es erneut, jetzt aber mit dem Gewicht auf den Fersen oder der Fußmitte, und lassen den Schritt folgen. So bemerken Sie, dass Sie bei guter Balance mehr Kontrolle über den Schritt und seine Länge haben.

Zu weit hinten beim Anlauf

Zu viel Abstand zu der Foullinie hat den psychologischen Effekt, dass Sie sich wie auf einer Startbahn fühlen und glauben, sich beeilen zu müssen, um zur Linie zu gelangen. Ihr Körper meint, Sie können den Abstand zur Foullinie nicht mit normalen Schritten bewältigen. Also werfen Sie Ihr Gewicht nach vorn und neigen dazu, den Ball im Anlauf früher herunterzulassen. Sie fühlen sich, als ob Sie laufen müssten, um die Bewegung aufzuholen. Da Laufschritte länger sind als Gehschritte, entscheidet sich Ihr Körper für die Laufschritte, um den größeren Abstand wettzumachen. Ich schätze, dass etwa 80–85 % der Schüler zu weit hinten stehen. Ich sage nicht, dass sie alle ein frühes Timing haben, aber der zu große Abstand ist ein sehr häufiger Fehler. Kapitel 2 hilft Ihnen, den Abstand zur Foullinie zu bestimmen.

Spätes Timing beim Start

Beim späten Timing kommt der Ball verzögert in Schwung, etwa wenn er beim zweiten Schritt noch nicht unten an Ihrer Seite ist. In diesem Fall ist der Körper zu weit vor dem Ball (Abb. 3.6). Tabelle 3.2 zeigt einige Ursachen für das späte Timing und Lösungen. Um das Problem anzugehen, müssen Sie überlegen, *wann* Sie den Ball starten, *wie* Sie ihn starten und *in welcher Form*.

Ball startet zu spät

Wird der Ball erst nach dem Startschritt nach vorn gestoßen, ist das Timing zu spät. Bei vier Schritten Anlauf stoßen Sie den Ball mit dem Startschritt, nicht danach. Bei fünf Schritten stoßen Sie ihn

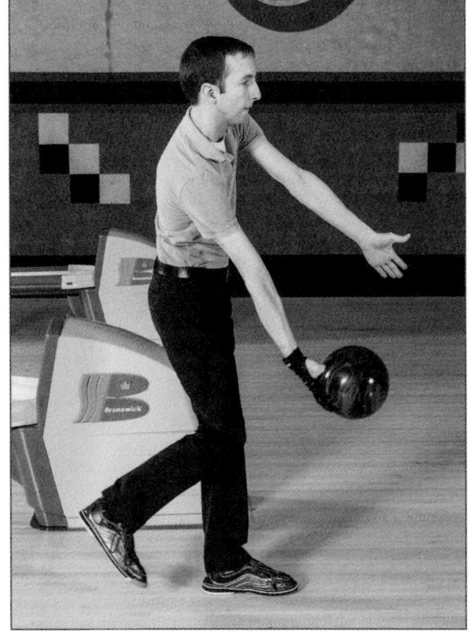

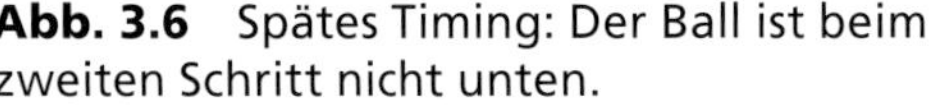

Abb. 3.6 Spätes Timing: Der Ball ist beim zweiten Schritt nicht unten.

Tabelle 3.2 Spätes Timing – Ursachen und Lösungen

Ursachen	Lösungen
Ball wird zu spät gestoßen.	Ball mit dem Startschritt stoßen, nicht danach.
Ball wird aufwärts und nach vorn gestoßen.	Den Ball in der Starthaltung höher halten, nach vorn und abwärts stoßen.
Arm angespannt, Abwärtspendel des Balles wird verzögert.	Pendelarm nach dem Vorwärtsstoß entspannen und Ball einfach herunterfallen lassen, Pendelarm nicht überdehnen oder strecken.
Zu kleiner Grundschritt.	Startschritt verlängern.

mit dem zweiten Schritt. Ihre Ellbogen müssen dabei auch mit nach vorn gehen, nicht nur der Ball. Der pendelt aus der Schulter; um ihn mit dem Schulterpendel weit genug nach vorn zu bekommen, müssen die Ellbogen mit nach vorn. Strecken Sie dabei aber den Ellbogen des Pendelarms nicht durch; die Bewgung des Balles würde verzögert und daher nicht natürlich in das Pendel übergehen.

Wenn Sie versuchen, Bein und Ball gleichzeitig zu bewegen und immer noch zu spät sind, dann übertreiben Sie und versuchen, den Ball vor dem Schritt herauszuschieben, damit der Ball sich simultan zum Schritt bewegt. Das müssen viele Bowler tun, denn sie sind auch dann noch zu spät dran, wenn sie versuchen, Ball und Bein gleichzeitig zu bewegen. Manch einer glaubt das erst, wenn er das im Video sieht!

Ball wird nach oben gedrückt

Wer den Ball zu stark nach oben drückt, ist beim zweiten Schritt fast immer zu spät dran. Versuchen Sie, ihn nach vorn und leicht abwärts zu bewegen. Halten Sie den Ball in der Starthaltung höher, um diese Abwärtsbewegung zu erzeugen. Übertreiben und Abwärtsdenken helfen Ihnen, die Neigung zum Hochdrücken zu bekämpfen. Indem Sie die Stoßrichtung ändern, bekommen Sie den Ball früher in Schwung.

Verzögertes Abwärtspendel

Wenn Sie den Ball während des ersten Schrittes mit Kraft zu lange vorn halten, kommt er ebenfalls zu spät in die Pendelbewegung. Da Sie das späte Timing gewohnt sind, verspannen Sie nun und zögern es hinaus, den Ball beim nächsten Schritt in das Pendel fallen zu lassen. Es erscheint Ihnen zu früh, dabei wäre genau das richtig. Wenn der Ball vorn ist, lassen Sie ihn beim zweiten Schritt herunterpendeln.

Hinweis: Für einen flüssigen Bogen in das Pendel den Ellbogen nicht überdehnen oder strecken. Das würde nur verhindern, dass der Ball rechtzeitig nach unten pendelt. Das Abwärtspendel mit dem zweiten Schritt ist eine besondere Herausforderung für Bowler mit spätem Timing. Der flüssige Bogen in das Pendel vollzieht sich in zwei Schritten: vorn bei eins, unten bei zwei.

Der Pendelarm sollte wieder entspannt sein. Wie man mit der anderen Hand den Pendelarm entspannt, ist wichtig für das Timing und wird in Kapitel 5, Armpendel, ausführlich behandelt.

Ein zu kurzer Startschritt

Ist der Grundschritt zu kurz, reicht die Zeit nicht aus, den Ball währenddessen nach vorn zu stoßen. Je kürzer der Schritt, desto weniger Zeit haben Sie, um den Ball nach vorn zu bringen; je länger der Schritt ist, desto mehr Zeit haben Sie dafür. Bei einem späten Timing brauchen Sie mehr Zeit, um den Ball nach vorn zu bringen. Da hilft ein längerer Schritt, da er mehr Zeit beansprucht. Damit haben Sie mehr Zeit, den Ball in das Pendel zu bringen.

Wenn Sie die Bewegung vorn-bei-eins beherrschen und der Ball beim zweiten Schritt trotzdem an Ihrem Bein vorbeischwingt, ist Ihr Pendel voraus, Sie sind zu früh dran. In diesem Fall müssen Sie entweder das Abwärtspendel verzö-

Zwei-Schritt-Timing: vorn bei eins, unten bei zwei

Starten Sie auf dem rechten Bein und machen Sie nur zwei Schritte, um die Bewegung nach vorn mit der Abwärtsbewegung zu kombinieren. Halten Sie beim zweiten Schritt an, sollte der Ball unten an Ihrer Seite sein.

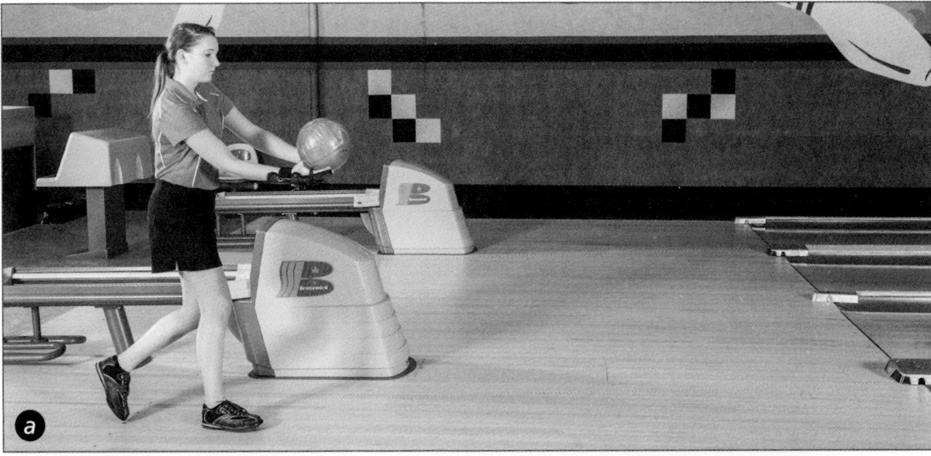

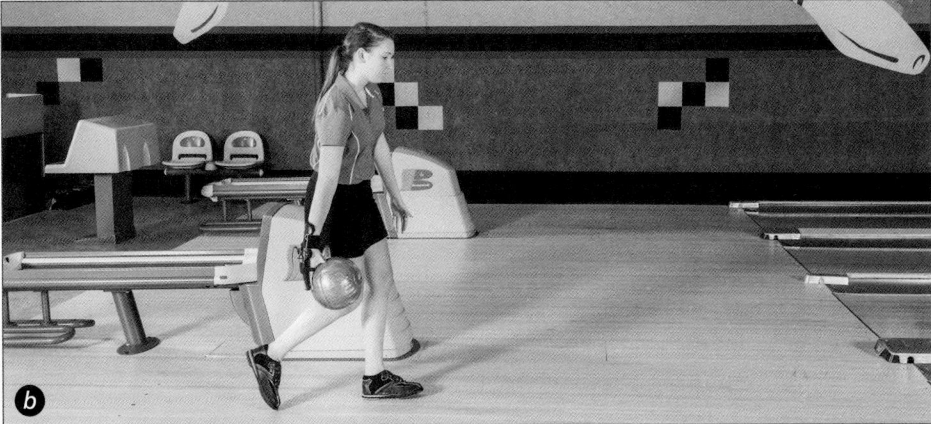

Abb. 3.7 Timing in zwei Schritten: (a) vorn bei eins, (b) unten bei zwei; der Ball ist unten an der Seite.

Veränderungen: Timing und Rhythmus

Mit dem Timing ändert sich auch Ihr Rhythmus, besonders wenn Sie schon länger bowlen. Es ist normal, wenn Sie sich dagegen sträuben, aber denken Sie daran: Wenn Sie den Unterschied spüren, sind Sie dabei, die Veränderung anzunehmen.

Waren Sie zu früh mit dem Pendel dran und lernen Ihr Timing zu verzögern, fühlen Sie sich langsam wie in Zeitlupe. Waren Sie vorher zu spät dran, kommt Ihnen alles schneller vor wie im Zeitraffer, Sie meinen, Ihre Füße wären außer Kontrolle. Ich erinnere meine Schüler daran, dass wir dazu neigen, die Kontrolle behalten zu wollen. Wir geben das nur schwer auf, aber nur so lässt sich das späte Timing korrigieren. Da spätes Timing ein Resultat von zu viel Kontrolle ist, müssen Sie für das Pendel auf etwas Kontrolle verzichten. Wenn Sie ein lockeres Pendel hinbekommen und es mit den Füßen synchronisieren, werden Sie Ihre Würfe auf einem höheren Niveau wiederholen können!

Ein anderes Timing führt zu einem anderen Rhythmus, einer anderen Schrittkadenz. Sind Sie es gewohnt, den Ball zu spät nach vorn zu stoßen und das dann abzustellen und den Ball eher in das Pendel zu bringen, werden Ihre Füße sich schneller bewegen, um mit dem Ball mitzukommen. Wenn Sie andererseits den Ball zu früh in das Pendel gestoßen haben und das dann verzögern, wird sich Ihr Rhythmus viel langsamer anfühlen. Diese Veränderung erfolgt nicht nur in Ihrer Fantasie, und sie ist auch nicht schlecht. Sie ist real und bedeutet, dass Sie tatsächlich Ihr Timing korrigieren. Spüren Sie keinen Unterschied im Rhythmus, haben Sie Ihr Timing wahrscheinlich noch nicht geändert.

Noch einmal, Sie denken, Sie rennen oder dass Sie an einem Kaugummi kleben, dabei ist es gar nicht so extrem. Wir nehmen kleine Änderungen stark wahr und dramatisieren sie.

Zunächst sträuben Sie sich vielleicht gegen den Rhythmus, der sich aus dem neuen Timing ergibt. Wenn Sie wissen, dass er aus dem veränderten Timing resultiert, sind Sie eher bereit, die Veränderung im Rhythmus als Zeichen dafür zu sehen, dass Sie im Begriff sind, Ihr Timing erfolgreich zu korrigieren!

gern oder den Ball einfach eher herunterfallen lassen, statt ihn nach hinten zu ziehen. Dies fühlt sich aber sehr langsam an, so, als ob Sie den Ball über zwei Schritte halten würden.

Ist der Ball beim zweiten Schritt noch vor Ihnen und nicht an Ihrer Seite, sind Sie zu spät dran. Setzen Sie den Ball dann schneller in Bewegung oder nutzen Sie die nicht dominante Hand, um den Ball schneller rauszuschieben sodass der Ball früher frei herunterschwingt. Das fühlt sich schnell an, bis Sie sich an diesen Rhythmus gewöhnt haben.

Probieren Sie das, bis Sie den Drill richtig beherrschen. Das kann länger dauern. Wenn Sie es mindestens drei Mal hintereinander korrekt schaffen, sind Sie bereits dabei, sich an das Gefühl zu gewöhnen und können einen Wurf probieren. Ein Tipp: Versuchen Sie, beim Wurf die ersten beiden Schritte wie im Drill zu machen, und führen Sie dann einfach die anderen Schritte aus. Das mag sich zunächst anfühlen wie Stückwerk, ist aber die einzige Möglichkeit, technisch korrekt zu bleiben und den Anlauf im richtigen Timing auszuführen. Nach vielen Wiederholungen bekommen Sie das gleichmäßig synchronisiert. Haben Sie Geduld.

Achten Sie bei diesem zweiteiligen Drill auf Ihre Haltung. Gehen Sie etwas früh beim Start in das Pendel, werden Sie sich etwas mehr nach vorn neigen, wenn der Ball in das Pendel kommt (Abb. 3.5), ich will nicht sagen, dass die Wirbelsäule sich beim Anlauf nicht neigt, aber bei einem zu früh angesetzten Pendel ist die Neigung meist zu stark. Wenn Bowler auf ihre Haltung achten, haben sie eine bessere Basis, um am Schwung des Balles für eine besseres Timing zu arbeiten. Kapitel 6, Abschlussposition und Wurf, zeigt, wie man den Rücken leicht krümmt und dabei eine gute Haltung bewahrt.

Um das Timing zu korrigieren, muss man den Ball zum richtigen Zeitpunkt (mit dem Grundschritt) starten und dafür eine bessere Schwungmechanik entwickeln. Mehr dazu erfahren Sie in Kapitel 5, Armpendel.

TIMING UND ABSCHLUSS

Das gute Timing beim Start ist zwar wichtig für das Timing des gesamten Anlaufs, aber auch bei der Ballabgabe ist das Timing wichtig, um die richtige Balance an der Foullinie zu haben. Manchmal ist das Timing beim Start nicht das gleiche wie beim Abschluss, besonders wenn das Armpendel sich während des Anlaufs ändert. Bei einem späten Start könnten Sie das Rückpendel verkürzen und mit den Füßen/dem Körper zu früh an der Linie sein, oder Sie ziehen den Ball beim Start früh zurück, übertreiben das Pendel und sind beim Abschluss zu spät an der Linie. Eine Abweichung von Ihrem lockeren Armpendel beeinträchtigt Tempo und Höhe Ihres Rückpendels und ändert so das Timing beim Abschluss.

Eintritt in die Gleitphase

Um das Timing beim Abschluss besser zu verstehen, sprechen wir zunächst die Timingzone beim Eintritt in die Gleitphase an. Beim Eintritt in die Gleitphase (Abb. 3.8) sollte der Ball sich im Abwärtspendel zwischen Schulter und Gürtellinie befinden, damit Sie bei der Ballabgabe die richtige Balance haben. Auf welcher Höhe genau der Ball sich befindet, hängt davon ab, wie viel Hebelwirkung der Bowler bei einem Hakenball einsetzt.

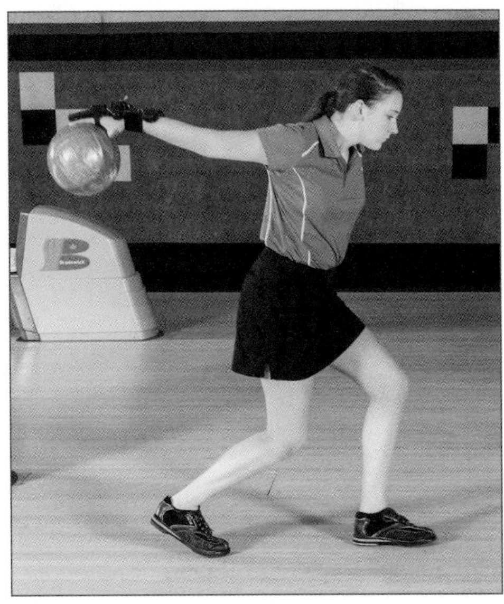

Abb. 3.8 Eintritt in die Gleitphase mit dem Ball beim Abwärtspendel zwischen Schulter und Gürtellinie.

Je stärker der Hakenlauf, desto später das Timing. Der Ball ist in dieser Zone höher, näher an der Schulter, um mehr Hebelwirkung zu erzeugen, sodass der Ball erst anhand des Hakenlaufs die Gasse findet. Wer weniger Hakenlauf anstrebt, hat den Ball näher an der Mitte des Rückens oder zum Gürtel hin, um einen geraderen Ball mit weniger Hakenlauf zu spielen. Bei Bowlern mit stärkerem Hakenlauf (d. h. mehr Umdrehungen) ist der Ball beim Eintritt in die Gleitphase außerhalb dieser Zone oberhalb der Schulter. Somit haben sie noch mehr Hebelwirkung, um solch einen starken Haken zu entwickeln. Bei den meisten Bowlern sollte der Ball sich aber zwischen Schulter und Gürtellinie befinden.

Ist der Ball beim Eintritt in die Gleitphase bereits unterhalb der Gürtellinie, ist er beim Abschluss zu früh dran (Abb. 3.9a). Befindet er sich noch oberhalb der Schulter, ist er beim Abschluss zu spät (Abb. 3.9b) – außer bei einem Bowler, der einen extremen Haken wirft. Er muss den Ball stärker abseits der Gasse platzieren, er befindet sich beim Eintritt in die Gleitphase oberhalb der Schulter.

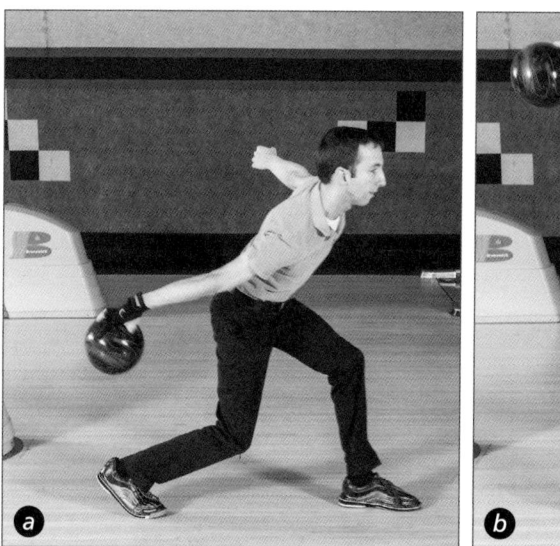

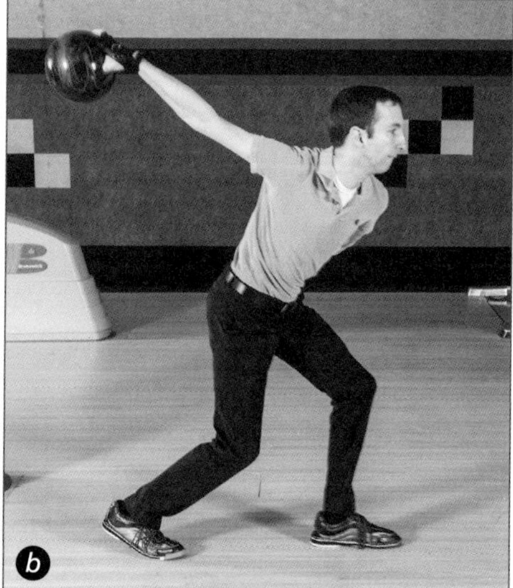

Abb. 3.9 Falsches Timing in der Gleitphase: (a) frühes Timing beim Eintritt in die Gleitphase, (b) spätes Timing beim Eintritt in die Gleitphase.

Haltung und Hebelwirkung

Sind Sie zu früh beim Abschluss und der Ball ist vor Ihnen an der Linie, liegen die Schultern vor den Knien, und Sie haben an der Linie wenig Hebelwirkung (Abb. 3.10a). Beim zu späten Timing beim Abschluss stehen Sie wegen der starken Hebelwirkung an der Linie zu aufrecht (Abb. 3.10b).

Bei frühem Timing haben Sie zu wenig Hebelwirkung bei der Ballabgabe. Sie sind schwach, Durchschlagskraft und Balldrift leiden. Ist Ihr Timing spät, haben Sie zu viel Hebelwirkung und der Ball driftet zu weit ab, oder Sie kompensieren das dadurch, dass Sie den Ball zurückziehen, um das Timing zu retten.

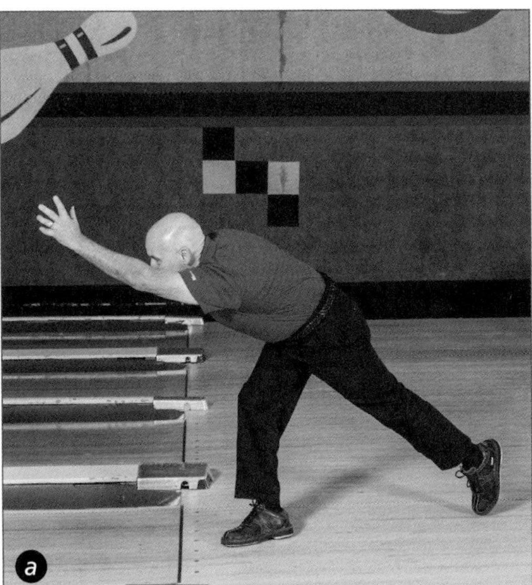

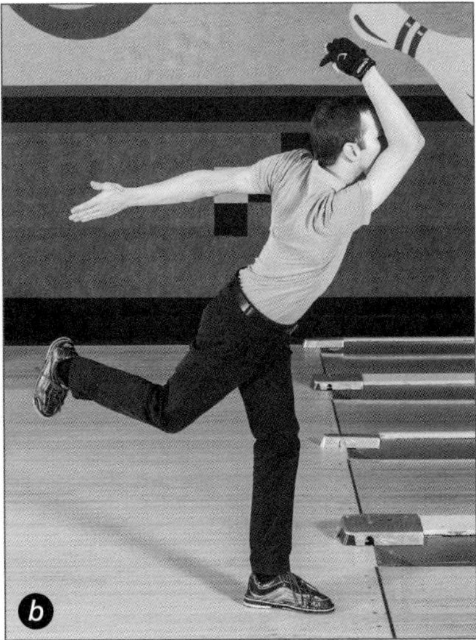

Abb. 3.10 Auswirkung falschen Timings auf die Abschlussposition: (a) frühes Timing, (b) spätes Timing.

Ihr Timing ändert sich beim Abschluss, wenn Sie an Ihrem Start arbeiten. Da Sie vorher ein gewisses Gefühl für das Timing hatten, kann es sein, dass Sie spät im Anlauf Anpassungen an der Pendelbewegung vornehmen, damit das Timing sich wieder so anfühlt wie vorher. Ist der bessere Start geschafft, brauchen Sie auch ein neues Muskelgedächtnis für das andere Gefühl beim Abschluss.

Sie können die unterschiedliche Hebelwirkung spüren und demonstrieren, indem Sie versuchen einen Stuhl bei zwei verschiedenen Körperhaltungen anzuheben.

Hebelwirkung und Präzision

Wenn das Timing passt und das Pendel locker ist (mehr dazu in Kapitel 5, Armpendel), müssten Sie Ihr Ziel zwangsläufig treffen. Bei vielen Stunden, die

Hebelwirkung: Einen Stuhl anheben

Nehmen Sie einen Stuhl mit Rückenlehne zum Anheben. Versuchen Sie ihn aus einer schwachen Hebelposition anzuheben – an der Taille weit vorgebeugt, die Schultern nach vorn. Das ist schwer, wenn nicht unmöglich. Nun heben Sie ihn mit aufrechtem Körper an. Mit einer guten Haltung ist es um vieles einfacher. So wie Sie (hoffentlich) gelernt haben, etwas Schweres mithilfe Ihrer Beine anzuheben, statt sich vorzubeugen und den Rücken zu belasten, funktioniert auch die Hebelwirkung einer starken Körperhaltung beim Bowlen.

Veränderungen: Das richtige Timing entwickeln

Wenn sie Ihr Timing beim Eintritt in die Gleitphase ändern, ist es wichtig zu begreifen, dass die Pendelbewegung, während Sie Ihr neues Timing entwickeln, locker durchgeführt werden muss. Allerdings kann es sein, dass sich Ihr Arm anspannt und das Pendel herunterzieht, denn das war für das späte Timing nötig, oder er versucht, Ihr altes Timing wiederherzustellen.

Es kommt häufig vor, dass der Ball beim Start erst spät nach vorn geschoben wird. Bei einem Spätstart müssen Sie entweder das Rückpendel verkürzen oder bei einem vollen Pendel den Ball ziehen, damit er aufholen kann. Wenn Sie also beim Start etwas ändern, was viel Konzentration und Wiederholung erfordert, und lernen, den Ball früher zu bewegen, haben Sie das Timing korrigiert. Aus Gewohnheit werden Sie den Ball beim Abschluss immer noch ziehen. Sie brauchen Geduld und Verständnis, um zu erkennen, dass Sie die Änderung geschafft haben, nur Ihr Körper hat sich noch nicht daran gewöhnt. Am besten erreichen Sie das durch ständige Wiederholungen, so gewöhnt er sich daran. Irgendwann werden Sie beim Abschluss den Ball nicht mehr herunterziehen, um das einst schlechte Timing zu kompensieren. Wenn Sie nach vielen Wiederholungen immer noch den Ball ziehen, müssen Sie sich etwas mehr darauf konzentrieren, das Pendel bis zum Abschluss zu entspannen, denn das Ziehen ist gar nicht mehr notwendig.

Manchmal muss man nur das alte Muskelgedächtnis löschen, das man vor der Verbesserung der Technik entwickelt hatte. Das gilt besonders für diejenigen, die schon lange bowlen und nun ihre Technik ändern wollen. Bleiben Sie dran, und Sie werden sehen, dass die Veränderungen kommen.

Bei Korrekturen am Timing, speziell beim Start, müssen Sie Geduld haben, bis Ihr Körper sich an die Veränderung gewöhnt hat. Lernen Sie, sich zu entspannen und das andere Gefühl des Pendels beim Abschluss zu akzeptieren. Das gewünschte Resultat wird nicht sofort eintreten, doch bleiben Sie dran. Oft sage ich zu einem Schüler „Gut gemacht!", obwohl der Ball die Pins überhaupt nicht trifft. Wenn ich merke, dass die Veränderung allmählich eintritt, und erkenne, dass der Schüler weitere Würfe braucht, um sich an das neue Gefühl zu gewöhnen, lobe ich seinen Fortschritt und fordere ihn auf, dranzubleiben. Ich hoffe, Sie machen das auch so. Dieser Prozess braucht Geduld. Die Resultate werden aber kommen.

Der Abschluss fühlt sich zunächst einmal anders an, denn ein besseres Timing bringt eine andere Hebelwirkung an der Linie. Ob Sie nun das späte Timing gewohnt waren und aufrecht standen oder Ihre Schultern zu weit vorn waren oder aber ob Ihr Körper nun eine bessere Balance hat – er wird sich an der Linie auf jeden Fall anders anfühlen. In vielen Fällen fühlt er sich besser an. Diese Korrekturen am Timing sollten Ihre Hebelwirkung verbessern.

Manchmal muss man sich erst anders fühlen, bevor man sich besser fühlt. Keine Panik, es läuft nichts falsch. Es läuft nur anders, und das soll es auch. Wenn es sich nicht mehr merkwürdig anfühlt, fühlt es sich besser an, solange man es richtig macht. Fühlt es sich nicht anders an, gibt es keine Veränderung.

Wenn Ihr Timing stimmt, können Sie daran arbeiten, die Abschlussposition selbst zu stärken. Ob Sie nun tiefer herunterwollen oder die Schultern aufrechter halten oder ob Sie mehr Balance brauchen, bei einem besseren Timing steht Ihnen nun alles offen, um diese Veränderungen an Ihrem Abschluss vorzunehmen. Dazu finden Sie mehr in Kapitel 6, Abschlussposition und Wurf.

ich unterrichte, stelle ich fest, dass nach der Arbeit am Timing und am Pendel die Präzision auf einmal wieder da ist, obwohl wir gar nicht daran gearbeitet haben! Sobald die Mechanismen stimmen, lassen sie sich leichter wiederholen, und die Hebelwirkung an der Linie ist viel besser. Wenn das Timing aber nicht stimmt, ist es fast unmöglich, das Ziel beständig zu treffen, ganz gleich, wie lange man es anstarrt.

Frühes Timing und links vorbei

Wenn der Ball zu früh in den Schwung kommt und vor Ihrem Körper an der Linie ist, leidet die Körperhaltung. Wegen des frühen Timings beim Anlauf kann der Ball beim Abschluss zu früh dran sein, oder Sie verkürzen den Rückschwung, was auch dazu führt, dass der Ball beim Abschluss zu früh ankommt. Wenn der Ball vor Ihnen an der Linie ist, sind die Schultern beim Abschluss zu stark geschlossen (rechte Schulter vor der linken, Abb. 3.11), und Sie können Sie ihn nicht richtig werfen. Bei zu frühem Timing und deshalb geschlossenen Schultern läuft der Ball links vorbei.

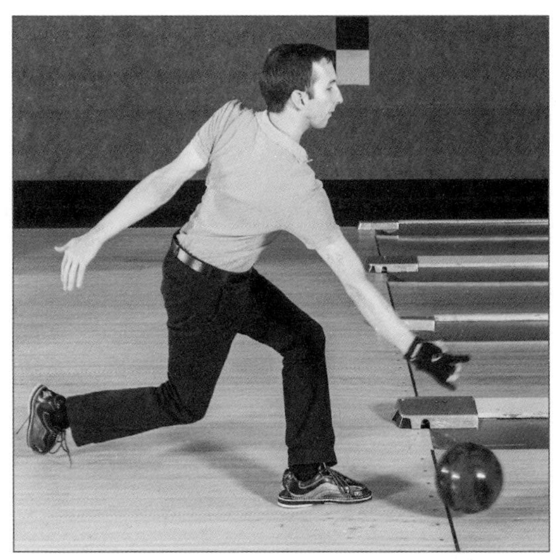

Abb. 3.11 Rechte Schulter vor der linken, Ball läuft links am Pfeil vorbei.

Die Ursachen für das frühe Timing haben wir in diesem Kapitel bereits angesprochen. Wenn Ihr Pendel und Ihr Timing stimmen, es also später ist, haben Sie wieder die Hebelwirkung an der Linie und können den Ball richtig auf Ihr Ziel werfen.

Spätes Timing und rechts oder links vorbei

Die Frage, die ich bei meiner Bronze-Prüfung falsch beantwortet habe, lautete: „Wie verpasst ein Rechtshänder bei spätem Timing das Ziel?“ Ich war schon einige Jahre lang Trainerin und antwortete: „Links vorbei.“ Die Antwort lautet korrekt aber: „Rechts vorbei.“ Ich wollte recht behalten und begann zu diskutieren; meine Argumentation von damals ist hier auch enthalten.

Da Sie bei frühem Timing (wegen der geschlossenen Schultern) links am Ziel vorbeitreffen, müssten Sie bei spätem Timing und zu offenen Schultern rechts vorbeizielen. Sie sind zu offen, weil der Ball beim Abschluss noch hinter Ihnen ist und die rechte Schulter deshalb zu weit hinten ist. So weit, so gut.

Ich habe aber „links vorbei” geantwortet, weil die meisten Bowler als Reaktion auf das späte Timing den Ball ziehen, um ihn in das richtige Timing zu bekommen. Wenn Sie aber ziehen, ziehen Sie den Ball am linken Pfeil vorbei. Das hat nichts damit zu tun, dass Sie bei zu frühem Timing links am Pfeil vorbeizielen! Beim frühen Timing ziehen Sie nicht, Sie sind in einer schlechten Hebelposition, die Schultern geschlossen, und können den Ball nicht richtig werfen. Wenn Sie aber bei spätem Timing links vorbeiwerfen, haben Sie den Ball gezogen. Das erfordert Kraft.

Es ist ein Unterschied, ob Sie wegen des frühen Timings oder wegen des Ziehens links am Pfeil vorbeiwerfen. Wenn Sie aufgrund des frühen Timings links vorbeizielen, liegt es daran, dass Ihre Schultern bei der Ballabgabe geschlossen sind, weil der Ball zuerst da ist. Wenn Sie wegen des Ziehens links vorbeizielen, liegt das am Kraftaufwand. Im ersten Fall ist die schlechte Hebelwirkung schuld, im zweiten Fall das Ziehen!

ZUSAMMENFASSUNG

Das Timing ist der Herzschlag des Anlaufs. Bowler aller Leistungsklassen müssen ständig daran arbeiten, ihr Timing zu verbessern. Ihre anfängliche Neigung beim Timing werden Sie nie verlieren. Sie müssen sie nur beherrschen.

Die Anpassung des Timings kann eine echte Herausforderung sein. Es kostet viel Arbeit, ein anderes Gefühl zu entwickeln. Das Timing beeinflusst alle Aspekte des Anlaufs, einschließlich Haltung, Rhythmus, Balance, Ballabgabe und Präzision. Wenn Sie Ihr Timing verbessern, wird sich auch all das verbessern. Deshalb lohnt es sich, an einem guten Timing zu arbeiten.

Das Timing ist die Synchronisation zwischen den Füßen und dem Armpendel. In den nächsten beiden Kapiteln sehen wir uns die Beinarbeit und das Armpendel näher an. Die tief greifenden Auswirkungen des Pendels auf das Timing werden in Kapitel 5 behandelt.

Kapitel 4

Beinarbeit

Entscheidend für eine gute Bein- und Fußarbeit ist ein natürlicher, gerader Gang. Sie brauchen einen guten Rhythmus zur Linie und das Gefühl, dass Sie während des ganzen Anlaufs immer mehr Fahrt aufnehmen. Beständigkeit und Kraft setzen beim Anlauf eine gute Biomechanik voraus. Für eine gute Bein- und Fußarbeit ist auch der richtige Abstand von der Foullinie entscheidend.

Ein Anlauf mit vier oder fünf Schritten sorgt für ein natürliches Pendel und einen natürlichen Gang. Das erleichtert ein gutes Timing zwischen dem Pendel und den Schritten. Bei zu wenig Schritten ist es schwer, ein natürliches Pendel aufzubauen, bei zu vielen ist es kaum möglich, beständig gute Würfe zu liefern.

Wichtig ist auch, dass Sie gerade zur Foullinie gehen. Es gibt zwar einige Ausnahmen, aber allgemein sollten Sie nicht in Richtung des Armpendels laufen. Wenn Sie nicht gerade gehen, driften sie ab.

NATÜRLICHES GEHEN

Für eine gleichmäßige Ausführung sollten Sie ganz natürlich zur Foullinie gehen. Mit normalen Schritten bewegt Ihr Körper sich frei über den Anlauf, und Sie können einen konstanten Schwung für das Pendel aufbauen. Viele Bowler machen zu große Schritte oder gehen zu methodisch vor, manche machen gar Pausen zwischen den Schritten. Gehen Sie beim Anlauf so, wie Sie auf der Straße gehen würden. Auf diese Art entwickeln Sie ein natürliches Pendel, das Sie von Wurf zu Wurf wiederholen können.

Normale Schritte machen Sie von der Ferse bis zu den Zehen in natürlicher Länge. Wenn Sie gehen, setzen Sie zunächst die Ferse auf den Boden und verlagern dann das Körpergewicht über die Mitte des Fußes bis zum Fußballen, um mit den Zehen zum nächsten Schritt abzuheben. Dieser biomechanische Prozess ist unsere natürliche Art der Fortbewegung.

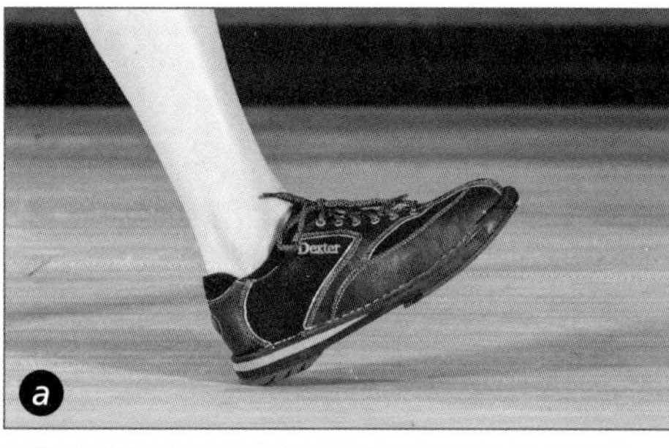

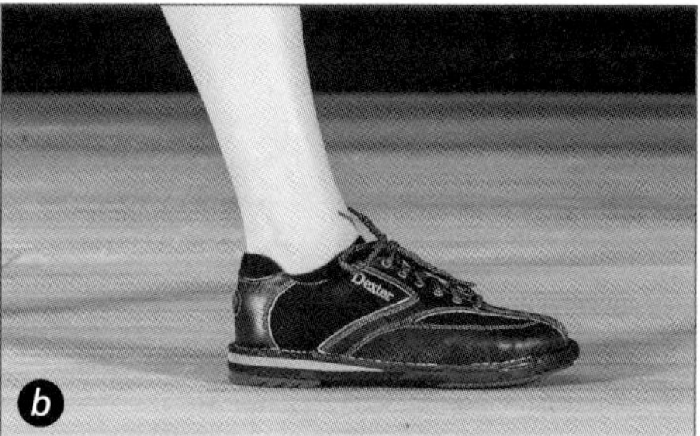

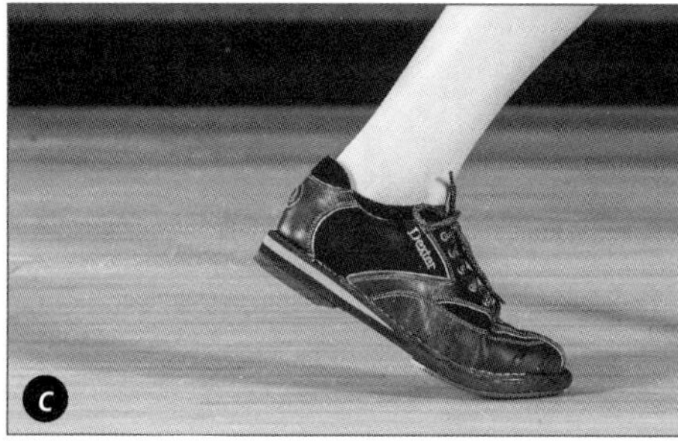

Abb. 4.1 Schritte von der Ferse zu den Zehen: (a) die Ferse berührt den Boden, (b) das Gewicht verlagert sich zur Fußmitte und (c) der Fuß hebt über die Zehen vom Boden ab.

Eine Ausnahme ist der letzte Schritt bei der Ballabgabe. Beim Bowling dienen die Schritte vor dem letzten Schritt zum Aufbau von Schwung, im letzten Schritt hingegen geht es um eine saubere Ballabgabe. Deshalb gleitet der Bowler den letzten Schritt während der Abgabe. Dabei setzen zuerst die Zehen auf und dann erst die Ferse (Abb. 4.2), was letztendlich zum Stillstand führt. *Hinweis:* Deshalb haben die Profischuhe generell eine Ledersohle mit Gummiabsatz.

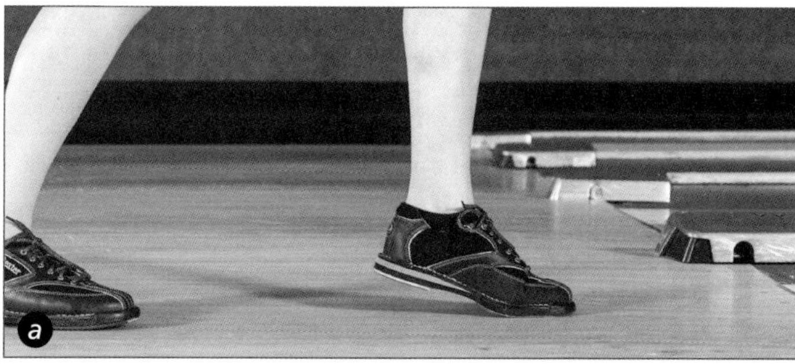

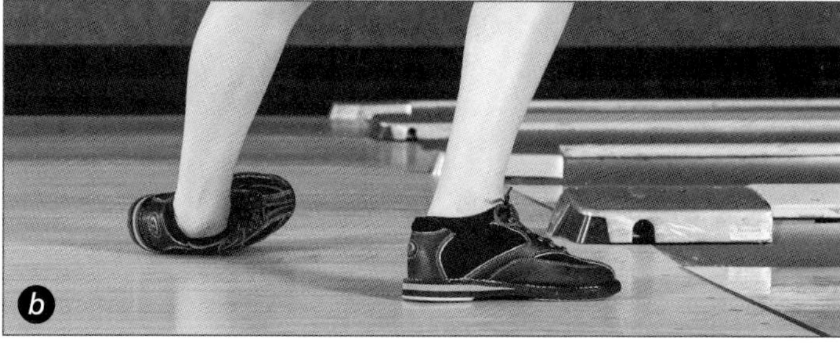

Abb. 4.2 Gleitschritt: (a) die Zehen kommen zuerst auf den Boden, (b) danach setzt die Ferse auf.

BOWLINGSCHUHE

Bowlingschuhe kann man bei den Bowlingbahnen mieten. Diese einfachen Schuhe werden nach jeder Ausleihe desinfiziert. Die Miete kostet einige Euro. Wenn Sie regelmäßig bowlen, lohnt es sich durchaus, ein Paar eigene Schuhe zu kaufen. Sie haben dann auch den Vorteil, dass Sie immer dieselben Schuhe tragen und damit dasselbe Gefühl haben.

Es gibt Schuhe für Freizeitbowler und für Leistungssportler. Bei den Haus- und Freizeitschuhen sind die Sohlen (Gleitsohlen) auf beiden Seiten gleich. Damit eignen sie sich für Rechts- und Linkshänder. Bei den Leistungssportlern hat ein Schuh eine Gummisohle und der andere eine Gleitsohle, um beim Abstoßen Haftung zu bieten und im letzten Schritt das Gleiten zu ermöglichen. Rechtshänder haben die Gummisohle rechts und die Gleitsohle links. Bei den Schuhen für Linkshänder befindet sich die Gummisohle links und die Gleitsohle rechts (Abb. 4.3).

Gute Schuhe haben ihren Preis. Je nach Ausstattung sind hochwertige Bowlingschuhe unterschiedlich teuer. Erstklassige Schuhe für Leistungssportler bieten mehr Stützung und sind bequemer als preisgünstige Bowlingschuhe. Wer noch mehr Geld ausgibt, bekommt Schuhe, deren Sohlen und Absätze sich per Klettverschluss austauschen lassen. So kann man seine Fußhaltung bei der Abgabe je nach Anlaufbahn variieren.

Diese teuren Schuhe sind großartig, wenn Sie in unterschiedlichen Bahnen spielen. Damit haben Sie beim letzten, dem Gleitschritt, unabhängig von der Art der Beschaffenheit der Anlaufzone, immer dasselbe Gleiten. Entscheiden Sie nach Ihrem Budget. Für mehr Geld erhalten Sie natürlich auch mehr. Wie in jeder Sportart sind Schuhe eine gute Investition.

Abb. 4.3 Bowlingschuhe: (a) Schuhe für Freizeitbowler, (b) Schuhe für Sportbowler, Rechtshänder, (c) Schuhe für Sportbowler, Linkshänder.

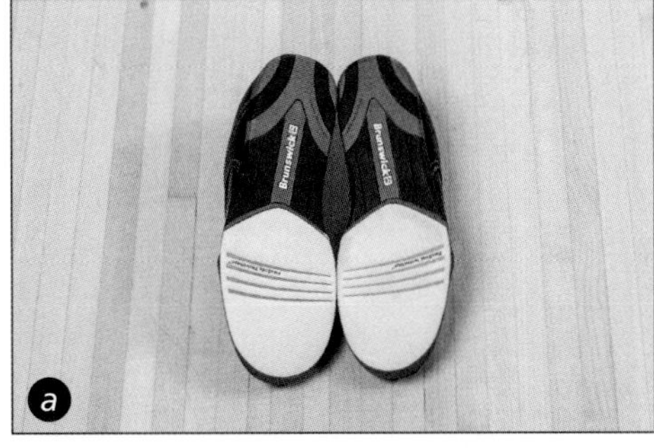

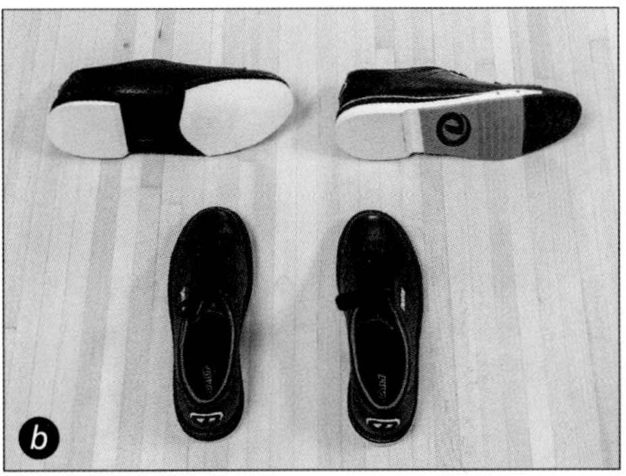

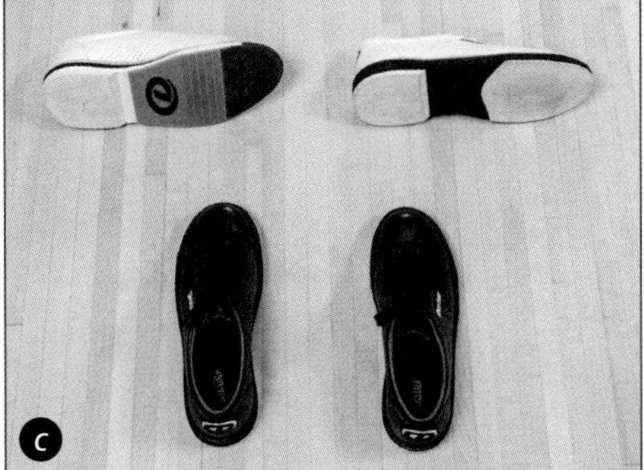

Der Gleitschritt wird *nicht nach seiner Länge* definiert. Es kommt vielmehr auf den Winkel der Zehen an, die vor der Ferse aufsetzen. Diesen Winkel müssen Sie zu Beginn des letzten Schrittes erreichen.

Mit dem Gleitschritt gibt der Körper den Ball sauber frei, und er setzt auch die Oberschenkelmuskeln ein, damit man mehr Kraft ausüben kann. Setzen Sie mit der Ferse zuerst auf, kommen Sie abrupt zum Stehen und belasten Ihr Kniegelenk. Das kann durchaus zu Verletzungen führen. Als Gelenk kann das Knie keine Kraft erzeugen, das besorgen die Muskeln. Beim Gleiten setzen Sie die Quadrizepse in den Oberschenkeln ein, was wirklich Kraft erzeugt. So sorgt das Gleiten beim letzten Schritt nicht nur für eine glattere Ballabgabe, es beugt auch Knieverletzungen vor und sorgt für einen stärkeren, flüssigen Abschluss.

Für eine flüssige Bewegung bis zur Foullinie müssen die Schritte in Bezug auf Länge und Mechanik natürlich sein. Die Schritte beim Anlauf sollten Ihren natürlichen Gehschritten entsprechen. So fühlt sich Ihr Körper wohl, und Sie können von Wurf zu Wurf dieselbe Bewegung reproduzieren.

Eine unnatürliche Gangart kann durch ein muskulär erzeugtes Pendel hervorgerufen werden, durch ein schlechtes Timing oder durch zu viel Aggressivität im Spiel, das das Körpergewicht zu weit nach vorn verlagert. Aber auf jeden Fall wird sie Ihre Beinarbeit beeinträchtigen.

Während man an der Verbesserung seines Spieles arbeitet, wird man schnell mechanisch, was die gewünschten Veränderungen betrifft. Das kann gut sein, besonders wenn es um Veränderungen am Timing geht. Aber ab einem gewissen Punkt müssen Sie von Mechanik wieder auf Bewegung umschalten und wieder natürlich gehen.

Sollten Sie etwa gerade an Ihrem Timing arbeiten, müssen Sie oft mechanisch reagieren, um die richtige Technik einzuüben. Ich sage meinen Schülern, dass das zu diesem Zeitpunkt absolut in Ordnung ist. Es bedeutet viel Gedankenarbeit, das Muskelgedächtnis umzuprogrammieren. Obwohl Ihr Timing nun besser wird, fühlt es sich nicht unbedingt auch natürlicher an, jedenfalls noch

Veränderungen: Natürlich gehen lernen

Stehen Sie im richtigen Abstand zur Foullinie. (In Kapitel 2 lernen Sie den Abstand zu ermitteln.)

Vertrauen Sie Ihrem natürlichen Schritt, auch wenn die Foullinie zu nah zu sein scheint. Wenn Sie sonst weiter hinten starten, mag es unangenehm sein, weiter nach vorn zu rücken. Es scheint Ihnen an Platz zu fehlen. Es ist aber in Ordnung, wenn es sich zunächst unangenehm anfühlt. Sie werden sich an die neue Anlauflänge gewöhnen.

Dazu müssen Sie Ihre Schritte so anpassen, dass sie sich natürlich anfühlen. Bei den ersten Versuchen kann es sogar geschehen, dass Sie ein Foul begehen, wenn Sie die Linie überschreiten. Sobald Sie natürlichere Schritte machen, werden Sie hinter der Foullinie bleiben. Nun fühlt sich die Ballabgabe bequemer an und der Anlauf natürlicher.

nicht. Wiederholen Sie die Bewegung, bis Sie die gewünschte Veränderung vollzogen haben.

Nun ist es an der Zeit, dass Sie eine Pause einlegen und sich wieder auf Ihr natürliches Schrittmaß konzentrieren – mit anderen Worten: raus aus dem Drillmodus, rein in den Bewegungsmodus, um Ihre Mechanik in eine flüssige Bewegung umzuwandeln. Dabei sind die natürlichen Schritte im Zentrum der Konzentration. Wenn Sie wieder entspannt und natürlich gehen können, fühlt sich das Timing großartig an. Mit dem richtigen Timing sollten Sie leicht gehen und Ihre Würfe ganz natürlich wiederholen können.

DIE RICHTIGE GEWICHTSVERTEILUNG

Ein häufiges Problem ist eine schlechte Gewichtsverteilung zu Beginn des Anlaufs. Um natürliche Schritte hinzubekommen, müssen Sie Ihr Gewicht in der Starthaltung so verteilen, dass der Schwerpunkt über Ihren Füßen liegt. Verlagern Sie Ihr Gewicht gleichmäßig auf das nicht startende Bein, um den ersten Schritt zu machen. Sind Sie zu weit nach vorn gebeugt, verlagert sich das Gewicht auf die Fußballen und zwingt Sie zu einem Ausfallschritt, um wieder auszubalancieren. Das führt zu einem großen, unnatürlichen Schritt.

Beim Vorwärtsgehen sollte Ihr Körper ausbalanciert sein. Verlagern Sie Ihr Gewicht vor dem Schritt zu weit nach vorn, wird der Schritt zu lang, denn Ihre Beinarbeit reagiert auf die fehlende Balance, versucht diese wiederherzustellen.

NICHT SCHLURFEN

Schlurfen Sie nicht, machen Sie keine schwachen Schritte. Das Schlurfen (Gleiten, ohne mit den Füßen abzuheben) ist eine schlechte biomechanische Technik. Wenn Sie schlurfen, tritt der Fußballen und nicht die Ferse zuerst auf. Das reduziert die Gewichtsverlagerung nach vorn über den Fuß, und der Körper verliert natürlichen Schwung auf dem Weg zur Foullinie. Einfach gesagt: Beim Schlurfen wird der Schwung kurz unterbrochen, der Anlauf ist weniger flüssig und bietet weniger Schwung für ein flüssiges Pendel. Beim Schlurfen fehlt der Antrieb nach vorn, das sind im Prinzip unproduktive Schritte.

Um den Effekt des Schlurfens gegenüber dem normalen Gehen zu testen, machen Sie einen Spaziergang mit Ihren Freunden und versuchen, schlurfend mit ihnen mitzuhalten. Sie werden feststellen, dass es fast unmöglich ist, auch nur etwas Schwung aufzubauen.

Bowler schlurfen oft, wenn Sie bremsen, um den Ball zu kontrollieren, oder versuchen ihn in den Hakenlauf zu bringen. Sie merken gar nicht, wie viel biomechanische Kraft sie dabei verlieren. Nehmen Sie die Füße hoch, um den Rhythmus für einen flüssigen Schwung zu bekommen.

Das Gleiten beim Anlauf lässt sich oft nur schwer abgewöhnen, obwohl man sonst gar nicht so geht. Streben Sie an, die Füße hochzunehmen und mit den Fersen zuerst aufzutreten, um die Bewegung von der Ferse zum Zeh wiederherzustellen. Das fühlt sich so lange merkwürdig an, bis Sie wieder natürlich gehen.

Veränderungen: Schlurfen korrigieren

Um das Schlurfen wegzubringen, übertreiben Sie das Hochnehmen des Fußes, bis Sie wieder von der Ferse über die Zehen gehen. Das mag sich zunächst wie Marschieren anfühlen, ist es aber nicht. Wenn Sie sich daran gewöhnt haben, die Füße hochzunehmen und mit den Fersen zuerst aufzutreten, fühlen sich die Schritte nicht mehr merkwürdig an. Das ist Ihr normaler Gang!

Sobald Sie das beherrschen, müssen Sie das Hochnehmen der Füße nicht mehr übertreiben, und Ihre Fußarbeit fühlt sich natürlicher an. Und Sie können beim Anlauf auch besser Schwung aufbauen.

Aleta Sill ist ein großartiger Bowlingchampion. Nachdem wir beide einen Kurs gegeben hatten, fragte ich sie, ob ich einen Blick auf ihr Spiel werfen solle. Mir fiel auf, dass sie bei den ersten zwei Schritten schlurfte, obwohl sie versuchte, Schwung aufzubauen! Als sie an einem normalen Schritt von der Ferse über die Zehen arbeitete, kam es ihr vor, als marschiere sie. Es erschien ihr sehr merkwürdig, die Füße beim Anlauf hochzunehmen, obwohl sie normalerweise so geht. Auch bei Profis fühlen sich Veränderungen zunächst merkwürdig an.

GERADE GEHEN

Der Bezug zwischen der Starthaltung und den Pfeilen bildet den Winkel für die Wurfbahn. Um diesen Winkel beizubehalten, gehen Sie beim Anlauf geradeaus. Wer diagonal geht, ändert die Ziellinie.

Um Ihre Schrittfolge auf Geradheit zu prüfen, stellen Sie sich mit dem richtigen Bein zum Anlauf auf. Wie schon in Kapitel 2 gesagt, beginnt der Rechtshänder mit dem linken Bein und der Linkshänder mit dem rechten. Achten Sie auf die Leiste, auf der Sie starten, und prüfen Sie, ob Sie auf derselben Leiste abschließen. Wenn das zutrifft, gehen Sie gerade; landen Sie auf einer anderen, dann driften Sie.

Das Driften ergibt sich häufig durch eine schlechte Ausrichtung der Starthaltung auf den Zielpfeil. Wenn der Bezug zwischen Ihrem Standpunkt und dem Ziel keinen Winkel bildet, den Sie mit einem geraden Gang erreichen können, dann müssen Sie natürlich auf dem Weg zum Pfeil driften. Die Linie zwischen

AUFSTELLUNG AN DER BAHN

Rechtshänder stellen sich mit dem linken Bein auf, Linkshänder mit dem rechten. Sie stellen sich mit dem Bein auf, mit dem Sie abschließen. Damit können Sie feststellen, ob Sie gerade zur Foullinie gehen. Egal, ob Sie sich mit dem Blick auf Ihren Zeh oder die Innenseite des Fußes aufstellen, bleiben Sie stets dabei. Profis stellen sich mit der Innenseite des Fußes auf, denn das ist der Teil des Fußes, der bei der Ballabgabe am nächsten ist.

Ihrem Standpunkt und dem Pfeil (unter Berücksichtigung des Hakenlaufs) sollte einen Winkel bilden, der es Ihnen ermöglicht, mit geradem Anlauf die Gasse zu treffen. Stehen Sie zu weit rechts oder links vom Pfeil, driften Sie notgedrungen von der Leiste, auf der Sie stehen, ab, wenn Sie dennoch treffen wollen.

Denken Sie daran: Die Augen sind in der Mitte des Körpers, das Armpendel ist es nicht. Richten Sie also nicht den Kopf anstelle des Armpendels aus. Da die Pendelschulter einiges vom Kopf entfernt ist, müssen Sie, wenn Sie das Zieldreieck auf die Körpermitte zentrieren, den Ball quer zum Körper werfen oder beim Gang driften, um das Ziel noch zu treffen. Ein Rechtshänder würde nach links driften, ein Linkshänder nach rechts.

Stehen Sie weder zu nah am Pfeil noch zu weit weg, um nicht zu driften. Suchen Sie den richtigen Abstand zum Ziel und nehmen Sie die nötigen Anpassungen vor.

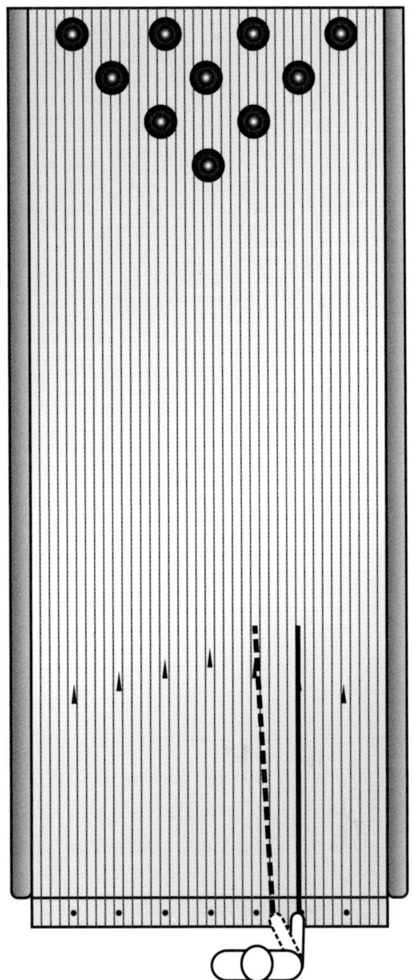

Abb. 4.4 Ausrichtung der Augen (Kopf) zum Pfeil und Ausrichtung der Schulter zum Ziel bei Rechtshändern.

Um das Armpendel auszurichten und den Bezug zwischen Starthaltung und Zielpfeil realistisch zu halten, stellen Sie sich auf eine Leiste, die mindestens sechs Leisten links (bei Rechtshändern) vom Pfeil ist (Abb. 4.5). Der Startpunkt hängt auch davon ab, in welchem Winkel Sie spielen und wie stark Ihr Hakenlauf ist. Wenn Sie eine tiefere Linie auf der Bahn spielen (mehr innen oder über die Mitte der Bahn hinaus), müssen Sie sich weiter als dieser Abstand vom Ziel aufstellen, denn Sie müssen den Ball weiter hinaus auf die Bahn bringen. Dabei drehen Sie sich und öffnen dabei die Schultern. So brauchen Sie nicht zu driften, um das Ziel zu treffen.

Wenn Sie einen Haken werfen und sich an den Bahnzustand anpassen wollen und dabei die Füße zu stark verschieben, ohne einen anderen Pfeil anzuvisieren, müssen Sie wiederum zum Ziel hindriften. Versuchen Sie, die Füße um nicht mehr als zwei Leisten zu verschieben, ohne auch das Ziel in der gleichen Richtung zu verschieben. Diese Faustregel hilft Ihnen zu vermeiden, so weit vom Zielpfeil abzurücken, dass Sie driften müssen, denn oft liegt es an Ihrer Aufstellung und den nötigen Anpassungen, dass Sie überhaupt driften.

Dazu erfahren Sie mehr in Kapitel 8, Grundlagen des Bahnspiels. Kapitel 9, Bahnspiel für Fortgeschrittene, gibt Ihnen weitere Informationen. Sie lernen den Ablagepunkt (die Leiste, an der Sie den Ball an der Foullinie ablegen, nicht der, auf der Sie gleiten) zu berechnen und, wo Sie den Ball in Bezug auf den angestrebten Zielpfeil freigeben müssen.

Hinweis: Es gibt eine Ausnahme zum geraden Gang, und zwar wenn die Schultern geschlossen sind, um Spares links abzuräumen (rechts bei Linkshändern). Dabei gibt es einen leichten Drift zum Ziel (weg vom Pendel). Näheres dazu finden Sie in den Kapiteln 10 und 11 über das Verwandeln von Spares.

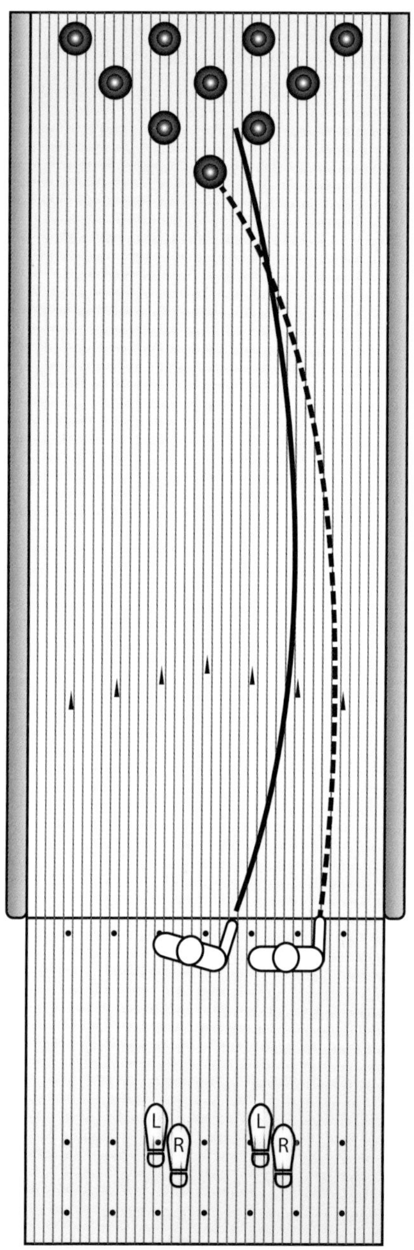

Abb. 4.5 Bezug zwischen Haltung und Pfeil: Gerade gehen und Schultern anpassen.

DRIFT KORRIGIEREN

Wenn Sie um zwei oder drei Leisten vom Startpunkt abweichen, ist das nicht weiter schlimm, solange Sie das beständig tun. Ein übermäßiger Drift kann aber durch Überkompensation korrigiert werden.

Die Leisten helfen Ihnen festzustellen, ob und wie stark Sie driften, besonders wenn Sie das selbst gar nicht merken. Rechtshänder sollten sich mit dem linken Bein zum Anlauf aufstellen, denn auf diesem Fuß gleiten sie zum Schluss. Linkshänder stellen sich entsprechend mit dem rechten Bein auf. Deshalb stellen Sie sich zum Testen mit dem Gleitfuß auf, denn nur so können Sie erfahren, ob Sie wirklich driften.

Ein übertriebener Gang in die entgegengesetzte Richtung kann den Drift schnell korrigieren. Wenn Sie nach links driften, überlisten Sie Ihr Gehirn, indem Sie versuchen nach rechts zu gehen. Das fühlt sich an, als ob Sie tatsächlich nach rechts gehen. Dabei werden Sie kaum rechts von Ihrer Startposition enden. Vergleichen Sie die Fußpositionen beim Start und beim Abschluss, um die Veränderung zu ermitteln.

Prüfen Sie Ihren Gang regelmäßig auf Driften. Wenn Sie stets vergessen, darauf zu achten, wo Sie beim Abschluss stehen, schreiben Sie die Position des Gleitfußes nach jedem Wurf auf. Sie werden schnell merken, dass Sie nichts zu schreiben haben, wenn Sie nicht hinsehen. Denken Sie daran, dass am Anfang des Anlaufs weniger Punkte sein können als an der Foullinie. Achten Sie also genau darauf, dass Sie bei Start und Abschluss die richtige Leiste notieren. (Diese Idee ist auch bei Zielübungen hilfreich. Wenn Sie Ihre Würfe jedes Mal aufschreiben müssen, sehen Sie sich das Ziel genauer an.)

Wenn Sie sich das Driften nicht abgewöhnen können, legen Sie ein Handtuch an das Ende des Anlaufs, um das Ausmaß des Driftens zu begrenzen. Entweder Sie driften weniger oder Sie fallen hin! Das funktioniert gut, denn der Körper macht sich mehr Sorgen um einen Sturz als um das Bowlen. Instinktiv meidet er das Handtuch. Aber letztendlich müssen Sie lernen, ohne Handtuch geradeaus zu gehen. (Platzieren Sie die Kante des Handtuchs auf die Leiste neben der Leiste, auf die Sie zudriften. Je nachdem, wie Sie driften, müssen Sie vielleicht einige Leisten zusätzlich für Ihre Fußbreite einplanen.)

Ist der Drift korrigiert, müssen Sie nicht mehr an das Überkompensieren denken. Sie können gerade denken und gehen!

Lernen Sie, sich richtig zum Zielpfeil aufzustellen und sich an die Bahn anzupassen, um nicht driften zu müssen. Sie müssen aber auch weniger driften, um sich richtig zum Pfeil aufstellen zu können. Beides gehört zusammen.

Eine bessere Aufstellung führt nicht sofort zu weniger Driften. Sie müssen sich besser aufstellen und an Ihrem Drift arbeiten, um den idealen Bezug zwischen Ihrer Starthaltung und dem Zielpfeil herzustellen.

Wenn Sie beim Anlauf nicht gerade gegangen sind und nun daran arbeiten, werden Sie feststellen, dass allein Geradegehen das Problem nicht löst – ein perfektes Beispiel dafür, wie man ein Problem durch Übertreiben schneller löst.

Gehen Sie nach rechts, müssen Sie „links gehen" denken, um gerader zu gehen. Wahrscheinlich werden Sie nur ein bisschen weniger nach rechts gehen, wenn Sie versuchen, nach links zu gehen. Denken Sie daran, dass die Driftrichtung sich für Sie normal anfühlt. Ihr Körper hat sich schließlich an den Drift gewöhnt. Daher müssen Sie kompensieren, indem Sie in die entgegengesetzte Richtung gehen, um gerade zu gehen oder weniger als vorher abzudriften. Je mehr Sie abdriften, desto mehr müssen Sie in die andere Richtung übertreiben.

Glauben Sie mir, Sie würden schwören, dass Sie nach links gegangen sind, aber wenn Sie es überprüfen, merken Sie, dass Sie nur weniger nach rechts gedriftet sind. Wenn Sie nach jedem Wurf kontrollieren, wo Sie Ihren Anlauf beenden, sollte das der Ansporn sein, weiterhin übertrieben in die andere Richtung zu gehen, egal, wie es sich anfühlt. Wenn Sie engagiert und fokussiert dabei bleiben, werden Sie lernen, wieder geradeaus zu gehen!

Ich hatte einmal einen Schüler, der immer nicht sicher war, ob er noch driftet. Daher erinnerte ich ihn immer wieder daran, es zu prüfen. Sie können prüfen, ob Sie von Wurf zu Wurf driften, wenn Sie nach jedem Wurf notieren, wohin Sie gleiten. Wenn Sie es aufschreiben, müssen Sie hinsehen und vergessen es nicht!

Für den Schüler fühlte sich das anfangs sehr merkwürdig an. Da erinnerte ich ihn daran, dass Wiederholungen für Wohlgefühl sorgen. Er wollte wieder gerade gehen, musste aber seinen Gang in die andere Richtung übertreiben, um das zu schaffen. Durch die Wiederholungen fühlte sich der gerade Gang allmählich normal an.

Irgendwann kann man mit dem Übertreiben aufhören. Haben Sie gelernt, in die entgegengesetzte Richtung des Drifts zu gehen, können Sie dann denken: „Gerade gehen.“ Tun Sie das aber erst, wenn Sie mehrere Male überkorrigiert haben. Driften Sie wieder, müssen Sie weiter übertreiben. Prüfen Sie, wo Sie landen, um festzustellen, woran Sie denken müssen, um optimale Resultate zu erzielen. Übertreiben Sie, bis das Problem gelöst ist. Dann hören Sie auf damit.

Richtung des Rückpendels und Driften

Wenn das Armpendel hinter den Rücken gezogen wird und nicht in einer Linie mit der Schulter ist, driften Sie oft ab, um dem Abwärtspendel aus dem Weg zu gehen. Der Rechtshänder driftet dabei nach links, der Linkshänder nach rechts, denn der Körper will nicht vom Ball getroffen werden. Kommt das Pendel weitab vom Körper zurück, können Sie in diese Richtung driften. In beiden Fällen gehen Sie in die Richtung, in der der Ball aus der Pendelebene gerät.

Achten Sie auf ein gerades Rückpendel (Abb. 4.6), um wieder gerade zu gehen. Das erreicht man dadurch, dass man darauf achtet, dass der Ball beim Start in einer Linie mit der Schulter und der Arm entspannt ist, damit er gerade zurückpendelt.

Achten Sie auch darauf, sich richtig zum Zielpfeil aufzustellen. Stehen Sie zu weit weg vom Ziel oder zu nah daran, werden Sie driften, um es zu treffen. Bei einer guten Aufstellung können Sie gerade gehen, und der Arm pendelt auf der gewünschten Ziellinie.

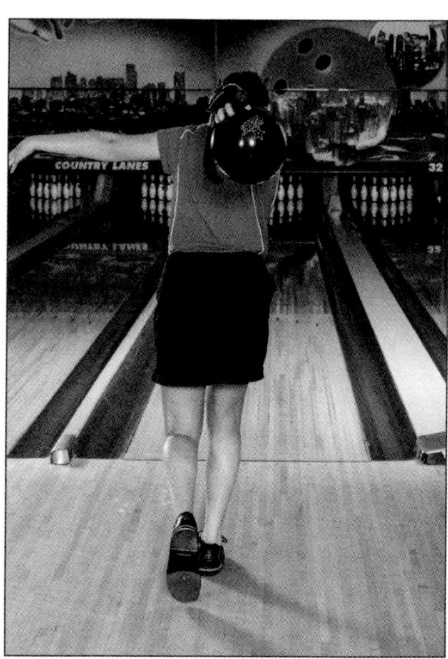

Abb. 4.6 Rückpendel gerade nach hinten.

Anpassungen gegen Driften

Viele Bowler driften, weil sie bei den Anpassungen an die Bahnbeschaffenheit die Füße zu stark bewegen, ohne einen neuen Pfeil als Ziel zu nehmen. Lernen Sie deshalb, die Füße um nicht mehr als ein paar Leisten zu versetzen, wenn Sie nicht auch das Ziel in die gleiche Richtung verschieben. Wenn Sie tiefer gehen (sich für den Wurf andere Leisten als Startpunkt nehmen), können Sie weiter vom Ziel abrücken, um den Ball nach vorn zu pendeln, aber Sie gleichen die größere Entfernung zum Pfeil durch das Öffnen der Schultern aus.

BEIM LETZTEN SCHRITT GLEITEN

Diese zweiteilige Übung können Sie auch zu Hause auf einem glatten Boden machen. Dabei lernen Sie zu gleiten, statt an der Linie stehen zu bleiben. Stehen Sie zunächst kurz vor der Linie, (als Rechtshänder) den rechten Fuß nach vorn wie vor dem letzten Gleitschritt. Üben Sie, sich mit dem Fuß abzustoßen und in den letzten Schritt hineinzugleiten (Abb. 4.7). Wiederholen Sie das dreimal.

Nun bauen Sie den Schwung des gesamten Anlaufs (immer noch ohne Ball) ein, indem Sie den ganzen Anlauf gehen und beim letzten Schritt gleiten. Wiederholen Sie das dreimal. Sie brauchen hier den Arm nicht zu pendeln, um das Timing zu berücksichtigen. Lassen Sie die Arme an den Seiten oder legen Sie die Hände auf die Hüften, um sich ganz auf das Gleiten zu konzentrieren.

Wenn Sie beide Teile der Übung erfolgreich bewältigt haben, können Sie auf der Bahn mit Ball bowlen und versuchen, beim letzten Schritt zu gleiten. Wenn Ihnen das anfangs schwerfällt, wiederholen Sie die obige Prozedur so oft wie nötig, um das Gefühl und die Fertigkeit dafür zu entwickeln.

Wenn Sie dann bowlen und gleiten, konzentrieren Sie sich während der nächsten zehn Würfe nur auf das Gleiten. Vergessen Sie alles andere. Achten Sie

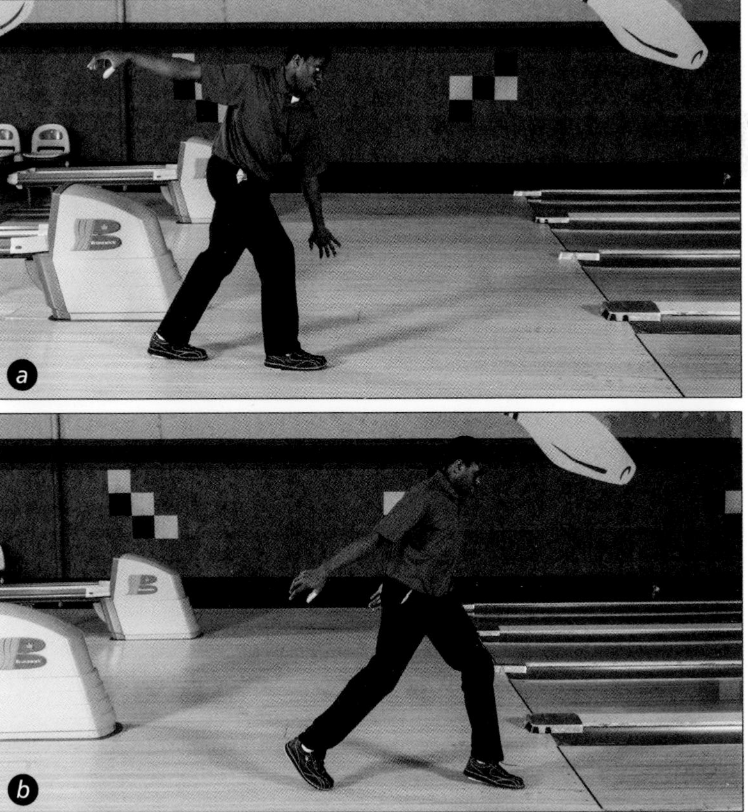

Abb. 4.7 Gleitübung, Rechtshänder: (a) an der Linie bereit zum Gleiten, (b) Abstoßen mit dem rechten Fuß, Gleiten mit links.

darauf, wie oft Sie bei den zehn Würfen tatsächlich geglitten sind – in Prozent. Wiederholen Sie die Übung. Versuchen Sie, Ihren Prozentsatz zu verbessern, bis Sie zu 100 % gleiten. Der kritische Punkt ist der Eintritt in die Gleitphase.

TIMING, ARMPENDEL UND RHYTHMUS

Bei einem schnellen Pendel haben Sie ein frühes Timing, die Füße müssen aufholen. Das führt ganz automatisch zu einer schnelleren Schrittfolge; man nennt es auch „zu schnelle Füße haben". Das Problem lässt sich aber nicht durch die Korrektur der Beinarbeit beheben, denn die Ursache liegt an dem schnellen, frühen Armpendel, dem die Füße schnell folgen müssen. Deshalb werden Sie kaum besser, wenn Sie hier versuchen, die Füße abzubremsen. Ist das Pendel aber in Ordnung und entspannt, passt sich die Geschwindigkeit der Füße daran an.

Finden Sie sich damit ab, dass sich das zunächst anfühlt wie ein Gang mit Kaugummi an den Sohlen. Daran müssen Sie sich gewöhnen. Sie sind nicht zu langsam, nur die Veränderung von Pendel und Timing führt zu einer ruhigeren Fußarbeit. Und wenn Sie das Kaugummi-Gefühl gar nicht haben, korrigieren sie auch nichts! Schnelle Füße kann man nicht durch Abbremsen korrigieren, erst das richtige Pendel mit dem optimalen Timing sorgt für einen natürlichen Gang.

Ein Stocken in der Bein- und Fußarbeit deutet darauf hin, dass das Pendel unnatürlich abgebremst wurde (durch Kontraktion der Muskeln, die entspannt sein sollten), was den natürlichen Schwung hemmt. Die angespannten Muskeln hindern den Arm daran, frei zu pendeln und Schwung aufzubauen. Sobald Sie Hand und Pendelmuskeln entspannen, wird der Schwung wiederhergestellt und Ihre Schritte fließen wieder synchron zum Pendel.

Einige raten zum Abbremsen, ich nicht. Wenn sie das Armpendel lockern, ist Ihr Anlauf flotter, denn das Pendel ist flüssiger. Abbremsen wäre kontraproduktiv. Stimmt Ihr Timing nicht, ist auch der Rhythmus falsch. Es gilt, die Ursache herauszufinden. Arbeiten Sie am Timing, um einen lockeren Schwung zu erzeugen, statt den Rhythmus anzupassen. Gutes Timing und ein lockeres Pendel sorgen für den richtigen Rhythmus.

Veränderungen: Timing und Rhythmus

Da die Beine dem Pendel folgen, wird die Beinarbeit meist vom Pendel gesteuert. Ist die Pendelmechanik richtig mit dem Timing synchronisiert, passen sich die Schritte an, und Sie haben wieder einen natürlichen Rhythmus.

Wenn Sie meinen, dass Ihre Schrittfolge den falschen Rhythmus hat, weil Sie beim Anlauf hüpfen, zu schnell gehen oder gar anhalten, liegt die Ursache meistens im Pendel. Ihre Beine werden größtenteils vom Tempo des Pendels gesteuert.

Ist Ihr Pendel zu früh oder zu spät dran, müssen sich die Füße beeilen („schnelle Füße"), um aufzuholen. Durch ein entspanntes Pendel und ein besseres Timing lösen Sie das wahre Problem und bauen einen besseren Rhythmus in der Beinarbeit auf als nur mit der Korrektur der Beinarbeit allein.

SPIEL NACH INNEN: GERADE GEHEN UND SCHULTERN ZUM ZIEL AUSRICHTEN (90°-REGEL)

Ein Rechtshänder, der einen Haken wirft und wegen der Bahnbeschaffenheit mehr nach innen (zur Bahnmitte) spielen muss, bewegt die Füße beim Anlauf weiter nach links (Abb. 4.8) Er muss den Ball weiter nach außen werfen, um ihm mehr Raum für den Haken in die Gasse zu geben.

Nehmen wir an, die Gasse ist bei Leiste 17,5. Stehen Sie links davon, müssen Sie mit dem Ball ausholen, um den Haken zu ermöglichen, den er zurück zur Gasse schlägt. Dabei müssen Ihre Schultern offen sein (zur Rinne hin), um den Ball mit einem gesunden Armpendel zu werfen.

Wenn Sie innen an der Bahn sind und den Ball nach außen bringen müssen, sind die Füße oft weiter vom Zielpfeil entfernt, als wenn Sie weiter außen spielen müssten. Dieser Unterschied wird mit den Schultern ausgeglichen.

Hinweis: Der Arm sollte immer im rechten Winkel zu den Schultern pendeln. Also müssen sich die Schultern stets auf das gleiche Pendel ausrichten. Durch das Öffnen der Schultern können Sie weiter weg vom Ziel stehen und es dennoch mit einem natürlichen Anlauf treffen. Durch Drehen des Körpers und einen geraden Gang können Sie dem Ball einen anderen Winkel geben sowie ein Pendel im rechten Winkel zu den Schultern beibehalten.

Für viele Bowler, die schon lange spielen, ist es etwas ganz Neues, geradeaus zu gehen und das Zieldreieck mit den Schultern anzusteuern. Früher hat man ihnen beigebracht, auf das Ziel zuzugehen.

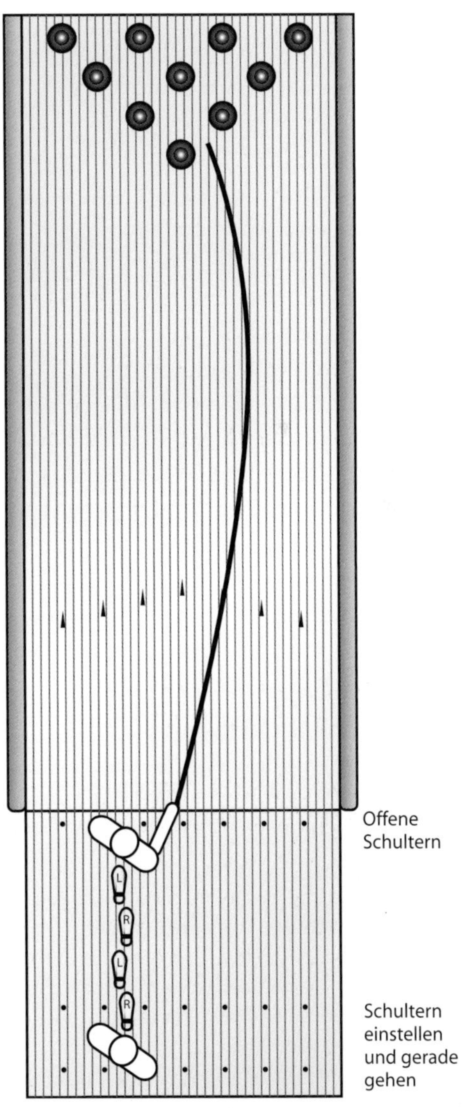

Abb. 4.8 Eine innere Linie spielen.

Damals waren aber nicht so starke Haken möglich wie heute. Bei einem stärkeren Hakenlauf müssen Sie mit dem Ball ausholen, damit dieser den Haken zurück in die Gasse schlägt – besonders bei trockener Bahn oder wenn diese selbst Haken verursacht. Dazu müssen Sie lernen, gerade zu gehen und den Ball von der Gasse wegzuwerfen. Sie erfahren darüber mehr in den Kapiteln 5, 8 und 9 über Armpendel und Bahnspiel.

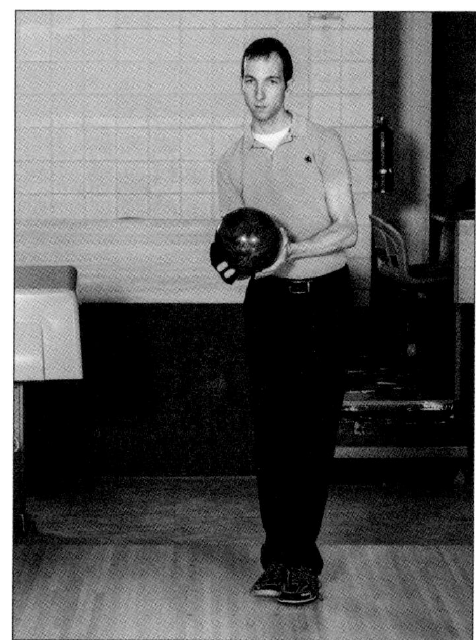

Abb. 4.9 Die Schultern offen zur Rinne (Rechtshänder), der Bowler geht gerade.

ZUSAMMENFASSUNG

Mit guter Bein- und Fußarbeit können Sie Würfe kraftvoll wiederholen. Mit Ausnahme des letzten Gleitschritts zur sauberen Ballabgabe bleiben Sie ausbalanciert und gehen natürlich – die Schritte von der Ferse über die Zehen.

Um gerade zu gehen, müssen Sie sich richtig zum Zielpfeil aufstellen. Stehen Sie zu weit weg vom Pfeil, werden Sie driften, um ihn zu treffen. Bei Veränderungen der Bahnbeschaffenheit machen Sie die Anpassung mit den Füßen und dem Pfeil. Richten Sie die Schultern aus, um weiter gerade gehen zu können. Die Startaufstellung ist oft schuld am Drift.

Fühlt sich Ihr Tempo zu schnell oder zu langsam an, korrigieren Sie Pendel und Timing. Wenn das Timing beim Start stimmt und das Pendel entspannt ist, fühlt sich auch die Beinarbeit wieder natürlich an. Die Konzentration auf das Pendel löst das wahre Problem und bringt einen besseren Rhythmus in der Beinarbeit. Den hätte man mit der Korrektur der Beinarbeit allein nicht erreicht. Das Armpendel und seine Auswirkungen auf den gesamten Anlauf ist das Thema von Kapitel 5.

Kapitel 5

Armpendel

In den vielen Jahren als Trainerin war mein Leitmotto stets „Swing is King!“ Damit konnte ich vielen Bowlern helfen, sich sofort zu verbessern. Ein gutes Armpendel ist der Schlüssel zu Beständigkeit und Präzision.

In diesem Sport müssen Würfe wiederholt werden. Da sorgt ein entspannter Arm für ein zuverlässiges, beständiges Pendel. Wenn Sie den Ball wie ein Pendel schwingen lassen, kommt die Physik ins Spiel. Das ist wirksamer als von Ihren Armmuskeln zu erwarten, jeden Wurf, jeden Versuch komplett gleich durchzuführen. Es gibt nur einen Weg – entspannen und schwingen lassen.

Timing und Armpendel sind untrennbar miteinander verbunden. Timing ist ja nichts weiter als ein guter Schwung, der mit der Bein- und Fußarbeit synchronisiert ist. In Kapitel 3, Anlauf und Timing, haben Sie gelernt, dass der Rechtshänder beim Grundschritt den rechten Arm und das rechte Bein in Bewegung setzt. Nun werden Sie erfahren, dass die andere, nicht dominante Hand (beim Rechtshänder die linke) wichtig ist, um den Ball richtig in Bewegung zu setzen, während sich der Pendelarm entspannt. Wir kommen auf die Zwei-Phasen-Übung aus Kapitel 3 zurück, um eine noch bessere Schwungmechanik zu entwickeln.

Eine schlechte Reaktion des Balles können Sie physisch nicht auffangen. Um Ihrem entspannten, natürlichen Pendel vertrauen zu können, müssen Sie wissen, wie Ihr Ball auf die Bahn reagiert. Schließlich brauchen Sie gute Ergebnisse, damit Sie locker bleiben und dem Ball vertrauen können.

ENTSPANNEN UND NATÜRLICH PENDELN

Ein lockeres Pendel beginnt mit einer guten Stand- und Starthaltung. Dabei sollte der Griffdruck nicht zu fest und der Pendelarm entspannt sein. Wenn die Muskeln beim Start angespannt sind, ist ein lockeres Pendel kaum möglich. Um den Arm zu entspannen, stützen Sie das Gewicht des Balles mit der anderen Hand. Wenn die nicht dominante Hand das Gewicht des Balles stützt, können die Muskeln der dominanten Hand und der Pendelarm entspannt bleiben, weil sie das Gewicht des Balles ja nicht tragen müssen.

Anschieben

Leiten Sie das Pendel mit der anderen Hand ein. Die nicht dominante Hand sollte nicht nur in der Starthaltung das Gewicht des Balles stützen, sie sollte beim Grundschritt auch den Ball hinausschieben. Der gesamte nicht dominante Arm wird genutzt, um den Ball in die Position zu schieben, von der aus er dann von der Schulter pendelt (Abb. 5.1).

Am Ende des Anschubs wird der Ball von beiden gestreckten Armen gehalten, wobei das Gewicht immer noch überwiegend auf der nicht dominanten Hand liegt. Diese Armbewegung leitet das Pendel ein. Der Ball wird nur so weit nach vorn geschoben, wie es mit dem nicht dominanten Arm möglich ist.

Zu diesem Zeitpunkt ist der nicht dominante Arm gestreckt, der dominante Arm noch entspannt und im Ellbogen leicht gebeugt. Durch diese Beugung im Pendelarm leiten Sie den Anschub in einem kontinuierlichen Bogen als Teil des Pendels in das Pendel über. *Hinweis:* Beim Anschieben den Pendelarm nicht strecken oder durchstrecken; der Ellbogen des Pendelarms bleibt gebeugt, während der nicht dominante Arm den Ball stützt und anschiebt.

Sobald die Hand am Ball und die gewünschte Starthaltung erreicht ist, können Sie den Pendelarm nutzen, um den Ball zu halten, aber die Muskeln des anderen Armes sollten weiterhin den Ball stützen und in das Pendel schieben. Mich wundert oft, wie doch die korrekte Platzierung der nicht dominanten Hand einem Bowler hilft, ein besseres Timing beim Start zu entwickeln.

Legen Sie die nicht dominante Hand etwas hinter, unter und seitlich an den Ball, sodass das Gewicht auf Fingern und Daumen liegt (Abb. 5.2), die Handfläche muss nicht am Ball sein. Die Position ist nicht nur effektiv zum Stützen, Sie können den Ball so auch weiterschieben, damit er nicht zu früh ins Pendel fällt.

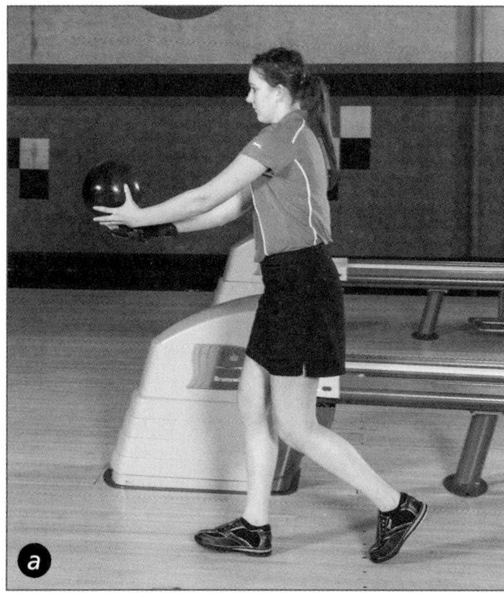

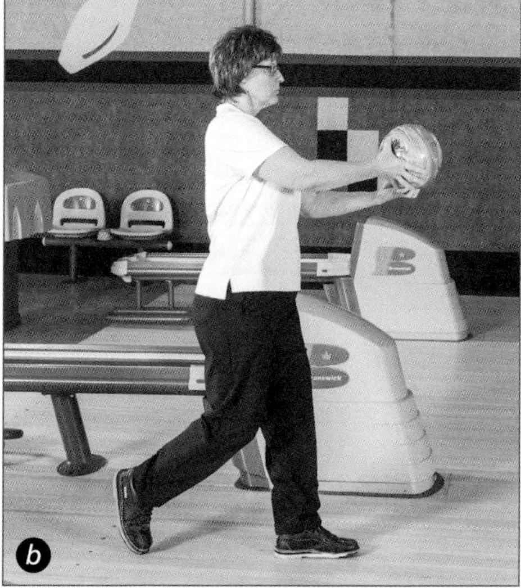

Abb. 5.1 Anschieben aus der Schulter, Ellbogen vorn: (a) Rechtshänder, (b) Linkshänder.

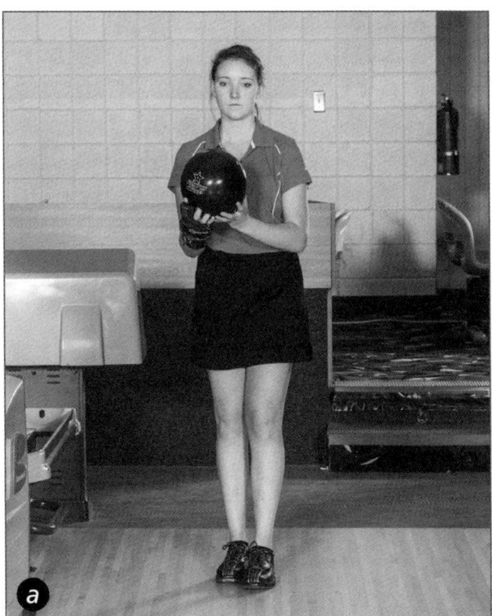

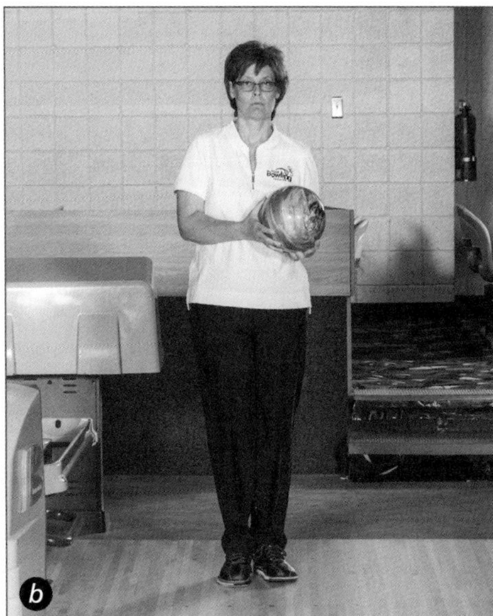

Abb. 5.2 Position der nicht dominanten Hand in der Starthaltung: (a) Rechtshänder, (b) Linkshänder.

Viele Bowler sorgen sich um die Position der dominanten Hand in der Starthaltung, im Glauben sie sei beim Anschieben in der gleichen Haltung wie bei der Abgabe. Aus vielen Gründen ist das aber selten der Fall. Mir ist wichtiger, wie die nicht dominante Hand funktioniert, denn sie hat entscheidenden Einfluss auf Timing und Pendel, die wiederum Anlauf und Leistung bestimmen.

Veränderungen: Platzieren der nicht dominanten Hand

Dies hängt vom einzelnen Bowler ab. Einige legen die Handfläche auf den Ball, andere verteilen das Gewicht des Balles auf die Finger. Wenn man den Ball mit Fingern und Daumen stützt und nicht die ganze Handfläche unter ihn legt, ist es wohl einfacher, ihn vom Körper wegzuschieben, damit er frei pendeln kann. Die Hand, speziell Finger und Daumen, sollte neben, etwas unter und hinter dem Ball sein, auf keinen Fall auf ihm. Ist die Stützhand *auf* dem Ball, kann sie ja sein Gewicht nicht tragen.

Machen Sie sich zunächst keine Gedanken um die Position der dominanten Hand in der Starthaltung, denn sie ändert sich während des Pendels ohnehin. Zu viele Bowler machen sich Gedanken darüber, dass sie den Ball beim Start genau so halten wie bei der Ballabgabe. Das ist aber selten so. Wichtiger ist es, an diesem Punkt ein lockeres Pendel aufzubauen. Wenn Sie aber gern die Pendelhand in einer bestimmten Position halten, dann seien Sie kreativ und überlegen Sie, wie Sie die Finger der nicht dominanten Hand am Ball platzieren und dessen Gewicht stützen, damit der Pendelarm sich entspannen kann.

Das Rückpendel

Haben Sie den Ball mit der nicht dominanten Hand hinausgeschoben, beginnt diese mit dem nächsten Schritt, dem Ball die Unterstützung zu entziehen, damit der die Hand in Schulterhöhe verlassen und in das Pendel schwingen kann. Bei diesem Schritt sollte der Ball natürlich an Ihre Seite fallen, ohne dass der Pendelarm die Muskeln anspannt. So schaffen Sie einen Pendeleffekt (Abb. 5.3).

Zum Aufbau eines flüssigen, kontinuierlichen Bogens beim Start stellen Sie sich einen Fahrradreifen vor und lassen den Ball um ihn herumpendeln, ohne ihn zu früh fallen zu lassen oder durch die „Speichen“ zurückzuziehen. Viele Bowler neigen dazu, den Ball zu schnell aus der nicht dominanten Hand fallen zu lassen oder den Ball in das Pendel zu ziehen. Folgen Sie aber dem imaginären Reifen, während Sie den Ball aus der nicht dominanten Hand geben, kann er in einem flüssigen, kontinuierlichen Bogen in das Pendel gehen. Die richtige Position der nicht dominanten Hand am Ball und das Wegziehen zur richtigen Zeit geben Ihnen dieses Gefühl und verbessern Ihr Timing beim Anlauf.

Bleiben Sie während des Pendels locker. Ein Sportler muss unter Druck locker bleiben können. Ihr Pendelarm sollte passiv (entspannt) und nicht aktiv (angespannt) sein. Nachdem Sie den Ball mit dem nicht dominanten Arm angeschoben haben, lassen Sie ihn von der Schulter aus pendeln, ohne die Muskeln des Pendelarms einzusetzen. Stellen Sie sich vor, dass die nicht dominante Hand das Pendel erzeugt und der Pendelarm einfach mitgeht. Einige haben diese Fähigkeit dazu natürlich, andere müssen es lernen. Sie brauchen ein Bewusstsein dafür, um einen Zustand der Entspannung zu entwickeln.

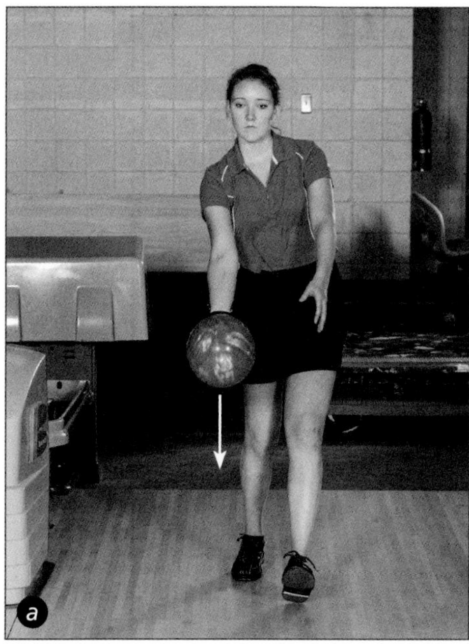

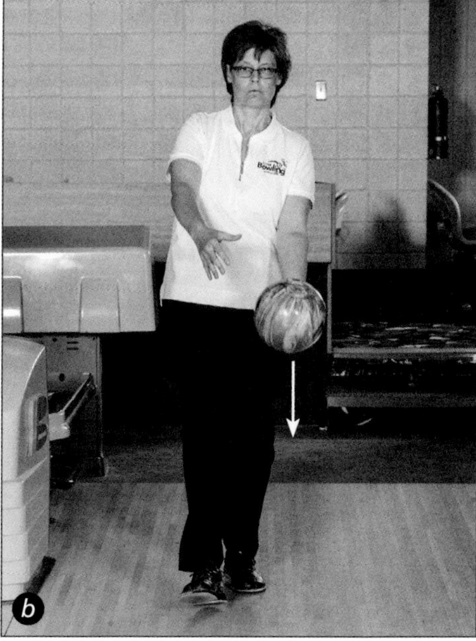

Abb. 5.3 Der Ball fällt in einer Pendelbewegung ganz natürlich an der Seite der Spielerin herunter: (a) Rechtshänder, (b) Linkshänder.

Durchschwung

Dank des Schwunges aus dem Anlauf sollte Ihr Arm am Schluss natürlich durchschwingen, jedenfalls sofern Ihr Pendel locker ist. Folgen Sie aus der Schulter nach, damit der Ball auf die beabsichtigte Bahn kommt. Der Durchschwung und genauso auch sein Ausbleiben sagen viel darüber aus, wie entspannt und natürlich Ihr Armpendel ist!

Beim Durchschwung sollte auch der Oberarm (Abb. 5.4) und nicht nur der Unterarm hochschwingen. So schließen Sie das Pendel aus der Schulter ab. Manche sagen, man sollte so abschließen, wie man ein Telefon hält. Das Problem dabei ist aber, dass Sie dann aus dem Ellbogen durchschwingen, nicht aus der Schulter. Der Ball pendelt aber aus der Schulter, nicht aus dem Ellbogen!

Beim Durchschwung fällt Ihr Arm gleich wieder herunter, wenn Ihr Armpendel entspannt ist. Sie müssen den Arm nach dem Schwingen nicht hoch*halten*. Bleiben Sie entspannt und überlassen Sie es dem Schwung, Ihren Arm natürlich herunterzubewegen.

ENTSPANNEN LERNEN

Sie können Würfe erst reproduzieren, wenn Sie sich nicht anspannen, um den Wurf zu kontrollieren. Sie müssen entspannt genug sein, um den gleichen Wurf jedes Mal zu wiederholen. Sie sind wie der Basketballer vor dem Freiwurf, der sich entspannt, um das so oft Geübte möglichst perfekt zu wiederholen.

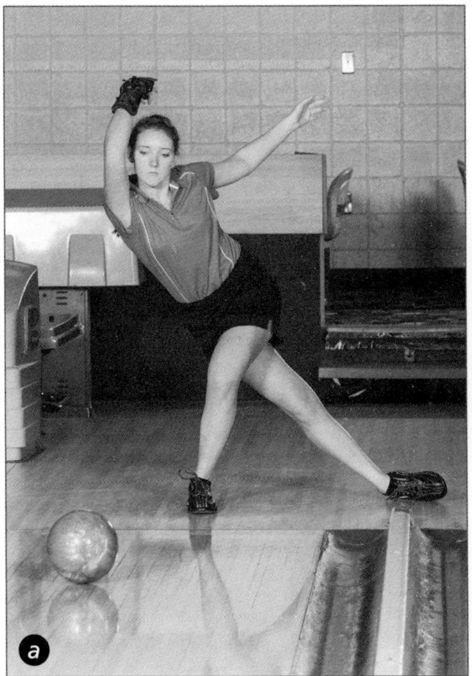

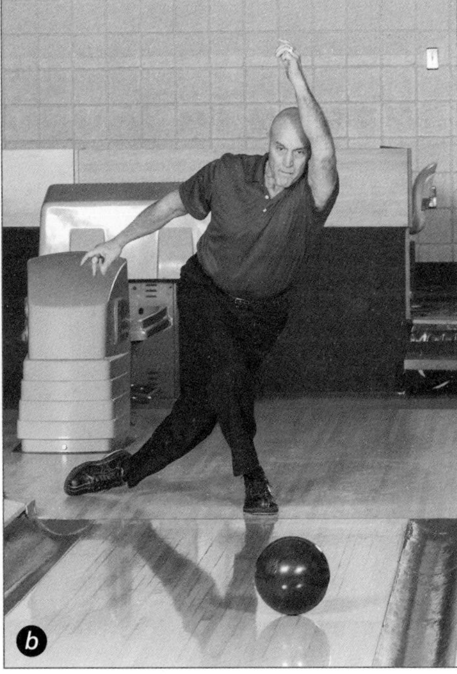

Abb. 5.4 Das Durchschwingen. Der Oberarm geht hoch: (a) Rechtshänder, (b) Linkshänder.

Lernen Sie, den Arm zu entspannen. Bei vielen Unterrichtsstunden konzentriere ich mich auf eine entspannte Starthaltung und einen guten Start. Viele Bowler glauben, entspannt zu sein, sind es aber gar nicht. Es ist ein guter Anfang, wenn Sie sich der Spannung in Ihrem Arm bewusst werden.

Zu Beginn einer Stunde nehme ich den Arm des Bowlers am Handgelenk, hebe den Unterarm an und lasse ihn aus (siehe Übung „Sind Sie entspannt in der Starthaltung?“ aus Kap. 2.). Dann sollte der Arm herunterfallen – das tut er aber selten, und das wiederum überrascht viele. Sieht mich der Bowler, den Arm noch unverändert, perplex an, dann erkläre ich ihm, dass er nicht entspannt sein kann, sonst wäre der Arm heruntergefallen. (Das passiert auch noch, wenn ich schon erklärt habe, wie wichtig Entspannung ist!) Wenn der Bowler sich dieses Zieles bewusst ist, machen wir den Versuch immer wieder, um den Zustand der Entspannung zu erreichen, in dem der Arm fällt.

Sind Sie immer noch unsicher, ob Sie in der Starthaltung vor dem Wurf entspannt sind? Dann versuchen Sie vor dem ersten Schritt das: Die Hand zusammendrücken und die Muskeln von Pendelarm und Schulter bewusst anspannen und wieder entspannen. Fühlen Sie den Unterschied. Diese Entspannung nehmen Sie mit ins Pendel. Das hat schon vielen Bowlern geholfen.

Nutzen Sie Hand und Arm der nicht dominanten Seite. In der Starthaltung tragen die meisten Bowler das Gewicht des Balles mit dem Pendelarm, denn Sie sind es gewohnt, den Ball zu pendeln, statt ihn pendeln zu lassen. Dabei sollte die nicht dominante Hand den Ball komplett hinausschieben, damit der dominante Oberarm entspannt ist und wie ein Hebel an Ihrer Schulter pendelt. Dazu müssen Sie den Ball bis zum Ende des Anschubs mit der nicht dominanten Hand stützen. Wenn der Ball am weitesten vom Körper entfernt ist, haben Sie den schwächsten Hebel, und der Ball fühlt sich am schwersten an. Dann ist es besonders wichtig, das Gewicht in der nicht dominanten Hand zu halten, damit sich die Muskeln des Pendelarms nicht anspannen.

Häufig wird hier das Gewicht des Balles auf den Pendelarm übertragen, statt in der nicht dominanten Hand zu bleiben, wenn der Pendelarm die Kontrolle übernehmen will. Spannt er sich an, zieht er das Pendel zurück (frühes Timing), oder er zögert, in den nächsten Schritt herunterzupendeln (spätes Timing).

Anspannen und entspannen

Wenn Sie nicht sicher sind, ob Ihr Arm in der Starthaltung angespannt ist, dann bringen Sie sich bei, wie es ist, wenn Sie angespannt und locker sind, indem Sie die Muskeln dort anspannen und entspannen: Zuerst die Hand zusammendrücken und die Arm- und Schultermuskeln anspannen und wieder lockern. Spüren Sie den Unterschied – besonders wie die Muskeln sich entspannt anfühlen. Dieses Gefühl brauchen Sie in der Starthaltung und beim Pendel.

Es hat sich auch bewährt, beim Pendel ab und zu auf den Griffdruck zu achten und zu prüfen, ob eventuell von einem zu festen Griffdruck Spannungen ausgehen. Für ein besseres Pendel ist Entspannung nötig. Dabei hilft es, wenn man die Ursache der Anspannung findet.

Veränderungen: Auf die nicht dominante Hand bauen

Es dauert, bis man lernt, sich auf die nicht dominante Hand zu verlassen. Für ein natürliches, beständiges Armpendel müssen Sie zugunsten der Präzision auf die Kontrolle verzichten. Die meisten Bowler konzentrieren sich ganz auf den Pendelarm und versuchen durch Kontrolle jedes Mal den perfekten Wurf zu schaffen und sind dann wegen mangelnden Fortschritts frustriert.

Wenn Sie an Ihrem Pendel arbeiten, kümmern Sie sich nicht darum, den Zielpfeil zu treffen, Sie brauchen ihn nicht einmal anzusehen. Die Entwicklung eines guten Pendels dauert etwas, und es ist nicht leicht, die Kontrolle aufzugeben, Wenn Sie verstanden haben, dass Sie ein Pendel entwickeln wollen, werden Sie auch verstehen, dass der Pendelarm passiv bleiben muss. Es dauert aber, bis man das beständig einhält.

Sie müssen Ihre nicht dominante Hand wirksam einsetzen, um das Pendel hinzubekommen, und dabei die Muskeln Ihres Schwungarms entspannen, damit der Ball natürlich pendelt. Manch einer hat Schwierigkeiten damit. Grundsätzlich muss man einfach lernen, sich zu entspannen.

EIN GERADES ARMPENDEL ENTWICKELN

Sie brauchen nicht nur ein lockeres, sondern auch ein gerades Pendel, ausgerichtet auf Ihre Schultern (Abb. 5.5 und 5.6). Der Arm sollte stets im rechten Winkel zu den Schultern pendeln. Nicht das Pendel gibt dem Ball die Richtung – es hat lediglich die Aufgabe, im rechten Winkel zu den Schultern zu schwingen –, nein, die Schultern richten den Arm so auf den Zielpfeil aus, dass er natürlich in der richtigen Ebene pendelt und mit jedem Wurf den Zielpfeil trifft.

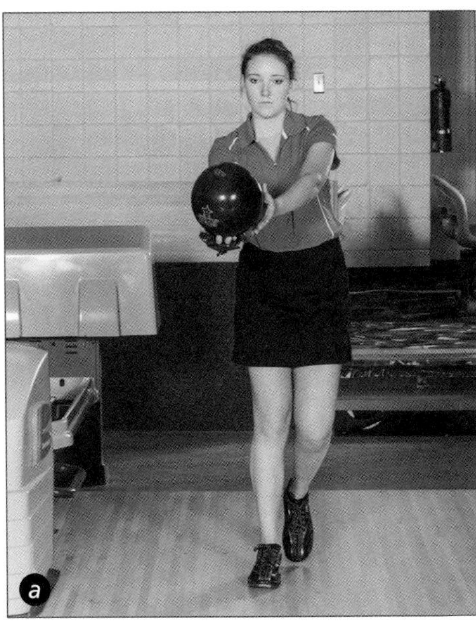

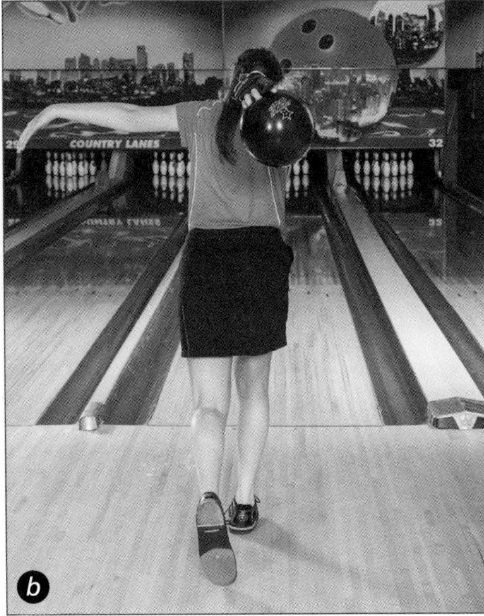

Abb. 5.5 Gerades Pendel eines Rechtshänders: (a) von vorn, (b) von hinten.

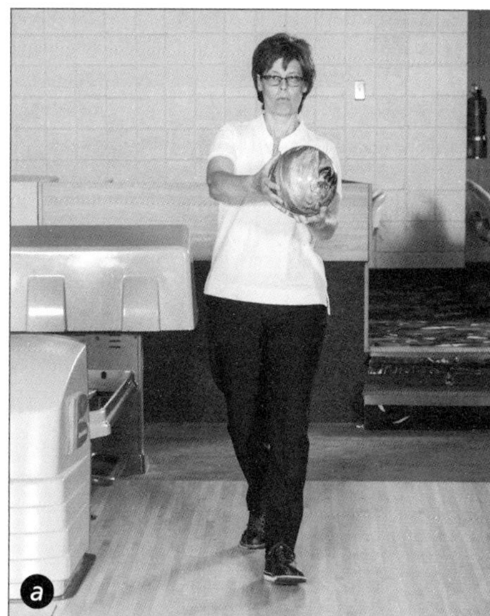
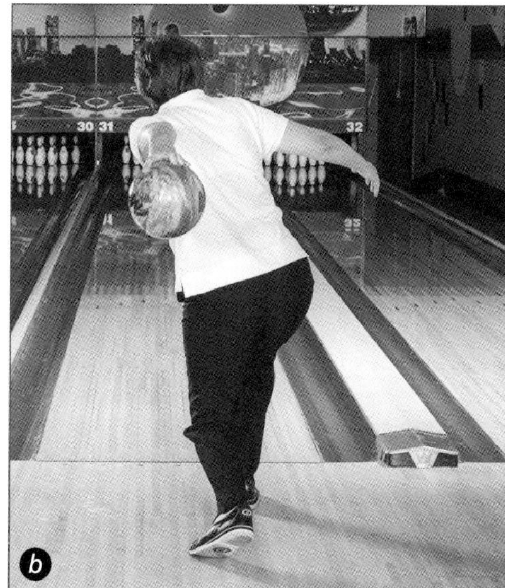

Abb. 5.6 Gerades Pendel eines Linkshänders: (a) von vorn, (b) von hinten.

Beim Hinausschieben richten Sie den Ball in einer Linie mit den Schultern aus. Ihre Schultern sind auf den Zielpfeil gerichtet, damit er durch die Pendelbewegung getroffen wird. Deshalb sollte der Anschub im rechten Winkel zu den Schultern erfolgen, ganz gleich, wie Sie stehen.

Der Winkel im Anlauf kann unterschiedlich sein, ob Sie sich nun in einem bestimmten Winkel für einen Strikeball aufstellen oder Spares auf einer Seite

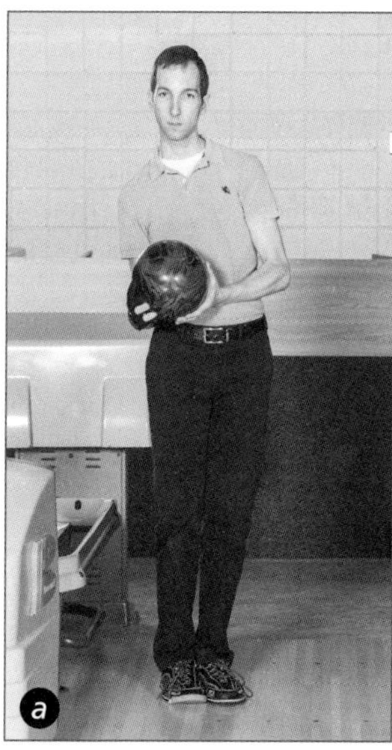
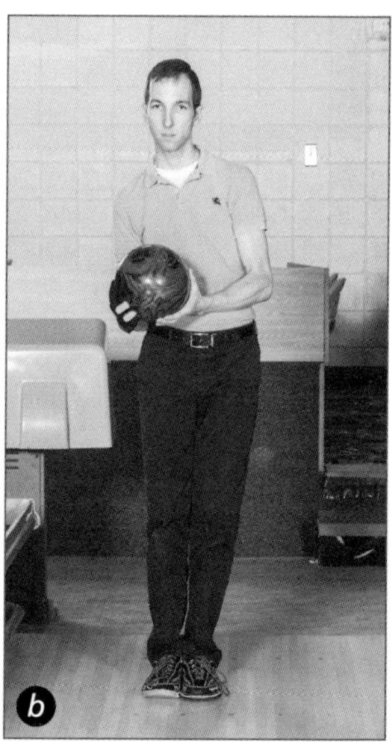
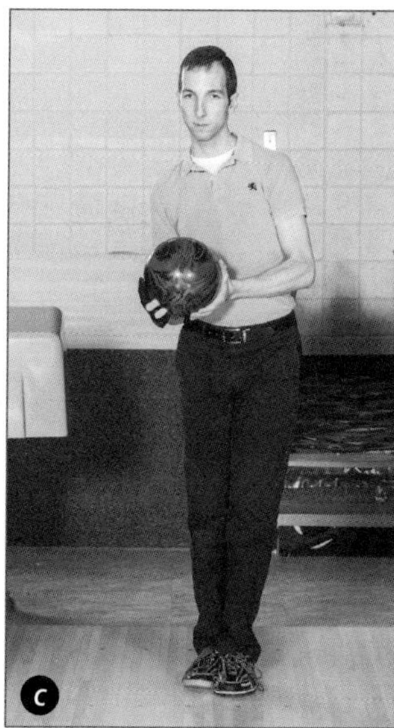

Abb. 5.7 Gerades Pendel (90°), Schultern zum Zielpfeil, Rechtshänder: (a) geschlossen (zum Spare), (b) gerade, (c) offen (Innenlinie und Spares).

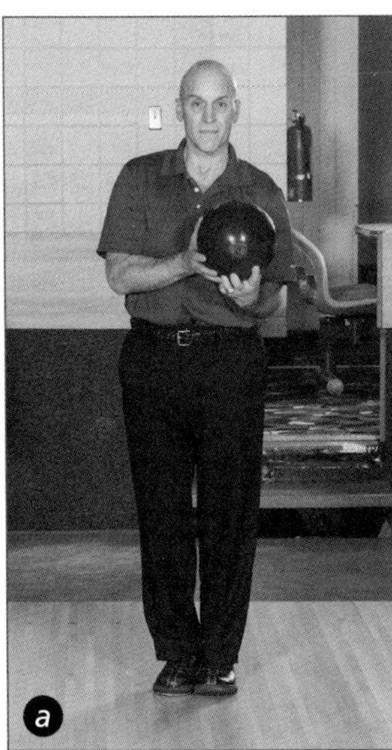
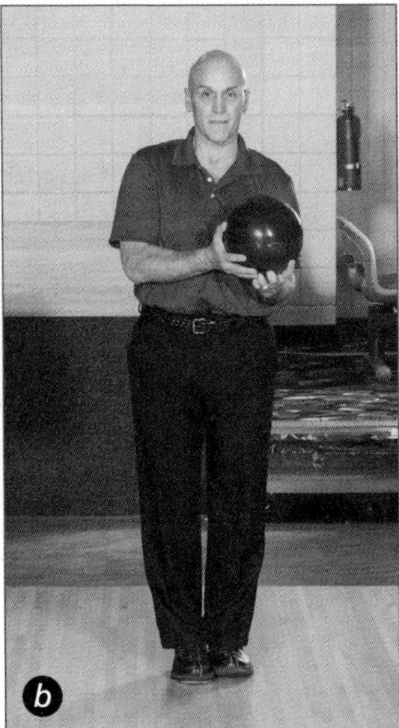
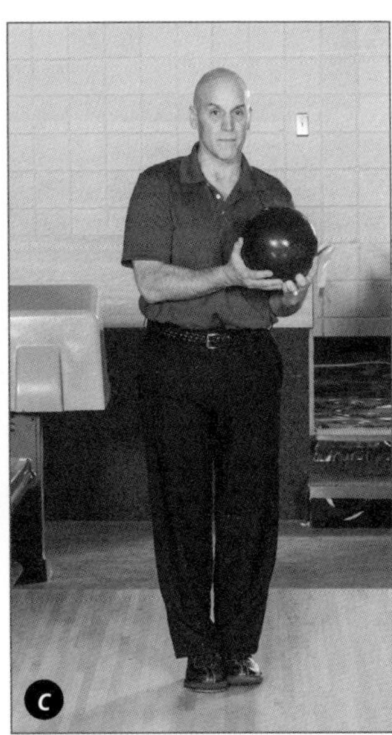

Abb. 5.8 Gerades Pendel (90°), Schultern zum Zielpfeil, Linkshänder: (a) geschlossen (zum Spare), (b) gerade, (c) offen (Innenlinie und Spares).

der Bahn abräumen wollen: Ihre Schultern können gerade zur Foullinie stehen, offen oder geschlossen sein, aber das Pendel erfolgt immer im rechten Winkel zu den Schultern.

Wird der Ball beim Anschub nicht im rechten Winkel gerade nach vorn gebracht, verliert das Armpendel die Ausrichtung zur Schulter. Dies führt zu einem Rückpendel, das sich hinter dem Körper oder vom Körper wegbewegt; und das führt zu Problemen beim Abwärtspendel und zur Ungenauigkeit.

Schiebt man den Ball vom Körper weg, kann er hinter dem Rücken nach innen pendeln (Abb. 5.9). Das Abwärtspendel zielt dann nach außen zur Rinne oder läuft bei der Ballabgabe am Zielpfeil außen vorbei. Schiebt man den Ball dagegen zur Körpermitte hin, pendelt er beim Rückpendel vom Körper weg. Das Abwärtspendel kann dann quer vor dem Körper verlaufen, und der Ball läuft links am Zielpfeil vorbei.

Diese Darstellung von Ursache und Wirkung zwischen der Richtung des Anschubs und der Richtung des Abwärtspendels geht davon aus, dass der Bowler keine Korrektur mit den Muskeln vorgenommen hat, um das Pendel wieder auszurichten. Bowler kompensieren oft unterbewusst, um nach einem missratenen Anschub das Abwärtspendel anzupassen.

Zum Einfangen eines fehlgerichteten Pendels müssen Sie übertreiben und den Ball in die entgegengesetzte Richtung schieben. Wenn Sie den Ball nach rechts schieben, dann denken Sie „nach links schieben". Nur so lässt sich das Muskelgedächtnis überwinden, das Sie für den Schub nach rechts entwickelt haben, um den Ball wieder gerade zu bekommen; „gerade schieben" führt wahrscheinlich nur dazu, dass Sie immer noch nach rechts schieben, denn das Muskelgedächt-

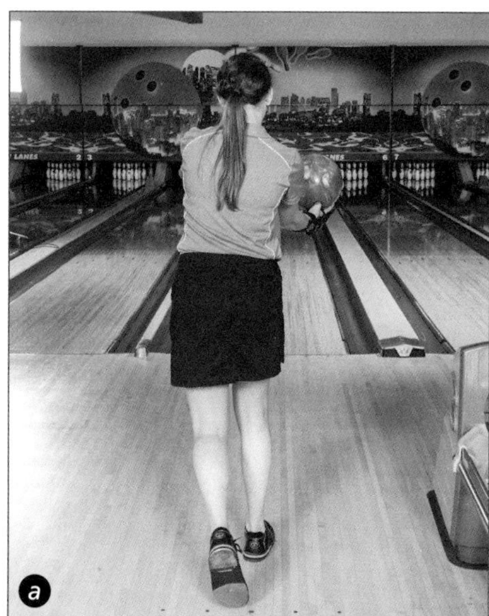

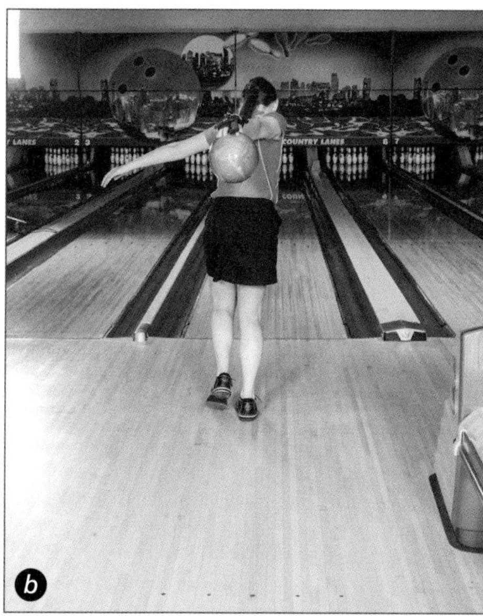

Abb. 5.9 Den Ball vom Körper wegschieben (a), dann läuft das Rückpendel hinter den Rücken (b).

nisses lässt Sie glauben, dass Sie geradeaus schieben, obwohl es immer noch nach rechts geht.

Hinweis: Auch wenn Sie daran arbeiten, den Ball gerader nach hinten schwingen zu lassen, kann Ihr Abwärtspendel immer noch die Korrekturen vornehmen, um das Pendel wieder auszurichten, Geduld! Arbeiten Sie weiter an einem geraderen Rückpendel und wiederholen Sie es so lange, bis das Abwärtspendel weiß, was es zu erwarten hat und wieder lernt, gerade abwärtszuschwingen.

SYNCHRONISIERUNG VON ARMPENDEL UND FUSSARBEIT

Sobald das Pendel nicht mehr so anstrengend ist, können Sie auch länger bowlen, denn Sie verschwenden dann keine Energie mehr darauf, sich anzuspannen und mit dem Ball etwas zu erzwingen. Eine Zeit lang werden Sie noch zwischen Kontrolle und Lockerheit schwanken. Es ist auch normal, kontrollieren zu wollen, aber Sie werden feststellen, dass Sie mit Lockerheit beständigere Ergebnisse erzielen und dass das Pendel natürlicher und reproduzierbarer wird, je weniger Kraft Sie aufwenden. Grundsätzlich müssen Sie nur das natürliche Pendel mit der Bein- und Fußarbeit synchronisieren.

Für ein gutes Timing müssen sich Arm und Bein der dominanten Seite gleichzeitig bewegen. Genau das aber wird schwierig, nämlich beide beim Grundschritt simultan zu bewegen, denn das ist kein natürlicher Gang. Beim Gehen bewegen Sie für die Balance normalerweise Arme und Beine entgegengesetzt. Das ist der Grund, warum zunächst fast jeder Schwierigkeiten mit dem Timing hat. Deshalb ist es sinnvoll, beim Bowling ganz natürlich zu gehen.

Wenn Sie den Ball mit der nicht dominanten Hand nach vorn schieben, koordinieren Sie Hand und Fuß der anderen Seite, um ein gutes Pendel mit sauberem Timing zu starten. Die nicht dominante Hand bringt den Pendelarm mit dem dominanten Fuß in Position. Das ähnelt dem natürlichen Gang und macht die Anpassungen beim Timing einfacher. Probieren Sie die Zwei-Phasen-Timing-Übung aus Kapitel 3, indem Sie das Pendel mit der anderen Hand einleiten.

Bauen wir also in diese Übung die Schwungmechanik ein. In Kapitel 3 ging es darum, das Pendel mit dem Grundschritt nach vorn zu bringen („vorn bei eins") und nur eine Seite des Körpers einzusetzen. Da es unnatürlich ist, Arm und Bein einer Körperseite zusammen zu bewegen, sollte diese Übung einfacher sein, wenn Sie die nicht dominante Hand mit dem dominanten Fuß koordinieren, wie man normal geht: Die natürliche Bewegung auf das Bowling übertragen.

In Kapitel 4 arbeiteten Sie am Schritt von der Ferse zu den Zehen. Achten Sie auch bei dieser Übung darauf, besonders beim zweiten Schritt. Schlurfen Sie nicht, machen Sie zwei Schritte von der Ferse zu den Zehen.

Bei dieser Übung sind Timing, Fußarbeit und Armpendel beteiligt, was die Übung um so effektiver macht. Schieben Sie den Ball mit der nicht dominanten Hand vor, entspannen Sie den Pendelarm, um den Ball dann einfach fallen zu lassen, und machen Sie den Schritt von der Ferse zu den Zehen. Verlieren Sie dabei nicht Ihre Körperhaltung. Diese Übung deckt die Hälfte des Anlaufs ab. Üben Sie sie deshalb, sooft Sie wollen!

Zwei-Phasen-Timing mit Schwungmechanik

Beginnend mit dem rechten Bein (Linkshänder mit dem linken) machen Sie zwei Schritte, um die Bewegungen „vorn bei eins" mit „unten bei zwei" zu kombinieren. Synchronisieren Sie beim ersten Schritt das Timing der nicht dominanten Hand mit dem dominanten Fuß und schieben Sie den Ball mit dieser Hand nach vorn. Entspannen Sie den Pendelarm und lassen Sie den Ball natürlich pendeln. In guter Körperhaltung machen Sie Schritte von der Ferse zu den Zehen. Beim zweiten Schritt sollte der Ball unten an Ihrer Seite sein, aufrecht bleiben!

Das ist für viele eine Herausforderung. Haben Sie bei „vorn bei eins" Probleme, die Übung mit dem Ball unten an Ihrer Seite zu beenden, konzentrieren Sie sich darauf, wann Sie die nicht dominante Hand wegziehen. Warten Sie, bis der zweite Schritt vom Boden abhebt, um die Hand wegzuziehen Das erfordert höchste Konzentration, denn der Rhythmus fühlt sich dann ganz anders an.

SPANNUNGEN VERMEIDEN

Viele Bowler verspannen sich beim Pendel, besonders am Richtungswechsel. Der Ball ändert beim Pendel zwei Mal seine Richtung, vor Ihnen und hinter Ihnen (Abb. 5.10); das erste Mal erfolgt am Ende des Anschubs, das zweite auf dem Gipfel des Rückpendels. Man verspannt sich, weil man den Wurf kontrollieren möchte, dem Ball beim Pendeln helfen oder den Zielpfeil treffen möchte.

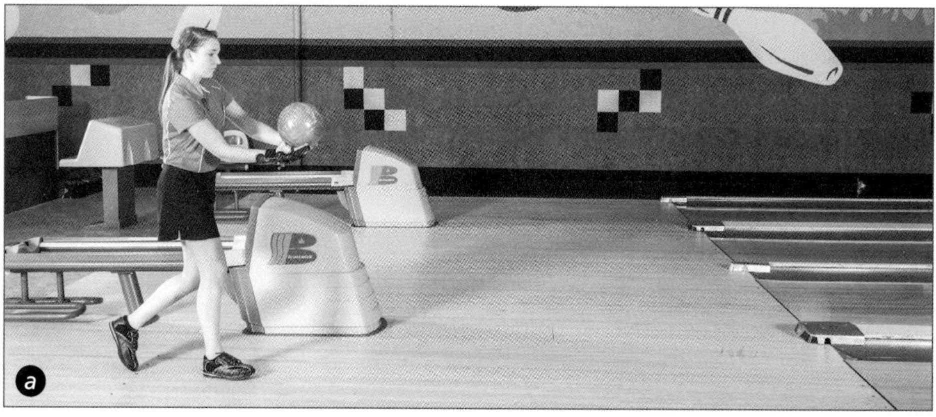

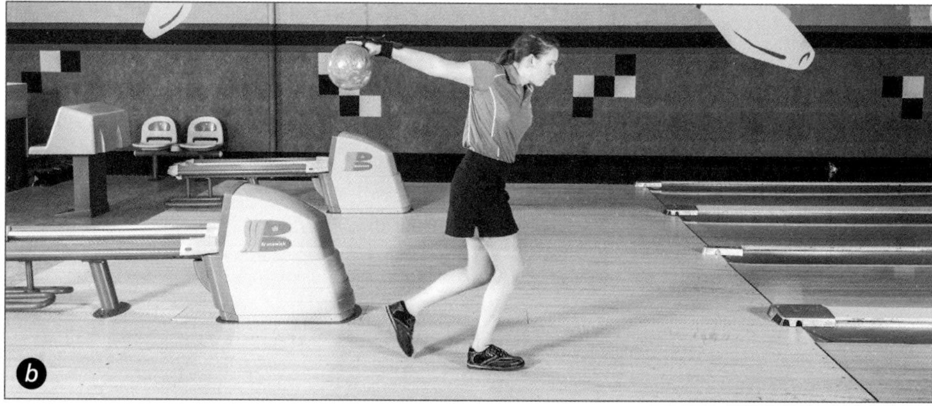

Abb. 5.10 Der Ball ändert beim Pendel zweimal seine Richtung: (a) am Ende des Anschubs und (b) auf dem Gipfel des Rückpendels.

Diese „Gefahrenstellen" – da wo Bowler sich gerne verspannen – sind auch die schweren Stellen, wo der Ball aufgrund der Entfernung vom Bowler am schwersten ist. Ein passender Ball mit dem richtigen Gewicht ist wichtig für die Entspannung und um den Ball mühelos über diese Stellen hinwegzupendeln, ohne daran arbeiten zu müssen.

Ähnlich wie bei der Übung „Sind Sie entspannt in der Starthaltung?" aus Kapitel 2 nehme ich öfter mal den Arm eines Schülers, schwinge ihn zum Gipfel des Rückpendels zurück und lasse ihn los. Oft bleibt der Arm hinter dem Schüler stehen, da wo ich ihn loslasse. Wäre er entspannt, würde er herunterfallen. Der Arm sollte während des Pendels entspannt bleiben.

Lassen Sie jemanden Ihren Arm zum Rückpendel anheben und prüfen Sie, ob er fällt, wenn Ihr Partner loslässt. So spüren Sie, wie es sich anfühlt, an diesem Punkt des Pendels entspannt zu sein. Dieser Test funktioniert genauso auch mit dem Ball: Dann hält Ihr Partner den Ball fest, während Sie in der Rückpendelhaltung entspannen.

Es kostet Kraft, ein schweres Objekt durch einen vollen Bogen schwingen zu lassen. Ein zu schwerer oder schlecht angepasster Ball macht es noch schwieriger, entspannt durchzupendeln. Ein nicht passender Ball führt dazu, dass Sie

Veränderungen: Das Timing anpassen

Sie müssen verstehen, was Sie mit Ihrem Timing zu erwarten haben. Seine Anpassung beeinflusst das Gefühl beim Abschluss. Auch wenn Sie eine gute Bewegung in das Rückpendel schaffen, versuchen Sie beim Abwärtspendel vielleicht immer noch, den Ball zu ziehen, damit der Abschluss sich so anfühlt wie immer. Das Verständnis dafür wie sich die Veränderungen Ihres Timings zu Beginn des Anlaufs und die Verbesserung der Hebelwirkung zum Abschluss des Wurfes auswirken, ist ausschlaggebend dafür, dass Sie geduldig am Pendel arbeiten; das nennt man Pendel-Geduld.

Wenn Sie meinen, dass alles (Körper und Ball) bei der Ballabgabe zusammen ankommen sollte, werden Sie das Pendel überstürzen, um das zu erreichen; aber wenn Sie meinen, dass Sie knapp vor dem Ball da sein sollten, werden Sie Geduld beim Pendeln entwickeln. So wie Sie glauben, es tun zu müssen, werden Sie es letztendlich auch tun. Daher werden Sie Ihr Hirn vielleicht umprogrammieren müssen, um die richtige Bewegung und das richtige Timing auf eine Linie zu bringen.

Wenn Sie nicht verstehen, wie und warum sich Ihr Timing ändert, werden Sie unterbewusst weiter versuchen, das Pendel zu unterstützen, um Ihr altes Timing beizubehalten. Wenn Sie vorher früh dran waren, werden Sie wohl weiter versuchen, das Pendel herunterzuziehen, um das alte Timing wieder zu erreichen. Sie müssen daher gedanklich aufgeschlossen sein und sich zuerst ein neues Bild schaffen, um dann Ihr Pendel danach zu ändern.

Sobald Sie wissen, dass Ihr Körper sich an das neue Gefühl gewöhnen muss, sollte sich Ihr Abwärtspendel wieder entspannen. Lassen Sie den Ball weiter in das Rückpendel fallen; Ihr Abwärtspendel wird sich anpassen, und Sie werden bald großartige Resultate erzielen!

sich anspannen und Fingerdruck ausüben, außerdem fühlt er sich schwerer an, als er ist. Genau das verursacht, dass Sie sich trotz aller Konzentration nicht entspannen können.

RÜCKPENDEL UND GEDULD

Oft werde ich gefragt, wie hoch der Umkehrpunkt des Rückpendels denn sein sollte. Ich meine, so hoch, wie Ihr Arm locker und natürlich pendelt. Aber wenn Sie den Arm lockern und den Ball pendeln lassen, wird sich auch Ihr Timing ändern. Wenn sich die Höhe anders anfühlt, könnten Sie versucht sein, das Pendel durch Muskelkraft zur Abgabe hinunterzuziehen, damit sich das Timing anfühlt wie immer.

Sie müssen den Ball nicht zurückpendeln. Es mag sich anfühlen, als ob der Ball einfach an der Seite herunterfällt, aber das Rückpendel kommt wegen des Schwunges beim Anlauf und wegen des Ballgewichts auf Schulterhöhe. Damit Sie das sehen, lassen Sie ein Foto Ihres Rückpendels machen. Entspannen Sie sich und lassen Sie den Ball aus dem Anschub fallen. Wenn Ihr Arm tatsächlich entspannt ist und den Ball allein pendeln lässt, wird er ganz natürlich die richtige Höhe beim Rückpendel erreichen. *Hinweis:* Ihr Pendel wird 7–10 cm höher sein, als es sich anfühlt. Wenn es sich schulterhoch anfühlt, ist es noch ein ganzes Stück höher und beeinflusst das Timing beim Abschluss.

War das Rückpendel wegen der Anspannung zu kurz, so wird es sich an der Foullinie anders anfühlen, wenn Sie entspannt sind und ein volles Pendel entwickeln. Es fühlt sich an, als seien Sie weit vor dem Ball. Das ist gut. Wenn Ihr Körper vor dem Ball ist, können Sie die Zeit nutzen, um Ihr Pendel zu entspannen und die Beine für die Balance und Kraft beim Abschluss zu nutzen (mehr in Kap. 6). Wenn Sie aber nicht erkennen, dass es gut ist, sich vor dem Ball zu fühlen, ziehen Sie das neue, höhere Rückpendel wahrscheinlich herunter, um wieder beim Abschluss das alte Timing zu spüren, eine unterbewusste Reaktion, um das Gefühl des alten Timings und des muskulär gesteuerten Pendels wiederherzustellen.

Sie müssen Geduld für das Abwärtspendel entwickeln. Wenn Sie es schaffen, das gesamte Pendel zu entspannen und den Ball natürlich zum Abschluss pendeln zu lassen, wird die Ballabgabe stärker, weil Sie die Beine für Kraft und Hebelwirkung nutzen. Es braucht Zeit, die Beine für die Ballabgabe in Position zu bringen, deshalb brauchen Sie Geduld beim Pendel.

Das fühlt sich zunächst fremd an, aber sobald Ihr Pendel besser mit den Füßen synchronisiert ist und Sie keine Muskelkraft anwenden müssen, fühlen Sie sich besser, weil Ihr Körper weniger belastet wird. Sie werden sich leicht und mühelos zur Linie bewegen. Das liegt daran, dass Sie nun den ganzen Körper effektiv einsetzen und die Armmuskeln nicht überbeanspruchen.

Da viel Spannung beim Pendel an zu hohem Griffdruck liegt, müssen Sie lernen, die Hand etwas zu entspannen, besonders oben am Pendel. Stelle ich fest, dass ein Schüler den Ball drückt, mache ich ihn darauf aufmerksam, dass er an genau dieser Stelle des Pendels auf den Griffdruck achten muss. Nach dem Wurf lasse ich ihn den Griffdruck an meinem Arm wiederholen, um den Fortschritt zu überwachen. Dann wiederholen wir das Ganze. Fast jedes Mal wird der Griffdruck lockerer, und der Ball fliegt trotzdem nicht weg. Wer auf den Griffdruck beim Pendel achtet, kann lernen, den richtigen Druck aufzubauen, um ein optimales Pendel zu entwickeln.

Eine Münze auf offener Hand pendeln

Mit dieser Übung lernen Sie, den Griffdruck zu entspannen und den Ball nicht zu verlieren. Üben Sie das Pendel im Stillstand mit einer Münze auf der offenen Hand. Beginnen Sie das Pendel mit Schwung, schieben Sie die Hand für ein volles Pendel nach vorn, lassen Sie sie, wie beim echten Anlauf, nach hinten und wieder durchschwingen. Mit genügend natürlicher Schwungkraft bleibt die Münze auf Ihrer Hand, selbst wenn die Handfläche auf dem Gipfel des Rückpendels über der Münze liegt. Mit dieser Übung habe ich die Bowler immer wieder verblüfft. So bekommen Sie Vertrauen dazu, dass der Ball auch ohne übermäßigen Griffdruck auf der Hand bleibt.

Um die Hand oben beim Pendel zu entspannen, müssen Sie darauf vertrauen können, dass der Ball an der Hand bleibt. Das funktioniert, wenn er passt und Sie genügend Tape nehmen, denn schließlich nutzen Sie ja die Zentrifugalkraft. Sie sorgt dafür, dass der Ball an der Hand bleibt, während Sie beim Anlauf mit dem Pendel Schwung aufbauen. Sie können auch einen Eimer mit Wasser so über den Kopf schwingen, dass das Wasser im Eimer bleibt. Genau so ist es beim Bowlingschwung: Das Pendel muss sich ohne Widerstand bewegen können, um genügend Schwung aufzubauen, sodass der Ball auf dem Gipfel des Rückschwungs auf der Hand bleibt. Entspannen Sie Ihre Muskeln, um keinen Widerstand zu bieten.

VERLUST DER KONTROLLE

Bowler zielen häufig zu angestrengt. Zwar ist es menschlich, kontrollieren zu wollen, aber um beständig zu bowlen, müssen Sie Ihre Technik entwickeln und dieser auch vertrauen. Den Ball zu steuern ist das Schlimmste überhaupt! Sie müssen Kontrolle aufgeben, um Kontrolle zu gewinnen.

Viele Bowler wollen den Ball steuern, statt darauf zu vertrauen, dass er ganz natürlich zum Zielpfeil hinschwenken wird. Sie schwanken zwischen Kontrolle und Vertrauen. Es ist nicht einfach, Vertrauen zu entwickeln. Viele meiner Bowler sind über ihren Fortschritt frustriert und beklagen sich, dass das neue, lockerere Pendel sich nicht kontrolliert anfühlt wie früher. Dann frage ich: „Wie hat es denn vorher funktioniert?“ Beim Nachdenken erkennen sie, dass sie mit mir an der Bahn stehen und argumentieren nicht weiter.

Ist das Pendel beim Abschluss locker, schwingen Sie bei der Ballabgabe natürlich aus der Schulter durch. Wer den Ball steuern will, schwingt oft zu kurz durch oder nicht in einer Linie mit der Schulter. Grundsätzlich müssen Sie darauf vertrauen, dass Ihr Pendel den Ball zum Zielpfeil trägt. Sind Sie wirklich entspannt, dann wird der durchschwingende Arm ganz natürlich herunterfallen.

DAS PENDEL MIT DEN SCHULTERN AUF DEN ZIELPFEIL AUSRICHTEN

Drehen Sie die Schultern, um das Pendel auszurichten. Sie müssen dem Zielpfeil gegenüberstehen, damit sich das Pendel automatisch ausrichtet. Drehen Sie Ihre Schultern so, dass das Pendel im rechten Winkel zu Ihnen bleibt und Sie den Zielpfeil treffen.

Wenn Ihre Schultern parallel zur Foullinie stehen oder geöffnet sind, sehen Sie auf den Zielpfeil, gehen aber geradeaus. Ihre Schultern stehen parallel zur Foullinie, wenn Sie eine Außenlinie oder gerade auf den Zielpfeil spielen. Sie sind bei Strikewürfen geöffnet, wenn Sie eine Innenlinie in einem Winkel spielen, um den Ball nach außen zu drehen, und bei Sparewürfen von Rechtshändern auf der rechten Seite (links bei Linkshändern). Je nach Winkel auf der Bahn öffnen Sie die Schultern. Die Ausnahme zum geraden Gang ist das Schließen der Schultern bei einem Spare auf der anderen Seite (das finden Sie in Kapitel 11, Spares für Fortgeschrittene).

Der Winkel vom Pendel zu den Schultern sollte sich nie ändern. Die Schultern richten das Pendel auf das Ziel aus. Die Anpassung des Schulterwinkels ist der Schlüssel zu einem beständig angepassten Pendel und führt zu besserer Beinarbeit, Verwandlung von Spares und Anpassung an die Bahn.

Behalten Sie das Pendel bei, wenn Sie den Winkel ändern, um Spares zu verwandeln. Ihr Pendel bleibt im rechten Winkel zur Schulter. So treffen Sie mehr Spares. Die richtigen Winkel für die Spares finden Sie in den Kapiteln 10 und 11.

RICHTIGER GRIFFDRUCK MIT TAPE

Ein gutes Pendel bedingt einen gut passenden Ball. Um den Ball frei durch den Bogen schwingen zu lassen, muss der Griffdruck sanft und der Arm entspannt sein. Spannung im Arm wird oft von einem zu festen Griff ausgelöst.

Nachdem die Löcher in den Ball gebohrt sind, müssen Sie die Größe des Daumenlochs an die Schwankungen Ihrer Daumengröße anpassen können. Alle Daumen verändern sich (aufgrund von Ernährung, Temperatur, Luftfeuchtigkeit oder Spieldauer). Bowler die meinen, dass sich ihre Daumengröße nicht ändert, wenden lediglich so viel Griffdruck an, dass sie es nicht merken.

Vor vielen Jahren schrieb ich monatlich einen Beitrag in einem nationalen Bowling-Magazin und konnte mir die Themen auswählen. Zu den ersten Themen zählte die Bedeutung von Tape! Ich weiß, wie wichtig es ist, den richtigen Griffdruck beizubehalten und sehe jeden Tag seine Auswirkungen auf das Pendel. Ich dachte, dass dieser Tipp besonders wichtig sei, um Bowlern sofort zu Verbesserungen zu verhelfen. Vor kurzem habe ich wieder einen Bericht für ein Magazin geschrieben, und wieder handelte er vom Tape.

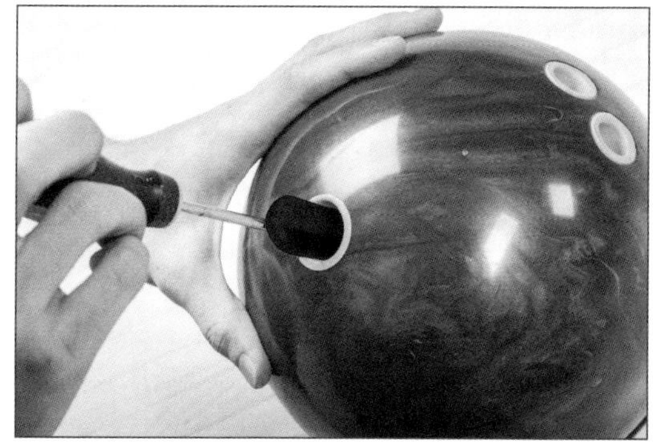

Abb. 5.11 Regeln Sie den Griffdruck auch mit Tape.

Wenn Sie mit dem Tapen beginnen, müssen Sie mehr auf Ihren Griffdruck achten, um zu wissen, wann Sie es hineingeben oder weglassen sollten (Abb. 5.11). Im Idealfall merken Sie sofort beim Einführen des Daumens, ob Sie das Tape anpassen müssen – ohne Testwurf. Versuchen Sie, ein Gefühl dafür zu entwickeln.

Das Daumenloch sollte bequem sein. Das bedeutet je nach Niveau etwas anderes. Profis haben enge Daumenlöcher (manche müssen den Daumen regelrecht hineinzwängen), aber gerade sie greifen den Ball bei der Ballabgabe überhaupt nicht, sonst würden sie hängen bleiben. Dieses Gefühl kann man erlernen. Ist der Daumen hineingekommen, kommt er auch wieder heraus. Sie dürfen nur nicht zu fest drücken. Versuchen Sie, mit einem engeren Daumenloch klarzukommen. Wenn Sie gerade erst mit dem Tape begonnen haben und schon feststellen, dass Sie mehr brauchen, haben Sie echte Fortschritte gemacht.

Wenn das Tape in der Bohrung ist, heißt das nicht, dass das immer so bleiben muss. Sie sollten ständig Tape dazugeben oder wegnehmen, je nachdem, wie Ihr Daumen sich verändert. Das kann ohne festes Muster geschehen, oder Sie merken, dass Ihr Daumen kalkulierbaren Schwankungen unterliegt, etwa beim Spiel schrumpft oder anschwillt. Das müssen Sie in jedem Fall mit Tape ausgleichen!

Wenn Sie wissen, wie man mit dem Tape umgeht (siehe Kap. 1), um den Ball an die Hand anzupassen, können Sie bei jedem Wurf den gleichen Griffdruck anwenden, auch wenn Ihre Hand sich ändert. Dieser konstante Griffdruck führt wiederum zu einem beständigen, präzisen Pendel. Alternativ müssen Sie bei jedem Wurf den Griffdruck ändern, was dem Pendel schadet.

Üben Sie so lange mit dem Tape, bis Sie es auch bei einem Wettkampf sicher einsetzen können. Die Furcht, das Spiel aufzuhalten oder mit Tape sich eher ungeschickt zu fühlen, kann nicht als Ausrede herhalten, es nicht zu benutzen und auf die Vorteile für das Pendel zu verzichten. Gewöhnen Sie sich an das Tape, damit Sie bei jedem Wurf den gleichen Griffdruck ausüben.

ARMPENDEL UND BALLREAKTION

Eine schlechte Reaktion des Balles können Sie nicht auffangen. Wenn Sie bei einem entspannten Pendel die Gasse immer noch nicht treffen, müssen Sie entweder bei einem geraden Wurf den Winkel anpassen oder bei einem Haken den Bahnzustand berücksichtigen. Wenn Sie bei einem Haken nicht dem Bahnzustand entsprechend stehen, wird Ihr Ball nicht richtig reagieren. Sie üben dann Druck auf den Ball aus, damit er richtig läuft. Das geschieht meist unterbewusst.

Oft passen Bowler sich nicht an den Bahnzustand an, weil sie nicht merken, dass es nötig ist, oder sie nicht wissen, wie sie in ihrer Komfortzone spielen wollen. Wenn Sie sich aber nicht entspannen können, dann hinterfragen Sie Ihre Strategie! Oft spannen Bowler wegen einer schlechten Strategie beim Armpendel an und versuchen den Wurf zu erzwingen. Sie sehen oft das Problem eher in ihrer Form als in der Reaktion des Balles auf der Bahn.

Ich selbst habe diese Erfahrung beim Sam's Town Invitational 1995 gemacht. Damals spielte ich beim Ebonite Pro Staff. Unser Ballexperte Doene Moos beobachtete mich und wusste, dass ich einen anderen Ball brauchte. Ich war in einem Matchspiel und überzeugt, dass das schlechte Ergebnis an mir lag. Doene versuchte, mich zu überreden, den Ball zu wechseln. Ich war verärgert und lehnte ab, denn ich wusste, dass ich nicht gut spielte, *mein Pendel war nicht locker genug.* Ich glaubte, mit einem lockeren Pendel besser zu spielen. Widerwillig nahm ich für das nächste Match dann doch den von ihm vorgeschlagenen Ball.

Beim ersten Wurf schaffte ich einen Strike, beim nächsten wieder und nochmal. Mit jedem Wurf wurde mein Pendel lockerer. Mein Spiel fühlte sich allmählich besser an. Ich warf tatsächlich die nächsten neun Strikes und schaffte 300 Punkte! Mit diesem Ball holte ich mir dann sogar diesen Major-Titel. Das wäre nicht passiert, wenn Doene mich nicht zu der Änderung überredet hätte.

Wenn Sie den Bahnzustand nicht berücksichtigen und sich beim Anlauf falsch hinstellen, treffen Sie kaum, nicht einmal mit guten Würfen. Viele meiner Schüler entwickeln ein gutes Pendel und werfen im Unterricht beständig, aber wenn der Ball keinen Haken schlägt, meinen sie nachhelfen zu müssen. Ich gestatte ihnen aber nicht, mehr Druck auf den Ball auszuüben. Sie sollen ihn laufen lassen und sich auf der Bahn bewegen – in diesem Fall, um mehr Reibung zu finden, damit der Ball den Haken natürlich schlägt. Wenn sie dies tun, begreifen sie, dass ihre Strategie und nicht ihre Wurftechnik falsch war.

Wie man sich auf den Bahnzustand anpasst, finden Sie in den Kapiteln 8 und 9. Ich verweise hier öfter auf die Kapitel über das Bahnspiel (Grundlagen und Fortgeschrittene). Man kann sagen, wenn Sie sich auf der Bahn richtig hinstellen, sorgen die gute Ballreaktion und die Fehlertoleranz, die Sie damit entwickeln, schon dafür, dass Ihr Armpendel locker bleibt, denn Sie sehen, es funktioniert. Mit einer effektiven Anlaufstrategie können Sie entspannt spielen. Es geht beim Bowling nicht um Perfektion, es geht um die Fehlertoleranz. *Eine schlechte Reaktion können Sie auf der Bahn physisch nicht auffangen.*

ARMPENDEL UND BALLTEMPO

Akzeptieren Sie erst einmal, dass Ihr natürliches Pendel Ihr natürliches Balltempo ist. Oft sehe ich Bowler, die zum Schaden ihres Pendels das Balltempo manipulieren. Es ist schwierig, das Tempo zu kontrollieren, nicht einmal alle Profis können das. Wenn Sie überhaupt an Ihrem Pendel oder an Ihrem Timing arbeiten, versuchen Sie nur als allerletzten Ausweg das Balltempo zu ändern.

Wenn Sie meinen, das sei nötig, dann überlegen Sie, warum. Rutscht der Ball zu stark, bremsen Sie ihn nicht, sondern bringen ihn in einen Bereich mit mehr Reibung; alternativ versuchen Sie es mit einem aggressiveren Ball oder verbessern das Rollen des Balles. Oft meinen Sie, der Ball ist zu schnell, dabei ist er nicht stark genug, oder er rollt zu schwach.

Profis haben ein gutes Tempo, und ihr Ball rollt gut. Sollte Ihr Ball schlecht rollen und Sie versuchen ihn abzubremsen, erzeugen Sie nur wenig Tempo und schlechtes Rollen, ganz anders als Profis, und meistens mussten Sie dazu das Pendel anspannen. Warum weniger, wenn auch mehr geht? (Mehr zur Ballabgabe finden Sie in Kapitel 7.)

Wenn Sie meinen, einen stärkeren Wurf zu brauchen, gehen Sie mehr in Richtung Öl, nehmen Sie einen schwächeren Ball oder ändern Sie die Ballabgabe (fortgeschrittene Technik). Dann passt oft auch die Reaktion des Balles. Wollen Sie das Tempo erzwingen, setzen Sie oft die Brustmuskeln ein, um den Ball zu beschleunigen. Die sind aber für Zug ausgelegt. Wenn Sie diese Muskeln beim Pendel einsetzen, ziehen Sie am Ball, und er läuft innen am Zielpfeil vorbei.

Das heißt aber nicht, dass es keine Techniken zur Änderung der Reaktion gäbe. Plausibel ist es, den gesamten Rhythmus des Anlaufs anzupassen oder den Ball in der Starthaltung niedriger oder höher zu halten, um den Pendelbogen zu beeinflussen. Das funktioniert, wenn Sie wissen, wie es geht, ohne Ihr Timing zu ändern oder das Pendel anzuspannen.

Oft ist es einfacher, sich an die Bahn anzupassen und einen anderen Ball zu nehmen oder ihm für mehr Reibung mehr Oberfläche zu geben oder ihn für weniger Reibung zu polieren. Sie brauchen das richtige Gerät, um sich an den Bahnzustand anzupassen. So wie ein Golfspieler verschiedene Schläger hat, brauchen Bowler Bälle, die an verschiedenen Stellen und in verschiedenem Ausmaß Haken schlagen. Kaufen Sie, was nötig ist. Wenn Sie weiter mit Druck reagieren müssen oder meinen, dass sich Ihr Spiel an den Bahnzustand anpassen muss, legen Sie sich eventuell einen Ball zu, der sich der Bahn anpasst.

ZUSAMMENFASSUNG

Ein gutes Armpendel ist der Schlüssel zu Beständigkeit, Präzision und gutem Rhythmus. Das Pendel entscheidet Ihr Spiel! Viele Schüler meinen, alles falsch zu machen. Und doch scheinen alle Probleme mit einem guten Pendel auf einmal zu verschwinden. Bekämpfen Sie nicht die Symptome eines schlechten Pendels, entwickeln Sie ein gutes. Stützen Sie das Gewicht des Balles in der Starthaltung mit der nicht dominanten Hand und schieben Sie den Ball beim Grundschritt an eine Stelle, von der aus er frei und beständig pendeln kann.

Mit einer guten Schwungmechanik schaffen Sie ein Pendel, das für reproduzierbare Würfe sorgt. Sie brauchen nur darauf zu vertrauen! Den Ball nur pendeln zu lassen kann eine Herausforderung sein. Schließlich möchte der Mensch alles kontrollieren und setzt dann eher auf Kraft als auf Technik. Für eine gute, zuverlässige Technik brauchen Sie Kraft, Training und Disziplin. Sie benötigen ein mental gestärktes Spiel, um Vertrauen daran zu haben. Das ist die größte Herausforderung.

Auf die Physik können Sie sich verlassen, nicht aber darauf, dass Ihre vielen Armmuskeln jedes Mal auf die gleiche Weise funktionieren. Ihr Pendel kann nicht beständig bleiben, wenn Sie beim Bowlen ständig andere Armmuskeln unterschiedlich stark einsetzen. Denken Sie darüber nach. Sie spannen an verschiedenen Punkten verschiedene Muskeln verschieden stark an und haben so nicht mehr als Zufallsergebnisse. Es gibt aber nur ein entspanntes Pendel. Das Pendel ist zuverlässig und beständig.

Bowling ist ein Spiel der Kraft und Beständigkeit. Um beides zu erreichen, entspannen Sie Ihr Pendel und setzen auf die Physik. Das Gewicht des Balles und der Schwung des Anlaufs sorgen für das Pendel. Sie müssen lernen, mit ihm mitzugehen. Wenn es sich mühelos anfühlt, liegen Sie richtig. Sie müssen Kontrolle aufgeben, um Kontrolle zu gewinnen.

Manchmal ist es besser, *etwas nicht zu tun*. Viele Bowler verbessern sich, wenn sie etwas besser oder *einfacher* machen, nicht schwieriger. Der Mensch möchte den Ball kontrollieren, aber die dabei entstehende Spannung beeinträchtigt die Präzision. Oft beginnt die Spannung beim Griff. Achten Sie auf den Griffdruck und von Anfang bis Ende auf ein entspanntes Pendel.

Viele Profis arbeiten fast jeden Tag an ihrem Start, um das Timing zu perfektionieren. Stimmen Timing und Schwungmechanik und sind die Würfe reproduzierbar, dann können Sie lernen, mit den Beinen Kraft aufzubauen, um den Ball abzugeben, ohne Beständigkeit und Präzision einzubüßen.

Und nun entspannen Sie sich und lassen es pendeln!

Kapitel 6

Abschlussposition und Wurf

Das Ziel des Anlaufs ist, beständig zum Abschluss zu gelangen und Energie aufzubauen. Mit gutem Timing und lockerem Pendel bauen Sie Hebelwirkung und Energie für den Abschluss auf. Beim Bowling geht es darum, beständig die gleiche Kraft auszuüben – Beständigkeit und Kraft sind ausschlaggebend.

Für eine starke, ausbalancierte Körperposition beim Abschluss brauchen Sie Ihre Beine, um Kraft zu erzeugen und an der Linie die Balance zu halten. Das erreichen Sie, indem Sie mit den Beinen Kraft aufbauen und ein lockeres Pendel für Beständigkeit (und Präzision) sorgt.

Mit einer guten Balance an der Linie können Sie Ihren Körper beim Abschluss effizient einsetzen. Balance kostet Kraft. Über je mehr Kraft Sie verfügen, desto leichter ist eine starke, ausbalancierte Abschlussposition an der Linie. Dazu müssen Sie wissen, wie Ihre Ballabgabe von der Seite und von hinten aussieht.

Schließlich sollten Sie bei der Ballabgabe den Anlaufschwung und Ihr lockeres Pendel einsetzen und dann mit dem Arm durchschwingen. Diese Bewegung ergibt sich bei einem lockeren Pendel ganz natürlich und verbessert das Rollen des Balles. Damit Sie sich vorstellen können, wie alles bei der Ballabgabe aussieht, vergleiche ich das mit den Zeiten einer imaginären Uhr rund um Ihren Körper (der Kopf ist bei 12.00 Uhr). Dieses Bild ist die Betrachtung von hinten.

ABSCHLUSSPOSITION UND HEBELWIRKUNG

Der Körper wird beim Abschluss von der Seite und von hinten gesehen (Abb. 6.6 auf Seite 90 zeigt eine Rückansicht mit dem hinteren Bein hinten und den Hüften unten, was für Kraft und Balance sorgt). Für eine solide Abschlussposition – nötig für eine gute Hebelwirkung und eine effektive Energieentwicklung bei der Ballabgabe – müssen Sie diese aus beiden Perspektiven verstehen.

Die richtige Hebelwirkung erzielen Sie durch eine gute Haltung in der Abschlussposition. Von der Seite gesehen bedeutet das, dass Sie eine vertikale Linie vom Kopf zum Knie bilden sollten (Abb. 6.1). Wie bei einer Hocke, wenn Sie eine schwere Last mit den Beinen und nicht mit dem Rücken anheben, sollten die Schultern beim Abschluss nicht nach vorn kommen. Halten Sie die Brust hoch und das Gewicht auf dem Quadrizeps im Oberschenkel. Das sorgt für die richtige Hebelwirkung bei der Ballabgabe.

Mit dem Schwung, den Sie beim Anlauf aufgebaut haben, sollte der Pendelarm bei der Ballabgabe natürlich durchschwingen, genauer: Der Oberarm, nicht nur der Unterarm sollte nach der Ballabgabe hochschwingen. Manche Bowler meinen schon durchzuschwingen, wenn nur ihre Hand hochgeht. Da aber das Pendel von der Schulter ausgeht, sollte auch der Oberarm mitgehen, also durchpendeln. Das Durchschwingen oder sein Ausbleiben sagt viel darüber aus, wie entspannt Ihr Armpendel ist! Ein lockeres Pendel setzt sich aufgrund des Schwunges aus dem Anlauf beim Abschluss fort. Ein entspannter Arm fällt dann von selbst herunter.

ABSCHLUSSPOSITION UND KRAFT

Eine gute Ballabgabe, bei der die Beine eingesetzt werden, beginnt mit dem hinteren Bein (beim Rechtshänder das rechte, beim Linkshänder das linke). Das hintere Bein hat drei Schlüsselfunktionen: Es baut Energie auf, schafft Platz für das Pendel und sorgt für die Balance. Eine gute Balance zeigt, dass Sie Ihren Körper effektiv einsetzen, um den Ball abzugeben.

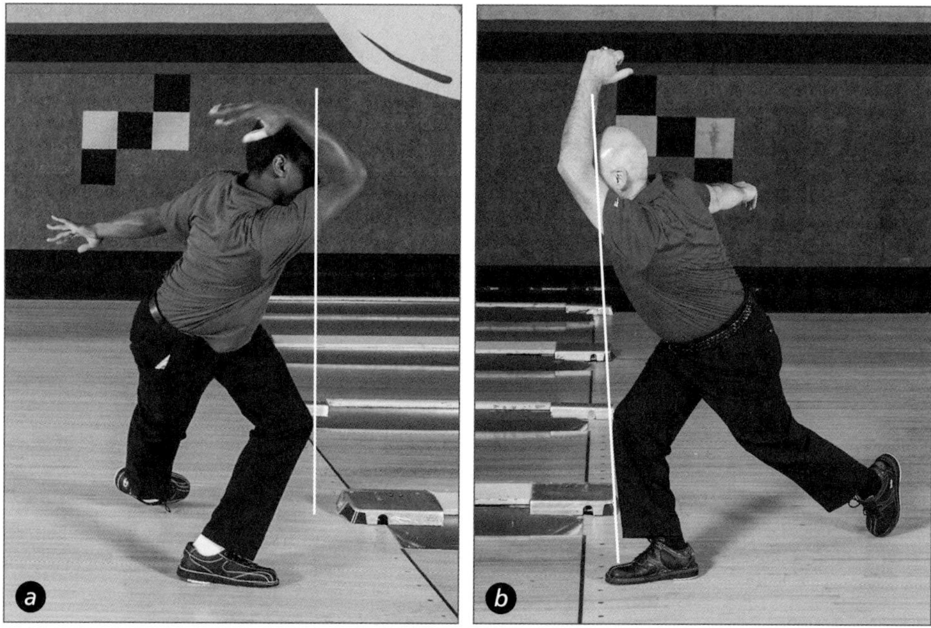

Abb. 6.1 Gute Haltung in der Abschlussposition: (a) Rechtshänder, (b) Linkshänder.

Kraft aufbauen

Indem Ihr Bein sich hinter Sie schiebt, baut es ein Drehmoment auf, das sich über Hüften und Rumpf auf die Schulter und das Pendel überträgt. Dieser natürliche Prozess der Übergabe der Energie von den Beinen auf den Oberkörper findet sich in vielen Sportarten. So macht es auch der Schlagmann beim Baseball. Die Energie seines Schlages kommt aus seinem ersten Schritt, während der Ball auf ihn zukommt. So kann er sein Gewicht nutzen, um ein Drehmoment im Körper zu erzeugen, das die Energie zu den Schultern bringt. Dem entspricht beim Bowling die Bewegung des hinteren Beines bei der Ballabgabe.

Platz für das Pendel schaffen

Das hintere Bein sorgt nicht nur für Kraft, es schafft auch Platz für das Pendel, damit es in einer Linie mit der Schulter gerade durchschwingen kann (Abb. 6.2). Der Ball bleibt dadurch nahe am Knöchel. Das sichert die Präzision.

Sie sehen von hinten, dass die Schulter heruntergeht, auch wenn viele das nicht erwarten. Nur so kann sich das Bein nach hinten schieben, um Kraft zu übertragen, während der Ball aus einer Position nahe dem Knöchel abgegeben wird (Abb. 6.3). Früher sollte man die Schulter nicht fallen lassen, aber damals waren die Bälle auch schwächer. Daher ist dieser Ratschlag längst überholt. Gehen Sie mit der Schulter herunter! So lässt sich das Bein weiter nach hinten schieben und von den Beinen aus mehr Kraft für die Durchführung aufbauen.

Vielleicht können Sie die Abschlussposition leichter entwickeln, wenn Sie sich das bildlich vorstellen. Ein einziges Bild kann viele Gedanken ersetzten,

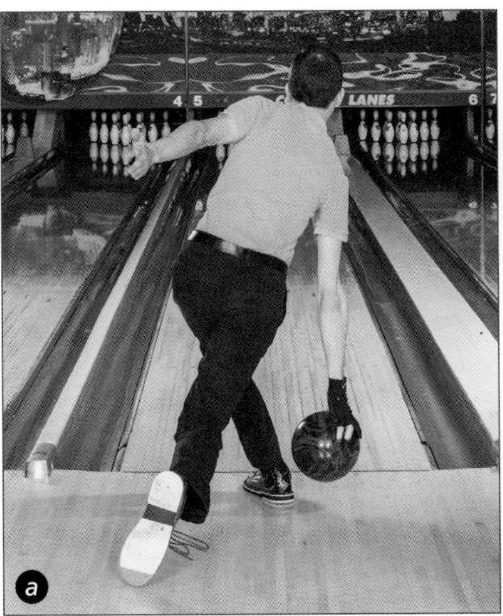

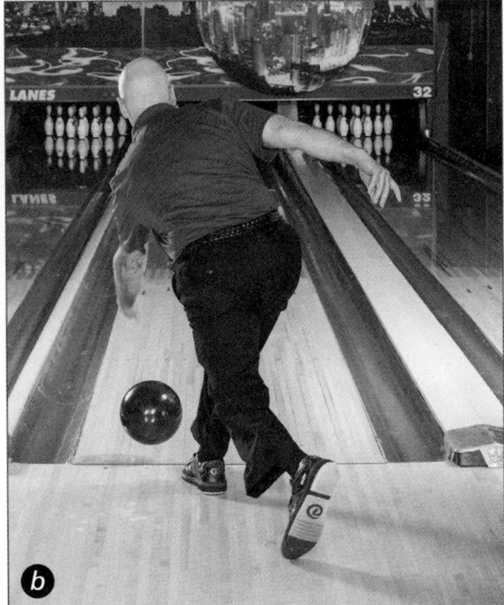

Abb. 6.2 Das hintere Bein schafft Platz für das Pendel, Schulter unten: (a) Rechtshänder, (b) Linkshänder.

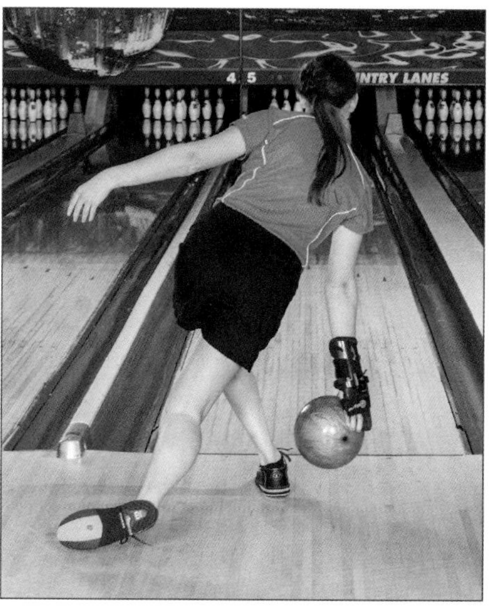

Abb. 6.3 Ballabgabepunkt: der Ball nah dem Knöchel, die Schulter unten (Rechtshänder).

was es viel leichter macht, in die richtige Haltung zu gehen. Die Rückansicht der Abschlussposition mit der Uhr als Bezug (siehe Abb. 6.6 auf S. 90) kann besonders hilfreich sein. Die Fotos in Abb. 6.6 sind die einzigen Bilder zu dem langen Text, der eine gute Abschlussposition erläutert!

Balance halten

Das hintere Bein dient auch als Gegengewicht zum Schwung auf der Pendelseite des Körpers, den der Ball bei der Ballabgabe aufbaut. Zudem bietet dieses Bein eine solide Stütze unter Ihrem Oberkörper und sorgt für die Balance.

Wenn Sie aufgrund schlechten Timings oder eines muskelunterstützten Pendels die Balance verloren haben, müssen Sie diese an der Linie wiederfinden. Mit besserem Timing und einem entspannten Pendel sollten Sie die Balance erreichen. Der Einsatz der Beine für die Balance kostet sehr viel und vor allem unnötig Kraft, ob nun beim ersten Mal oder beim Wiedergewinnen der Balance nach Verbesserungen bei Timing und Pendel.

Um Ihre Balance und Ihre Abschlussposition zu entwickeln, nehmen Sie zunächst eine Wand als Stütze zu Hilfe. Stellen Sie sich an der Wand in gut ausbalancierter Abschlussposition auf. Wenn Sie das Gefühl für die richtige

Veränderungen: Früher und heute

Dank der technischen Fortschritte wird heute ganz anders gespielt. Die Bowlingbälle sind im Lauf der Jahre viel stärker geworden, deshalb musste unsere Form sich anpassen und weiterentwickeln. Die Technologie erfordert Änderungen der Technik.

Früher war es richtig, das hintere Bein bei der Ballabgabe gerade hinter sich zu haben. Sehen Sie sich nur die Bowler aus der Hall of Fame an. Die Bälle waren damals nicht sehr stark, also brauchte man nicht viel Hebelwirkung, um sie in Gang zu setzen. Damals spielten die Bowler direkt auf die Gasse, weil die Bälle kaum Haken schlugen. Wenn Sie schon lange Jahre bowlen, werden Sie gemerkt haben, dass Sie Ihre Form immer wieder an die technischen Änderungen anpassen mussten.

Heute *wird* die Schulter heruntergenommen, damit das hintere Bein sich bewegen kann und die Hebelwirkung für den Lauf des Balles erzeugt. Auch heute sagen viele noch, man müsste die Schulter hochhalten. Ich kämpfe dagegen an: Die Schulter muss herunter!

Position haben, versuchen Sie, diese ohne die Wand zu halten. Gehen Sie zur Foullinie an der Bahn und nehmen Sie wieder diese ausbalancierte Abschlussposition ein. Verharren Sie wie an der Wand etwas in dieser Position, um sich an das Gefühl der Balance zu gewöhnen.

Können Sie die Balance in der Abschlussposition halten, dann gehen Sie ohne Ball durch den Anlauf und üben die Balance in Bewegung. Arbeiten Sie, konzentrieren Sie sich auf Haltung und Beine, bis Sie die Balance beherrschen.

Nun nehmen Sie mit dem Ball diese gut ausbalancierte Abschlussposition ein. Versuchen Sie die Balance zu halten, bis der Ball bei den Würfen die Pins trifft. Ihr Körper lernt die notwendige Kontrolle für eine feste, ausbalancierte Haltung an der Linie. Das hat auch einen Trainingseffekt. Das Halten der Position kräftigt ihre Beine. Balance kostet Kraft!

Eine gute Abschlussposition benötigt Kraft und etwas Flexibilität. Manche können das ganz einfach, während andere sich mehr anstrengen müssen als gewohnt. Für viele ist das wie Turnen: Es ist einfacher, wenn man es nicht tut! Die Position des vorderen Beines beim Abschluss ähnelt der bei Kniebeugen: Das Knie ist gebeugt, reicht aber nicht über die Zehen hinaus, der Rumpf balanciert aufrecht über den Beinen.

Die Wand: Abschlussposition

Teil 1

Stellen Sie sich ohne Ball mit so viel Abstand neben eine Wand, dass Ihr nicht pendelnder Arm, der Balancearm, sich gestreckt mit der Hand an der Wand abstützen kann. Bringen Sie das (hintere) Bein bei etwa 8.00 Uhr (Rechtshänder) oder 4.00 Uhr (Linkshänder) in Position und spüren Sie Ihr Körpergewicht auf dem Oberschenkel des Gleitbeins. Behalten Sie die richtige Körperhaltung bei, sonst spüren Sie das Gewicht nicht auf dem Oberschenkel. In dieser Haltung heben Sie den Arm wie beim Durchschwingen in die Stellung 1.00 Uhr (Rechtshänder) oder 11.00 Uhr (Linkshänder). Nehmen Sie die Balance Ihrer Beine wie bei der Ballabgabe und beim Durchschwung wahr.

Wenn Sie noch tiefer hinunterwollen und die Kraft und Flexibilität dafür haben, stellen Sie sich etwas weiter von der Wand weg und strecken das Bein weiter bis 8.30 Uhr (Rechtshänder) oder 3.30 Uhr (Linkshänder) aus. Dabei wird das Knie des vorderen Beines stärker gebeugt. Sie kommen gut hinunter, wenn Sie z. B. die Schnürsenkel des hinteren Fußes in ein Loch im Boden stecken könnten (aber nur bei entsprechender Flexibilität und Kraft). So wird das Knie noch tiefer gebeugt. Wenn Sie das Gefühl für diese Körperposition verinnerlicht haben, gehen Sie zur Foullinie der Bahn. Nehmen Sie dieselbe Haltung ein, diesmal aber ohne Stütze. Bleiben Sie so, bis Sie die Balance unter Kontrolle haben. *Hinweis:* Schieben Sie das Bein so weit zur Seite wie möglich und halten Sie die Balance. Je nach Kraft und Flexibilität befindet sich Ihr Bein zwischen 7.00 und 8.30 Uhr (Rechtshänder) oder 3.30 und 5.00 Uhr (Linkshänder).

Teil 2

Üben Sie diese Haltung an der Foullinie zuerst noch ohne Ball, aber mit etwas Bewegung. Gehen Sie so weit zurück, dass Sie Platz für einen Schritt haben. Beginnen Sie später mit dem hinteren Bein vorn (der Schritt vor dem Gleiten) und dem Arm hinten im Rückpendel. Stoßen Sie sich dann mit diesem Bein ab und gleiten Sie in den letzten Schritt. Schließen Sie mit dem hinteren Bein etwa bei 8.00 Uhr (Rechtshänder) oder 4.00 Uhr (Linkshänder), um die gleiche Haltung wie an der Wand einzunehmen. Der Arm endet oben bei 1.00 Uhr (Rechtshänder) oder 11.00 Uhr (Linkshänder). Wiederholen Sie das, bis Sie es mindestens drei Mal in Folge beherrschen und die Balance halten. Aus der Bewegung heraus ist es schwieriger, diese Position einzunehmen, ohne Wand als Stütze.

Teil 3

Weiter ohne Ball geben Sie der Übung Schwung, indem Sie ein paar Mal durch den Anlauf gehen und lernen, so abzuschließen und die Balance zu halten. *Hinweis:* Gehen Sie nur so schnell, dass Sie die Balance noch halten können. Wenn Sie die Position ohne Ball mindestens dreimal in Folge beherrschen und die Balance halten, sind Sie bereit zu bowlen und in dieser Position abzuschließen.

Sobald Sie beim Bowlen die Position und die Balance halten können, versuchen Sie die Balance zu halten, bis der Ball auf die Pins trifft. Das hilft Ihnen dabei, Kraft und Ausdauer zu entwickeln, sodass Sie an der Linie auch jedes Mal die Hüften herunternehmen und die Balance halten können. *Hinweis:* Diese Übung konzentriert sich auf die Beine, aber wenn Sie später bowlen, beeinflussen auch Timing und Pendel Ihre Fähigkeit zur Balance. Bei schlechtem Timing oder zu straffem Pendel fällt die Balance schwer, egal, wie sehr Sie sich auf die Beine konzentrieren. In der Bewegung wird alles bislang Trainierte umgesetzt!

Durchschwingen

Schwingen Sie mit dem Pendel durch. Ihr Durchschwung verrät viel über Ihr Armpendel und wie entspannt es ist oder nicht. Gutes Durchschwingen verbessert auch das Rollen des Balles. Wenn Sie den Schwung abkürzen, bremsen Sie ein Pendel aus, das nach all dem Schwung aus dem Anlauf bei der Ballabgabe beschleunigen sollte, zumindest wenn es entspannt ist.

Um Gefühl für das Durchschwingen zu entwickeln, stellen Sie sich an die Foullinie, den Gleitfuß vorn, das andere Bein hinten. Sie stehen still, den Ball in der Hand, führen ein volles Pendel durch und geben den Ball ab. Mit dem Hinausschieben anfangen, den Ball zurück und nach unten pendeln lassen, dann loslassen und durchschwingen, alles in einer flüssigen Bewegung. Im Moment der Ballabgabe sollte der Energiefluss des Pendels keinesfalls unterbrochen werden. Wiederholen Sie das, bis Sie ohne Unterbrechung durchschwingen und das Gefühl kennen. Nun sind Sie bereit, das Pendel mit gutem Durchschwung auf 1.00 Uhr (Rechtshänder) oder 11.00 Uhr (Linkshänder) abzuschließen.

TIMING UND ABSCHLUSSHALTUNG

Schlechtes Timing führt zu Haltungs- und Balanceproblemen bei der Ballabgabe. Zu frühes Timing lässt die Schultern oft nach vorn fallen (Abb. 6.4). Das führt zu geringer Hebelwirkung oder zu schwächerer Körperposition bei der Ballabgabe. Bei spätem Timing richtet sich der Körper wegen erhöhter Hebelwirkung an der Linie auf (Abb. 6.5). Das Timing bei der Ballabgabe wird mental gesteuert. Was ist die richtige Aussage über das ideale Timing beim Abschluss?

a) Der Ball sollte vor Ihnen sein.
b) Sie sollten vor dem Ball sein.
c) Sie sollten zusammen mit dem Ball dort sein.

Viele wählen Punkt c. Das war vor vielen Jahren richtig, als das Gerät schwächer war und die Bowler die Gasse direkter ansteuerten. Obwohl das Timing der Bowler je nach Stil schwankt, geht es hier um die Abfolge der Körperbewegungen, um bei der Ballabgabe Kraft und Balance aufzubauen.

Die richtige Antwort ist Punkt b. Aber es geht nur um Bruchteile von Sekunden. Bedenken Sie, dass beim Baseball der Schritt vor dem Schwung des Schlägers kommt. Der Schlagmann würde nie gleichzeitig gehen und schwingen. Auch der Pitcher baut mit den Beinen Kraft auf, bevor er den Ball aus der Schulter wirft. Gleichzeitig Kraft aufbauen und werfen funktioniert nicht. Der Pitcher baut das Drehmoment mit dem ganzen Körper auf, beginnend in den Beinen, also mit den stärksten Muskeln des Körpers.

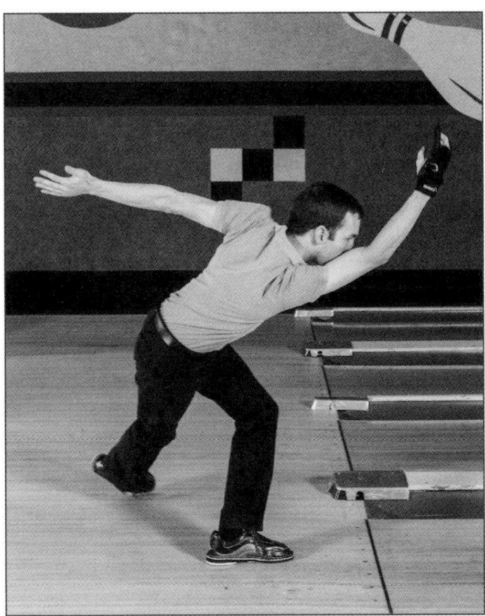

Abb. 6.4 Bei frühem Timing ist der Kopf bei der Ballabgabe vor dem Knie.

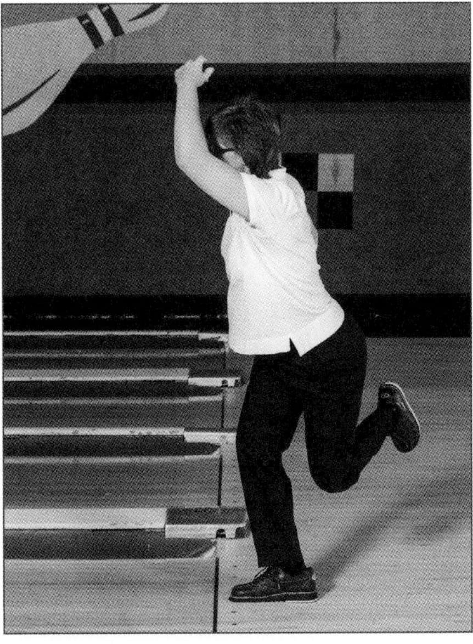

Abb. 6.5 Bei spätem Timing richtet sich der Körper wegen vermehrter Hebelwirkung auf.

Am Anfang bitte ich meine Schüler zumeist zu überlegen, wie das ideale Timing beim Abschluss aussehen könnte. Wenn wir am Timing und am Pendel beim Start gearbeitet haben, sie aber Schwierigkeiten haben, dieses Timing bis zum Abschluss durchzuhalten, dann reden wir darüber, und zwar damit sie es so verstehen, dass sie es dann auch ausführen können. Die Umsetzung dieses neuen Gefühls für das Timing kann sehr schwierig sein, weil es sich anders anfühlt als gewohnt.

Wer immer zu früh dran war und sein Timing korrigiert hat, der zieht den Ball oft vom Rückpendel zur Ballabgabe, weil er im Unterbewusstsein den Ball früher am Abschluss erwartet – so wie es beim alten Timing immer war. Oft muss der Spieler dann neu darüber reflektieren, wie das Timing beim Abschluss sein sollte, damit er versteht, was er nun im Sinne einer besseren Hebelwirkung fühlen sollte. Es ist wichtig, dieses Timing zu verstehen und das Rückpendel ausreichend zu entspannen, damit Abschlusshaltung und Balance stimmen.

ARMPENDEL UND BALANCE

Bei einem lockeren Pendel sollten Sie die Balance an der Linie halten können. Allzu oft wenden Bowler aber zu viel Kraft an und *ziehen sich so* wortwörtlich *aus der Balance*. Das geschieht meist, wenn der Bowler zu ungeduldig das Pendel nicht einfach kommen lässt, sondern den Ball zu stark wirft oder eine unnatürliche Reaktion des Balles erzwingt. Anpassungen für das Bahnspiel finden Sie in den Kapiteln 8 und 9. Das hintere Bein ist stark genug, um den Schwung eines lockeren Pendels und das Gewicht des Balles aufzufangen, bekommt aber schließlich doch Probleme, mit einem allzu kräftigen Pendel fertig zu werden, das am Ball zieht.

Das funktioniert auch umgekehrt. *Was Ihre Beine nicht tun, versuchen die Arme zu übernehmen*. Wenn Sie zu faul sind, Ihre Beine zu benutzen, spürt der Arm, dass die Kraft der Beine fehlt und versucht das wettzumachen. Dadurch übt der Arm Kraft auf den Ball aus, um die fehlende Übertragungskraft auszugleichen. Ihre Beine brauchen geduldige, entspannte Arme, aber Ihre Arme brauchen zum Entspannen auch arbeitende Beine!

Fehlende Balance liegt meistens an schlechtem Timing oder einem zu kräftigen Armpendel. Oft genug bringen Bowler sich selbst aus der Balance. Wenn Ihnen die Balance fehlt, prüfen Sie Ihr Timing und entspannen Sie Ihr Pendel. Dann arbeiten Sie daran, die Beine zur Balance einzusetzen!

Hinter einem zu kräftigen Pendel steckt oft eine schlechte Reaktion des Balles auf der Bahn. Bowler spannen sich unterbewusst an, wenn Sie spüren, dass die Bahn ihnen keine Fehlertoleranz erlaubt. Das ist gefährlich, weil die Spieler meistens sich selbst vorwerfen, den Ball schlecht geworfen zu haben, obwohl die Ursache in einer schlechten Strategie an der Bahn liegt. Überlegen Sie zuerst, ob Sie eine Veränderung vornehmen können, die Ihnen mehr Gelegenheit bietet, Ihr Pendel zu entspannen. Gute Strategien für das Bahnspiel finden Sie in den Kapiteln 8 und 9.

RÜCKPENDEL UND ABSCHLUSSHALTUNG

Die Höhe des Pendels und die Geduld dabei sind für eine starke Abschlusshaltung wichtig. Wenn Sie kein vollständiges Rückpendel haben, wird es schwer, das hintere Bein in Position zu bringen. Das Pendel muss hoch genug sein, damit das Bein Zeit hat, sich in Position zu bringen, bevor das Pendel bei der Ballabgabe ankommt. Manchmal sehe ich bei Schülern ein träges hinteres Bein. Wenn wir daran arbeiten, das Timing später hinzubekommen und ein vollständigeres Pendel zu entwickeln, sehe ich oft, dass das Bein von selbst in die richtige Position geht, weil der Bowler einfach mehr Zeit hat. Manchmal muss ich dafür das Bein nicht einmal erwähnen! Daran kann man wieder einmal erkennen, wie sich die Abfolge der Körperbewegungen von Grund aus bedingt.

Einige Spieler schaffen das ganz natürlich, andere müssen sich darauf konzentrieren, das hintere Bein zu positionieren. Mit Bowlern, die diese Haltung ganz natürlich schaffen, arbeite ich dann eher daran, die Position des hinteren Beines zu stärken, um die Hüfte zur Erzeugung von mehr Energie und Hebelwirkung weiter herunterzubekommen: Je weiter das Bein ausschert, desto niedriger ist die Hüfte bei der Ballabgabe.

BALANCE UND GEDULD BEIM PENDEL

Sie brauchen Geduld beim Pendel, um Hebelwirkung aufzubauen und Ihre Beine einzusetzen. Oft möchte man bei der Abgabe den Ball zu den Zielpfeilen hinsteuern oder mithilfe des Pendels Kraft erzeugen. Es ist halt einfacher, die kleinen Armmuskeln einzusetzen als die großen Beinmuskeln. Für Beständigkeit und Kraft müssen Sie sich aber beim Pendel in Geduld üben und die Energie zur Ballabgabe durch die Beine erzeugen lassen.

Veränderungen: Geduld beim Pendel entwickeln

Wenn Sie am Pendel ziehen, weil Ihr Timing nicht passt oder Sie einfach zu faul sind, mit den Beinen Kraft zu erzeugen, müssen Sie vor der Ballabgabe Geduld beim Pendel aufbringen. Sie müssen also erst einmal lernen zu warten, bis das Abwärtspendel beim Abgabepunkt ist und es nicht vorzeitig dorthin ziehen.

Manchmal ist es sehr schwer, nichts zu tun, wenn man vorher mit dem Ziehen beim Pendel so viel getan hat. Konzentrieren Sie sich auf das, worauf Sie warten. Wenn Sie warten, dass die Beine in Position kommen, bevor Sie den Ball abgeben, lernen Sie, beim Abwärtspendel geduldig und passiv zu sein.

Wenn die Beine arbeiten, müssen Sie keine Kraft mit den Armen erzeugen. Geben Sie Ihrem Pendel „Beine", die ihm Energie und Balance verschaffen. Wenn Sie die Beine stets einsetzen, entspannt sich das Pendel und wird Teil der natürlichen Sequenz der Ballabgabe, ohne die Kraftquelle sein zu wollen. So werden Sie beständiger, stärker und präziser.

Der Arm spürt die von den Beinen durch den Körper übertragene Kraft, die Drehmoment und Energie für das Pendel erzeugt. Sie müssen dann nur noch folgen, indem Sie die von den Beinen und vom Körper erzeugte Energie einsetzen. Das Pendel fühlt sich dann müheloser an, denn Sie setzen den ganzen Körper viel effektiver ein. Einen schweren Ball über die Bahn zu rollen ist nicht mehr so anstrengend, wenn Sie den ganzen Körper und nicht nur den Arm einsetzen.

HÜFTEN UND SCHULTERN HERUNTER

Ein starker Abschluss mit guter Balance kann noch besser werden. Um in Ihre stärkste Position zu kommen, strecken Sie das Bein noch weiter bis 8.00 Uhr oder auch 8.30 Uhr (Rechtshänder) oder bis 3.30 Uhr bzw. 4.00 Uhr (Linkshänder) (Abb. 6.6). Je weiter das Bein herübergeht, desto tiefer liegen die Hüften. Ich benenne die Abschlusshaltungen an der Linie mit den Kategorien gut, besser und ideal: Bei einem guten Abschluss ist das hintere Bein des Bowlers bei 7.00 Uhr; bei einem besseren Abschluss ist es bei etwa 7.30 Uhr bis 8.00 Uhr, um das Knie stärker zu beugen; bei einem idealen Abschluss geht das hintere Bein sogar noch über 8.30 Uhr hinaus, wodurch die Hüften bei der Abgabe noch tiefer liegen.

Ein Trick, um die Knie noch stärker zu beugen, sodass Sie die tiefstmögliche Position erreichen, funktioniert so: Drehen Sie den Fuß so, dass Sie die Schnürsenkel des hinteren Fußes auf den Boden bringen. Das erfordert viel Kraft und etwas Flexibilität. Indem das Bein also weiter herübergeht, kommt die Hüfte

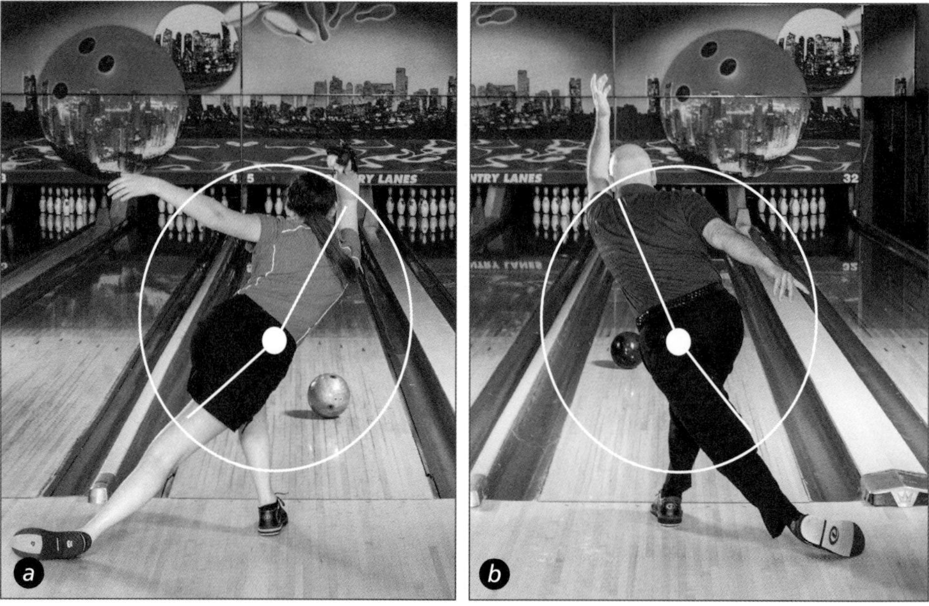

Abb. 6.6 Das hintere Bein ausgestreckt, die Schnürsenkel nach unten: (a) Rechtshänder, (b) Linkshänder.

herunter und das Knie wird stärker gebeugt. Je größer der Abstand zwischen den Füßen, desto mehr können Sie die Schnürsenkel des hinteren Fußes Richtung Boden bringen und desto tiefer kommen Sie herunter.

Das hat nichts damit zu tun, die Schultern nach vorn fallen zu lassen. Behalten Sie eine aufrechte Körperhaltung bei, aber beugen Sie die Knie. Wie bei der Kniebeuge ist die Brust oben und der Rumpf über den Beinen. Wie tief die Hüfte heruntergeht, liegt an der Bewegung des hinteren Beines. Mit der Stuhlübung aus Kapitel 3 können Sie effektiv daran arbeiten.

STARKER ABSCHLUSS

Für fast alle Bowler ist es sehr schwierig, ihre Abschlusshaltung noch zu verstärken: Zum einen fühlt es sich ganz anders an als gewohnt, besonders wenn das Timing geändert wurde; zum anderen kostet es auch mehr Kraft, mit den Hüften weiter unten abzuschließen. Wenn Sie an Ihrem Abschluss arbeiten, werden Sie aber ein besserer Bowler.

Sobald Schüler verstehen, wie sie weiter herunterkommen, bin ich mehr mit dem praktischen Üben beschäftigt als mit dem Erklären. Ich setze das mit einer Bowling-Kniebeuge an der Foullinie gleich. Nach unten zu verlagern und gleichzeitig das Gewicht des Oberkörpers zu tragen, das ist anstrengend. Man muss trainieren, um eine stärkere, besser ausbalancierte Haltung an der Linie einzunehmen. So wie man bei der Kniebeuge übt, tiefer herunterzugehen, fordere ich meine Schüler auf, bei der Abschlussposition herunterzugehen. Natürlich ist es weniger anstrengend, das nicht zu tun, reine Übungssache.

ZUSAMMENFASSUNG

Wie im richtigen Leben auch sind wir von Haus aus stark, wenn wir die Hebel richtig einsetzen! Ohne Hebelanwendung versuchen wir es mit Gewalt. Das ist aber weit weniger produktiv, als die Hebelwirkung zu nutzen, besonders beim Bowling. Denn die richtige Bowlingtechnik erfordert Balance zwischen Kraft und Wiederholung.

Je besser Ihre Technik desto besser erreichen Sie diese Balance und steigern Ihre Leistung. Es fühlt sich an, als ob Sie weniger täten, doch das ist der Zauber der Hebelwirkung! Ich sage meinen Schülern oft, dass es einfach ist, Gewalt anzuwenden. Schwieriger ist es dagegen, seine Technik zu verbessern, denn das fordert Kraft und Disziplin. Außerdem sorgt es für bessere Ergebnisse.

Ironischerweise ist es so: Je weniger Muskelkraft Sie Ihrem Arm abfordern und je mehr Technik Sie anwenden, desto sportlicher wirken und fühlen Sie sich. Sie bowlen nun müheloser, denn Sie setzen den ganzen Körper beim Wurf ein, nicht nur Ihre Armmuskeln. Wenn Sie das Pendel nicht erzwingen, sondern Ihren Körper für eine starke, ausbalancierte Position nutzen, sind Sie stärker. Es ist natürlich viel schwieriger, die großen Muskeln des Körpers einzusetzen, um die Technik zu entwickeln, als mit den kleinen Muskeln des Armes Energie aufzubauen.

Es kostet Kraft, eine stärkere Haltung einzunehmen. Mit besserer Fitness können Sie im Bowling wie in jeder anderen Sportart auch mehr erreichen. Ob Sie nun eine bessere Balance, an der Linie tiefer hinunter- oder über lange Zeit beständig gut werfen wollen, Sie sollten stets an Ihrer Fitness arbeiten, um bessere Ergebnisse auf der Bahn zu erzielen.

Kapitel 7

Ballabgabe

Manche Bowler werfen gerade, andere geben dem Ball einen Hakenlauf. Dabei versetzt die Hand den Ball seitlich in Rotation, der läuft dann in einer Kurve. Stärke und Art des Hakens variieren von Bowler zu Bowler. Die meisten Rechtshänder drehen den Haken nach links, das ist der Standard, ein paar wenige drehen ihn aber nach rechts, ein sogenannter Reverse-Haken.

Es kommt vor, dass die Ballabgabe wie beim Haken ausgeführt wird, der Ball erhält einen Drall, aber er schlägt keinen Haken. Wenn man etwa einem Kunststoffball einen Drall gibt, rollt er zwar, schlägt aber eventuell keinen Haken, denn seine Schale erzeugt zu wenig Reibung auf dem Öl der Bahn. Für einen Haken braucht man zwei Voraussetzungen: Die Drehung der Hand bei der Ballabgabe und genügend Reibung auf der Bahn, sodass der Ball Grip hat.

Die Art der Ballabgabe bestimmt, wo Sie sich aufstellen und welchen Zielpfeil Sie anvisieren sollten. In Kapitel 2 haben Sie erfahren, wo Sie in etwa stehen müssen. In den folgenden Kapiteln erläutern wir die Anpassung für den Hakenlauf und an den Zustand der Bahn.

Bei einem geraden Ball zielen Sie etwas rechts oder links vom mittleren Pfeil, je nachdem, ob Sie Rechts- oder Linkshänder sind. Für einen Haken mit einem Ball, der die Bahn fest greift und tatsächlich in einer Kurve läuft, müssen Sie das Ziel etwas nach außen verlegen, beginnend etwa beim zweiten Pfeil. In Kapitel 8 erfahren Sie, wie Sie den Bahnzustand beim Hakenlauf berücksichtigen.

Sie sollten Ihr Gerät und die Bohrungen in Ihren Bällen im Hinblick auf Ihre Art der Ballabgabe auswählen. Beides hängt davon ab, ob Sie einen geraden Ball werfen, einen Haken oder einen Reverse-Haken.

DEN BALL ABGEBEN

Bei einer guten Ballabgabe löst sich der Daumen zuerst, und der Ball rollt dann über die Finger ab. Das sollte glatt und einfach vonstattengehen. Dazu muss der Ball richtig passen, und der Griffdruck muss stimmen, also nicht zu stark sein. Tape im Daumenloch hilft bei der Anpassung des Balles, sodass Sie nicht fest zugreifen müssen, um ihn in der Hand zu behalten.

Einem Bowler, der einen Durchschnitt von 100 Pins, vielleicht noch 120–130 Pins spielt, dem reicht ein gerader Ball oder ein einfacher Haken. Der Schlüssel für eine Verbesserung liegt darin, so neben dem Headpin (steht dem Spieler am nächsten, siehe Kap. 8) zu treffen, dass die verbleibenden Spares gut abzuräumen sind. Sie verbessern den Durchschnitt, wenn Sie in jedem Spiel ein Spare oder ein paar mehr abräumen. Ein gerader Ball wird aber beim Auftreffen auf die Pins stark abgelenkt. Das macht einen Strike schwierig und führt oft zu ungünstigen Spare-Kombinationen.

Bei einem Haken dagegen trifft der Ball mit mehr Schwung auf die Pins, das sorgt für bessere Ergebnisse. Auch die Fehlertoleranz ist besser, wenn Sie den Zielpfeil mal verpassen, denn Sie können immer noch den Headpin treffen. Bei der Ballabgabe mit Hakenlauf sorgt der Fingerspitzengriff für ein noch besseres Rollen des Balles und für mehr Bewegung unter den Pins bei einem Treffer.

Beherrschen Sie bereits den Haken und haben sie einen passablen Durchschnitt, müssen Sie vielleicht an der Hakentechnik bei der Ballabgabe arbeiten, damit der Ball besser rollt. Sie entwickeln dadurch eine bessere Fehlertoleranz am Zielpfeil und lassen einfachere Spares stehen oder erzielen mehr Strikes.

Wer Ballabgabe mit Hakenlauf gewohnt ist, tut sich schwer, etwas daran zu ändern. Ändern ist leichter gesagt als getan. Die Ballabgabe ist sehr an Reflexe gebunden. Damit gehört sie zu den Dingen, die am schwersten zu ändern sind. Streben Sie nach kleinen Änderungen, die viel bewirken. Eine winzige, kaum wahrnehmbare Änderung der Handstellung kann dafür sorgen, dass Sie alle zehn Pins umwerfen, wenn Sie die Gasse treffen!

BESSERES ROLLEN FÜR STRIKES

Viele Bowler beklagen, dass Sie nicht genügend Strikes werfen, um ihren Durchschnitt zu verbessern. Bevor wir uns der Feineinstellung der Ballabgabe zuwenden, erinnere ich daran, dass sie bei einem Durchschnitt von unter 189 nicht zu wenige Strikes haben, nein, sie treffen nicht genügend Spares.

Sehen Sie es so: Wenn jeweils ein einzelner Pin übrig bleibt und das in jedem Frame, hätten Sie einen Durchschnitt von 189! Bis dahin ist jeder stehen gebliebene Pin eine Chance auf Verbesserung.

Aber übertreiben Sie es nicht! Es ist ein langwieriger Prozess, das Rollen zu verbessern, um mehr Strikes zu werfen und bei verschiedenen Bahnzuständen effektiver zu sein. Das erreichen Sie nur, wenn die Zeit reif ist. Wenn Sie jedoch die Spares treffen und eine ordentliche Ballabgabe mit Hakenlauf haben, aber das Rollen manipulieren müssen, um mehr Strikes zu erzielen oder sich besser an die Bahn anzupassen, müssen Sie zuerst das Rollen des Balles verstehen.

Rollen des Balles beim Hakenlauf

Der Hakenlauf besteht aus zwei Grundkomponenten: dem Rollen nach vorn und zur Seite. Das nach vorn erzielen Sie, wenn Sie hinter dem Ball bleiben. Für das seitliche drehen Sie Ihre Hand bei der Ballabgabe. Beim Vorwärtsrollen greift der Ball eher auf der Bahn und schlägt den Haken früher, was am Ende für eine weichere Reaktion sorgt. Ein auch seitlich rollender Ball rutscht stärker und schlägt den Haken später, was potenziell eine stärkere Reaktion am Ende bringt.

Zu viel Rollen einer Art führt aber zu einer schwächeren Bewegung des Balles. Ein Ball, der ausschließlich vorwärtsrollt, läuft gerade (Abb. 7.1a). Rollt er zu stark seitlich, dann rutscht er zu lange über die Bahn, ohne zu greifen (Abb. 7.1b). In beiden Fällen wird der Ball kaum einen Haken (oder eine Kurve) schlagen.

Die ideale Ballabgabe basiert auf einer guten Kombination aus Vorwärts- und seitlichem Rollen (Abb. 7.2). Viele Bowler arbeiten daran, das Rollen in einer Richtung zu verbessern. Läuft der Ball gerade, weil Sie zu sehr hinter ihm stehen, müssen Sie lernen, mehr Drall zu erzeugen, damit der Ball die Richtung ändert und einen Haken schlägt. Dann müssen Sie die Hand bei der Ballabgabe drehen, um dem Ball den Drall, ein stärkeres seitliches Rollen, mitzugeben.

Wenn Sie aber den Ball so stark drehen, dass er über die ganze Bahn rutscht, müssen Sie länger hinter dem Ball bleiben, bevor Sie ihn drehen. Wenn Sie

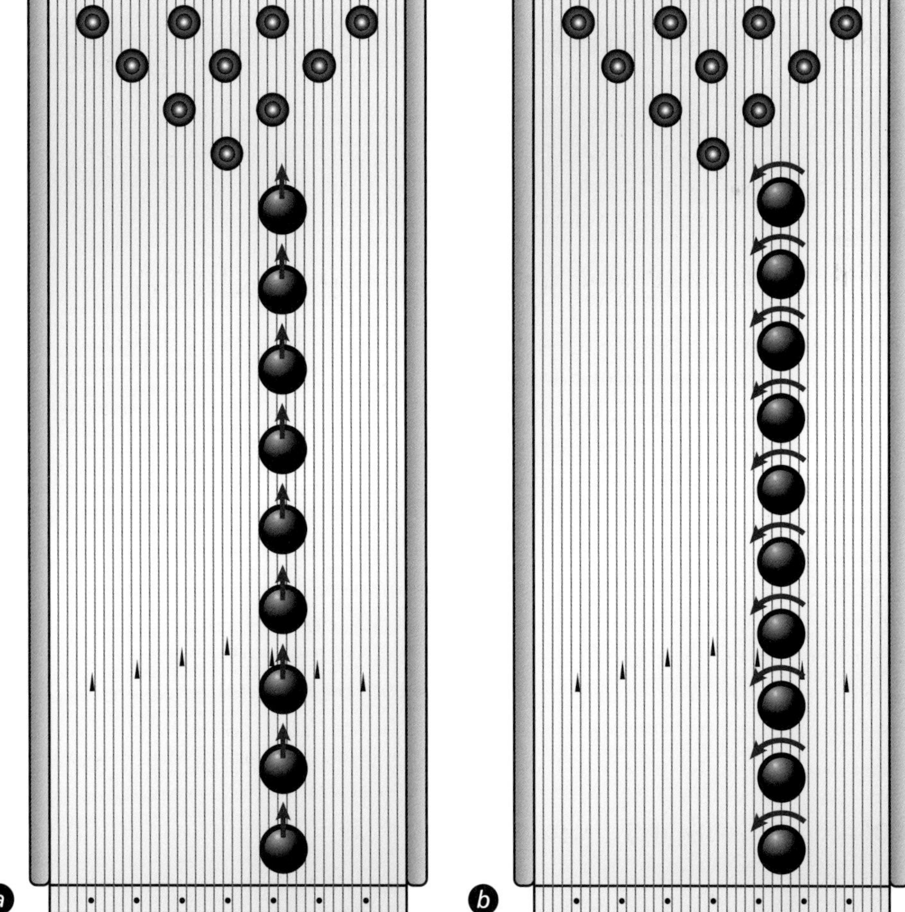

Abb. 7.1 (a) Einfaches Vorwärtsrollen sorgt für einen geraden Ball ohne große Reaktion. (b) Bei zu viel seitlichem Rollen rutscht der Ball zu lange über die Bahn.

dann hinter dem Ball bleiben, um mehr Vorwärtsrollen zu erzeugen, greift er auf der Bahn und schlägt den Haken eher.

Hinweis: Zu starkes seitliches Rollen kann zu einem Spin führen: Der Ball dreht sich um seine Achse. Sie sehen, dass er sich dreht, aber eigentlich rutscht er nur über die Bahn und bewegt sich nicht auf die Pins zu – wie ein Kreisel, der sich auf der Stelle dreht. Spin und Rollen sind zwei Paar Stiefel. Wenn Sie zu viel Drall, also zu viel Spin, haben, sollten Sie länger hinter dem Ball bleiben, bevor Sie ihn drehen, damit Sie ihm auch Vorwärtsrollen mitgeben und er sich nicht nur seitlich oder um sich selbst dreht.

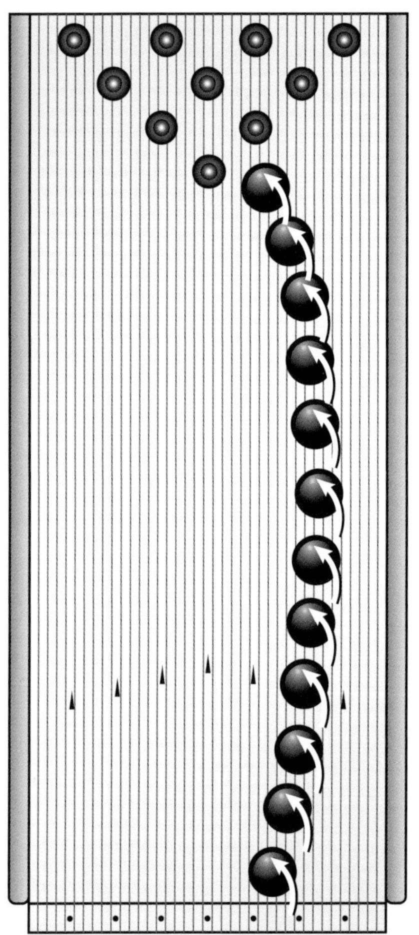

Abb. 7.2 Die ideale Ballabgabe: eine gute Kombination aus Vorwärts- und seitlichem Rollen.

Seitliches Rollen verstehen

Wenn Sie den Ball drehen, ist das Potenzial für einen späten Haken größer, denn seitliches Rollen speichert Energie, die den Hakenlauf verzögert. Wird diese Reaktion zu lange verzögert, fehlt überhaupt noch die Zeit für einen Haken. Das gilt besonders auf viel Öl. Hier sorgt eine stärkere Drehung nicht für mehr Hakenlauf. Auf Öl rutscht der Ball ganz natürlich, zu viel seitliches Rollen zögert die Reaktion nur hinaus. Auf öligen Bahnen sind Sie effektiver, wenn der Ball eher einen Haken schlägt, anstatt mehr seitliches Rollen zu produzieren. Sie sollten den Hakenlauf auch nicht an das Ende verlegen. Hier muss er früher greifen – mehr Drehung bringt hier nicht unbedingt einen stärkeren Hakenlauf.

Der Ball greift beim Vorwärtsrollen eher und wechselt auch eher die Richtung, bei seitlichem Rollen läuft er länger und verzögert den Haken. Auf öligen Bahnen den Ball nicht drehen und nicht mehr Lift geben, das verzögert die Ballreaktion. Sorgen Sie stattdessen für mehr Vorwärtsrollen, indem Sie länger hinter dem Ball bleiben, damit er den Haken früher schlägt (Abb. 7.3 und 7.4).

Auf trockenen Bahnen greift der Ball zu schnell und schlägt den Haken, sorgt seitliches Rollen für mehr Rutschen und spätere Reaktion (Abb. 7.5). Erfordert die Bahn, dass Sie mehr nach innen gehen und den Ball in stärkerem Winkel zur Gasse abgeben, speichert das Energie, sodass der Ball erst im Backend eine stärkere Reaktion zeigt. Der Ball schlägt aus diesem Winkel einen stärkeren Haken und schlägt besser in die Pins ein.

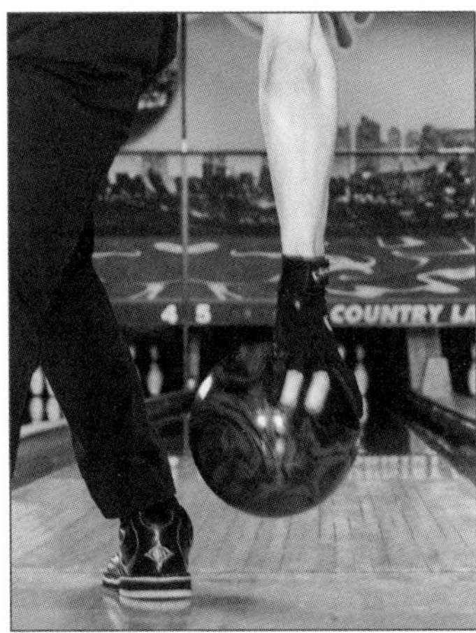

Abb. 7.3 Bleiben Sie für stärkeres Vorwärtsrollen länger hinter dem Ball.

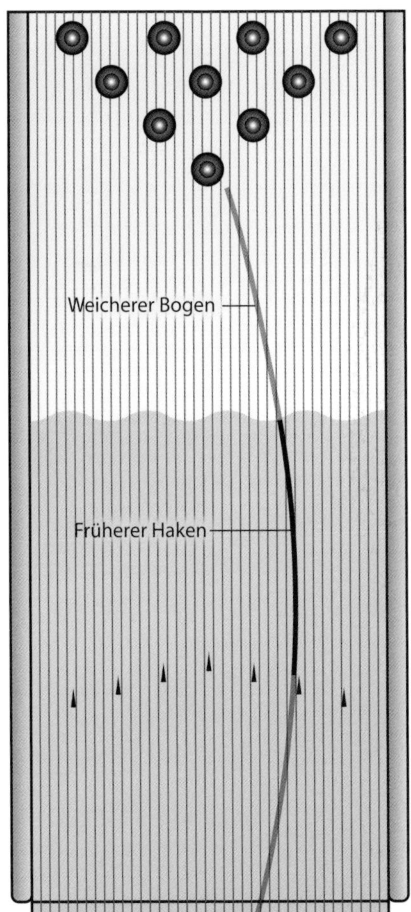

Abb. 7.4 Auf einer öligen Bahn sorgt mehr Vorwärtsrollen für einen früheren Haken.

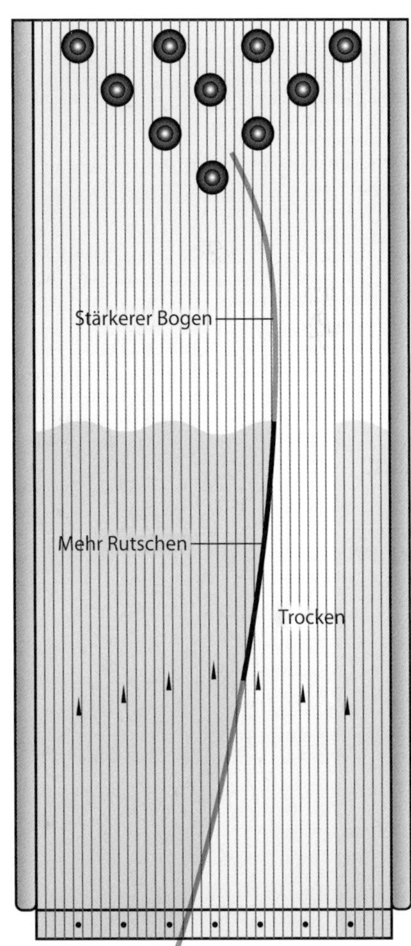

Abb. 7.5 Auf einer trockenen Bahn den Ball seitlich rollen lassen, damit er weiterläuft, bevor er reagiert.

Das Rollen anpassen

Wenn Sie lernen, vom geraden Wurf zum Haken zu wechseln, entwickeln Sie Ihre Grundballabgabe. Sind Sie so weit, dann ist Ihre Neigung sehr stark, den Ball immer auf eine bestimmte Art zu rollen. Die Ballabgabe zu verändern ist mitunter eine der schwierigsten Aufgaben bei der Arbeit an Ihrem Spiel. Es erfordert Geduld. Schwächen bei der Ballabgabe werden nur mit viel Arbeit überwunden, und die Änderungen nehmen sich angesichts der Mühen oft bescheiden aus. Aber auch kleine Änderungen können viel bewirken.

Erwarten Sie bei der Arbeit an Ihrer Ballabgabe keine Präzision im Spiel. Lassen Sie den Ball irgendwohin rollen, besonders zu Beginn. Sie brauchen Ihre ganze Konzentration, um das Rollen zu ändern. Das wird sich auch ungewollt auf das Pendel auswirken. Sehen Sie es also locker, achten Sie nicht so auf Präzision, wenn Sie an Ihrer Ballabgabe arbeiten.

Denken Sie an den häufigen Fehler, den Ball zu stark zu drehen. Hinter dem Ball zu bleiben, kann echt schwer werden, wenn man sieht, wie wir gebaut sind: Stehen Sie locker, sind Ihre Hände auf Ihren Körper gerichtet. Sie zu öffnen und die Handflächen nach vorn zu nehmen ist schon anstrengend, selbst ohne Ball, und mit einem Gewicht wie dem Bowlingball an der Hand umso mehr.

Das Übertreiben, um länger hinter dem Ball zu bleiben, ist viel anspruchsvoller, wenn Sie Ihre Ballabgabe ändern wollen. Da ich selbst damit gekämpft habe, den Ball weniger zu drehen, weiß ich, wie schwer es ist, das Rollen zu ändern, indem man länger hinter dem Ball bleibt. Ich musste übertreiben und während der gesamten Ballabgabe die Handflächen nach vorn halten, um das Drehen zu verhindern. Ich versuchte, die Hand bei der Ballabgabe flach hinter dem Ball zu halten und gar nicht zu drehen, aber ich drehte trotzdem, nur etwas weniger. Ich

Veränderungen: Zu starkes Drehen

Häufig wird der Ball zu früh oder zu stark gedreht. Sie drehen ihn erst, wenn der Daumen sich löst, nicht solange er im Loch ist. Denn das führt zu mehr seitlichem Drehen. Der Ball rutscht zu lange, bevor er den Haken schlägt; und wenn die Bahn sehr ölig ist, dann kommt er überhaupt nicht mehr dazu.

Halten Sie den Ellbogen eng am Körper und bleiben Sie hinter dem Ball, bis der Daumen sich löst. Sobald er dann aus dem Loch ist, drehen Sie den Ball. Es ist kaum festzustellen, ob die Hand noch hinter dem Ball ist, wenn der Daumen sich löst. Sie sehen es am Rollen und an der Reaktion des Balles. Das ist Ihr Feedback.

Ein guter Trick ist es, die Ellbogen anzulegen und *mit dem Ringfinger voran* den Ball zu drehen. So drehen Sie durch den Ball, nicht darum herum. Versuchen Sie, den Daumen zu entspannen, damit er bei der Ballabgabe sauberer und leichter herausrutscht.

Wenn Sie länger hinter dem Ball bleiben, ist der Haken im Backend weniger scharf, er läuft mehr in einem Bogen in die Gasse. Er scheint nur gerader zu laufen, weil er den Haken eher schlägt. Mit dieser Form des Wurfes lässt sich die Reaktion des Balles besser an den Bahnzustand anpassen.

war es so gewohnt, den Ball stark zu drehen, dass ich es auch dann tat, wenn ich ihn gar nicht drehen wollte. Ich habe hart daran gearbeitet, zu übertreiben hinter dem Ball zu bleiben, und doch habe ich ihn lediglich nur etwas weniger gedreht. Ja, ich hätte schwören können, einen absolut geraden Ball zu werfen und direkt hinter ihm zu stehen – so fühlte es sich an –, und trotzdem schlug er einen Haken – also musste ich ihn doch gedreht haben.

Trotz all der Arbeit, die für eine Veränderung der Hakenballabgabe nötig ist, ist es noch viel schwerer, das bei jedem Wurf zu wiederholen. Die eigene Neigung konterkariert schnell die ganze Mühe. Ich will damit nicht sagen, dass Sie nicht an Ihrer Ballabgabe arbeiten sollten; Sie müssen nur wissen, wie sehr Sie für jede kleine Änderung übertreiben müssen, besonders bei der Feinarbeit. Wenn Sie dann aber ein paar Pins mehr abräumen oder bei einem bestimmten Bahnzustand viel effektiver sind, hat es sich schon gelohnt. Seien Sie geduldig!

HANDGELENKSTÜTZEN UND BALLABGABE

Bowler, deren Handgelenke abknicken, bevor Sie den Ball abgeben, profitieren von einer Gelenkstütze. Einfache stützen nur das Handgelenk, andere wirken sich auch auf das Rollen des Balles aus. Eine passende Gelenkstütze steigert die Leistung definitiv!

Geht es nur um das Abknicken des Handgelenks, dann genügt eine schlichte Stütze mit Metalleinlage (Abb. 7.6), etwa wenn Sie bereits mit einer natürlichen Handbewegung den Ball in Drehung versetzen, er aber keinen Haken schlägt, weil Ihr Handgelenk zuvor abknickt. Die Stützen eignen sich für den konventionellen oder den Fingerspitzengriff. *Hinweis:* Ich nehme meinen Schülern immer das vordere Metallstück heraus, damit der Ball bündig auf der Handfläche liegt. Für die Stütze sorgt auch das hintere.

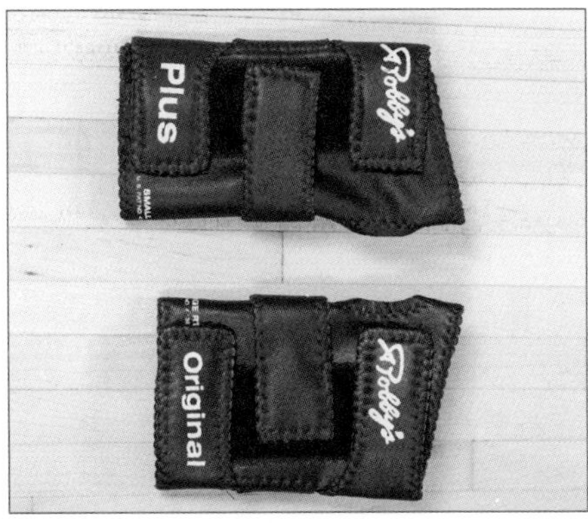

Abb. 7.6 Einfache Handgelenkstütze.

Eine normale Handgelenkstütze endet an den Fingern, längere bei den zweiten Fingergelenken. Das bietet dem Gelenk noch mehr Unterstützung und bringt die Finger bei der Ballabgabe tiefer unter den Ball (Abb. 7.7). Mit so einer Stütze löst sich der Ball noch besser vom Daumen, was für mehr Umdrehungen bei der Ballabgabe sorgt. Eine längere Handgelenkstütze eignet sich besonders gut für den Fingerspitzengriff.

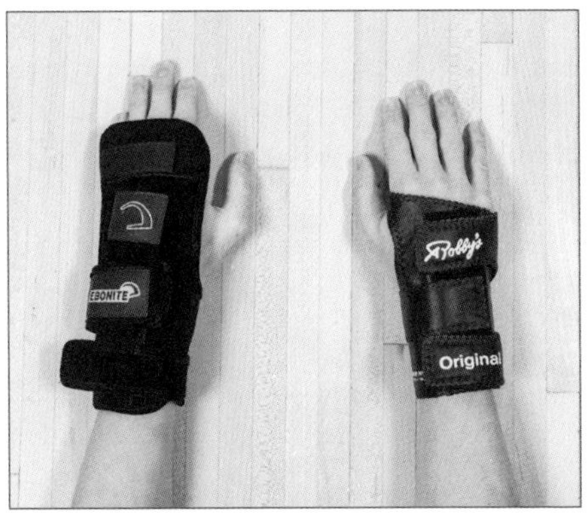

Abb. 7.7 Längere Handgelenkstütze.

Andere bestehen aus Metall und bieten dadurch mehr Halt, haben außerdem Knöpfe zur Einstellung der Gelenkposition (Abb. 7.8). *Vorsicht:* Solche Stützen sind zwar hervorragend, aber Sie müssen sie auch beim Anpassen des Balles tragen, denn sie ändern Ihre Spannweite. Wollen Sie solche Handgelenkstützen tragen, lassen Sie den Ball an die neue Spanne anpassen; eignet sich gut für den Fingerspitzengriff.

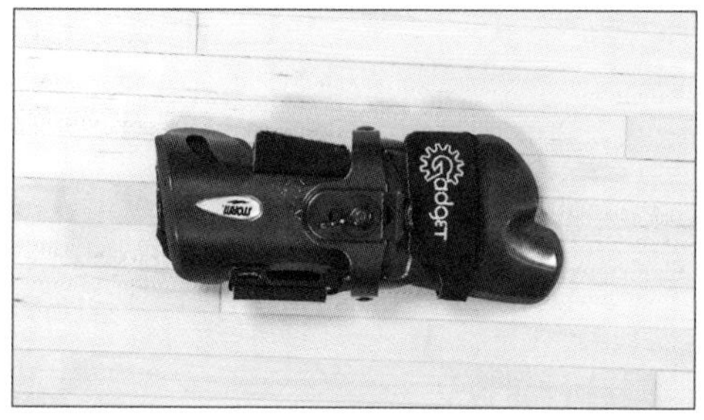

Abb. 7.8 Einstellbare Handgelenkstütze.

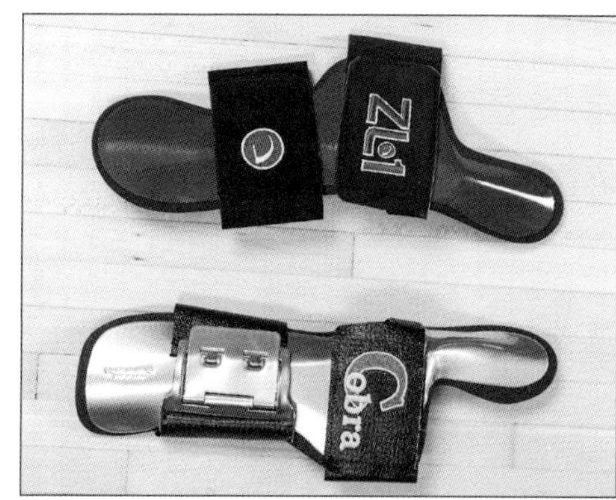

Abb. 7.9 Handgelenkstütze mit Fingerschutz.

Es gibt sogar welche mit Fingerschutz für den Zeigefinger (Abb. 7.9). Sie ist nützlich für Bowler, die einen Reverse-Haken schlagen müssen oder mehr Drehung am Ball entwickeln wollen. Ihr Design ist so beschaffen, dass es die Hand dabei unterstützt, den Ball rotieren zu lassen. Bei einigen Leuten funktioniert das sofort, andere müssen die Technik des Drehens bei der Ballabgabe erst noch entwickeln. Manche Spieler tragen sie nur, um die Drehung zu erlernen, andere immer für einen guten Dreheffekt. Diese Handgelenkstütze eignet sich gut für den Fingerspitzengriff.

Experimentieren Sie beim Unterricht oder im ProShop mit den Stützen, bevor Sie sich dafür oder dagegen entscheiden. Vielleicht dürfen Sie ein paar Würfe mit einer Handgelenkstütze machen, bevor Sie sich zum Kauf entscheiden. Besonders Modelle, die die Spanne ändern, sind anfangs unbequem. Wichtig ist zu wissen, dass sich mit der Handgelenkstütze die Spanne ändert.

Manche Bowler glauben, dass sie die Handgelenke ohne Hilfe stabilisieren können und schaffen das auch. Doch viele ansonsten starke Menschen ver-

Veränderungen: Handgelenkstützen

Manchmal brauchen Sie eine Handgelenkstütze, um das gewünschte Rollen zu erzielen. Jede Handgelenkstütze hat eine bestimmte Funktion. Experimentieren Sie sorgfältig damit. Ein guter Rat von einem renommierten ProShop oder einem Bowling-Coach kann hilfreich sein. Es ist immer von Vorteil, wenn Sie eine Handgelenkstütze für ein paar Würfe ausprobieren dürfen. Einige verändern die Passform des Balles. Sie müssen sich zwar beim Ausprobieren auf das neue Gefühl einstellen, aber je nach Handgelenkstütze kann sich Ihre Spanne ändern, und der Ball muss angepasst werden. Wenn Sie sich für eine Stütze entscheiden, sollten Sie diese bei der Anpassung des Balles tragen.

wechseln oft die Muskeln, die für das Handgelenk zuständig sind, mit denen, die den Griffdruck steuern: Das sind ganz andere! Profis, die keine Handgelenkstützen tragen, haben gelernt, Ihren Griff und das Pendel zu entspannen und trotzdem die Handgelenke steif zu halten. Das erfordert eine natürliche Kraft im Handgelenk und Talent. Ohne diese Voraussetzungen verlieren Sie mehr, als Sie gewinnen und sind daher jedenfalls ein Kandidat für eine Handgelenkstütze.

BALLABGABE JE NACH BAHNZUSTAND

Selbst fortgeschrittene Spieler, die sich bereits auf verschiedene Bahnen einstellen können und mehrere Bälle mit unterschiedlichen Reaktionen besitzen, können noch an der Ballabgabe arbeiten. Aus Ihrer typischen Handstellung heraus können Sie lernen, die Reaktion des Balles zu minimieren oder zu maximieren, indem Sie Ihre Handstellung bei der Ballabgabe ändern. Das verändert die Form des Wurfes, und Sie können auf den Bahnzustand reagieren. Wenn die Bahn einen starken Hakenlauf erzeugt, verhindern Sie mit einer schwächeren Ballabgabe, dass der Ball überreagiert. Ist die Bahn aber öliger – man sagt, sie sei „enger" –, können Sie das Rollen verstärken, damit der Ball greift und früher einen Haken schlägt.

Aus einer neutralen Position mit geradem Handgelenk und der Hand unter dem Ball minimieren Sie Ihre Handstellung, indem Sie die Hand an die Außenseite des Balles legen und das Handgelenk leicht einknicken (Abb. 7.10). Das fühlt sich schwach an und ist es auch, aber gut für eine Bahn mit viel Reibung.

Versuchen Sie aus der neutralen Stellung die Hand leicht zu spannen und das Handgelenk zu runden, um eine stärkere Stellung bei der Ballabgabe zu haben (Abb. 7.11). So kommen Sie mehr hinter und unter den Ball, er rollt stärker und schlägt auf öliger Bahn besser Haken. *Hinweis:* Runden und spannen Sie die

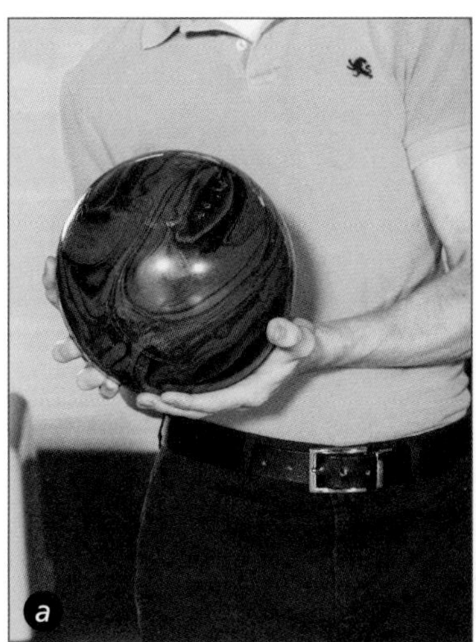

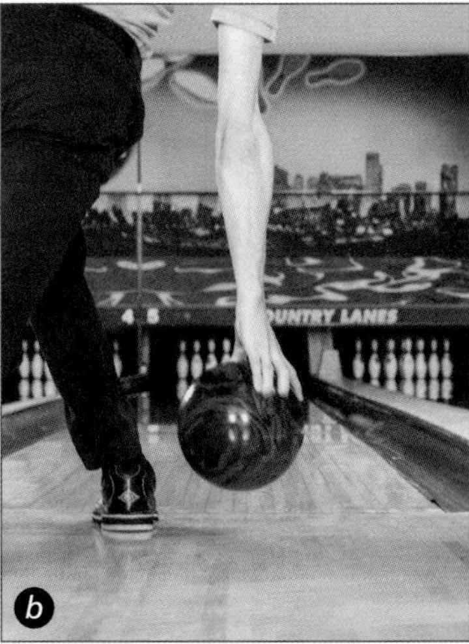

Abb. 7.10 Aus neutraler Position mit geradem Handgelenk und der Hand unter dem Ball minimieren Sie die Handstellung, indem Sie die Hand zur Seite legen und das Handgelenk leicht einknicken lassen: (a) in der Starthaltung, (b) bei der Ballabgabe.

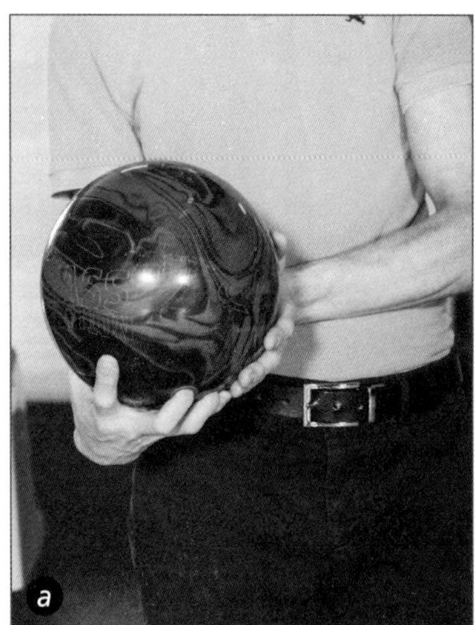

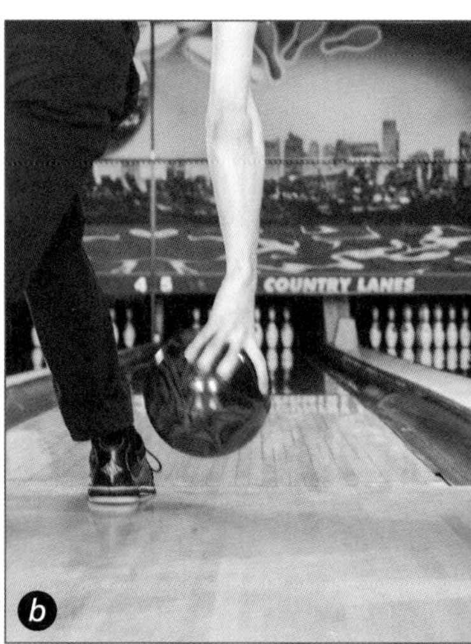

Abb. 7.11 Aus neutraler Stellung die Hand leicht anspannen, und das Handgelenk für eine stärkere Handstellung bei der Ballabgabe runden: (a) in der Starthaltung, (b) bei der Ballabgabe.

Hand nur etwa 15 % mehr als normal, sonst fehlt Ihnen die Kraft, die Position lange zu halten. Übrigens wechseln die meisten Bowler aus dieser Position in der Starthaltung dann zur Ballabgabe wieder in die bequeme neutrale Position. Es ist aber wichtig, diese Position vom Gipfel des Rückpendels an beizubehalten.

Unterschiedliche Ballabgaben sind etwas für Fortgeschrittene. Dafür brauchen Sie Zeit, Geduld und viel Übung, auch genügend Selbstvertrauen, um das im Wettkampf einzusetzen und zu reproduzieren. Schon die Stärkung der üblichen Ballabgabe ist harte Arbeit. Viel Übung ist nötig, um mehrere Ballabgaben zu beherrschen. Wer das aber draufhat, kann damit auf jede Bahn reagieren.

PROBLEME BEI DER BALLABGABE

Viele Spieler möchten eine bessere Ballabgabe haben, das ist verständlich. Aber man muss auch wissen, dass eine gute Form bis zur Ballabgabe viel Einfluss auf die Ballabgabe selbst hat. Wenn Sie Ihren Anlauf verbessern und mehr Hebelwirkung bei der Ballabgabe aufbauen, verbessert sich oft auch die Ballabgabe selbst, ganz ohne extra Aufwand!

Zu viel Griffdruck

Das Drücken des Balles sorgt für Probleme bei der Ballabgabe, was wiederum das Rollen beeinträchtigt. Es ist wichtig, sauber aus dem Daumenloch zu kommen. Wenn Sie ihn herausziehen, solange Sie noch hinter dem Ball sind, rollt der Ball besser und sauberer. Wenig Griffdruck ist wichtig für sauberes Lösen des Daumens vom Ball. Um den richtigen Griffdruck beizubehalten, müssen Sie auf die Veränderungen Ihrer Hand reagieren. Es ist wichtig, die natürlichen Schwankungen Ihrer Daumengröße mit Tape auszugleichen. Bowler, die kein Tape nehmen, ändern ihren Griffdruck, ohne es zu merken.

Statt zu behaupten, dass Ihr Daumen sich nicht ändert (da wären Sie der Erste überhaupt!), gehen Sie davon aus, dass die Daumengröße sich ändert und Sie das mit Tape im Daumenloch ausgleichen müssen. Allein das Wissen, dass man Tape braucht, beweist die Reife eines Bowlers.

Den Ball steuern

Wer in letzter Sekunde noch versucht, den Ball zu steuern, ruiniert oft eine ansonsten gute Ballabgabe. Viele Bowler schwanken zwischen dem Versuch, den Ball zu steuern oder ihm zu vertrauen. Ich verstehe das. Ich frage meine Schüler dann: „Wie funktioniert das Steuern?“ Sie merken dann, dass sie gerade deswegen bei mir sind.

Mehr als nötig

Machen Sie sich klar, dass Sie nicht immer noch mehr gegen den Ball ankämpfen müssen. Erzeugen Sie ein effektives Rollen mit Technik und nicht mit Kraft. Ein gutes Rollen des Balles und eine gute Bahnstrategie sind wichtig für den Erfolg.

Bei einem starken Rollen werden Sie nicht unbedingt viel Hebedruck (Lift) an den Fingern spüren. Sie brauchen eine starke Haltung mit viel Hebelwirkung und rollen den Ball von den Fingerspitzen aus auf die Bahn. Sie sollten weder Abgabe- noch Griffdruck auf den Ball ausüben, er soll einfach so sauber wie möglich von der Hand laufen. Das sorgt für eine vorhersehbare, kontrollierbare Reaktion des Balles, besonders bei den heutigen starken Bällen.

ROTATION UND UMDREHUNGEN

Ich habe erklärt, wie Sie einen Ball rotieren, aber die Zahl der Umdrehungen ist noch eine ganz andere Sache. Die Rotation ist der Winkel, mit dem der Ball sich die Bahn entlangdreht. Die Umdrehungen bedeuten, wie oft er über seinen eigenen Umfang rollt. Die Rotation bezieht sich auf den Drehwinkel, die Umdrehungen beziehen sich auf die Geschwindigkeit.

Oft wollen Bowler den gleichen Haken schlagen, den ein anderer Spieler kann. Manche haben natürliches Talent und ein starkes Handgelenk, mit dem sie mehr Umdrehungen erzeugen als der Durchschnittsbowler. Sie laden sozusagen das Handgelenk auf, indem sie die Hand wölben und die Finger unter den Ball bringen. Bei der Ballabgabe entladen sie es blitzschnell durch Entwölben der Hand. Dann sind Talent und Kraft angeboren. So erzeugen sie eine höhere Undrehungszahl, die ihre Ballabgabe von der anderer unterscheidet. In der Regel erzielen Profis meist höhere Drehzahlen und Männer erreichen aufgrund ihrer Kraft meistens höhere Drehzahlen als Frauen.

Das Gute ist aber, dass Bowler mit unterschiedlichen Drehzahlen und Rotationen gegeneinander antreten können, indem sie ihr Spiel an die Bahn anpassen. Spiel und Timing eines Bowlers sind meist durch die Ballabgabe definiert. Man kann nicht einfach ein anderer Bowler werden. Sparen Sie sich die Frustrationen und bleiben Sie bei Ihrem Spiel. Oft habe ich Bowler gesehen, die diesen Grundsatz nicht verstanden und ihr Pendel ruiniert haben, um eine für sie falsche Ballabgabe (d. h. Drehzahl) hinzubekommen.

Der Schaumstoff-Football

Für diese Übung brauchen Sie einen Partner und einen Football aus Schaumstoff. Es gibt sie in verschiedenen Größen.

Werfen Sie den Ball mit Drall von unter der Hüfte dem Partner zu. Diese Bewegung entspricht der Ballabgabe beim Bowling. Die Hand unter dem Ball, das Handgelenk hinten leicht darumgelegt, werfen Sie den Ball zum Partner und lassen ihn von Ihrer Hand wegdrehen. So lernen Sie die richtige Bewegung des Handgelenks, um den Ball zu drehen, ohne den Daumen zu überdrehen. Sie nehmen den Daumen vom Ball und lassen ihn von Ihren Fingern rollen, um ihm Drall zu geben. Es liegt alles in der Bewegung des Handgelenks, die Finger sorgen für den Drall. Der Daumen soll den Ball nur während des Schwunges halten. Wie bei der Ballabgabe im Bowling schaffen Sie mehr Umdrehungen, je sauberer sich der Ball vom Daumen löst.

Ein Schüler konnte die Finger beim Wurf nicht spüren. Er war sehr angespannt und drückte den Ball. Nachdem wir an seinem Timing gefeilt und das Pendel entspannt hatten, verbesserten sich das Rollen des Balles und der Lauf auf den Zielpfeil. Nun spürte er, wie der Ball von seinen Fingerspitzen rollte. Er wandte nicht Kraft an, sondern verbesserte seine Hebelwirkung durch Technik.

Eine schwache Handgelenkstellung stärken

Viele Bowler bewirken ein stärkeres Rollen mit einer Handgelenkstütze, das verhindert zu frühes Einknicken des Handgelenks. Manche Bowler und Trainer sind absolut dagegen, oft aber zum Schaden des Bowlers. Man möchte ja besser bowlen und Spaß haben. Die Handgelenkstütze sollte, wenn nötig, eingesetzt werden.

Viele Bowler brauchen sie, nicht jeder hat ein starkes Handgelenk. Selbst bei starken Menschen kann das Handgelenk mit einem Bowlingball in der Hand abknicken. Rät man Bowlern, das Handgelenk steif zu halten, benutzen sie oft die falschen Muskeln und üben zu viel Griffdruck mit der Hand aus. In solchen Fällen verbessert eine Gelenkstütze garantiert das Rollen des Balles.

Außerdem stützt sie zwar das Handgelenk, verhindert aber nicht, dass Sie den Ball zu stark drehen. Das müssen Sie selbst tun. Mit dem gestützten Handgelenk liegen ihre Finger niedriger, mehr unter dem Ball, und ein zu lockeres Handgelenk wird stabilisiert, aber Sie müssen dennoch trainieren, länger hinter dem Ball zu bleiben.

Ziehen am Abwärtspendel

Wenn Sie den Ball aus dem Rückpendel zum Ballabgabepunkt ziehen, leidet Ihre Handstellung darunter. Sie können die beste Absicht haben, bei der Ballabgabe länger hinter dem Ball zu bleiben, aber wenn Sie ziehen, spannen sich nicht nur die Brustmuskeln an, sondern damit auch die Schulter und noch dazu die Hand. Entspannen Sie Ihren Arm beim Abwärtspendel, damit Ihre Hand am Ballabgabepunkt offen bleibt und der Ball stärker rollt (Abb. 7.12).

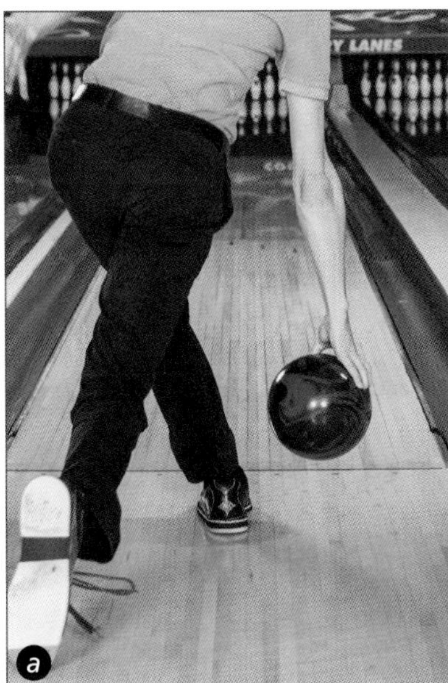

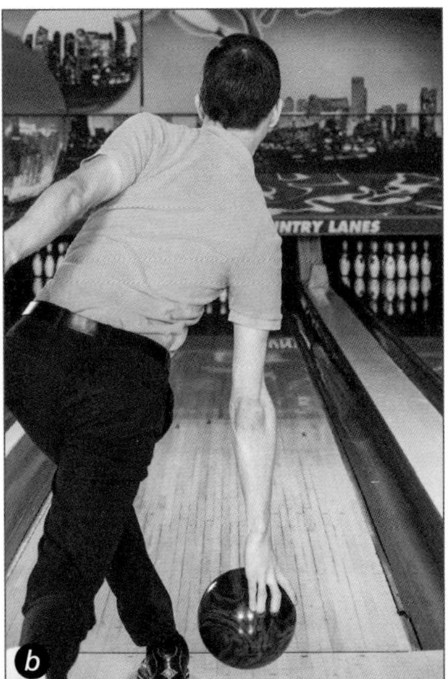

Abb. 7.12 Das Abwärtspendel: (a) Ziehen am Abwärtspendel, die Hand schließt; (b) Entspannt beim Abwärtspendel, die Hand bleibt offen.

SAUBERES ROLLEN ODER LIFT

Die Technologie der Bowlingbälle hat sich über die Jahre stark verändert. Nicht mehr empfohlen wird, den Ball mit den Fingern anzuheben, ihm Lift zu geben.

Die heutigen Bälle haben stärkere Kerne und rollen stärker als frühere. Außerdem haben sie die Fähigkeit, mehr Haken zu schlagen. Natürlich soll der Ball nicht so überreagieren, dass man ihn nicht mehr kontrollieren kann, und er soll nicht so hart auf die Pins treffen, dass ein Strike kaum möglich ist.

Je geringer der Widerstand bei der Ballabgabe ist, d. h. je sauberer der Ball sich von der Hand löst, desto besser und beständiger rollt er und desto vorhersagbarer ist sein Laufweg. Damit passt man sich leichter an den Bahnzustand an. Lernen Sie, den Ball sauber von Daumen und Fingern abrollen zu lassen. Geben Sie ihn ab, greifen Sie ihn nicht. Das macht den Unterschied zwischen sauberem, kontrolliertem Rollen und einer zu starken, unvorhersehbaren Reaktion.

Nutzen Sie Ihre Kraft, beginnen Sie mit einem leicht gewölbten, „geladenen" Handgelenk. Wenn Sie die Hand dann „entladen", wird das Gewicht des Balles über die Handfläche auf die Finger übertragen, sobald der Daumen frei ist. Dann rollen Sie den Ball einfach und heben ihn nicht an.

BALLABGABE UND PSYCHE

Viele Bowler sind beeindruckt von anderen Spielern, die einen starken Haken spielen können, weil sie eine hohe Drehzahl haben. Wer versucht, das zu imitieren, erreicht sein Ziel nie, wenn es mit falscher Technik passiert. Sie ändern ihr Pendel und schaden nur ihrer eigenen Leistung, wenn sie dem Ball mehr abverlangen wollen. Die Weiterentwicklung der Ballabgabe sollte keinesfalls das Pendel ändern.

Jeder Bowler hat eine eigene Art der Ballabgabe, abhängig von Kraft und Talent. Wichtig ist es, den Ball so gut wie möglich abzugeben und das restliche Spiel darum herum aufzubauen. Das bringt weniger Frustration und mehr Erfolg. Es macht auch mehr Spaß, wenn Sie Ihr eigenes Spiel durchhalten.

Zum Glück können Bowler mit unterschiedlichen Ballabgaben gegeneinander antreten, indem sie ihr Spiel an die Bahn anpassen, das richtige Gerät benutzen und den richtigen Winkel für ihr Rollen wählen. Denken Sie daran, mehr Umdrehung ist nicht gleich mehr Haken. Wenn Sie lernen, länger hinter dem Ball zu bleiben, rollen Sie den Ball eher und haben einen sauberen, vorhersagbaren Bogen auf der Bahn. Das ist besonders bei mehr Öl sehr effektiv. Auf einer stark geölten Bahn muss man aufpassen, dass der Ball nicht zu stark rutscht, dass er also früher rollt. Wenn Sie hinter dem Ball bleiben (und mehr Vorwärtsrollen erzeugen), greift der Ball und schlägt den Haken eher.

Viele Bowler versuchen auf öliger Bahn gerade das Gegenteil: Sie drehen den Ball stärker für mehr Hakenlauf. Aber noch einmal: Mehr Umdrehung ist nicht gleich mehr Haken. Wer den Ball anhebt und ihn stärker dreht, verzögert seine Reaktionen auf der Bahn, was auf Öl kontraproduktiv ist. Wenn Sie hinter dem Ball bleiben, rollen Sie ihn mehr, und er schlägt den Haken eher (und oft stärker), was bei viel Öl effektiver ist.

ZUSAMMENFASSUNG

Haken erzeugen Sie mit der Hebelwirkung des Körpers und dem Handgelenk, nicht mit Griffdruck oder Lift! Profis streben eine saubere Ballabgabe an, denn sie macht den Ball effektiver und vorhersagbarer, führt zu besserer Pinbewegung und macht es leichter, die Bahn zu lesen und Anpassungen vorzunehmen.

Ob Sie nun Ihre Standard-Ballabgabe verbessern oder verschiedene Ballabgaben entwickeln wollen, die Arbeit daran ist auf jeden Fall mühselig. Sie brauchen viel Geduld, denn kaum etwas ist so schwer zu ändern wie die Ballabgabe. Aber gerade hier kann eine kleine Änderung viel bewirken. Sie müssen mit viel Übertreibung arbeiten, um eine kleine Veränderung im Rollen zu fühlen. Oft ist das, was Sie tun, überhaupt nicht das, was Sie meinen zu tun!

Vielleicht müssen Sie Ihr Rollen ändern, um auf einer Bahn effektiv zu spielen, oder die Ballabgabe anpassen, damit der Haken früher oder später kommt. Eventuell brauchen Sie eine Handgelenkstütze, um den Ball effektiver zu rollen und unter verschiedenen Bedingungen besser zu treffen. Auch starke Menschen können eine Handgelenkstütze für ein besseres Rollen benötigen.

Spielen Sie Ihr Spiel und passen Sie sich an die Bahn an. Achten Sie darauf, dass der Ball passend für Ihre Art der Ballabgabe gebohrt ist. Bowler mit unterschiedlichen Ballabgaben treten bei bestimmten Bahnzuständen in verschiedenen Winkeln an, können aber mit einer guten Strategie und guter Verwandlung von Spares gegeneinander antreten. Kapitel 8 befasst sich damit, wo man sich bei einem bestimmten Bahnzustand aufstellt und wie man sich anpasst.

Kapitel 8

Grundlagen des Bahnspiels

Um die Zahl Ihrer Strikes hochzubringen, muss der Ball in die Gasse laufen, wenn er auf die Pins stößt. Die Gasse für den Rechtshänder liegt zwischen den Pins 1 und 3, die für den Linkshänder zwischen 1 und 2. Auch wenn Sie keinen Strike erzielen, bleiben immer noch einfachere Spares stehen, sofern Sie die Gasse treffen. Für Ergebnisse und Durchschnitt ist es daher wichtig, die Gasse zu treffen.

Wie Sie den Laufweg Ihres Wurfes gestalten, entscheidet darüber, wie Sie die Gasse treffen (oder verfehlen). Trifft der Ball eher Pin 3 (Rechtshänder) oder Pin 2 (Linkshänder), spricht man bezüglich der Gasse von einem leichten Schlag *(Light Hit,* Abb. 8.1), trifft er aber direkt auf Pin 1 (Headpin), spricht man von einem hohen Schlag *(High Hit,* Abb. 8.2).

Es kommt natürlich auch auf die Bahn an, wie Sie vorgehen müssen, damit Ihr Ball in die Gasse einläuft. Dabei spricht man *von innen,* wenn man sich zur Bahnmitte hinbewegt, und *von außen,* wenn es Richtung Rinne geht. Ein Rechtshänder geht nach rechts, wenn er nach außen geht, und nach links, wenn er nach innen geht. Ein Linkshänder geht nach links, wenn er nach außen geht, und nach rechts, wenn er nach innen geht.

Für einen geraden Ball müssen Sie Ihren Winkel anhand des Zielpfeils einstellen, um die Gasse zu treffen. Geht es dagegen um einen Haken, um die Gasse zu treffen, hängt viel davon ab, wie gut Sie sich auf den Bahnzustand einstellen können. Beim Bowlen geht es nicht um Perfektion, sondern um Fehlertoleranzen, speziell beim Hakenlauf. Sobald Sie eine gute Form erreicht haben, ist die Strategie so wichtig wie die Ausführung. So bringen Sie Ihr Spiel auf ein höheres Niveau. Bei einer effektiven Strategie wird sich Ihr Pendel entspannen, denn Sie haben eine gewisse Fehlertoleranz, um die Gasse trotzdem zu treffen. So einfach ist das.

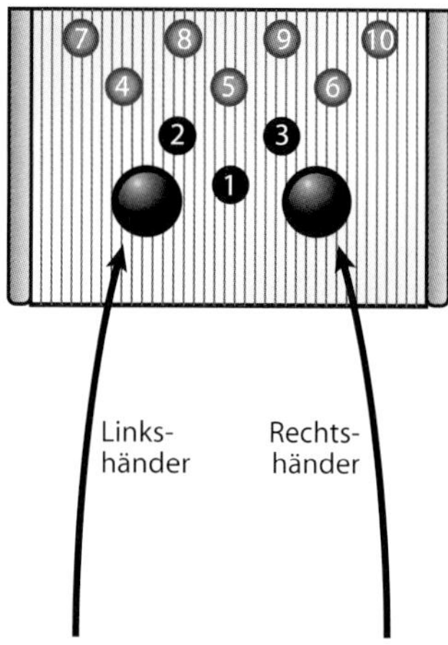

Abb. 8.1 Light Hit: Der Ball trifft beim Rechtshänder eher Pin 3, beim Linkshänder eher Pin 2.

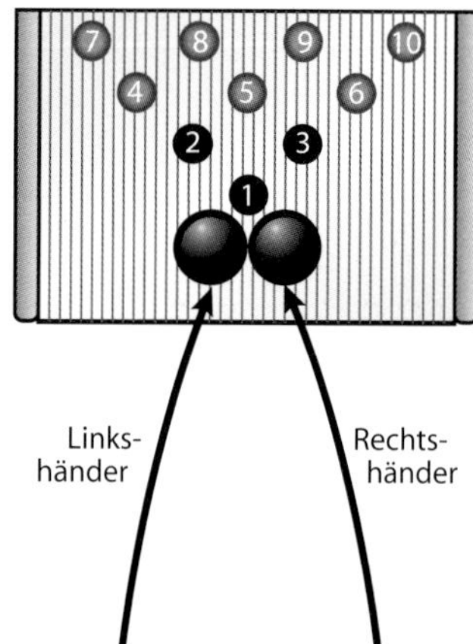

Abb. 8.2 High Hit: Der Ball trifft eher Pin 1.

Dafür ist es nötig, dass Sie Ihre Komfortzone erweitern und sich anpassen. Schon mit einer besseren Form kommen Sie aus Ihrer physischen Komfortzone heraus, mit einer besseren Strategie erweitern Sie die Fähigkeit, verschiedene Bereiche der Bahn anzuspielen. Bowler sind oft stur, sie wollen nur dort spielen, wo sie immer spielen, und nicht dort, wo der Zustand der Bahn es erforderlich macht oder wenigstens nahelegt. Sobald Sie gelernt haben, sich an die Bahn anzupassen und die Fehlertoleranzen erleben, die eine richtige Anpassung ermöglichen, können Sie nicht mehr zurück. Manchmal muss man das halt aber erst sehen, um es zu glauben.

Öl sieht man nicht gut, daher ist ein guter Wurf – keineswegs perfekt – wichtig, um die Bahn zu lesen und sich anzupassen. Mit ordentlichen Würfen – 75–80 % Ihres Potenzials – sollten Sie die Bahn lesen und Anpassungen vornehmen können. Das und höhere Fehlertoleranzen werden sich stark auf Ihre Ergebnisse auswirken. Ihr Pendel wird sich entspannen, wenn Sie den Zielpfeil nicht so genau treffen müssen und trotzdem die Gasse finden – und es waren gerade die entspannten Pendel, die Ihnen ordentliche Würfe ermöglichten, anhand derer Sie die Bahn lesen können. Da schließt sich der Kreis.

Man hört oft: Rechts vorbei, nach rechts gehen, oder links vorbei, nach links gehen – immer in die Richtung, in der der Ball den Zielpfeil verfehlte. Das ist eine Faustregel zur Anpassung des Winkels für einen geraden Ball. Die funktioniert aber auch, wenn Sie sich für einen Haken an das typische Hausmuster einer Bahn (typical house shot, THS) anpassen. So heißt das Ölmuster, das die Bahnen für Open Bowling und Ligaspiele erhalten. Bei Wettkämpfen oder besonderen Ligaspielen kann das Bowling Center davon auch abweichen. Kapitel 3 enthält weitere Informationen dazu.

GERADER BALL: DEN WINKEL ANPASSEN

Wenn Sie mit einem geraden Ball den Zielpfeil treffen, der Ball aber rechts an der Gasse vorbeiläuft, gehen Sie etwas weiter nach rechts, um den Winkel zum Zielpfeil anzupassen. Damit treffen Sie die Gasse (Abb. 8.3a). Analog gehen Sie in dem Fall vor, dass trotz Treffen des Zielpfeils Ihr Ball links an der Gasse

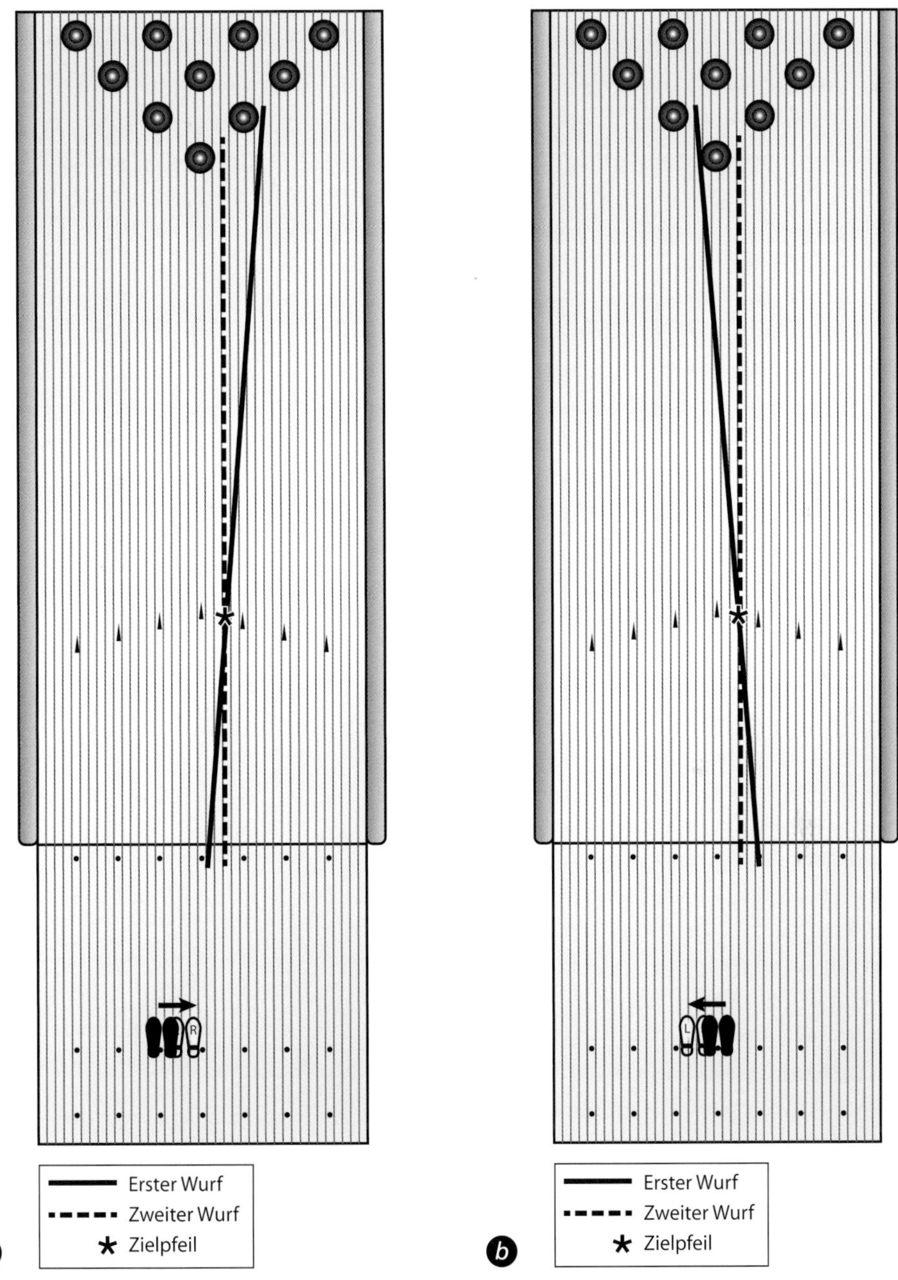

Abb. 8.3 Anpassung des Winkels bei geradem Ball, Rechtshänder: (a) Gasse rechts verfehlt, (b) Gasse links verfehlt.

vorbeiläuft (Abb. 8.3b). In beiden Fällen gehen Sie in die Richtung, in der der Ball die Gasse verfehlt hat, behalten den Zielpfeil aber bei.

Irgendwann lernen Sie dann, einen Haken zu werfen, um bei einer größeren Fehlertoleranz am Zielpfeil die Gasse trotzdem zu treffen, aber auch dafür, dass mehr Bewegung unter den Pins entsteht.

DER HAKENBALL: DIE ÖLLINIE FINDEN

Für einen Hakenwurf passen Sie sich an das Hausmuster (THS) an, indem Sie in die Richtung gehen, in der der Ball die Gasse verfehlt hat. Sie passen sich so an das Öl auf der Bahn an. In diesem Fall werden Sie sowohl die Füße als auch den Zielpfeil bewegen. Wenn Sie einen Haken werfen, müssen Sie sich an den Bahnzustand anpassen, um die Gasse zu treffen. Beim THS ist mehr Öl in der Mitte der Bahn und außen zur Rinne hin weniger, also gibt es dort mehr Reibung (Abb. 8.4). Sie müssen also die Öllinie finden, wo das dicke Öl aufhört und mehr Reibung vorliegt. Wenn für ein THS der Conditioner das erste Mal aufgetragen wird, beginnt die Öllinie etwa am zweiten Pfeil. Dort könnte man gut anfangen.

Für die Anpassung ans THS müssen Sie wissen, wie Öl den Bahnzustand verändert: Öl lässt den Ball rutschen. Weniger Öl lässt mehr Reibung zwischen Bahn und Ball zu, der Ball schlägt einen Haken. Wo Öl ist, rutscht der Ball mehr, auf weniger Öl schlägt er einen Haken.

Um mit einem Hakenball beständig die Gasse zu treffen, müssen Sie sich an die Bahn anpassen: Rutscht er zu stark oder er entwickelt zu viel Hakenlauf? Wenn er zu stark rutscht, ergibt sich ein *Light Hit*, bei einem zu starken Haken ein *High Hit* – sofern er nicht die Gasse völlig verfehlt (siehe Abb. 8.1 und 8.2).

Bei einem Light Hit rutscht der Ball meist zu stark. D. h., Sie sind zu sehr „im Öl" und müssen weiter nach außen, weg vom Öl, wo es mehr Reibung für einen Hakenlauf gibt. Ein Rechtshänder würde dafür nach rechts gehen, ein Linkshänder nach links (Abb. 8.5). Haben Sie sich so vom Öl wegbewegt, bekommen Sie mehr Reibung, und der Ball schlägt einen richtigen Haken.

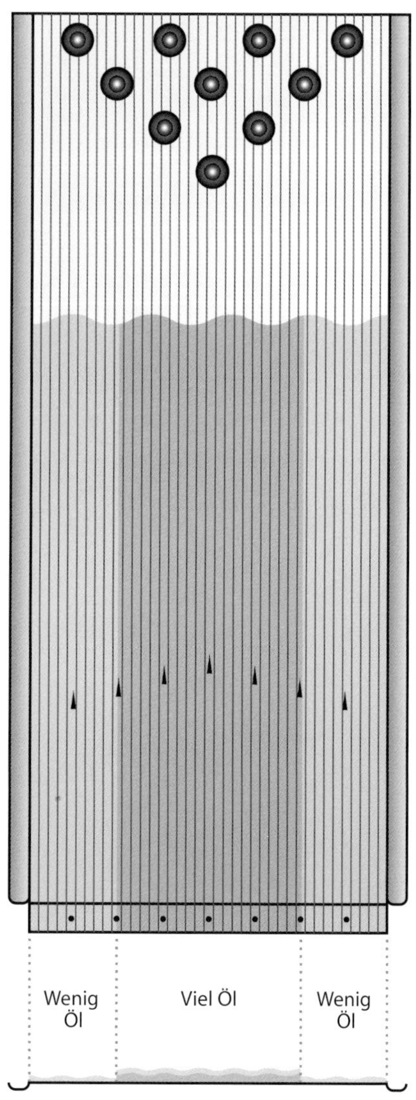

Abb. 8.4 Typisches Hausmuster, vereinfacht.

Wenn der Ball den Headpin voll trifft oder gar an ihm vorbei in die entgegengesetzte Gasse läuft, war der Hakenlauf zu stark. (Das gilt aber nur bei einem gekonnt gerollten Wurf, nicht wenn der Ball dorthin gezogen wurde!). Da der Ball

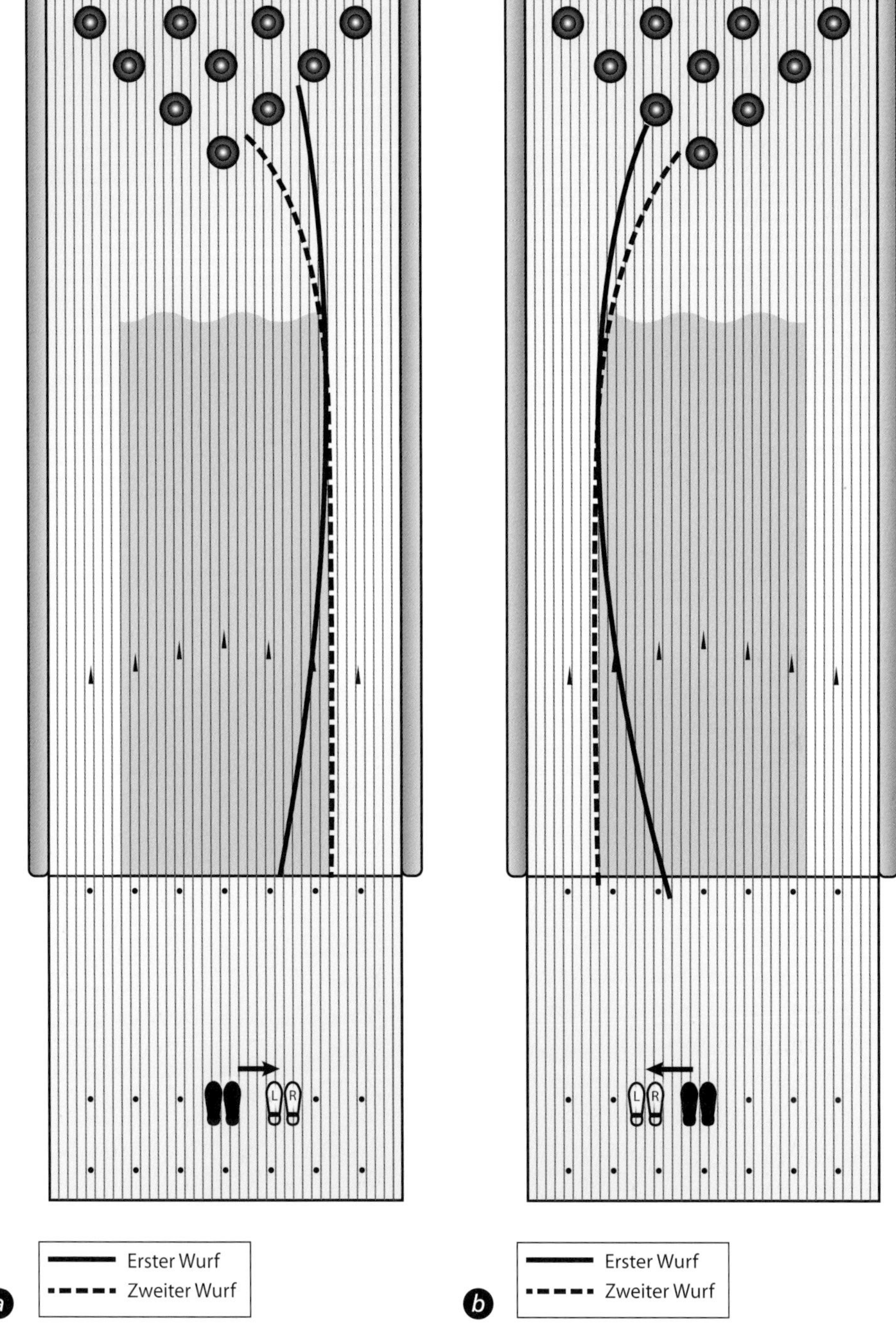

Abb. 8.5 Anpassung des Hakenballs beim Light Hit: (a) Rechtshänder, (b) Linkshänder.

dort den Haken schlägt, wo er auf Reibung trifft, sollte man nach innen gehen, wo mehr Öl liegt, damit der Ball länger rutscht, bevor er den Haken in die Gasse schlägt (Abb. 8.6).

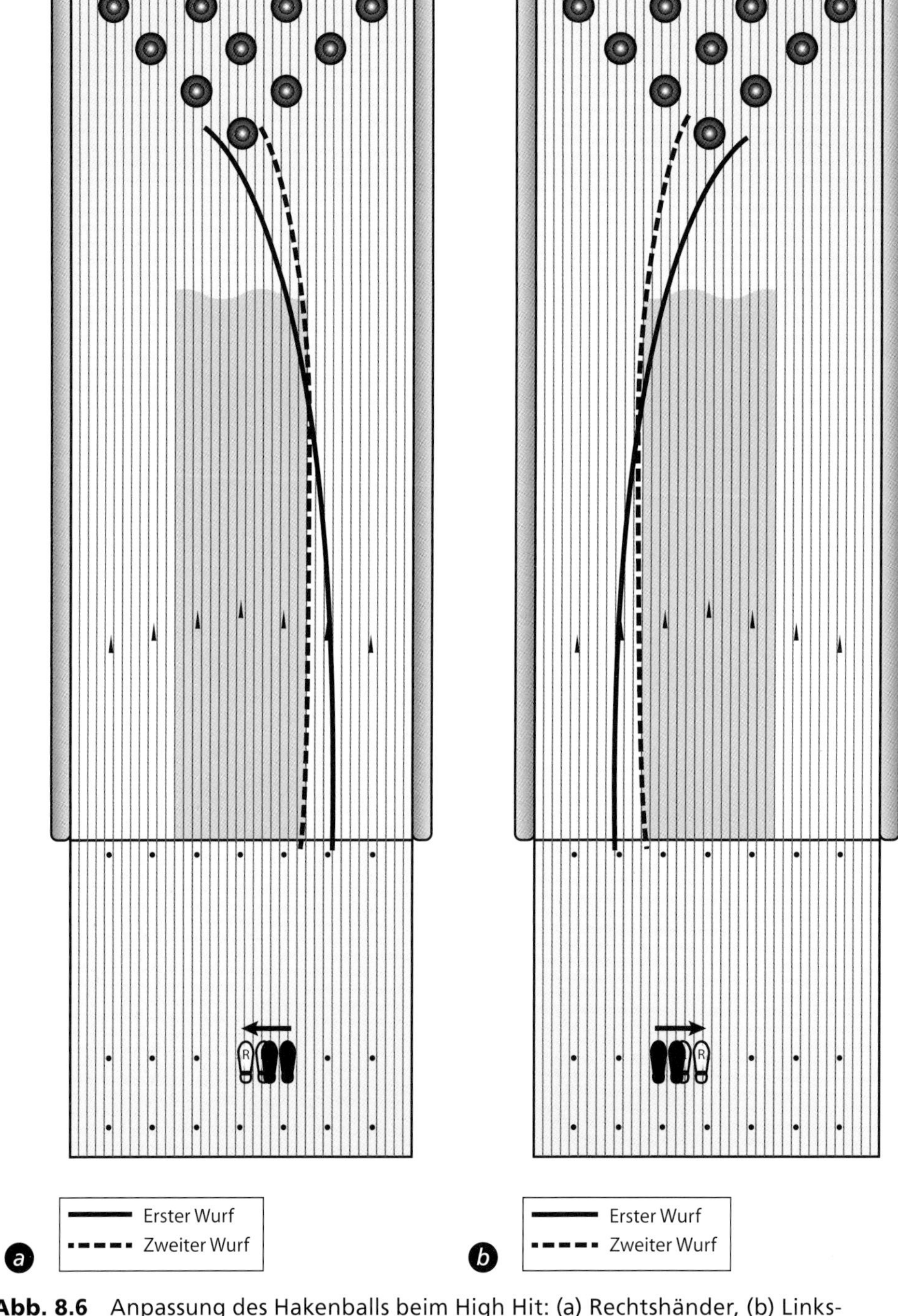

Abb. 8.6 Anpassung des Hakenballs beim High Hit: (a) Rechtshänder, (b) Linkshänder.

WURFANALYSE

Es bedarf gewisser Konzentration, um einen Wurf zu analysieren. Wer sich konzentriert, kann sich für eine bestimmte Anpassung entscheiden. Diese drei Punkte sollten Sie bei jedem Wurf analysieren. Die Beobachtungen helfen Ihnen, Anpassungen vorzunehmen. Nach dem Wurf bleiben Sie in Ihrer Position an der Linie, um die drei Beobachtungen durchzuführen.

- Wie rollt der Ball über den Zielpfeil, haben Sie ihn getroffen?
- Wie läuft der Ball bei den Pins, hat er die Gasse getroffen oder verfehlt? Wenn er sie verfehlt hat, auf welcher Seite?
- Prüfen Sie Ihre Abschlussposition: Sind Sie dort angekommen, wo Sie gestartet sind?

Prüfen Sie vorher auch, wie gut Sie den Wurf durchgeführt haben. Sie müssen nicht perfekt sein, aber Sie sollten jede Anpassung anhand dieser drei Faktoren vornehmen – unter Berücksichtigung dessen, wie gut der Wurf war.

Ob nun Light oder ein High Hit, bei der Anpassung geht es darum, die Reibung zu beherrschen, damit der Ball die Gasse trifft. Die Anpassung führt Sie zur Öllinie. Wenn Sie die Öllinie finden und um sie herumspielen können, haben Sie eine größere Fehlertoleranz für das Treffen der Gasse.

Die haben Sie, weil Sie um die Öllinie nur auf der inneren Seite Ihres Zielpfeils Öl haben, falls Sie am Ball gezogen haben (Zielpfeil innen verfehlt). Das Öl hilft, das Ziehen zu korrigieren – der Ball rutscht eher, als dass er einen Haken schlägt. Verfehlen Sie den Zielpfeil außen, ist dort weniger Öl und mehr Reibung. Das korrigiert den Fehler, der Ball schlägt einen Haken zurück zur Gasse. Wenn Sie um die Öllinie spielen, haben Sie zu beiden Seiten des Zielpfeils Platz, um die Gasse für einen Strike zu treffen. Das lockert Ihr Pendel enorm auf.

Veränderungen: Wissen, wann es am Öl liegt

Oft haben Bowler Schwierigkeiten, sich anzupassen, wenn sie den Ball gut rollen. Wenn Sie den zweiten Pfeil treffen und der Ball trotzdem die Gasse verfehlt, muss das nicht heißen, dass der Wurf schlecht war. Vielleicht war der Wurf gut und die Reaktion auf der Bahn falsch. Versuchen Sie nicht perfekter zu sein oder den Ball zu bearbeiten – bewegen Sie sich einfach. Wenn Sie gut werfen und Ihren Standort nicht verändern, müssen Sie schlechter werfen, damit der Ball reagiert.

Sie können das Öl nicht sehen, und der Bahnzustand ändert sich während des Spieles. Daher beobachten Sie den Ball bei guten Würfen und handeln danach. Gehen Sie davon aus, dass in der Mitte der Bahn viel Öl ist und zur Rinne hin weniger. Lassen Sie sich davon leiten. Rutscht der Ball zu lange, gehen Sie vom Öl weg. Ist der Hakenlauf zu stark, gehen Sie zum Öl hin. Nur weil Sie das Öl nicht sehen können, brauchen Sie nicht zu glauben, dass Fehler nur an Ihnen liegen. Warten Sie auch nicht so lange, bis Sie „perfekt" sind.

IN ZONEN BEWEGEN

Je weiter Sie die Gasse verfehlen, desto mehr müssen Sie Ihren Standpunkt ändern. Sie sollten mit möglichst wenig Würfen die ideale Ausgangsposition finden. Rollt der Ball gar nicht in die Gasse, bewegen Sie sich deutlich. Wenn Sie als Rechtshänder auf den zweiten Pfeil spielen, den Headpin völlig verfehlen und einen Light Hit am Pin 3 haben, sollten Sie alles (sich und den Zielpfeil) nach rechts verschieben, auf den ersten Pfeil spielen und einen Haken versuchen. Wenn Sie als Linkshänder auf den zweiten Pfeil spielen, den Headpin völlig verfehlen und einen Light Hit am Pin 2 haben, sollten Sie alles (sich und den Zielpfeil) nach links bewegen, auf den ersten Pfeil spielen und einen Haken versuchen.

In den Beispielen trifft der Ball so schwach und verfehlt die Gasse, dass Sie die ganze Zone nach außen verlegen müssen, damit der Ball einen Haken schlägt. Ist der Haken am ersten Pfeil zu stark, kennen Sie zumindest die Parameter. So haben Sie schnell gelernt, dass der Wurf auf die Gasse irgendwo zwischen erstem und zweitem Pfeil liegen muss. Dann genügen noch Feineinstellungen.

Schlägt der Ball hingegen einen so starken Haken, dass er in die entgegengesetzte Gasse läuft, bewegen Sie sich deutlich nach innen. Geschieht das, wenn Sie auf den ersten Pfeil spielen, spielen Sie auf den zweiten Pfeil, ist es auch am zweiten Pfeil so, gehen Sie näher an den dritten Pfeil, um mehr Öl zu finden, damit der Ball rutscht.

In den Beispielen verfehlt der Ball die Gasse völlig. Daher müssen Sie die ganze Abgabezone nach innen oder außen verlegen, um die Gasse zu finden, und nicht nur die Füße um eine oder zwei Leisten verschieben (gingen Sie so vor, brauchten Sie zu viele Frames zum Korrigieren).

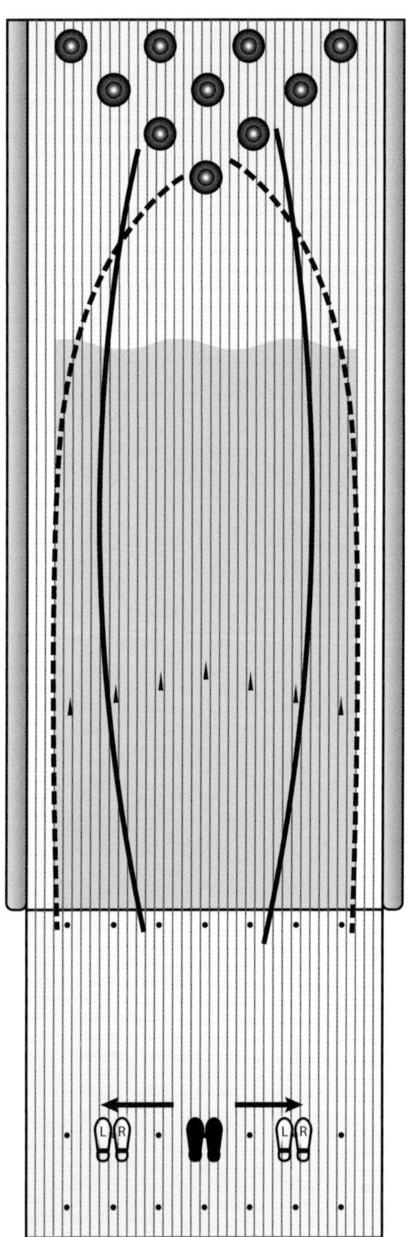

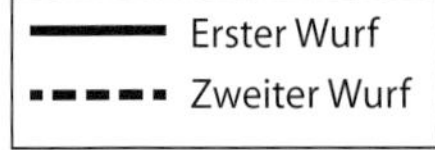

Abb. 8.7 Durch Bewegen der Zone nach rechts (Rechtshänder) oder links (Linkshänder) wird der erste Pfeil zum Ziel, um einen Hakenball zu werfen.

SICH AUF DEN LEISTEN BEWEGEN

Landen Sie fast richtig in der Gasse, dann werden Sie in der Regel die Füße um eine oder zwei Leisten versetzen, manchmal auch Füße *und* Zielpfeil in kleinen Schritten. Als Rechtshänder, der eher einen High Hit wirft, können Sie um 1:0 nach links gehen. Die erste Zahl bezieht sich dabei auf die Leisten, um die die Füße verschoben werden, die zweite auf die Zahl der Leisten, um die das Ziel versetzt wird. Bei 1:0 bewegen Sie also die Füße um eine Leiste nach links und behalten den Zielpfeil bei. Oder Sie versuchen eine Anpassung 1:1, um bündig

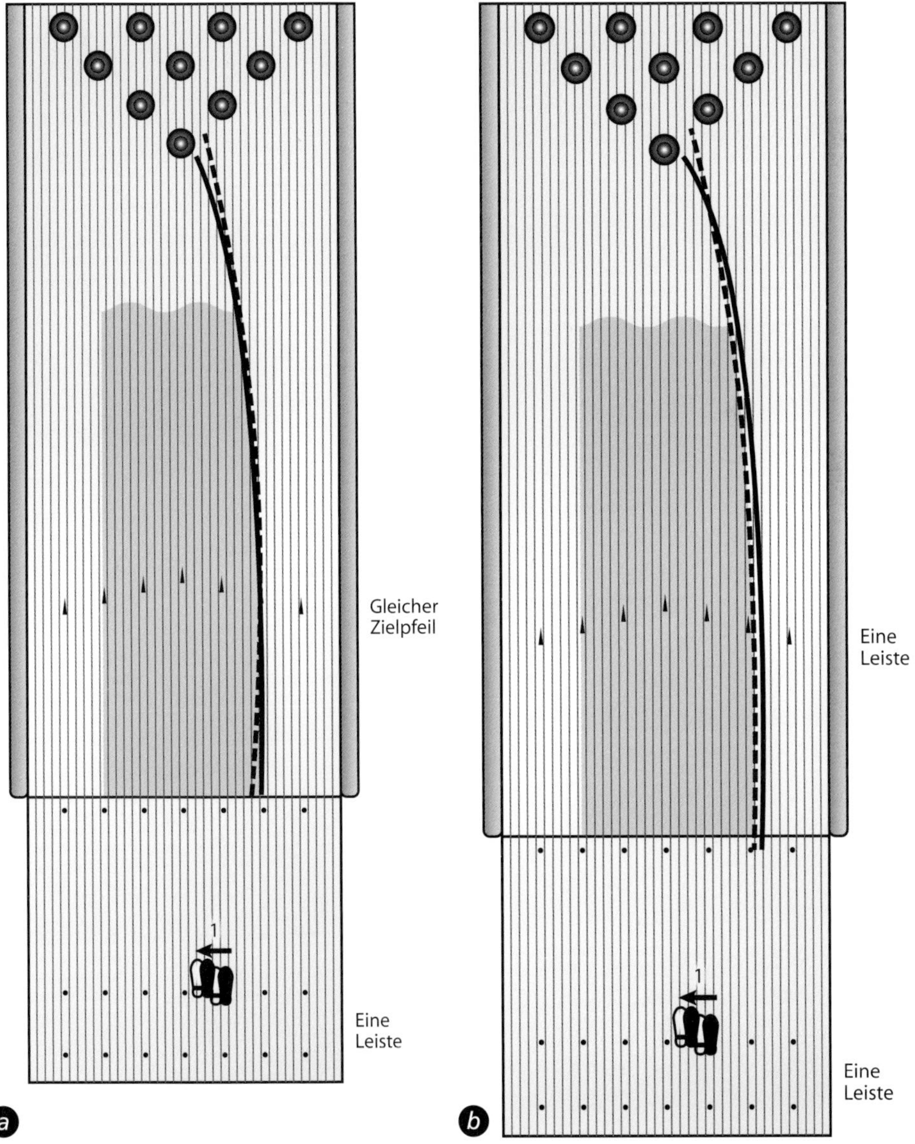

Abb. 8.8 Ein Rechtshänder wirft fast einen High Hit: (a) Anpassung 1:0 nach links, (b) Anpassung 1:1 nach links.

an die Öllinie anzuschließen. Bei 1:1 bewegen Sie also die Füße um eine Leiste nach links und das Ziel ebenfalls (Abb. 8.8b).

Als Rechtshänder, der eher einen Light Hit wirft, können Sie überlegen, um 1:1 oder 2:2 nach rechts zu gehen, damit Sie aus dem Öl herauskommen und mehr Reibung haben, sodass der Ball einen stärkeren Haken schlägt (Abb. 8.9). Je nach Ausmaß des Light Hit können Sie sich sogar noch weiterbewegen.

Bedenken Sie, dass bei einem THS die Menge des Öles auf jeder Seite der Bahn, rechts und links der Öllinie, sehr unterschiedlich sein kann. Der Ball kann bei Ihrem Wurf hoch in die Gasse einlaufen. Dann können Sie mit einer

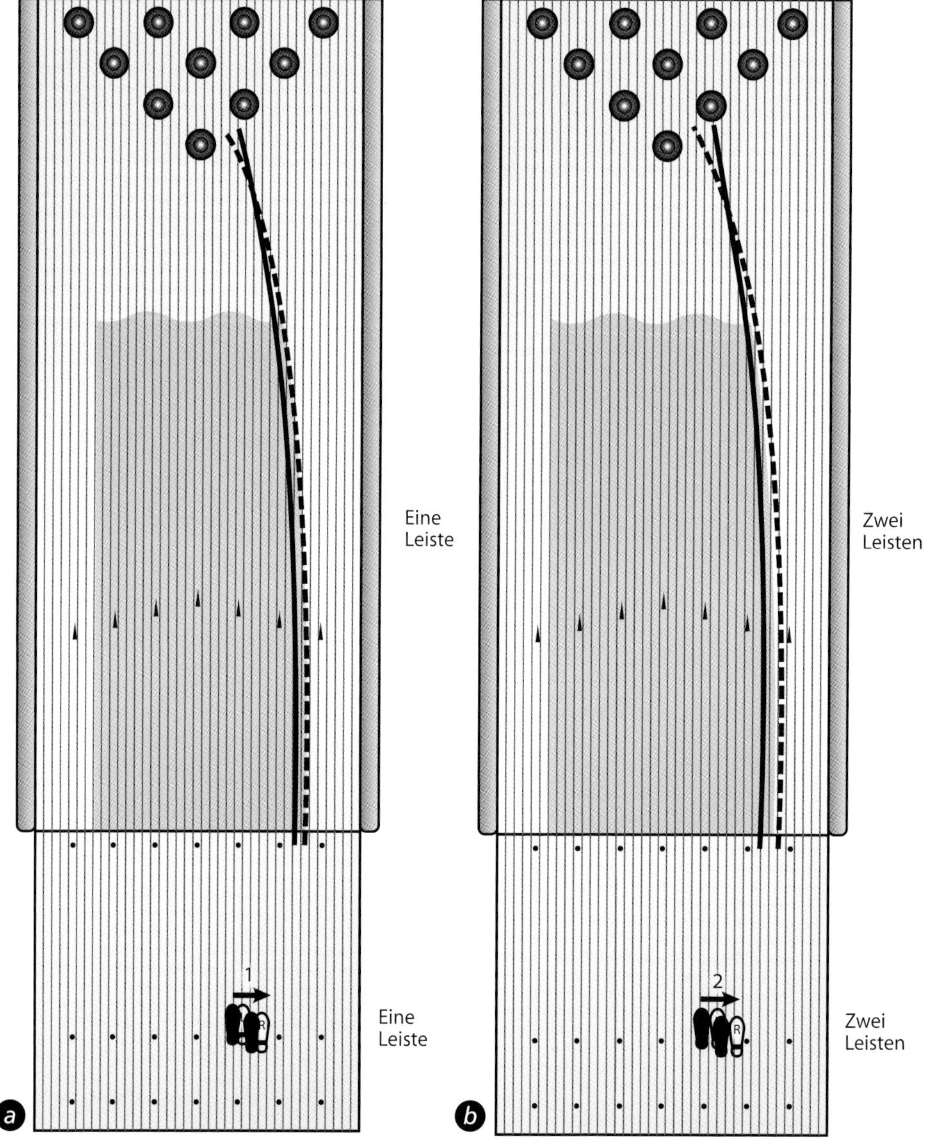

Abb. 8.9 Ein Rechtshänder wirft einen Light Hit: (a) Anpassung 1:1 nach rechts, (b) Anpassung 2:2 nach rechts.

leichten Änderung genügend Rutschen generieren, um den Ball sauber in die Gasse zu bekommen, denn wenn Sie nach innen gehen, stoßen Sie auf mehr Öl.

Wenn Sie nach innen gehen, weil das Ölmuster während des Spieles zusammenbricht (über das Verschwinden von Öl später mehr), gehen Sie zur Anpassung meist nach innen, und zwar 1:0, 1:1, 2:1 oder gar 3:2, bis der Ball eben bündig in die Gasse einläuft. Gehen Sie sorgsam vor – Sie sollten die Veränderung begründen können – und in kleinen Schritten, um einen vernünftigen Bezug zum Zielpfeil zu behalten. Das hilft Ihnen, die Form zu bewahren (d. h. gerade zu gehen und entspannt zu pendeln). Die Anpassung an die Bahn erfolgt laufend und mit einer Reihe begründeter Vermutungen.

Bei allen Anpassungen geht es darum, Ihre Linie an den Zielpfeil anzupassen. Erzwingen Sie bei kleinen Anpassungen keine Präzision. Wegen der Fehlertoleranz beim Spiel nahe der Öllinie können Sie den Zielpfeil auf beiden Seiten leicht verpassen und dennoch die Gasse treffen. Mit diesem Wissen pendeln Sie locker und treffen trotzdem Ihren Zielpfeil.

AUFSTELLUNG UND ÖLSCHWUND

Achten Sie bei Ihrer Aufstellung auf einen vernünftigen Bezug zwischen Ihrer Position und dem Zielpfeil. Sie können dann gerade gehen und den Pfeil treffen.

Wenn Sie zu Anfang den zweiten Pfeil als Ziel haben, starten Sie etwa acht bis zehn Leisten seitlich davon, also ungefähr auf Leiste 18. Der exakte Abstand der Leiste vom Zielpfeil hängt davon ab, wie stark der Hakenlauf des Balles ist. Das geht davon aus, dass Sie den Ball in der Nähe des Knöchels abgeben, wie in Kapitel 5 beschrieben. Geben Sie den Ball weiter weg vom Knöchel ab, müssen Sie das berücksichtigen. (Weiter unten in diesem Kapitel lernen Sie, die Entfernung zum Zielpfeil zu ändern, wenn Sie verschiedene Winkel auf der Bahn spielen.)

Von dieser Position aus erfolgen die Anpassungen. Bewegen Sie Ihre Füße nicht zu weit hin oder her, ohne auch den Zielpfeil zu wechseln. Wenn Sie die Füße um mehr als zwei Leisten verschieben, sollten Sie eventuell auch das Ziel verschieben. Stehen Sie zu weit weg vom Pfeil, werden Sie ihn verpassen oder zu ihm hindriften, um zu treffen.

Machen Sie zu Beginn des Spieles Ihre Anpassungen, um die Öllinie zu finden und folgen Sie ihr, wenn Sie beim Spiel zurückgeht. Öl geht verloren, weil es von der Bahn aufgenommen wird, sich wegbewegt oder vom Ball aufgenommen wird. Auf einer Holzbahn dringt Öl ins Holz ein, auf einer Kunststoffbahn kann es ablaufen. In der Regel geht das Öl verloren, weil es von den Bällen aufgenommen wird, besonders beim Hakenlauf von aggressiven Hochleistungsbällen.

Sie ahnen das Öl auf der Bahn nur, müssen aber wissen, dass es bei einem Hausmuster (THS) nicht gleichmäßig aufgetragen ist. Wenn Sie Ihre Position auf der Bahn ändern, dann ändert sich auch die Reaktion des Balles deutlich, weil weniger oder mehr Öl für ganz unterschiedliche Reibungsfaktoren sorgt.

Bei einem zu starken Hakenlauf sollten Sie nicht den Winkel anpassen, sondern versuchen, auf den Bahnzustand zu reagieren. Wenn Sie einen Haken werfen, geht es darum, sich an den Bahnzustand anzupassen und das Ölmuster zu nutzen, um die richtige Reaktion des Balles zu erzeugen. Bei einem THS ist die Ölschicht nicht überall gleich dick, denn zur Mitte der Bahn hin liegt mehr Öl. Gehen Sie nach innen, um das Öl strategisch zu nutzen, damit der Ball länger rutscht, oder nach außen, wenn Sie einen stärkeren Hakenlauf brauchen. Die Anpassung an den Bahnzustand verbessert die Fehlertoleranz.

Wenn Sie sich an die Öllinie anpassen, um das passende Rutschen und die optimale Ballreaktion zu erzeugen, bleiben Sie in der Gasse und erhöhen die Strike-Chance. Es geht hier um die Reaktion des Balles, nicht um den Winkel.

Sie wissen nicht, wie Sie sich bewegen sollen? Da hilft nur experimentieren. Die Anpassung ist nichts weiter als eine Reihe begründeter Vermutungen die einen Sinn ergeben sollen. Manche Anpassungen fallen leichter als andere. Mit der Erfahrung werden Ihre Änderungen besser. Sie müssen sich nur immer wieder anpassen. Aleta Sill denkt stets an den Tipp der großen Nikki Gianulias: „Besser eine schlechte Änderung als gar keine!" Ein Tipp: Probieren Sie es. Im Lauf der Zeit gewinnen Sie das Gefühl dafür, sich rascher an die Bahn anzupassen.

ÖLLINIE UND ÖLVERLUST

Wenn das Öl schwindet (erfolgt rechts auf der Bahn schneller als links, weil es mehr Rechtshänder gibt), müssen Sie sich an die veränderte Öllinie anpassen. Schlägt der Ball einen zu starken Haken, wenn Sie sich zum Öl hinbewegen, müssen Sie wohl Ihren Winkel an die veränderte Öllinie anpassen. Für einen Haken wirft man den Ball in der Regel in einem Winkel zum Zielpfeil, um den Haken zu ermöglichen. Wegen dieses Winkels neigt das Öl dazu, in diesem Winkel im vorderen Teil der Bahn (*The Heads*) abzureißen (Abb. 8.10). Daher bildet die Öllinie, die ursprünglich gerade und parallel zu den Leisten aufgetragen wurde, nun einen Winkel auf der Bahn. Sie müssen womöglich Ihre Füße etwas mehr bewegen als das Ziel, um diese neue Öllinie mit Winkel überhaupt zu erreichen, und nicht mehr gerade spielen wie auf der ursprünglichen Öllinie.

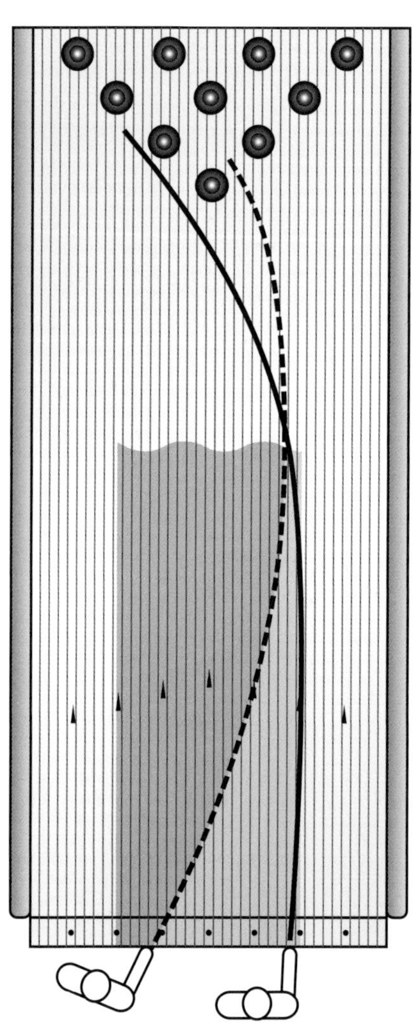

Abb. 8.10 Ölverlust vorn auf der Bahn.

ANPASSUNG IM WINKEL ODER PARALLEL

Die gleichmäßige Bewegung von Füßen und Ziel (also 1:1) bildet eine parallele Linie zum letzten Wurf. Bewegen Sie die Füße mehr als das Ziel (2:1), stehen Sie in einem anderen Winkel zum Zielpfeil.

Bei Bewegungen im Winkel sollten Sie die Schultern öffnen, um den richtigen Winkel zwischen den Schultern und dem Pendel beizubehalten, wenn Sie sich aufstellen. Das ist besonders wichtig, wenn Sie aufgrund des Bahnzustands nach innen gehen. Sie können sich nicht im Winkel bewegen, ohne auch die Schultern anzupassen. Das Pendel sollte ja stets im rechten Winkel zu den Schultern laufen.

Wenn das Öl zusammenbricht, müssen Sie immer größere Winkel ansteuern, um tiefer auf die Bahn zu kommen, damit der Ball noch weit genug rutscht, bevor er den Haken zurück in die Gasse schlägt. Deshalb stehen Sie nun weiter vom Zielpfeil entfernt als vorher. *Sie können immer noch geradeaus laufen, weil Sie den Unterschied ausgleichen, indem Sie die Schultern zum Zielpfeil hindrehen.*

Wenn Sie etwa auf Leiste 18 stehen, um den zweiten Pfeil auf Leiste 10 zu treffen, wird Ihre Linie als 18-10 bezeichnet. Die erste Zahl ist Ihr Standpunkt, auf der zweiten Zahl liegt Ihr Zielpfeil. Sie sind also acht Leisten vom Zielpfeil entfernt. Gehen Sie nach innen, sind Sie vielleicht bei 23-12, elf Leisten entfernt. Oder Sie gehen ganz tief, stehen auf Leiste 35 und zielen auf Leiste 20. Bei 35-20 sind Sie 15 Leisten vom Zielpfeil entfernt. Aber Ihre Schultern sind jeweils weiter geöffnet, um sich auf den Zielpfeil zu richten.

Auch beim Öffnen der Schultern gehen Sie schrittweise vor, um den Bezug zum Ziel zu erhalten, damit Sie die Körperhaltung beibehalten und das Ziel treffen.

WINKEL NACH INNEN

Die Gasse ist bei Leiste 17,5. Wenn Sie als Rechtshänder tiefer, also mehr zur Innenseite der Bahn, stehen müssen, wenn Sie sich links vom Zentrum postieren, dann schaffen Sie eine größere Distanz zum Zielpfeil als zu dem Zeitpunkt, zu dem Ihr Spiel noch weiter außen lief. Das ist erforderlich, weil Sie den Ball über die Gasse bei Leiste 17,5 hinausspielen müssen, bevor er den Haken zurück in die Gasse schlägt.

Um sich vom Zielpfeil zu entfernen, ohne zu driften, müssen Sie gerade gehen, aber die Schultern zum Zielpfeil hin öffnen. Drehen Sie die Schultern, um Ihr Pendel auf das Ziel auszurichten, und behalten Sie den rechten Winkel zwischen Pendel und Schultern bei. Rechtshänder öffnen die Schultern nach rechts, die rechte Schulter ist bei der Ballabgabe hinten (Abb. 8.11).

Wenn Sie als Linkshänder tiefer, also mehr zur Innenseite der Bahn, stehen müssen, wenn Sie sich rechts vom Zentrum postieren, schaffen Sie eine größere Distanz zum Zielpfeil als zu dem Zeitpunkt, in dem Ihr Spiel weiter außen lief. Hier müssen Sie lernen, gerade zu gehen und die Schultern zum Zielpfeil hin zu öffnen. Drehen Sie die Schultern, um Ihr Pendel auf den Zielpfeil auszurichten, und behalten Sie den rechten Winkel zwischen Pendel und Schultern bei. Linkshänder öffnen die Schultern nach links, die linke Schulter ist bei der Ballabgabe hinten (Abb. 8.12).

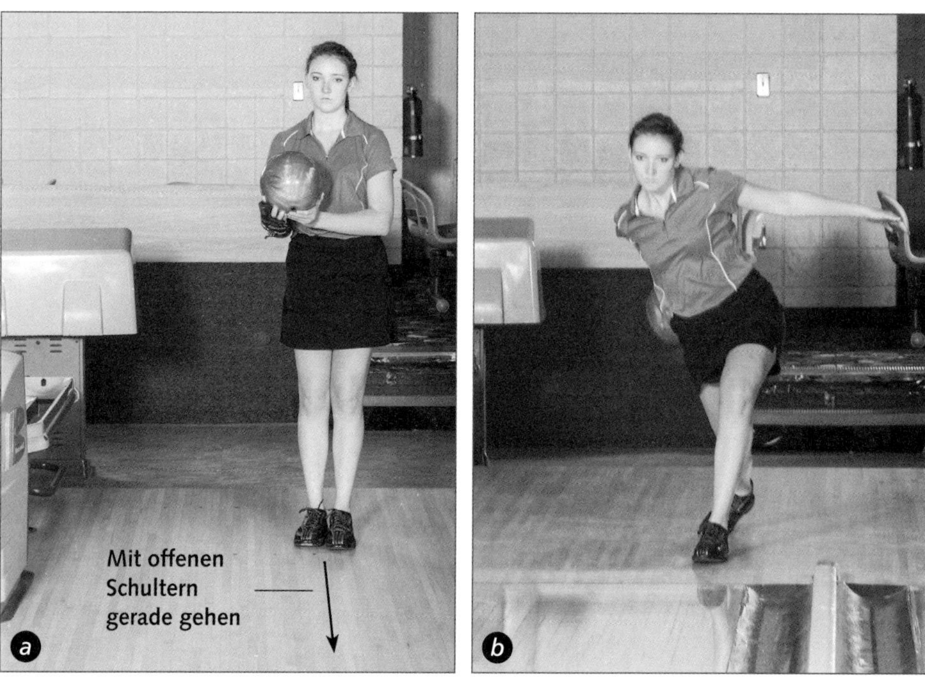

Abb. 8.11 (a) Die offene Schulter beim Rechtshänder zeigt nach rechts. (b) Die rechte Schulter ist bei der Ballabgabe hinten, gerade gehen.

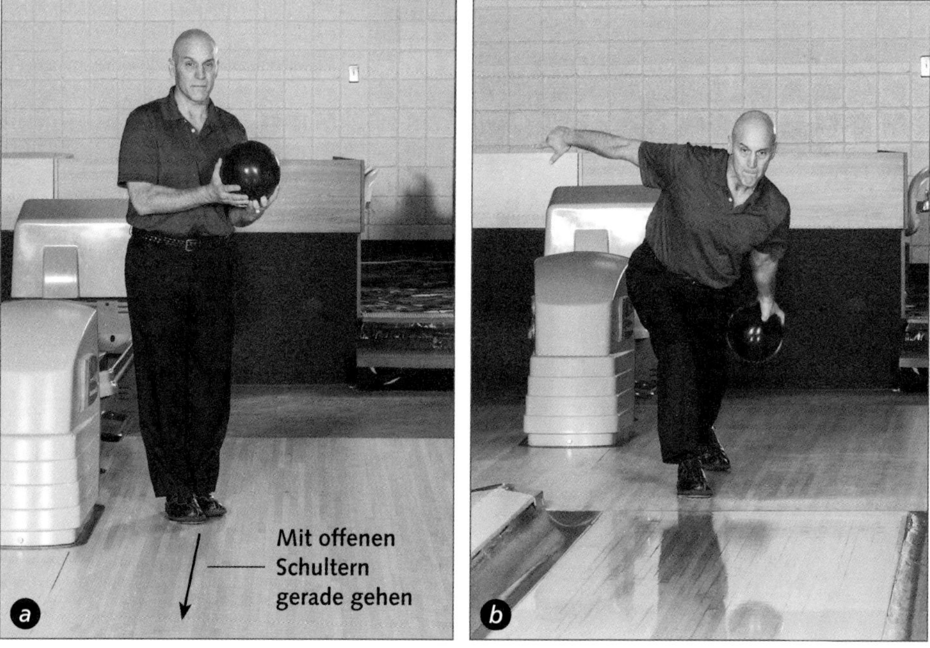

Abb. 8.12 (a) Die offene Schulter beim Linkshänder zeigt nach links. (b) Die linke Schulter ist bei der Ballabgabe hinten.

Hinweis: Wenn Sie Ihre Schultern öffnen, dann öffnen Sie auch die Hüften und den Fuß, damit Sie in der Starthaltung auf der Pendelseite in einer Linie sind. So kann sich die Wirbelsäule entspannen, und Sie können beim Anlauf in Ihrer Haltung bleiben. Das mag sich anfühlen, als ob Sie seitwärts gehen, aber genau das müssen Sie tun, damit Sie gerade gehen und auf den Zielpfeil ausgerichtet bleiben.

ANPASSUNG AN DIE BAHN UND AUSRÜSTUNG

Statt nur nach rechts oder links zu gehen, um sich an den Bahnzustand anzupassen, können Sie auch den Ball wechseln, um mehr oder weniger Reibung zu bekommen. Schlägt Ihr Ball beim zweiten Pfeil einen zu starken Haken, nehmen Sie einen, der stärker rutscht (weniger Haken schlägt), statt Ihre Position zu ändern. Sie können aber auch beides tun, einen stärker rutschenden Ball nehmen und sich etwas bewegen.

Wenn Sie sich von der Reibung weg nach innen bewegen, wo mehr Öl liegt, stellen Sie vielleicht fest, dass Sie einen stärkeren Ball brauchen (der eher rollt), um mit der Ölmenge auf diesem Teil der Bahn fertig zu werden. Wollen Sie einen tieferen Winkel nach innen spielen, werden Sie wohl zu einem Ball greifen müssen, der über die Bahn rutscht und genügend Energie speichert, um aus diesem Winkel stark genug abzuschließen.

Rutscht der Ball zu stark, nehmen Sie einen mit einer stärkeren Schale, der mehr Öl verträgt und mehr Reibung auf der Bahn erzeugt. Eventuell müssen Sie also sowohl den Ball wechseln *und* nach außen gehen, um genügend Reibung für den Hakenlauf zu finden.

Um die Öllinie zu finden und sich an die Bahn anzupassen, wird man sich zunächst nach rechts oder links bewegen. Bleiben Sie aber lieber an einem bestimmten Punkt der Bahn, etwa um den zweiten Pfeil herum, brauchen Sie einen anderen Ball, um dort zu spielen, oder Sie brauchen wegen des Zustandes der Bowlingbahn ohnehin einen anderen Ball. Müssen Sie sich mit Ihrem Ball ständig aus Ihrer Komfortzone herausbewegen, liegt es daran, dass der Ball nicht für das Öl oder für die von Ihnen gespielte Zone der Bahn geeignet ist.

Wenn die Bahnen eher ölig sind oder die Öllinie weiter außen (zur Rinne hin) als für den typischen Wurf zum zweiten Zielpfeil liegt, müssen Sie eventuell näher an den ersten Pfeil spielen, um genügend Reibung für den Hakenlauf zu finden. Viele mögen das, aus Furcht vor der Rinne, nicht. Die Rinne ist immer noch ein gutes Stück entfernt, aber die Furcht vor einem Rinnenball führt oft zu Problemen mit dem Pendel oder zum Abdriften bei der Fußarbeit. Entweder erweitern Sie Ihre Komfortzone oder legen sich einen Ball zu, der stärkere Haken schlägt. Manchmal ist beides nötig.

Zu Anfang meiner Bowling-Karriere habe ich nicht immer erkannt, dass ein falscher Ball mich dazu verleitete, den Wurf zu forcieren. Bei einem Wettkampf wollte ich einmal unbedingt in eine Fernsehsendung kommen. Bei der letzten Runde des Matchspiels war das Öl schon ziemlich zusammengebrochen und

Veränderungen: Verschiedene Bälle

Manche Bowler haben verschiedene Bälle, um sich nicht so viel auf der Bahn bewegen zu müssen. Solange das funktioniert, ist diese Strategie in Ordnung. In der Regel müssen Sie trotzdem auch Anpassungen an der Bahn vornehmen.

Wenn der Hakenlauf dort einsetzt, wo Sie spielen, können Sie einen schwächeren Ball (mit weniger Hakenlauf) nehmen und an der gleichen Stelle bleiben. Ist der Hakenlauf zu schwach, können Sie einen stärkeren Ball nehmen.

Für einige ist es ein Nachteil, nicht genügend Geräte für jeden Bahnzustand zur Verfügung zu haben. Je weniger Bälle Sie haben, desto stärker müssen Sie Ihre Linie verschieben, um die Reaktion auf der Bahn zu ändern. Manchmal können Sie damit aber dennoch nicht die Reaktion erreichen, wie ein anderer Ball es Ihnen ermöglichen würde.

ich ging nach innen, um der Veränderung der Öllinie zu folgen. Die Anpassung nach innen funktionierte, doch zwei Spiele vor dem Schluss spielte ich plötzlich schlecht. Ich konnte keinen Strike mehr erzielen, die Gasse zu treffen wurde immer schwieriger. Ich erkannte nicht, dass mein Ball zu stark war und zu früh in den Haken einschwenkte. Da alles so gut gelaufen war und ich kurz vor Schluss Aussichten hatte, unter die Top Five zu kommen, sah ich keinen Grund, den Ball zu wechseln. Doch ich traf nicht mehr und verfehlte den Schnitt. Ein anderer Ball hätte mir eine bessere Reaktion gegeben, ich hätte vielleicht den Schnitt geschafft und sogar gewonnen.

Es gibt unterschiedliche Schalen, die sich in der Aggressivität zur Erzeugung von Reibung unterscheiden. Sie können auch die Schale eines Balles bearbeiten, um seine Reaktion weiter zu verändern. Das geht natürlich nicht während des Wettkampfs, aber Sie können vorher die Oberfläche des Balles ändern lassen, um ihn an den zu erwartenden Bahnzustand anzupassen, die Schale rauer oder glatter machen, um den Hakenlauf zu beeinflussen. Kapitel 9 befasst sich mit diesen Veränderungen der Schale.

Wenn Sie besser spielen, brauchen Sie auch mehr Gerät, um besser mit der Bahn zurechtzukommen. So wie Golfer mehr als einen Schläger haben, brauchen Bowler mehr als einen Ball. Kaufen Sie, was nötig ist.

DIE KOMFORTZONE ERWEITERN

Viele Bowler versuchen sich anhand des immer gleichen Pfeiles (nämlich des zweiten) anzupassen und ändern den Winkel, indem Sie die Füße bewegen. Manchmal werfen sie dann aber ganz woanders hin. In solchen Fällen muss man den Laufweg des Balles etwas anpassen, um die Öllinie effektiv zu spielen und eine optimale Reaktion zu haben. Wenn Sie lernen, Ihre Komfortzone zu erweitern, auf verschiedenen Teilen der Bahn zu spielen und Ihre Linie anzupassen, dann behalten Sie Ihre Form bei und treffen. Sie müssen lernen, sich an die sich ändernde Öllinie anzupassen und ihr zu folgen. Zudem müssen Sie in den Wurf vertrauen, weil Sie ja begründet (um mehr oder weniger Reibung zu finden) nach rechts oder links gegangen sind, weil der Ball zu sehr rutschte oder zu starke Haken schlug.

Nehmen Sie sich beim Training Zeit dafür, verschiedene Stellen der Bahn anzuspielen. Üben Sie z. B., sich aufzustellen und den ersten Pfeil zu treffen; dann machen Sie das mit dem zweiten und auch mit dem dritten Pfeil. Nehmen Sie sich auch Zeit, Ziele zwischen den Pfeilen anzuspielen. Dabei kann es sein, dass Sie je nach Bahnzustand keinen Strike erzielen oder gar die Gasse verfehlen. Das ist aber in diesem Moment auch gar nicht Ihr Ziel. Denn Ihr Ziel ist, verschiedene Pfeile und Stellen der Bahn anzuspielen und gut zu werfen. Sie müssen bereit sein zu trainieren, auch ohne die Belohnung eines Treffers oder ohne die Gasse zu finden. Es erfordert Disziplin, sich für das Training auf die Ausführung und nicht auf die Ergebnisse zu konzentrieren.

Viele Bowler mögen andere Stellen der Bahn nicht anspielen. Darunter leiden aber ihre Ergebnisse. So wie der Golfer im Fairway spielen muss, muss der Bowler sich dort aufstellen, wo der Wurf hinsoll, um möglichst viel Fehlertoleranz zu haben und trotzdem die Gasse zu treffen.

Als die große Carolyn Dorin-Ballard mit uns ein Seminar gab, sagte sie den Schülern: „Wenn Sie gut aufpassen, zeigt die Bahn Ihnen, wohin Sie spielen müssen. Wenn Sie gute Würfe machen, öffnet sie sich Ihnen, damit Sie die richtigen Anpassungen vornehmen können."

Viele Bowler mögen aber nur dort spielen, wo sie immer spielen, und begrenzen damit ihre Anpassungsmöglichkeit. Zwar können Sie den Ball so bohren lassen, dass seine Reibung zu dem Teil der Bahn passt, in dem Sie gerne spielen, aber manchmal müssen Sie trotzdem eine andere Stelle anspielen. Sie können nicht immer um den zweiten Pfeil kreisen und die Füße so bewegen, dass Sie aus verschiedenen Winkeln diesen Pfeil treffen. Sie müssen bereit sein, der Öllinie zu folgen, besonders wenn die Bahn stark bespielt ist.

Wenn es nicht läuft, können Sie die Schuld in Ihrer Ausführung suchen, aber manchmal liegt das Problem auch an der Strategie. Bei einer schlechten Reaktion spannen Sie sich an. *Eine schlechte Reaktion des Balles können Sie nicht auffangen.* Wenn Sie angespannt sind und kämpfen müssen, sollten Sie überlegen, ob Sie nicht Ihre Strategie ändern. Es mag schwierig sein, an die Strategie zu denken, wenn Sie nicht gut werfen, aber manchmal ist sie die Lösung für bessere Leistungen. Wenn Sie nicht gut treffen, bewegen Sie sich!

Wenn Sie weiter auf dem falschen Teil der Bahn spielen, nämlich dem, den Sie gewohnt sind, der Ihnen aber keine Fehlertoleranz erlaubt, dann werden Sie die Reaktion erzwingen wollen und Ihr Pendel anspannen. Sie merken vielleicht, dass Sie schlecht spielen, erkennen aber nicht, dass Sie deshalb schlecht werfen, weil Sie nicht richtig an der Bahn stehen, um eine gewisse Fehlertoleranz am Zielpfeil zu haben und trotzdem noch die Gasse zu treffen; unter Umständen müssen Sie auch einfach den Ball wechseln.

Bei einem Match auf der Tour konnte ich eine Spielerin beobachten, die auf mich perfekt wirkte. Sie hatte ein wunderbares Jahr und war Kandidatin für die Bowlerin des Jahres.

Veränderungen: Die Komfortzone erweitern

Manche Bowler mögen nur an bestimmten Stellen der Bahn spielen. Das ist oft der zweite Pfeil. Dafür gibt es einen Grund: Der Winkel ist angenehm, und auf vielen Hausbahnen (THS) ist die Öllinie meistens um den zweiten Pfeil herum, zumindest am Anfang.

Allerdings kann man die Maschine zum Ölen auch anders einstellen. Möglicherwiese liegt die Öllinie dann näher am ersten Pfeil oder zwischen den beiden Pfeilen. Außerdem ändert sich die Öllinie je nachdem, wie oft die Bahn bespielt wird. Sie geht nicht nur bei Ligaspielen verloren, Sie haben auch keine Garantie dafür, dass die Bahn frisch geölt ist, wenn Sie im Bowlingcenter trainieren oder ein Ligaspiel machen. In der Regel wird für Ligaspiele frisches Öl aufgetragen, aber manchmal spielen Sie auch nach einer anderen Liga, und es fehlt die Zeit dafür. Vielleicht spielen Sie auf bereits bespielten Bahnen, wo die Öllinie schon leicht zusammengebrochen ist. Rechnen Sie jedenfalls damit, sich anzupassen, dann sind Sie nicht enttäuscht.

Da das Öl klar und kaum zu sehen ist, ist es schwer, einen Bowler zu überzeugen, dass das Öl den Ball steuert. Viele Bowler bewegen sich nicht und üben stattdessen Kraft auf den Ball aus, damit er einen stärkeren oder schwächeren Haken schlägt. Oft geschieht das unterbewusst. Viele Bowler bewegen sich auch nicht auf der Bahn, weil sie sonst ihre Komfortzone verlassen müssten. Manchmal ist es einfacher, das Problem in sich zu sehen, als bereit zur Anpassung zu sein, die Komfortzone zu verlassen, gerade weil man das Öl nicht sehen kann.

Nach außen gehen

Wenn Sie nach außen gehen, brauchen Sie Selbstvertrauen, weil Sie näher an der Rinne spielen. Das erscheint vielen riskant, kann aber zu den besten Reaktionen führen. Wenn dort, wo Sie spielen, zu viel Öl ist, bekommen Sie auch mit dem besten Wurf keinen guten Hakenlauf zustande. Etwas Bewegung nach außen kann bewirken, dass Sie die Gasse problemlos treffen.

Während Sie lernen, nach außen zum ersten Pfeil zu gehen, ziehen viele Bowler den Ball oder driften von der Rinne weg, einfach aus Angst, dass der Ball in die Rinne läuft. Sie müssen nur begreifen, dass diese Linie ähnlich der Linie beim zweiten Pfeil ist, es ist nur zufällig eine Rinne in der Nähe. Nur die Angst kann Sie aufhalten. Wenn Sie üben, nach außen zu spielen, werden Sie das beherrschen. Ich empfehle, das von Zeit zu Zeit zu üben, um sich daran zu gewöhnen, auch wenn Sie dabei nicht gerade viel punkten.

Die Schüler, die mehr Vertrauen brauchen, lasse ich zwischen dem ersten Pfeil und der Rinne spielen, damit sie die Angst überwinden und merken, dass das geht. Danach ist es nicht mehr so schlimm, auf den ersten Pfeil zu spielen.

Nach innen gehen

Ist der Haken zu stark, müssen Sie nach innen zum Öl, weg von der Reibung. Gehen Sie dabei schrittweise vor, wenn das Öl auf der Bahn verschwindet. Gehen Sie mit den Füßen nicht mehr als drei Leisten rüber, ohne dabei auch das Ziel in diese Richtung zu bewegen. Oft driften Bowler zum Zielpfeil, weil sie sich falsch aufstellen oder sich falsch anpassen. Sie gehen womöglich mit den Füßen fünf Leisten nach innen, behalten aber den Zielpfeil bei. Wenn Sie auf Leiste 25 stehen und auf den zweiten Pfeil zielen, verpassen Sie entweder den Zielpfeil oder driften dorthin, um ihn noch zu treffen.

Wenn Sie nach innen gehen, müssen Sie darauf bauen können, dass der Ball auch wieder zurückläuft, wenn Sie ihn mehr nach außen werfen, weg von der Gasse. Je tiefer Sie nach innen gehen, desto problematischer kann das sein. Sie sehen das Öl ja nicht und neigen dazu, den Ball in Richtung der Gasse zu ziehen. Denken Sie daran, dass Sie sich nach innen bewegt haben, weil der Ball wegen des verschwundenen Öles einen zu starken Haken geschlagen hat. Deswegen: Vertrauen Sie darauf, dass er wieder einschwenkt!

Das ist besonders wichtig, wenn Sie beim Anlauf links von der Mitte stehen. Die Gasse ist auf Leiste 17,5. Wenn Sie tiefer an der Bahn stehen, müssen Sie die Schultern öffnen und den Ball über Leiste 17,5 hinauswerfen, damit er den Haken zurück zur Leiste 17,5 schlägt. Wenn Sie zu direkt werfen oder den Ball ziehen, erzielen Sie einen High Hit oder verpassen die Gasse völlig in Richtung der anderen Gasse.

Wenn Sie nach innen gehen, drehen Sie die Schultern, um das Pendel auf den Zielpfeil auszurichten. Dazu müssen Sie eventuell auch Ihr Gerät anpassen, um die Reaktion fein abzustimmen, damit der Ball genügend Energie hat, aus diesem Winkel einen Strike zu erzielen.

Dann musste ich gegen sie spielen. Nun konnte ich ihre Würfe von hinten beobachten. Sie spielte hervoragend, ich sah aber, dass sie sich etwas Fehlertoleranz schuf und den Zielpfeil nicht jedes Mal perfekt treffen musste, um in die Gasse zu kommen. Sie stand am richtigen Teil der Bahn, und ihr Ball hatte eine gute Reaktion. Ihre Strategie war brillant und gab ihr etwas Fehlertoleranz. Ich sage *etwas*, weil das bei den Profis nicht viel ist. Aber es war eine Beobachtung, die ich nie vergessen werde. Die Ausführung ist wichtig, aber es geht beim Bowlen nicht um Perfektion. Seien Sie eher locker als perfekt. Sie müssen so clever spielen, dass Sie sich etwas Raum verschaffen, sodass das Pendel entspannt ist und der Ball sauber von der Hand läuft, damit Sie alle zehn Pins treffen.

Im Unterricht sage ich: „Wenn sie gut werfen, aber eine schlechte Reaktion auf der Bahn haben, müssen Sie sich anpassen, sonst bleibt Ihnen nur noch, schlecht zu werfen!"

ZUSAMMENFASSUNG

Sie erzielen gute Ergebnisse, wenn sie gut werfen, sich richtig an der Bahn aufstellen, um die Gasse zu treffen, und die Spares räumen. Zudem brauchen Sie das richtige Gerät, um eine gute Reaktion des Balles auf der Bahn zu entwickeln.

Beim Bowling geht es nicht um Perfektion. Es geht darum, eine Fehlertoleranz zu schaffen. Ein cleverer Spieler tut das. Nehmen Sie einen Bowler mit einem Schnitt von 175, der cleverer auf der Bahn spielt als ein Bowler mit einem Schnitt von 190. Der clevere Spieler wird wahrscheinlich das Match gewinnen, weil er eine Fehlertoleranz am Zielpfeil hat. Sein Pendel wird lockerer, während das des anderen sich anspannt, um eine Reaktion zu erzwingen. Zur Errinnerung: „Swing is King!“

Stellen Sie sich in Ligaspielen auf Aufwärmwürfe ein, damit Sie so viele Informationen wie möglich zu Ihrer idealen Aufstellung bekommen. Kommen Sie früh, um Ihr Gerät vorzubereiten und verwenden Sie genügend Tape im Daumenloch, damit der Daumen sofort hineinpasst (und nicht erst dafür anschwellen muss). Um die Bahn schnell zu lesen, müssen Sie beim Üben optimal pendeln. Wenn es Ihnen schwerfällt, sich mit ein paar Würfen aufzulockern, dehnen Sie die Auflockerung aus oder üben Sie ganze Spiele. Sie wollen sich schließlich mit Ihrem besten Pendel so aufstellen, dass Sie die Gasse möglichst schnell treffen.

Ist der Hakenlauf zu schwach, gehen Sie nach außen zum trockeneren Teil der Bahn. Ist er zu stark, gehen Sie zum Öl, damit der Ball mehr rutscht. Gewöhnen Sie sich daran, verschiedene Teile der Bahn anzuspielen, um unter verschiedenen Bedingungen zu treffen und sich an das Schwinden des Öles anzupassen. Wenn Sie auf den ersten Pfeil werfen müssen, aber den zweiten anspielen, müssen Sie die Reaktion erzwingen. Bei der Anpassung ist auch ein Wechsel des Balles zu erwägen. *Wenn Sie richtig stehen und der Ball gut reagiert, bleiben Sie in Form und treffen.*

Nehmen Sie das Gerät, das Sie brauchen. Wenn Sie wegen der Ballreaktion ständig weit nach links oder rechts spielen müssen, sollten Sie sich vielleicht einen anderen Ball zulegen, einen mit einem anderen Hakenlauf, um sich besser an den Bahnzustand anzupassen.

Die Anpassung soll den Wurf so verändern, dass die Reaktion des Balles auf der Bahn besser ist. Versuchen Sie nicht perfekt zu sein. Oft reicht eine kleine Änderung, um viel zu bewirken. Vertrauen Sie sich!

Seien Sie eher locker als perfekt. Manchmal, wenn das Pendel nicht locker ist, stimmt Ihre Strategie nicht. Wenn Sie dort spielen, wo Sie mehr Fehlertoleranz und eine gute Reaktion haben, lockern Sie auf, erzielen mehr Strikes und Sie haben bessere Ergebnisse. Zumindest treffen Sie in die Gasse und hinterlassen einfachere Spares. Das verbessert Ihren Durchschnitt und ist Thema der nächsten Kapitel.

Kapitel 9

Bahnspiel für Fortgeschrittene

Früher wurde das Öl auf die Holzbahnen aufgetragen, um die Oberfläche vor der Reibung der Bälle zu schützen. Die Oberflächen haben sich aber natürlich weiterentwickelt, heute hat das Öl eine ganz andere Funktion. Es wird nun in bestimmten Mustern aufgetragen, um die Bowler herauszufordern, sich an die Bahnen anzupassen und eine Strategie zu entwickeln, um zu treffen. Wie das Öl auf den Bahnen verteilt wird, nennt man die Kondition der Bahn.

Die Entwicklung verschiedener Ölmuster hat zu verschiedenen Zuständen geführt, die die Ergebnisse beeinflussen. Es gibt Muster, die eher dem Freizeitbowler zum Punkten verhelfen, und wieder andere, schwierigere, die Wettkampf-Bowler technisch herausfordern sollen. Das typische Hausmuster (THS) einer Bahn erlaubt eher gute Ergebnisse, Sport- und Wettkampfmuster dagegen stellen eine größere Herausforderung dar. Das Öl wird dabei wesentlich gleichmäßiger über die ganze Bahn aufgetragen (und nicht hauptsächlich in der Mitte wie beim THS), was zu einem flacheren Bahnzustand führt; deshalb wird es auch als flaches Muster bezeichnet.

Die Sport- und Wettkampfmuster gibt es, damit die Spieler einen Bezug zwischen der Qualität der Würfe und den Ergebnissen herstellen können. Der Durchschnitt sinkt bei einem solchen flachen im Gegensatz zu einem Hausmuster um bis zu 25 Pins.

Der größte Unterschied zwischen Haus- und den Sport- und Wettkampfmustern liegt im Verhältnis zwischen der Ölmenge in der Mitte der Bahn und am Rand (Abb. 9.1). Die Sport- und Wettkampfmuster sind deshalb so schwierig, weil das Verhältnis viel geringer ist, d. h., das Öl ist flacher auf der Bahn verteilt. Die Fehlertoleranz eines ungleichmäßigen Ölmusters ist hier nicht gegeben (siehe Kap. 8) Es ist also wesentlich schwieriger, auf flachen Mustern die Gasse zu treffen.

Beim Hausmuster kann das Verhältnis des Öles zwischen Innen- und Außenseite 8 : 1 oder sogar 10 : 1 betragen, bei flachen Mustern ist es oft nur 2 : 1. Das

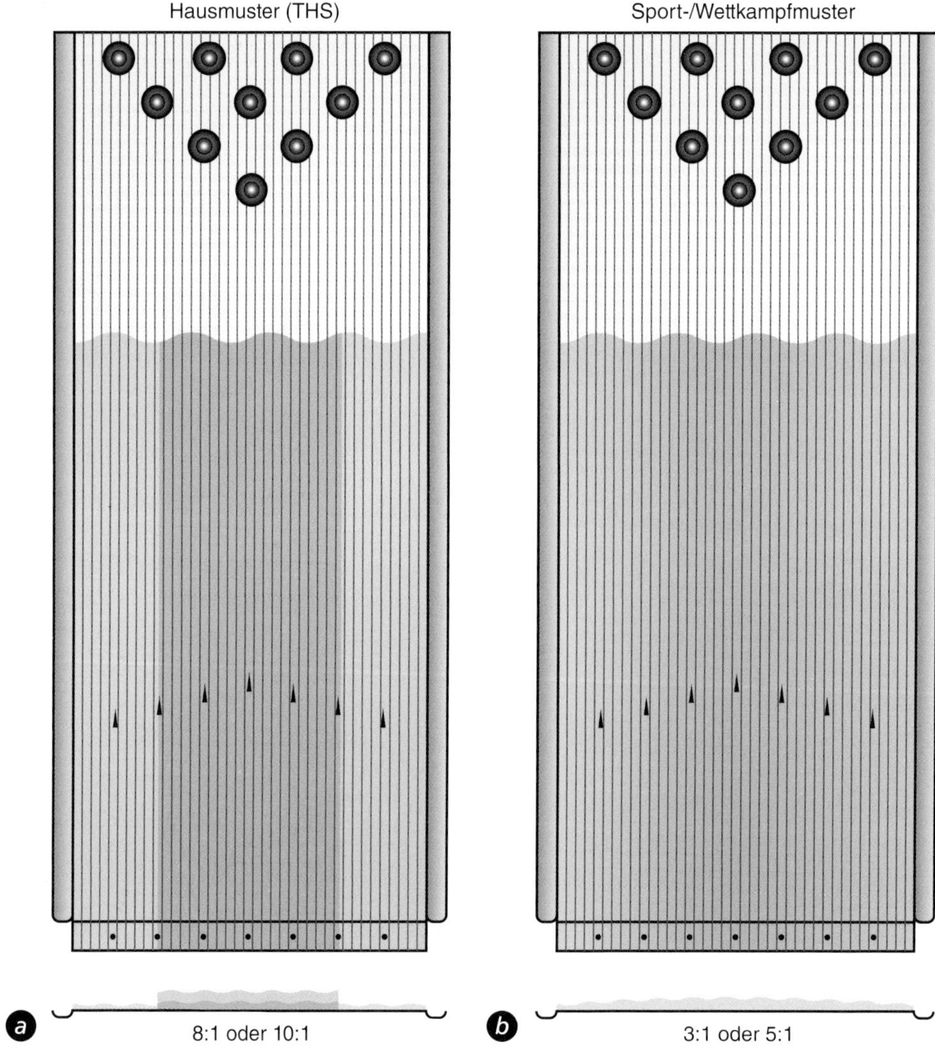

Abb. 9.1 Der Vergleich eines Hausmusters mit einem Sport- oder Wettkampfmuster. Der Unterschied liegt im Verhältnis zwischen der Ölmenge in der Mitte der Bahn und außen.

Verhältnis ist bei den einzelnen Mustern unterschiedlich, aber so bekommen Sie wenigstens einen Eindruck, wie viel weniger Öl bei den flachen Mustern innen ist, wenn man es mit dem Hausmuster vergleicht.

Auf flacheren Mustern, also ohne das Mehr an Öl in der Mitte und Reibung außen, was Rutschen bzw. Hakenlauf unterstützt, braucht man eine andere Strategie. Sie müssen den Ball auf einer beständigen Bahn genau zu einem bestimmten Punkt auf der Bahn, dem sogenannten *Einschwenkpunkt,* werfen.

Man weiß oft nicht, in welchem Zustand die Bahn ist. Allerdings erfährt man normalerweise vorher, ob man auf einem Hausmuster oder einem Sport-/Wettkampfmuster spielt. Ihr Verband kann das bekannt geben, muss es aber nicht.

GEBRÄUCHLICHE BAHNMUSTER

Die Muster der Kegel Navigation Series werden von dieser marktführenden Firma für die Konditionierung von Bahnen hergestellt und freiwillig von einigen Ligen des United States Bowling Congress und in Wettkämpfen eingesetzt. Bei seinen eigenen Wettkämpfen, im Inland, nutzt der USBC maßgeschneiderte Muster für die Bowlingcenter. Die World Tenpin Bowling Association (WTBA) nutzt für ihre internationalen Wettbewerbe zwölf Standardmuster, die das WTBA Technical Committee entworfen hat (hier tritt auch das Team USA an). Die Professional Bowlers Association (PBA) verfügt über eigene Wettkampfmuster. Oft geben die Organisationen ihren Mustern Themennamen. Kegel benennt seine Muster nach Straßen (z. B. Route 66) und PBA nach Tieren (wie Hai und Skorpion). Die WTBA nimmt Weltstädte wie Sydney und Los Angeles.

Definiert werden die Muster über das Ausmaß und die Menge des Öleinsatzes. Diese Variablen beeinflussen den Winkel und die Art des Geräts, mit dem man die Gasse trifft. Mit weniger Fehlertoleranz müssen die Bowler sich auf gute Würfe verlassen, um Anpassungen vorzunehmen.

Bestimmte Ligen und Wettbewerbe stellen diese Muster zusammen und geben vorher bekannt, mit welchem Muster Sie zu rechnen haben. Andere Organisationen ziehen es vor, diese Informationen nicht zu geben.

Wenn Ihr Muster spezifiziert ist, können Sie dazu online weitere Informationen suchen, vielleicht finden Sie sogar eine grafische Darstellung. Das sind dann zumeist technische Darstellungen davon, wie das Öl auf die Bahn aufgetragen wird. Auf Tour erhalten wir diese Art von Darstellungen oft ohnehin ausgehändigt. Bei den Informationen sind besonders Verteilung und Menge des Öles von Interesse.

EINSCHWENKPUNKT

Bei einem Sportmuster ist das Öl gleichmäßiger auf der Bahn verteilt, sodass der Abstand des Öles, d. h., wie viel Reibung am hinteren Ende der Bahn vorhanden ist, bestimmt, wie weit man den Ball nach außen wirft, um die Gasse zu treffen. Dieser Punkt wird als Einschwenkpunkt bezeichnet.

Der Einschwenkpunkt (Abb. 9.2) ist der äußerste Punkt, den der Ball erreicht, bevor er zu den Pins einschwenkt. Bei flacheren Mustern müssen Sie den Ball beständig zu einem Einschwenkpunkt auf der Bahn werfen. Da kommt es sehr auf Ihre Fähigkeit an, den Ball möglichst konstant auf einem immer gleichen Laufweg zu werfen. Im Gegensatz zum Hausmuster haben Sie hier keine Fehlertoleranz, innerhalb der Sie die Gasse noch treffen.

Betrachten wir einmal, wie sich eine flachere Ölung auf die Reaktion des Balles auf der Bahn und die Wahrscheinlichkeit, die Gasse zu treffen, auswirkt: Um den Einschwenkpunkt herauszufinden, müssen Sie wissen, wo das Öl überhaupt aufliegt. Bei einem längeren Muster ist der Einschwenkpunkt näher an der Gasse, bei einem kürzeren dagegen ist er weiter von der Gasse entfernt (Abb. 9.3).

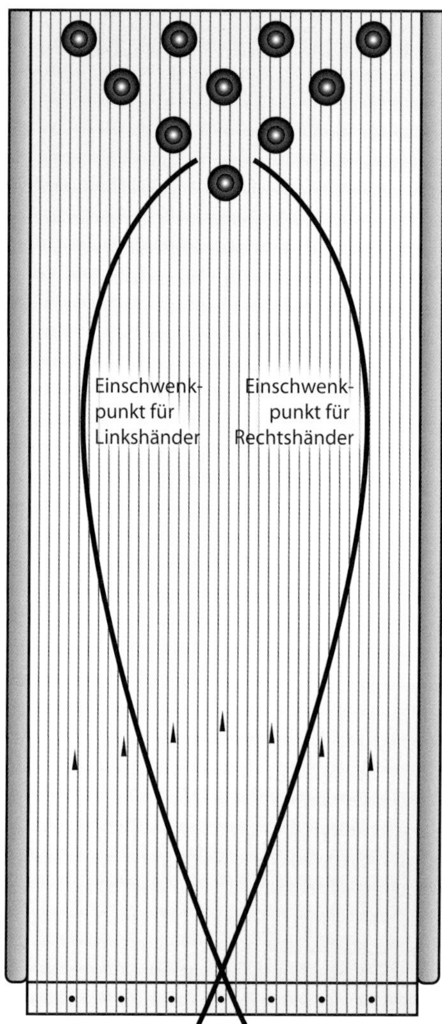

Abb. 9.2 Der Einschwenkpunkt.

Die Bahn ist 60 Fuß (18 m) lang, die Gasse liegt bei Leiste 17,5. Wenn die Bahn auf 40 Fuß (12 m) geölt ist, bleiben dem Ball 20 Fuß (6 m) trockener Bahn im Pinbereich für den Haken. Ist die Bahn über 34 Fuß (10 m) geölt, hat der Ball noch 26 Fuß (8 m) trockene Bahn, um die Gasse zu treffen. Das sind 2 m mehr, um einzuschwenken. Also ist beim ersten Beispiel mit dem längeren Öl der Einschwenkpunkt näher an der Gasse, denn der Ball hat weniger Zeit, am Ende einzuschwenken und die Gasse zu erreichen. Beim zweiten Beispiel mit dem kürzeren Öl ist der Einschwenkpunkt weiter vor der Gasse, denn der Ball hat mehr Zeit, um den Haken zu schlagen. In beiden Fällen müssen Sie aber den Einschwenkpunkt treffen, um den Abstand zu berücksichtigen, der dem Ball bleibt, um vorn im Pinbereich dann zur Gasse einzuschwenken.

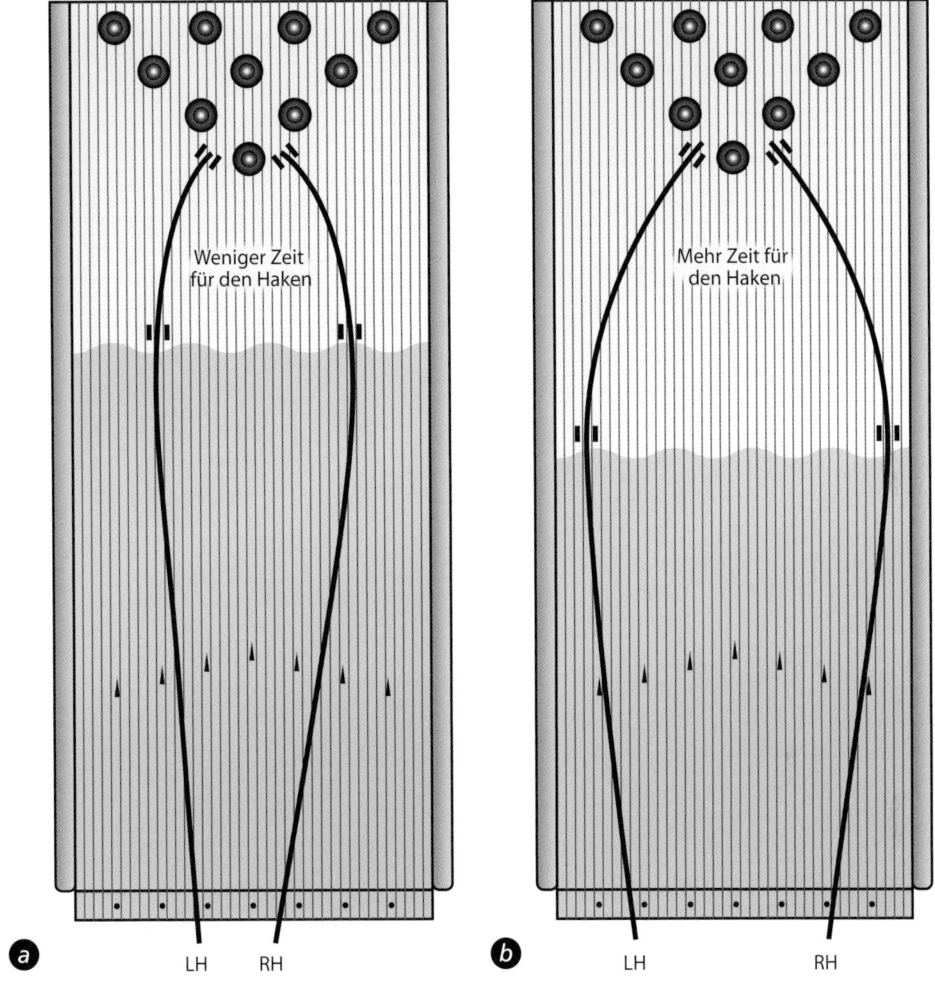

Abb. 9.3 Die Einschwenkpunkte bei längerem und kürzerem Öl: (a) längeres Muster, Einschwenkpunkt näher an der Gasse, (b) kürzeres Muster, Einschwenkpunkt weiter von der Gasse entfernt.

DEN EINSCHWENKPUNKT FINDEN: DIE 31ER-REGEL

Es gibt eine Gleichung, um den Einschwenkpunkt je nach Abstand des Ölmusters zumindest ungefähr zu ermitteln. Sie nehmen den Längenabstand des Ölmusters und ziehen davon 31 ab, um den ungefähren Einschwenkpunkt am Ende des Musters zu bestimmen. Das ist natürlich lediglich eine Schätzung. Des Weiteren sind die Oberfläche der Bahn, die Art des Öles und die Art der Bälle zu berücksichtigen.

Ist die Bahn beispielsweise über 42 Fuß (12,8 m) geölt, ziehen Sie 31 ab und der Einschwenkpunkt liegt bei Leiste 11, bei etwa 12,8 m auf der Bahn (am

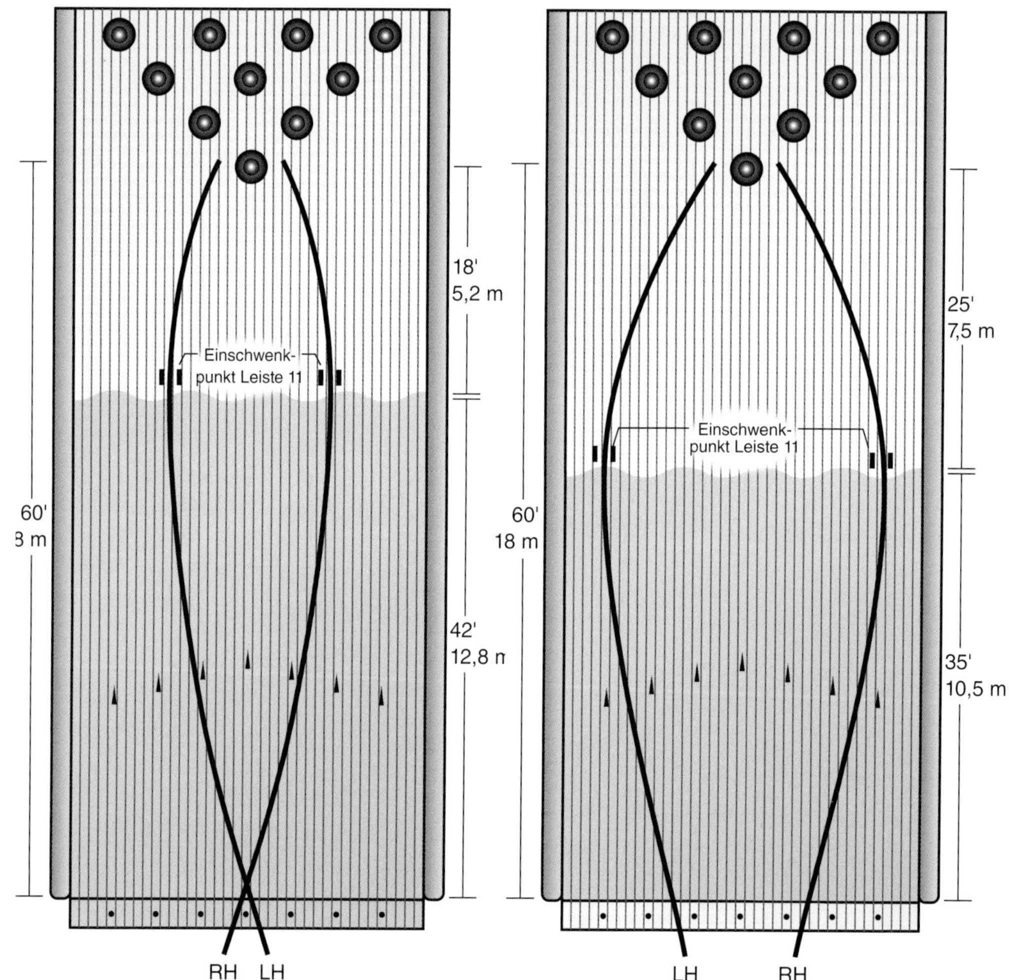

Abb. 9.4 Längeres 42-Fuß-Muster und Einschwenkpunkt für Rechtshänder und Linkshänder.

Abb. 9.5 Kürzeres 35-Fuß-Muster und Einschwenkpunkt für Rechtshänder und Linkshänder.

Ende des Ölmusters, wo der Ball einschwenkt, Abb. 9.4). Am Einschwenkpunkt haben Sie einen Bereich von etwa drei Leisten, um die Gasse zu treffen. In diesem Beispiel ist der Einschwenkbereich um die Leisten 10 bis 12; Abbildung 9.5 zeigt ein kürzeres 35-Fuß-Muster mit Einschwenkpunkt.

Der Einschwenkpunkt und die Gasse

Auf einem flacheren Ölmuster treffen Sie die Gasse, wenn Sie den Einschwenkpunkt treffen, und Sie verfehlen die Gasse, wenn Sie den Einschwenkpunkt verfehlen. Die Richtung, in der Sie den Zielpfeil verfehlen, ist auch die Richtung, in der Sie die Gasse verfehlen. Verfehlen Sie den Zielpfeil rechts, verfehlen Sie auch die Gasse rechts. Verfehlen Sie links, läuft der Ball links vorbei. *Hinweis:* Anders als beim Hausmuster (THS) können Sie das Ziel nicht außen verfehlen und trotzdem auf einen Haken in die Gasse hoffen. Beim flacheren Muster zeigt der Einlauf in die Gasse, wie Sie den Zielpfeil getroffen haben.

Verfehlen Sie die Gasse zum Light Hit hin, haben Sie den Einschwenkpunkt außen verfehlt (Abb. 9.6); verfehlen Sie sie zum High Hit hin, haben Sie den Einschwenkpunkt innen verfehlt (Abb. 9.7). Deshalb ist es nötig, dass Sie Ihren Winkel anpassen, um den Ball zum Einschwenkpunkt zu bekommen; dabei dürfen Sie sich nicht auf der Bahn bewegen, um wie bei der schweren Öllinie des Hausmusters weniger oder mehr Reibung zu finden.

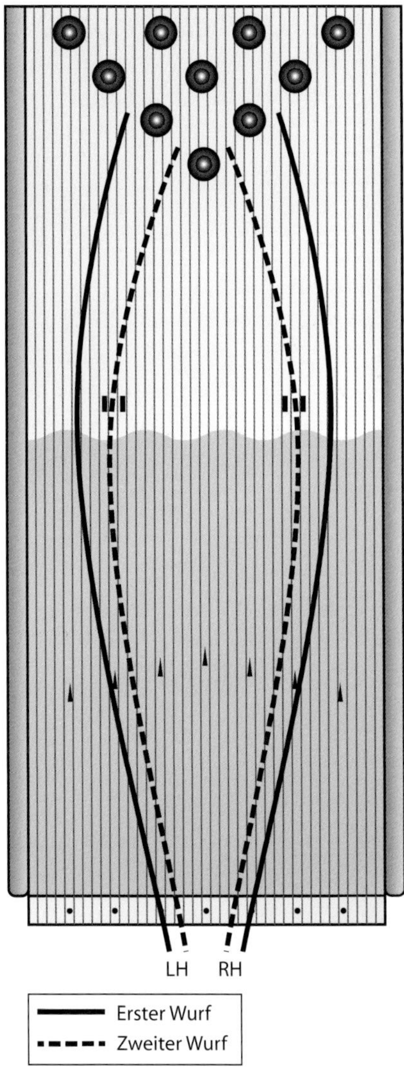

Abb. 9.6 Zuerst außen verfehlt, dann Anpassung des Winkels.

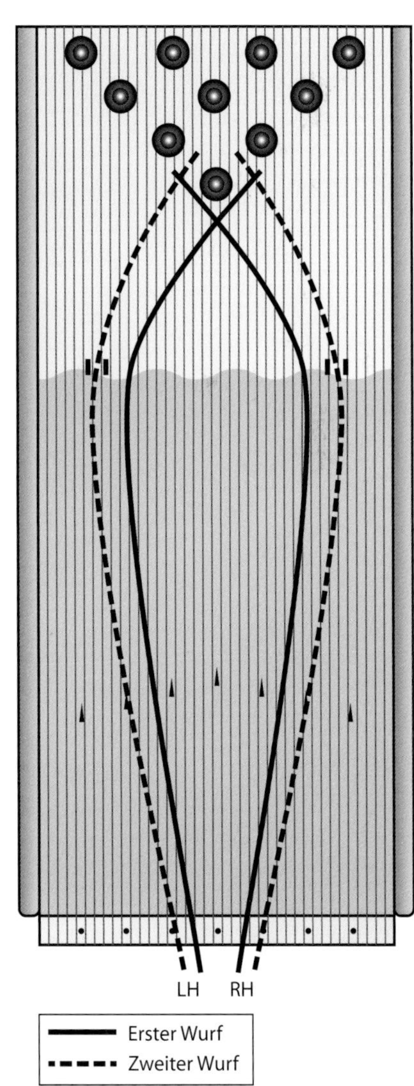

Abb. 9.7 Zuerst innen verfehlt, dann Anpassung des Winkels.

Gegensätzliche Reaktionen

Auf dem Hausmuster konnten Sie den Zielpfeil außen verfehlen, aber dank der starken Reibung immer noch die Gasse finden und sogar ein gutes Ergebnis erzielen. Wenn Sie nach innen gezogen haben, konnte der Ball mehr rutschen und einen Light Hit landen.

Das ist auf Sportmustern nicht möglich. Auf einem flacheren Muster reagiert der Ball so, dass er die Richtung der Verfehlung des Zielpfeils widerspiegelt. Die Richtung, in der Sie den Zielpfeil verfehlen, ist auch die Richtung, in der Sie die Gasse verfehlen. Diese Bedingungen wurden geschaffen, um Beständigkeit und Genauigkeit bzw. Unbeständigkeit und Ungenauigkeit besser anzuzeigen.

Wie Sie in diesen Szenarien Ihren Zielpfeil verfehlen, das ist genau entgegengesetzt. Daher müssen Sie beim Hausmuster andere Korrekturen vornehmen als beim Sportmuster. Wer jahrelang auf einem Hausmuster gebowlt hat, wird seine Bewegungen auf dem Sportmuster kaum intuitiv finden. Sie laufen dem Instinkt entgegen, weil man gelernt hat, nach der Art der Verfehlung der Gasse seine Anpassungen vorzunehmen.

Entgegengesetzte Anpassung

Landet der Ball bei einem Sportmuster einen Light Hit (oder läuft er in dieser Richtung vorbei), hat er den Einschwenkpunkt außen verfehlt. Also müssen Sie Ihren Winkel verändern, um den Einschwenkpunkt nach innen zu bringen. Auf dem Hausmuster landet man einen Light Hit, weil der Ball auf dem dicken Öl in der Bahnmitte zu lange gerutscht ist, also nimmt man hier die Anpassung nach außen vor, damit der Ball mit mehr Reibung den Haken schlägt (siehe Kap. 8).

Bei einem High Hit, einem Treffer auf den Headpin oder wenn der Headpin auf der anderen Seite verfehlt wird, hat der Ball den Einschwenkpunkt innen verfehlt. Also müssen Sie Ihren Winkel verändern, um den Einschwenkpunkt nach außen zu bringen. Auf dem Hausmuster (THS) würden Sie bei einem High Hit aber mehr in die Mitte gehen, wo mehr Öl ist, damit der Ball mehr rutscht. Auf einem flacheren Muster müssen Sie zur Anpassung den Winkel Ihrer Wurfbahn ändern, um den Einschwenkpunkt zu finden, und sich nicht wie beim Hausmuster anpassen, um mehr oder weniger Öl an der Öllinie zu finden. Beim flachen Muster hängt der Hakenlauf davon ab, wie Sie den Winkel anpassen, um den Einschwenkpunkt zu treffen.

Noch einmal, der Einschwenkpunkt wird näher an der Gasse liegen, wenn die Bahn länger geölt ist, und weiter entfernt von der Gasse, wenn die Bahn kürzer geölt ist. Hier muss am Einschwenkpunkt gearbeitet werden, ob nun durch einen besseren Wurf oder durch eine geringe Positionsänderung auf der Bahn, um einen besseren Winkel zu finden.

Eventuell müssen Sie zur Anpassung der Reaktion auch den Ball wechseln. Schlägt er den Haken zu früh, brauchen Sie einen schwächeren oder glänzenderen Ball, der länger rutscht. Rutscht der Ball jedoch zu lange, nehmen Sie einen stärkeren, matteren Ball mit mehr Reibung, der früher einen Haken schlägt.

Sie können auch Ihre Ballabgabe ändern, damit der Ball eher einschwenkt oder länger rutscht. Fürs Einschwenken bleiben Sie länger hinter ihm – der Ball rollt stärker. Brauchen Sie mehr Länge, sorgt mehr seitliches Rollen dafür, dass der Ball rutscht. Ist die Bahn sehr trocken und der Hakenlauf zu stark, um den Einschwenkpunkt zu erreichen, versuchen Sie eine schwächere Stellung des Handgelenks. Bleiben Sie länger hinter dem Ball, wird er oft eher in den mittleren Teil der Bahn rollen und beim Zielpfeil mehr Platz haben, um die Gasse zu treffen. (Siehe „Ballabgabe je nach Bahnzustand" in Kap. 7.)

AUFSTELLUNG

Oft stehen Bowler zu weit innen oder außen, um den Einschwenkpunkt zu treffen. Wenn Sie Ihren Abgabepunkt kennen, also den Punkt, an dem Sie den Ball an der Foullinie ablegen, können Sie sich besser aufstellen, um den Ball zum gewünschten Einschwenkpunkt zu bringen.

Abgabepunkt

Der Abgabepunkt (Abb. 9.8) bezieht sich auf die Leiste, an der Sie den Ball an der Foullinie abgeben. Er entspricht dem Abstand Ihres Knöchels zur Mitte des Balles. Da der Ball knapp 22,5 cm breit ist, liegen etwa viereinhalb bis fünf Leisten zwischen der Ballmitte und der äußeren Schale bei 2,5 cm je Leiste. Wenn Sie bei der Ballabgabe etwa 2,5 cm von Ihrem Knöchel entfernt sind, addieren Sie fünf Leisten. Dann geben Sie den Ball etwa um sechs Leisten nach rechts (Rechtshänder) oder links (Linkshänder) von Ihrem Gleitpunkt ab (Abb. 9.9). Wenn Sie nah an Ihrem Knöchel sind und die Innenseite des Gleitfußes auf Leiste 20 abschließt, legen Sie den Ball etwa bei Leiste 14 ab.

Profis stellen sich mit der Innenseite des Gleitfußes auf, denn das ist der nächste Punkt, von wo aus der Ball abgegeben wird. Hebelwirkung und Präzision profitieren davon, wenn der Ball nahe am Knöchel abgegeben wird. Bei einem sauber ausgerichteten Pendel geben Sie den Ball 2,5–5 cm von Ihrem Knöchel entfernt ab.

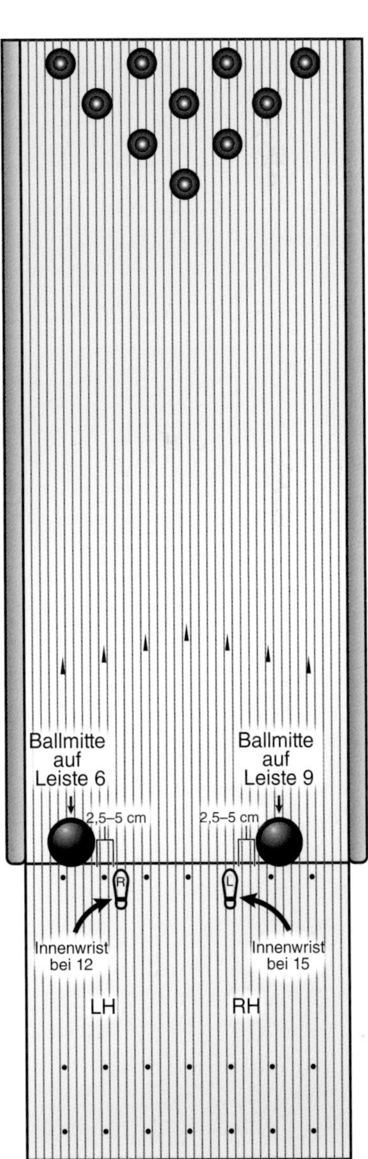

Abb. 9.8 Abgabepunkt.

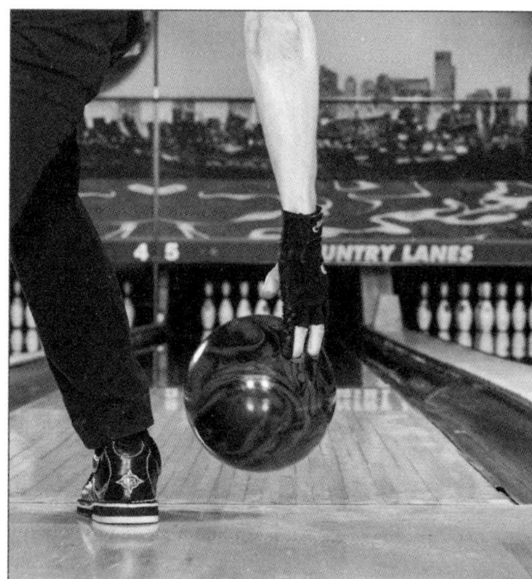

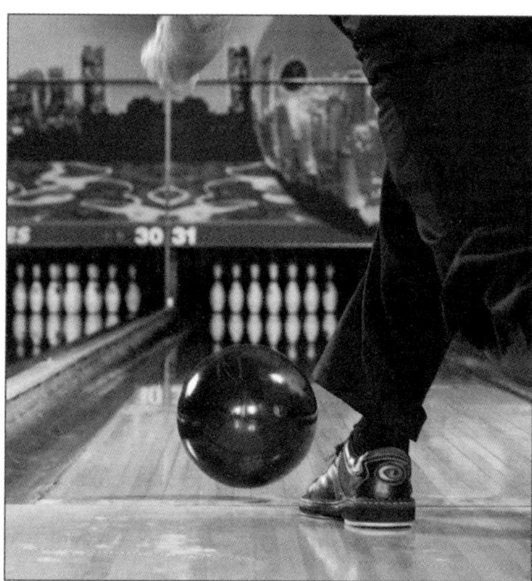

Abb. 9.9 Der Abgabepunkt ist etwa um sechs Leisten von Ihrem Gleitpunkt entfernt: (a) Rechtshänder, (b) Linkshänder).

Sie müssen Ihren Abgabepunkt kennen, wenn Sie sich aufstellen, um den gewünschten Einschwenkpunkt zu treffen und keinen Fehler bei der Ausgangsposition zu machen. Ich sehe viele Bowler, die wissen, dass ihr Einschwenkpunkt auf Leiste 10 liegt, aber auf Leiste 15 stehen, um ihn zu treffen. Das Problem ist, dass sie den Ball etwa auf Leiste 9 abgeben und ihn nach außen auf Leiste 10 bringen wollen, obwohl diese innerhalb von Leiste 9 liegt. Das ist sinnlos, es sein denn, sie wollen einen schlechten Wurf machen und den Ball beim Hakenwurf jedes Mal ziehen, statt ihn hinauszuwerfen.

Abgabepunkt: Ziel auf den Einschwenkpunkt

Da viele Bowler sich so an das Spiel mit der Öllinie gewöhnt haben, stellen sie sich beim Start auf flacheren Mustern falsch auf. Wenn der Ball beim Hausmuster keinen Haken schlägt, geht man stets raus zum trockenen Teil der Bahn. Diese Reaktion gibt es bei flacheren Mustern nicht.

Benutzen Sie den Abgabepunkt, um zu überlegen, wo Sie auf die Pfeile zielen, um dann den Ball zum Einschwenkpunkt zu werfen. Sie müssen beim Start nicht perfekt sein, bleiben Sie aber auf der Bahn, sodass Sie Änderungen vornehmen können. Ist das Muster 44 Fuß lang, kommen Sie mit der 31er-Regel auf einen ungefähren Einschwenkpunkt bei Leiste 13, angenommen Sie werfen einen kleinen Bogen. Sie werfen den Ball drei Leisten vom Einschwenkpunkt entfernt. Ihr Zielpfeil muss aus Sicht des Einschwenkpunkts innen liegen, damit dieser Wurf klappt. Schwingen Sie den Ball im Bogen drei Leisten vom Einschwenkpunkt, könnte Ihr Ziel bei den Pfeilen um Leiste 16 liegen.

Damit Sie wissen, wo Sie gleiten, beziehen Sie nun noch den Abgabepunkt mit ein, die Rechnung: Ist Ihr Abgabepunkt sechs Leisten vom Knöchel entfernt, addieren Sie sechs Leisten zum Zielpfeil (Leiste 16) und sind bei Leiste 22.

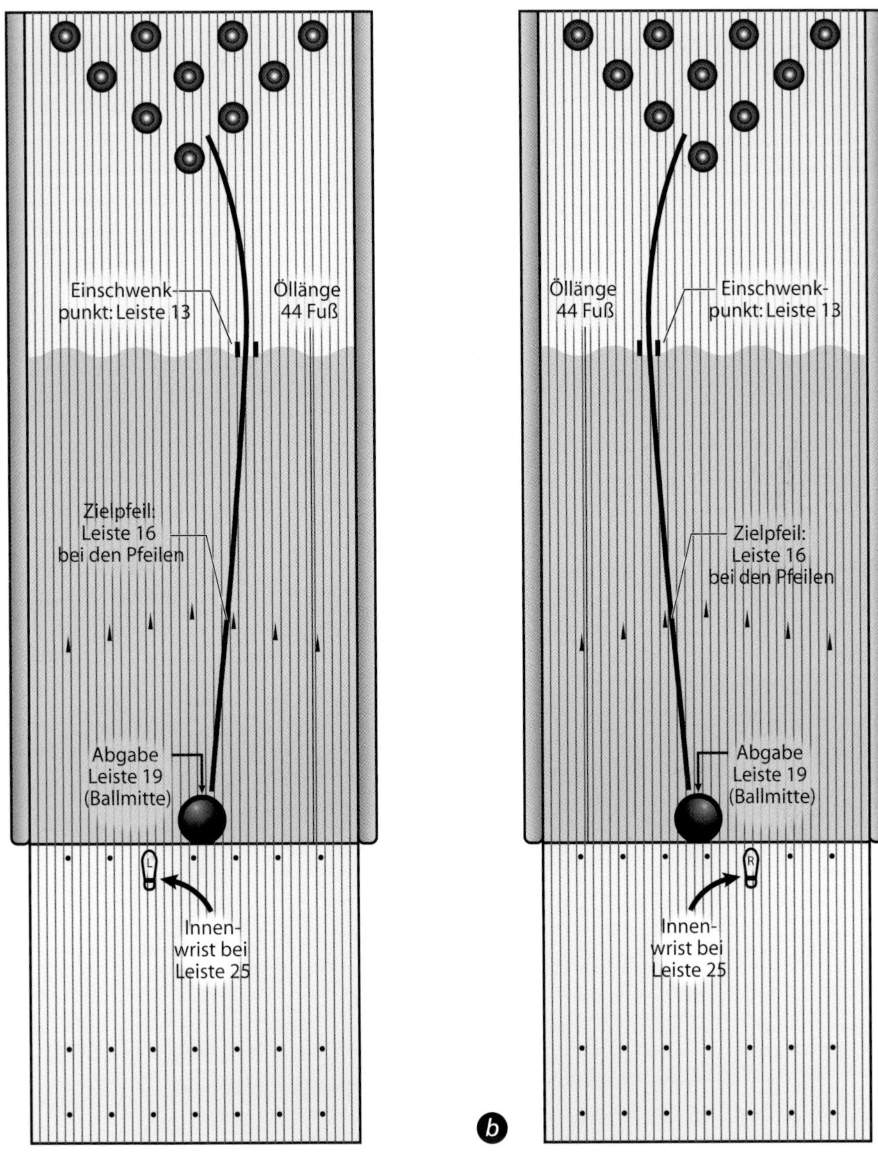

Abb. 9.10 Das Rutschen zum Zielpfeil und zum Einschwenkpunkt: (a) Rechtshänder (b) Linkshänder.

Würden Sie die Bahn gerade herunterspielen, würden Sie auf Leiste 22 gleiten. Nun ist noch zu berücksichtigen, dass Sie den Ball vom Zielpfeil zum Einschwenkpunkt, hier etwas über drei Leisten, bringen müssen. Diese müssen Sie einkalkulieren, wenn Sie bestimmen, wo Sie gleiten, damit der Winkel zwischen Einschwenkpunkt und Zielpfeil stimmt. Mit diesen drei stehen Sie in der Ausgangsstellung, also dann etwa bei Leiste 25. Diese Rechnung ist aber wegen der Bahnmaße und anderer Variablen ungenau. Es kommen ja noch der Abstand von Ihrem Knöchel, der Ball und die Geschwindigkeit Ihres Wurfes hinzu.

Veränderungen: Anpassung an Sport- und Wettkampfmuster

Die Anpassungen an ein Sport- und Wettkampfmuster sind wenig intuitiv, besonders wenn Sie ein Hausmuster (THS) gewohnt sind. Sie müssen nun lernen, einen Einschwenkpunkt zu treffen, statt sich an eine Öllinie anzupassen. Für die Anpassung an die Öllinie sind ganz andere Bewegungen an der Linie notwendig als für das Treffen des Einschwenkpunkts.

Dazu kommt noch, dass Sie das Ölmuster, auf dem Sie spielen, nicht sehen können. Sie können die Anpassungen nur anhand Ihrer Würfe vornehmen. Sie brauchen zwar ein lockeres Pendel, aber es ist schwer, locker zu sein, wenn man eine geringere Fehlertoleranz hat als beim Hausmuster. Das kann ein Teufelskreis werden.

Auf flachen Mustern ist die Reaktion des Balles viel stärker. Man muss den Ball zur richtigen Zeit ins Rollen bringen, um eine gewisse Fehlertoleranz am Zielpfeil zu haben, damit man die Gasse noch trifft. Man sucht dann gerne die Schuld bei sich, wenn es eigentlich an der Strategie liegt.

Das Bowlen unter diesen Bedingungen erfordert viel Geduld. Sie müssen sich mental an die Bedingungen anpassen. Wenn Sie z. B. auf einem langen Ölmuster spielen und eine Linie eng an der Gasse spielen müssen, kann der Ball von den Pins abgelenkt werden, sodass manche Pins auch stehen bleiben. Das gilt nicht nur für Sie, das gilt für fast alle anderen Bowler! Dann müssen Sie sich eben auf die Spares konzentrieren, bis Sie den richtigen Zugang zur Gasse gefunden haben. Dazu müssen Sie Ihre Komfortzone erweitern und verschiedene Stellen der Bahn anspielen können. Wenn Sie sich gut aufstellen und der Ball richtig reagiert, treffen Sie auch wieder.

Verwenden Sie das geeignete Gerät. Wenn Sie auf schwerem Öl ständig zu wenig Reaktion haben, um in die Gasse zu kommen, oder der Ball auf einem flacheren, trockeneren Muster zu starke Haken schlägt, müssen Sie Ihr Ballarsenal erweitern, so wie ein Golfspieler verschiedene Schläger hat.

Was die Sache noch komplizierter macht, ist, dass Bowler, die sich an flachere Muster heranwagen mit ihren wechselnden, oft falschen Strategien das Ölmuster beeinträchtigen, sodass die Bedingungen auf der Bahn immer schwieriger werden, weil sich das Ölmuster nicht gleichmäßig verflüchtigt. Profis, die sich mit diesen Mustern auskennen, nutzen diese gleichmäßiger ab als Amateure, die gerade erst lernen, darauf zu spielen.

Angesichts der Länge des Öles und der Variable, die den Einschwenkpunkt beeinflussen, müssen Sie „auf der Bahn bleiben" ausprobieren und Ihre Anpassungen fein nachjustieren. Nutzen Sie die Reaktionen auf der Bahn, um Ihre Bewegung anzupassen. Das Ziel ist, mit möglichst wenigen Würfen die ideale Ausgangsposition zu finden, um richtig zu starten.

GERÄT UND ÖLMENGE

Während die *Ausbreitung* des Öles bei flacheren Mustern den Einschwenkpunkt bestimmt, ist die Wahl des Balles von der *Ölmenge* abhängig. Schale und Kern beeinflussen etwa 75 % der Reaktion. Die Lage des Markierungspins, also die

Lage des Kernes in Bezug auf Ihre Bahn, stimmt die Reaktion des Balles ab. Der richtige Ball mit entsprechender Schale und Kern ist viel wichtiger als die richtige Lage des Markierungspins bei einem Ball, der sich nicht für die Bedingungen eignet.

Da es beim Bowling hauptsächlich darum geht, die Reibung so zu beeinflussen, dass der Ball die Pins mit genügend Energie trifft, ist die Schale am wichtigsten für die Reaktion des Balles.

Während Sie Ihren Winkel anpassen, indem Sie Ihre Position auf der Bahn wechseln, werden der Einschwenkpunkt und die Form des Hakens durch die Art des Balles und die Ballabgabe bestimmt. In einigen Fällen können Sie auch das Tempo manipulieren, aber das erfordert viel Übung, um es zuverlässig zu beherrschen. Ich sage immer wieder, dass selbst einige Profis das nicht schaffen. Daher sollten Sie die Anpassung des Tempos als letzten Ausweg betrachten, besonders bei Problemen mit dem Timing oder dem Pendel. Die könnten dadurch noch größer werden.

Spielen Sie auf einer großen Menge Öl, brauchen Sie eine stärkere Schale, die sich durch das Öl fräst und den Ball früh zum Hakenlauf bringt, anstatt lange zu rutschen. Bei leichtem Öl ist eine schwächere Schale besser, vielleicht eine Pearl-Schale, damit der Ball vor dem Einschwenken lange genug rutscht.

Stärkere, aggressivere Schalen haben meist ein festes Material. Das bringt mehr Reibung auf der Bahn, der Ball greift eher. Bälle, die mehr rutschen und später reagieren, haben eine Pearl-Schale. Pearl-Bälle rutschen länger und verschieben die Reaktion zum Ende der Bahn. Außerdem sind manche Pearl-Bälle in Bezug auf den Hakenlauf insgesamt schwächer als andere, um sich an den Bahnzustand anzupassen. Aber keine Version ist immer ideal. Die Ölmenge und die vom Ball erzeugte Reibung bestimmen, ob der Ball an der richtigen Stelle einschwenkt.

Bowlingbälle gibt es mit unterschiedlichen Oberflächen, genau wie verschiedene Autoarten verschiedene Autoreifen haben. Einige Reifen haben ein starkes Profil, andere sind eher glatt. Das Format muss sich den Gegebenheiten anpassen. Traktorreifen mit Schneeketten sind auf trockener Fahrbahn unpassend. Das Gleiche gilt für abgefahrene Reifen auf glatter Fahrbahn. Und so verhält es sich auch mit dem Bowlingball und der Bahn.

Beim Bowling geht es darum, die Reibung so zu beeinflussen, dass der Ball die Pins mit genügend Energie trifft. Deshalb müssen Sie die passende Schale für den Bahnzustand auswählen. Man nennt dies Ball-Oberflächenanpassung.

Die Anpassungen manipulieren die Reaktion des Balles und beeinflussen so Ihre Ergebnisse. Die richtige Oberflächenanpassung ist entscheidend für die beste Reaktion in Bezug auf den Bahnzustand. Noch einmal, beim Bowling geht es darum, die Reibung des Balles auf der Bahn so zu beeinflussen, dass er die Pins mit genügend Energie trifft.

Auf Tour war die Wahl der Oberfläche für mich stets der wichtigste Faktor für den Erfolg. Wir nahmen Ballspinner und alle Schleifmittel mit, um die Oberfläche des Balles zwischen den einzelnen Spielblöcken anzupassen. Das

Veränderungen: Die Oberfläche des Balles anpassen

Durch die Veränderung der Oberfläche des Balles (Abb. 9.11) können Sie seine Reaktion auf der Bahn fein anpassen. Der Ball wird mit einer bestimmten Oberfläche geliefert, aber durch Schleifen können Sie ihn dazu bringen, eher einzuschwenken oder länger zu rutschen. Das Mittel der Wahl sind Abralon-Pads, die es in Körnungen zwischen 180 und 4000 gibt. Meist werden Körnungen zwischen 1000 und 4000 eingesetzt. Wird der Ball mit einem gröberen Pad behandelt, wird er eher reagieren (einschwenken) und so hinten im Back End (Pindeck-Bereich) weicher laufen. Bei einer feineren Körnung (4000) wird die Oberfläche glatter, der Ball rutscht mehr und reagiert später. Ein guter ProShop kann die Oberfläche Ihres Balles anpassen.

Sie können die Oberfläche auch polieren, damit der Ball auf trockenen Bahnen möglichst lange rutscht. Die richtige Oberfläche sorgt für die Feinanpassung der Reaktion auf den Bahnzustand.

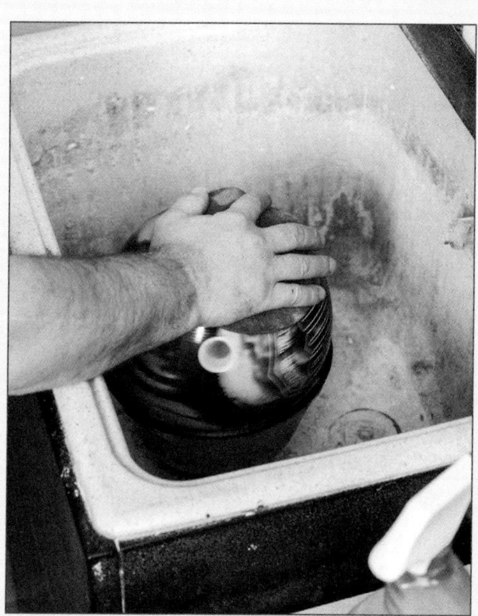

Abb. 9.11 Anpassung der Balloberfläche.

Die Bearbeitung erfolgt idealerweise auf einem Spinner. Die finden Sie in jedem ProShop, ebenso die Abralon-Pads. Bowler, die viele Bälle besitzen, haben oft selbst einen Spinner und Pads. Das ist bequem und angesichts der häufigen Anpassungen auch wirtschaftlich. Beim Aufwärmen vor Ligaspielen oder Wettkämpfen dürfen Sie die Oberfläche bis zum ersten Wettkampfwurf ändern. Sie können in den ProShop gehen und den Ball mit der entsprechenden Körnung auf die gewünschte Reaktion anpassen lassen.

Vielleicht stellen Sie auch fest, dass Sie eine bestimmte Oberfläche mögen. Sie verändert sich allerdings mit der Benutzung. Wenn das die Reaktion des Balles beeinträchtigt, ist es an der Zeit, wieder zur entsprechenden Abralon-Körnung zu greifen, um seine Leistung wieder herzustellen.

Sie müssen den gesamten Ball schleifen. Während des Wettbewerbs, sobald die Zählung beginnt, dürfen Sie das nicht mehr. Sie können ihn allerdings beim Üben oder Aufwärmen schleifen lassen. Informieren Sie sich aber vorher über die Wettkampfregeln.

Zum Schleifen des Balles geben Sie ihn in den Spinner und besprühen den Ball ständig aus einer Sprühflasche mit Wasser, während Sie das Abralon-Pad mit gleichmäßigem Druck anwenden. Schalten Sie den Motor ab, drehen den Ball um und setzen Sie das Schleifen fort. Zum Polieren tragen Sie die Politur auf, bevor Sie den Spinner einschalten, decken Sie den Ball mit einem trockenen Handtuch ab, schalten den Spinner wieder ein und tragen die Politur mit dem Handtuch auf. Wiederholen Sie das auf der anderen Seite.

konnten wir vorher tun, auch beim Aufwärmen, nur nicht während des Spieles. Wir haben die Bälle höchst selten im Fabrikzustand eingesetzt. Die Anpassung der Oberfläche ist das Standardverfahren für die Feinjustierung.

Während der Pausen bearbeiteten wir die Oberflächen der Bälle, die wir in den nächsten Blöcken einsetzen wollten. Beim Aufwärmen waren die Experten aller Ballfabrikanten direkt hinter uns, um bei Bedarf die Oberflächen zu bearbeiten, wenn wir meinten, es wäre zur Verbesserung der Reaktion notwendig.

Rutschte der Ball etwas zu stark, setzten wir ein etwas gröberes Pad ein, damit der Ball eher griff, um mehr Reibung auf der Bahn zu erzeugen. Sollte er mehr rutschen, kam ein feineres Pad zum Einsatz, um die Oberfläche zu glätten, was für besseres Rutschen sorgt. Wir mussten nur wissen, wie wir die Oberfläche zuletzt bearbeitet hatten, um sagen zu können, was wir brauchten, damit der Ball früher oder später rollte. Wir hatten beim Aufwärmen nur etwa zehn Minuten Zeit dafür. Während des Wettkampfs darf die Oberfläche nicht mehr verändert werden.

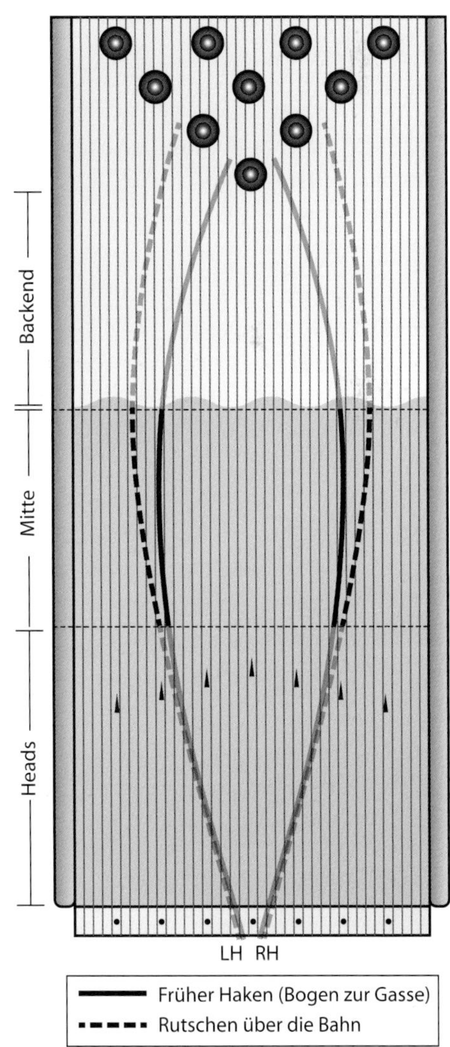

Abb. 9.12 Haken oder Rutschen in der Mitte der Bahn.

BALLREAKTION

Wenn Sie wegen einer schlechten Reaktion des Balles die Gasse verfehlen, liegt es meist daran, dass Sie das mittlere Drittel der Bahn nicht beherrschen. Der Schlüssel dafür ist, dass Sie erkennen, wann der Ball in diesem Teil der Bahn seine Richtung ändert. Zu viele Bowler achten auf die Reaktion am Backend (Pindeck-Bereich) und suchen dort die Problemlösung, *dabei* kommt es doch auf den Einschwenkpunkt an.

Verfehlen Sie die Gasse zum Light Hit hin, liegt der Einschwenkpunkt im Mittelteil nicht früh genug (Abb. 9.12). Es sieht vielleicht so aus, als ob der Haken am Backend zu schwach ausfällt, dabei wird aber der Haken im mittleren Bereich nicht früh genug geschlagen, um dann früh genug zur Gasse einzuschwenken.

Manipulation der Ballabgabe

Der Schlüssel zum Erfolg liegt in der Beherrschung des mittleren Bereichs. Daher ist es wichtig, wie Sie die Ballabgabe gestalten. Wie bei der Balloberfläche liegt die Lösung nicht immer im Backend.

Trifft der Ball nicht voll, ist er zu lange gerutscht. Sie sehen zwar, dass der Ball am Backend keinen Haken schlägt, aber wahrscheinlich ist er im mittleren Teil nicht früh genug eingeschwenkt. Wenn Sie den Ball für einen stärkeren Haken am Backend stärker drehen, machen Sie es nur noch schlimmer, weil Sie die Reaktion des Balles verzögern.

Der Ball sollte früher rollen, damit er eher die Richtung zur Gasse hin ändert. Dazu müssen Sie länger hinter dem Ball bleiben, um ein stärkeres Vorwärtsrollen zu erzeugen: Wichtiger sind hier mehr Rollen und eine Schale mit stärkerer Reibung als ein am Backend stärkerer Ball oder stärkere Drehung bei der Ballabgabe. Versucht man auf einer Bahn mit wenig Hakenpotenzial am Backend einen stärkeren Haken zu erzeugen, erzielt man nicht das gewünschte Ergebnis.

Häufig rutscht ein Ball zu lange. Umgekehrt könnten Sie aber auch eine Situation vorfinden, in der der Ball zu stark für den Bahnzustand ist. Dabei verliert er seine Energie in Bezug auf die Ölmenge zu schnell. Er schwenkt ein und verliert so viel Energie, dass sie am Backend nicht mehr ausreicht. Der Ball ist *ausgerollt*, er ist *tot*.

Manchmal kann man eher feststellen, ob der Ball zu lange rutscht oder zu früh ausrollt, wenn man die Gasse völlig verfehlt. Wenn Sie aber die Gasse treffen und keinen Strike erzielen, ist es nicht leicht, den Unterschied zwischen einem früh rutschenden oder einem ausgerollten Ball festzustellen. Im ersten Fall verbraucht der Ball seine Energie nicht früh genug, im zweiten Fall verbraucht er sie zu schnell. In beiden Fällen reicht die Energie für einen Strike nicht. Die Feineinstellung der Ballreaktion in der Gasse erreichen Sie dadurch, dass Sie den Ball wechseln oder an Ihrer Ballabgabe arbeiten.

Einige Bowler haben nicht für jeden Bahnzustand Gerät zur Verfügung. Vielleicht brauchen Sie einen stärkeren Ball, der eher rollt und mehr Öl verträgt, oder einen schwächeren Ball für wenig Öl auf der Bahn. Entweder müssen Sie sich schnell an den Ölverlust anpassen, oder Sie bleiben einfach in dem Bereich, in dem Sie am liebsten spielen.

Haben Sie keinen weiteren Ball zur Verfügung, müssen Sie andere Veränderungen vornehmen, um besser zu treffen – an der Ballabgabe oder am Tempo. Allerdings sind derartige Veränderungen, besonders die am Tempo, etwas für Fortgeschrittene und lassen sich nicht leicht umsetzen. Wenn Sie Probleme mit den Strikes haben, brauchen Sie in der Regel Gerät, das besser für den Bahnzustand geeignet ist, oder Sie müssen an Ihrer Ballabgabe bzw. verschiedenen Ballabgaben arbeiten, um die Reaktion des Balles auf der Bahn zu ändern.

Sie müssen mit Ihren Mitteln klarkommen. Ich sage immer: „Richten Sie sich nach den Notwendigkeiten." Wenn Sie es öfters mit einem Bahnzustand zu tun haben, mit dem Sie nicht zurechtkommen, brauchen Sie einen anderen Ball. In Ihrem ProShop finden Sie sicherlich die Art von Ball, die Sie noch benötigen.

Schale und Kern

Beim Bowling geht es darum, die Reibung zu beeinflussen. Die Schale des Balles, das Material wie auch die Beschaffenheit der Oberfläche sind die wichtigste Variable zum Beeinflussen des Rollens. Darüber hinaus beeinflusst auch der Gewichtsblock, der Kern des Balles, die Dynamik beim Rollen. Schale und Kern bestimmen mehrheitlich die Ballreaktion.

Es gibt symmetrische und asymmetrische Kerne. Ein Ball mit einem ausbalancierten symmetrischen Kern läuft eher gerade und vorhersehbar. Mit einem nicht ausbalancierten, asymmetrischen Kern ist der Hakenlauf stärker.

Man sollte meinen, dass alle Bowler einen asymmetrischen Kern mit mehr Hakenlauf bevorzugen, doch das ist nicht unbedingt der Fall. Bowler, die bei der Ballabgabe ohnehin schon eine starke Drehung haben, brauchen die zusätzliche Reaktion des Balles mit asymmetrischem Kern nicht. Bowler mit niedriger Ballgeschwindigkeit wollen auch nicht zu viel Reaktion, es sei denn, die Bahn hat viel Öl.

Der Trägheitsradius (RG) ist eine Zahl, die beschreibt, wie die Masse des Gewichtsblocks im Ball verteilt ist. Die RG-Werte liegen meist zwischen 2,48 und 2,60. Je niedriger die Zahl ist, desto stärker ist die Masse zur Mitte hin konzentriert und desto eher wird der Kern ins Rollen kommen. Je höher die Zahl ist, desto weiter ist die Masse nach außen (zur Schale) hin verteilt und desto später wird der Kern ins Rollen kommen. Manchmal spricht man von kürzeren Kernen mit niedrigerem RG und höheren Kernen mit hohem RG.

Die beste Analogie, um die Lage des Kernes zu verstehen, ist die Eisläuferin, die die Arme an den Körper legt, um sich schneller zu drehen, oder sie ausstreckt, um die Drehung abzubremsen.

Ein Ball mit niedrigem RG ist auf einer öligen Bahn sinnvoll, denn er rollt schneller, der Ball greift und fräst sich durch das Öl. Bälle mit höherem RG sind auf mittleren oder trockenen Bahnen besser, wenn Länge gebraucht wird, um den Ball über die Bahn zu bringen.

Angesichts der vielen Variablen wie Ballabgabe, Balltempo und Bahnzustand beraten Sie sich am besten mit dem Experten in Ihrem ProShop. Er kann Ihnen den richtigen Ball mit der richtigen Bohrung anpassen.

Achsenpunkt

Der Aufbau des Balles mit Schale und Kern hat den größten Einfluss auf die Reaktion des Balles, aber die Reaktion lässt sich durch die Lage der Bohrungen in Bezug auf den Gewichtsblock weiter verändern. Setzt man die Bohrungen an eine Stelle, die zu Ihrer Ballabgabe passt, erhält die Reaktion des Kernes eine bestimmte Dynamik und beeinflusst das Rollen auf der Bahn. Dazu müssen Sie den Achsendrehpunkt ermitteln.

Der Pin auf dem Ball ist das oberere Teil des im Ball liegenden Gewichtsblocks (Abb. 9.13). Das gibt dem Ballbohrer einen klaren Hinweis auf die Position des Gewichtsblocks im Ball, und er kann ihn in eine Beziehung zu Ihrem Achsenpunkt setzen, um für Ihre Art des Bowlens die richtige Reaktion zu generieren.

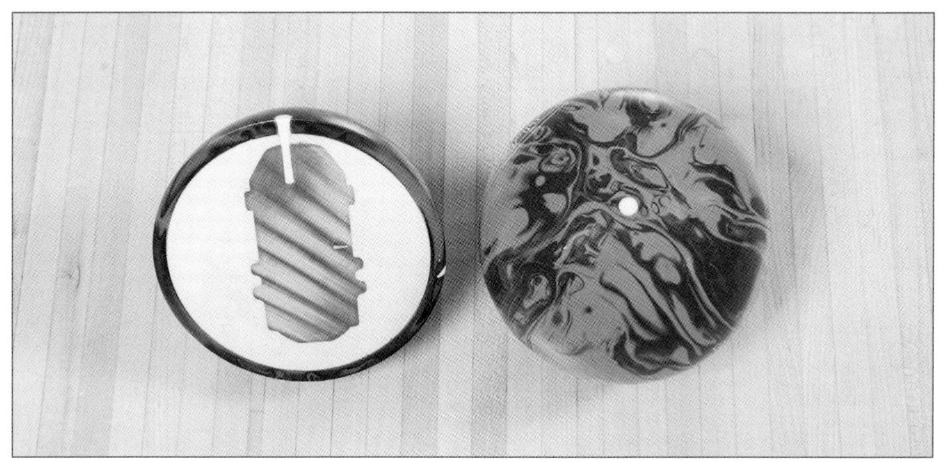

Abb. 9.13 Pin und Gewichtsblock im Ball.

Der Pin wird in der Regel in einem bestimmten Abstand zu Ihrem Achsenpunkt platziert, um das Rollen des Balles zu beeinflussen.

Jeder Ball rotiert auf einer Achse. Der Laufring ist der Teil des Balles, der beim Rollen tatsächlich die Bahn berührt. Man braucht den Laufring um den Achsenpunkt (Abb. 9.14) zu ermitteln, eine imaginäre Linie im rechten Winkel zum Laufring, um die sich der Ball bei seinem Lauf über die Bahn dreht. Die Achse ist das Maß für den Punkt, um den sich der Ball bei seinem Weg auf der Bahn dreht.

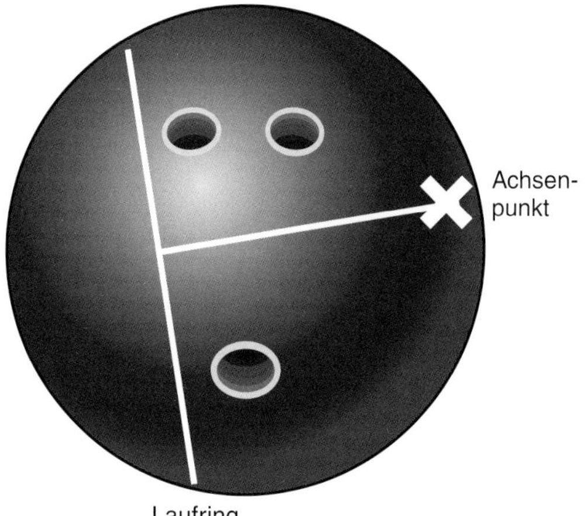

Abb. 9.14 Laufring des Balles im Verhältnis zum Achsenpunkt der Drehung.

Ein Experte im ProShop kann den Achsenpunkt als Grundlage für das Platzieren der Bohrungen bestimmen. Der Punkt wird dann mithilfe von Koordinaten, ausgehend von der Mitte Ihres Griffes, beschrieben. Er wird dokumentiert und benutzt, um Ihren neuen Bowlingball zu bohren und die Löcher so zu platzieren, dass eine präzise Reaktion auf der Bahn erreicht wird. Sie können die Löcher auch wieder zustopfen und an anderer Stelle bohren lassen, um die Reaktion neu anzupassen.

Für Ihren ersten Ball ist es noch nicht von Bedeutung, den Achsenpunkt zu kennen. Wenn Sie aber Ihr Arsenal erweitern, um es der Leistung anzupassen, sollte Ihr Gerät am Achsenpunkt angepasst sein. Sollte der Techniker in Ihrem ProShop das als unwichtig erachten, suchen Sie sich einen anderen.

Pin oben oder unten

Ist die Position des Gewichtsblocks in Bezug auf Ihren Achsenpunkt ermittelt, ist die Lage des Pins zu erwägen. Die Höhe des Pins hat einen Nebeneffekt auf die Balldynamik.

Ist der Pin oben (Abb. 9.15a), oberhalb der Fingerlöcher, läuft der Ball länger über die Bahn, bevor er auf die Pins einschwenkt. Wegen dieser gespeicherten Energie ist die Reaktion am Einschwenkpunkt etwas stärker. Nehmen Sie einen Ball mit dem Pin oben, wenn der vordere Abschnitt der Bahn Hakenpotenzial hat, um mehr Lauflänge zu bekommen und am Backend eine eckigere Reaktion zu den Pins zu erhalten.

Ist der Pin unten (Abb. 9.15b), unterhalb der Fingerlöcher, rollt der Ball eher und hat eine weichere Reaktion am Einschwenkpunkt. Diese Bohrung ist ideal, wenn der Ball eher rollen und hinten weicher laufen soll. Das sind aber schon sehr feine Anpassungen. Erinnern Sie sich: Die Reaktion des Balles wird in erster Linie von Kern und Schale bestimmt. Dies sind einfache Empfehlungen. Wenn Sie mehr wissen wollen, bitten Sie einen qualifizierten Experten um einen Strategieplan für Sie.

Wenn Sie sich weiterentwickeln und besser spielen, wird Ihr Gerätearsenal eine immer wichtigere Rolle spielen. Spielen Sie in verschiedenen Ligen, unter Wettkampfbedingungen oder bei Turnieren, müssen Sie Ihre Ausrüstung strategisch an die unterschiedlichen Bedingungen anpassen. Da die Balloberfläche während des Spieles nicht verändert werden darf, brauchen Sie manchmal mehrere Bälle mit unterschiedlichen Oberflächen, um sich damit auf die Bahnzustände einzustellen.

Im Golf sorgt der Schläger für unterschiedliche Reichweiten, beim Bowling schwenkt der Ball früher oder später ein. So wie ein Golfspieler verschiedene

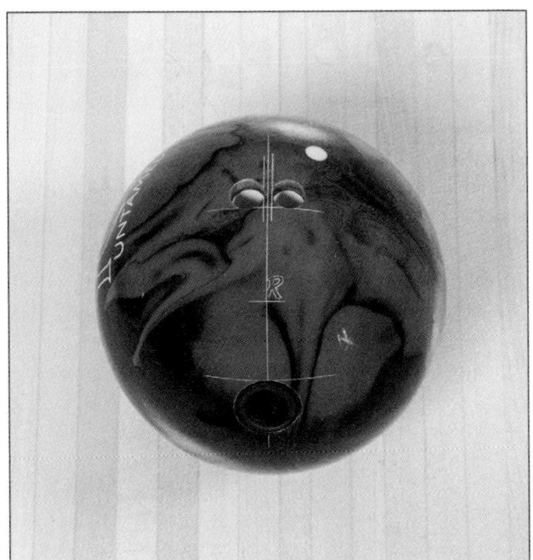

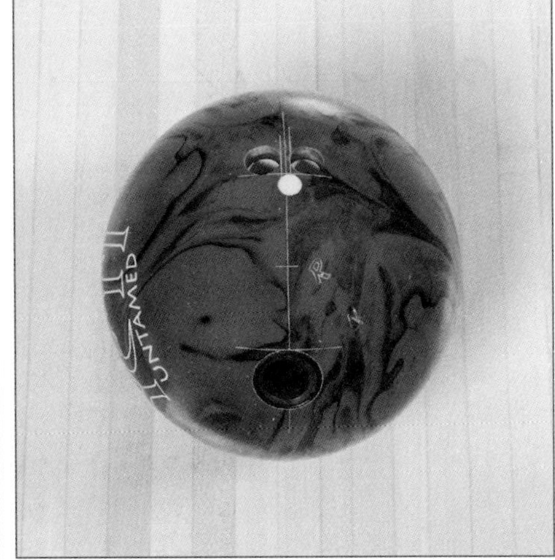

Abb. 9.15 (a) Pin oben, (b) Pin unten.

Schläger hat, um den Ball verschieden weit fliegen zu lassen, brauchen Bowler mehrere Bälle, die an verschiedenen Stellen und in verschiedenem Ausmaß Haken schlagen, um sich an den Bahnzustand und seine Veränderung während des Spieles anzupassen.

ZUSAMMENFASSUNG

Wenn Sie einen Hakenball werfen, ist die Anpassung an den Bahnzustand entscheidend. Beim Hausmuster (THS) müssen Sie die Öllinie finden und dort spielen. Auf Sportmustern, wo das Verhältnis zwischen der Ölmenge in der Mitte der Bahn und außen viel ausgeglichener ist, müssen Sie präziser spielen und den Ball zum richtigen Einschwenkpunkt werfen, um stets die Gasse zu treffen. Ein besseres Pendel sorgt für eine beständige Bahn zum Zielpfeil, um dann den Einschwenkpunkt zu treffen.

Je länger das Öl ist, desto näher an die Gasse müssen Sie gehen. Ist das Öl kürzer, liegt der Einschwenkpunkt weiter vor der Gasse. Erinnern Sie sich an die 31er-Regel. Ist das Ölmuster 44 Fuß lang, liegt der Einschwenkpunkt ungefähr bei Leiste 13. Suchen Sie sich Ihren Abgabepunkt strategisch aus, um beim Anlauf eine Ausgangsposition zu finden, die Sie an die richtige Stelle der Bahn bringt, danach erfolgt dann die Feinanpassung.

Obwohl der wichtigste Punkt zur Anpassung an die Bahn ein guter Wurf ist, sollten Sie auch Ihr Gerätearsenal entsprechend erweitern, um sich besser an die Bahnzustände anzupassen und sie zu beherrschen. Manchmal brauchen Sie einen stärkeren Ball, der mehr reagiert, manchmal einen schwächeren Ball, um die Reibung in den Griff zu bekommen, Wenn Sie in der Lage sind, Ihre Ballabgabe zu modifizieren, können Sie auch damit die Ballreaktion auf der Bahn beeinflussen.

Bowling ist ein Spiel der Reibung. Je mehr Reibung auf der Bahn ist, desto weniger Reibung brauchen Sie am Ball. Je weniger Reibung auf den Bahnen ist, desto mehr Reibung brauchen Sie am Ball, damit er sich durch das Öl fräst. Sie müssen also die Oberfläche des Balles anpassen, um die Reibung und die Reaktion des Balles zu beherrschen, damit Sie mehr Fehlertoleranz für Ihr Pendel gewinnen.

Auch mental müssen Sie sich an die Bedingungen anpassen. Es kommt nicht selten vor, dass der Durchschnitt bei einem Wechsel vom Hausmuster (THS) zu einem Sportmuster um 25 Pins sinkt. Da immer mehr Bowler erst lernen, unter solchen Bedingungen zu spielen, geht das Ölmuster immer unberechenbarer verloren und ist noch schwerer zu spielen.

Versuchen Sie immer, in der Nähe der Gasse zu bleiben, besonders unter schwierigen Bedingungen, damit die Spares, die Sie dann stehen lassen, leichter zu verwandeln sind. Das Verwandeln von Spares ist entscheidend – und ist das Thema der nächsten beiden Kapitel.

Kapitel 10

Spares verwandeln

Für gute Ergebnisse sind Spares nötig. Sie sind der Schlüssel zur Verbesserung oder zur Erhaltung seines Durchschnitts. Dabei sind zwei Variablen zu berücksichtigen: gute Würfe und die richtigen Winkel. Ein Wurf quer über die Bahn bietet mehr Fehlertoleranz als ein direkter Wurf auf die Spares. Das erhöht die Zahl der verwandelten Spares, ohne dass man allzu präzise sein muss.

Um ein konstanter Spare-Shooter zu werden, brauchen Sie ein System, mit dem Sie Ihren Winkel an die Spares anpassen. Eine systematische Methode hilft Ihnen nicht nur, mehr Spares zu räumen, sondern auch, sinnvolle Anpassungen vorzunehmen, wenn Sie einen Spare doch nicht getroffen haben.

Eine gute Strategie für das Verwandeln von Spares besteht aus folgenden vier Schritten:

1. Die Pins/den Pin ermitteln.
2. Die Winkelanpassung berechnen.
3. Die Schultern ausrichten.
4. Einen guten Wurf machen.

Natürlich gibt es nicht die eine ideale Anpassung, wichtig ist aber, dass sie systematisch berechnet wird. So verwandeln Sie mehr Spares und können sich strategisch klug anpassen, wenn Sie einen verfehlt haben. Der Prozess hilft Ihnen zu verstehen, weshalb Sie nicht getroffen haben (lag es an der Ausführung oder am Winkel?). Das Spare-System in diesem Kapitel wird für Rechtshänder und Linkshänder jeweils separat vorgestellt.

DIE PINS ERMITTELN

Zunächst müssen Sie den Pin oder die verbliebenen Pins ermitteln. Sie klären also, welche Pins noch stehen, um zu berechnen, worauf Sie werfen. Lernen Sie die Nummern der zehn Pins auswendig (Abb. 10.1). Sie sind von vorn nach hinten und von links nach rechts durchnummeriert.

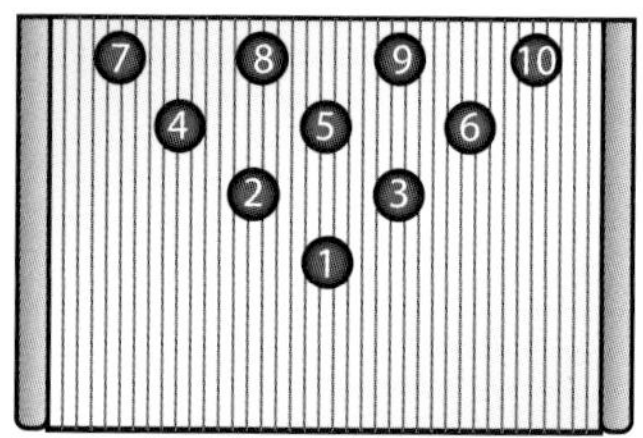

Abb. 10.1 Pinnummern.

DIE WINKELANPASSUNG BERECHNEN

Sie müssen die Pinnummern kennen, um festzustellen, auf welche Pins Sie werfen, und die entsprechende Anpassung berechnen. Sie können die Pins auswendig lernen, indem Sie die Nummern der Pins zu erkennen versuchen, die andere Bowler stehen lassen. Man geht stets von der niedrigsten zur höchsten Nummer. Also z. B. 2-4-5 und nicht 4-2-5. So werden Sie sie blitzschnell lernen.

Sobald Sie die Pins kennen und wissen, auf welcher Seite die verbliebenen stehen, können Sie die Anpassung berechnen.

Man unterscheidet zwischen linken (Pins links vom Headpin, Abb. 10.2a) und rechten Spares (Pins rechts vom Headpin, Abb. 10.2b). Die Pins 1 und 5 werden auf der jeweiligen Seite nicht erwähnt, weil sie mit einem Strikewurf abgeräumt werden.

Rechtshänder müssen zum Treffen von linken Spares Anpassungen an ihrer Strike-Linie vornehmen, Linkshänder wiederum zum Treffen von Spares auf der rechten Seite. Rechtshänder werfen rechte Spares diagonal von der linken Seite des Anlaufs, Linkshänder werfen linke Spares diagonal von der rechten Seite des Anlaufs.

Die exakten Anpassungen der Ausgangsposition und für das Zielen finden Rechts- und Linkshänder weiter hinten in diesem Kapitel.

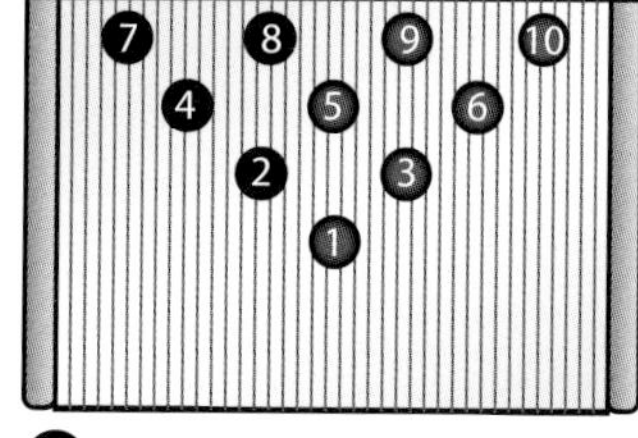

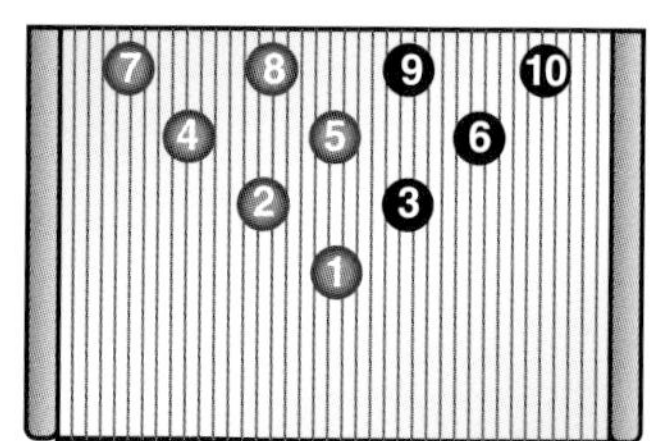

Abb. 10.2 (a) linke Spares, (b) rechte Spares.

AUSRICHTUNG DER SCHULTERN AUF DIE ZIELLINIE

Da der Arm stets im rechten Winkel zu den Schultern pendeln soll, müssen die Schultern auf die neue Ziellinie ausgerichtet werden (Abb. 10.3). So bleibt die Ausführung immer gleich. Die Ausrichtung der Schultern auf die Pins, die Sie treffen wollen, ist eine Voraussetzung für ein beständiges Armpendel und erfolgreiches Abräumen der Spares.

Dazu müssen Sie die Drehung Ihrer Schultern auf die Reaktion Ihres Balles abstimmen. Schlägt der Ball einen starken Haken, drehen Sie Ihre Schultern weniger (Abb. 10.4a). Ist der Hakenlauf schwächer, wenden Sie Ihre Schultern den Spares direkter zu (Abb. 10.4b).

Auf alle Fälle müssen Sie Ihre Schultern auf die Spares ausrichten. Schließlich soll Ihr Pendel im rechten Winkel zu den Schultern ablaufen, daher müssen Ihre Schultern für die richtige Linie sorgen. Sie wären schlecht beraten, dafür Ihr Pendel zu ändern. Sorgen Sie durch die Ausrichtung der Schultern für den richtigen Winkel zum Zielpfeil.

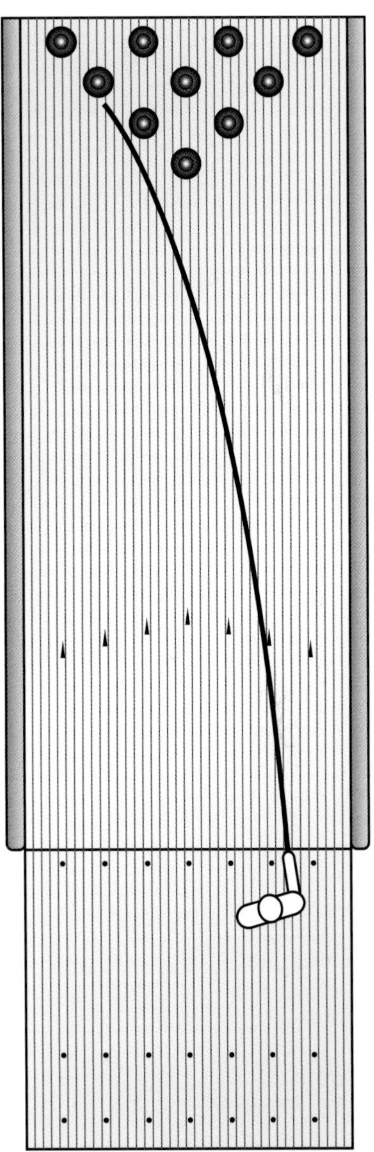

Abb. 10.3 Ausrichtung der Schultern auf die Ziellinie.

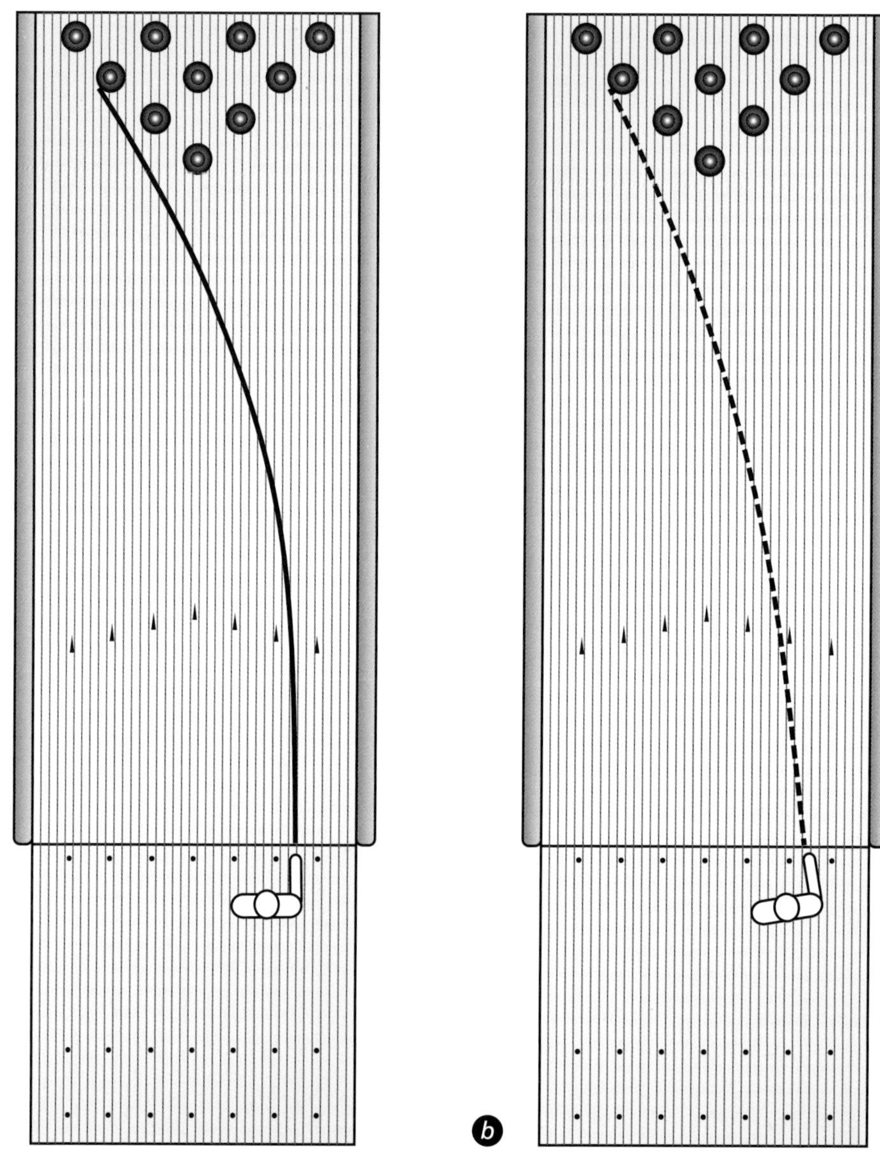

Abb. 10.4 Die Ausrichtung der Schultern je nach Ballreaktion: (a) starker Hakenlauf, (b) schwacher Hakenlauf.

EINEN GUTEN WURF HINLEGEN

Wenn Sie gesehen haben, welche Pins Sie treffen müssen, nehmen Sie die entsprechende Anpassung vor, drehen Sie die Schultern. Jetzt brauchen Sie nur noch einen guten Wurf. Die Mechanik ist die gleiche wie beim Strikeball. Sie führen sie nur aus einem anderen Winkel aus.

Es ist ganz einfach. Mit diesem System räumen Sie nicht nur mehr Spares ab, Sie können überdies auch korrigieren, wenn Sie nicht treffen. Ein Spare mehr in jedem Spiel verbessert Ihren Durchschnitt um 10 Pins!

RECHTSHÄNDER

In diesem Abschnitt sind die Spares in rechte und linke aufgeteilt, je nachdem auf welcher Seite des Headpins sie stehen. Bei linken Spares wirft der Rechtshänder diagonal über die Bahn und richtet die Füße rechts von der Strikelinie aus. Bei rechten Spares wirft der Rechtshänder auch diagonal über die Bahn, aber von der linken Seite des Anlaufs aus. Wir sprechen zunächst Spares mit einzelnen Pins an, danach Spares mit mehreren.

Linkshänder können diesen Abschnitt überspringen und gleich im folgenden Abschnitt für Linkshänder weiterlesen.

Spares mit einzelnen Pins

Bei diesem grundlegenden 3-6-9-System gehen Sie beim Anlauf aus Ihrer Strike-Position nach rechts. Achten Sie darauf, wo Sie für einen Strikeball stehen und wohin Sie zielen. Passen Sie den Winkel von der Strikelinie für diese Spares an (Abb. 10.5). Sie bewegen die Füße nach rechts und behalten den Zielpfeil für den Strike bei. Wie weit die Füße nach rechts gehen, hängt davon ab, wie weit links der Pin steht. *Hinweis:* Ihre Strikelinie (und Ihr Zielpfeil) können von der in den Bildern gezeigten Ziellinie abweichen. Nehmen Sie die Anpassungen von Ihrer Strikelinie aus vor.

Bei rechtsseitigen Pins erklärte man dem Rechtshänder im ursprünglichen 3-6-9-System, er müsse schrittweise von der Strikelinie nach links rücken. Wir wählen aber eine andere Strategie, entwickeln eine eigene Position für den Eckpin (Pin 10) und nehmen die notwendigen Anpassungen für die anderen Pins rechts davon von dort aus vor.

Das ist wichtig, denn es gibt einen optimalen Winkel, um Pin 10 zu werfen, der die beste Fehlertoleranz zum Räumen bietet. Wenn Sie einfach von Ihrer Strikelinie eine Anzahl Leisten nach links gehen (das alte System ging von zwölf aus), stehen Sie oft nicht im optimalen Winkel, um Pin 10 zu treffen. Das gilt besonders für diejenigen, die für ihren Strikeball weiter rechts auf der Bahn spielen.

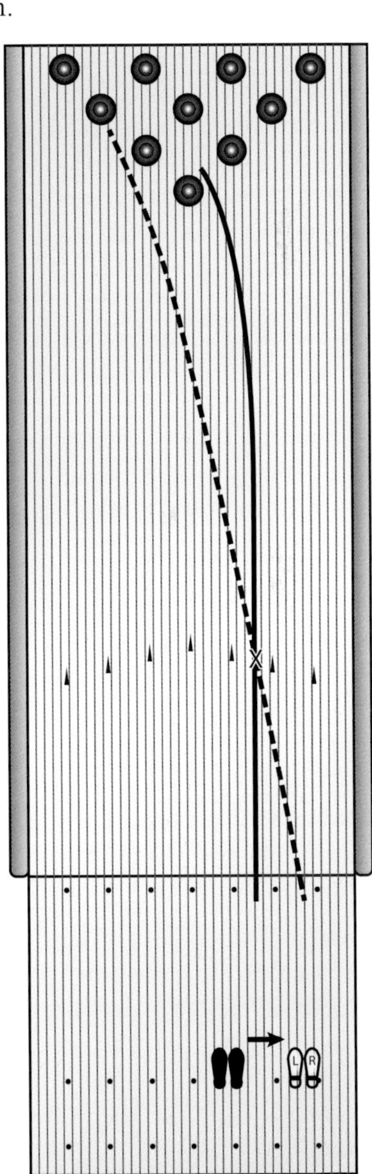

Abb. 10.5 Die Ausrichtung der Schultern je nach Ballreaktion: (a) starker, (b) schwacher Hakenlauf.

Linke Spares: Pins 2/8, 4 und 7

Zum Abräumen linker Spares passen Sie Ihren Winkel von der Strikelinie aus an. Aus der Ausgangshaltung der Strike-Position gehen Sie mit den Füßen nach rechts und behalten den Zielpfeil vom Strike bei. So passen Sie Ihren Winkel zum Spare an. Wenn Sie diagonal spielen, gehen Sie umso weiter nach rechts, je weiter links der Pin steht.

Links von der Mitte gibt es drei Reihen von Pins. Erst kommen die Pins 2/8, dann Pin 4 und 7. Ausgehend vom System 3-6-9 ist es ein guter Ausgangspunkt, wenn Sie Ihre Füße pro Pinreihe um drei Leisten nach rechts verschieben. Sie gehen also drei, sechs oder neun Leisten nach rechts, je nachdem, wie weit links der Pin steht (Abb. 10.6).

Wenn Pin 2 oder 8 noch steht, bewegen Sie Ihre Füße von der Strike-Position etwa um drei Leisten nach rechts, für Pin 4 etwa sechs und für Pin 7 etwa neun.

Behalten Sie den Zielpfeil im Prinzip bei, richten Sie Ihre Schultern auf die Ziellinie aus und machen Sie einen guten Wurf, als ob Sie einen Strike werfen würden.

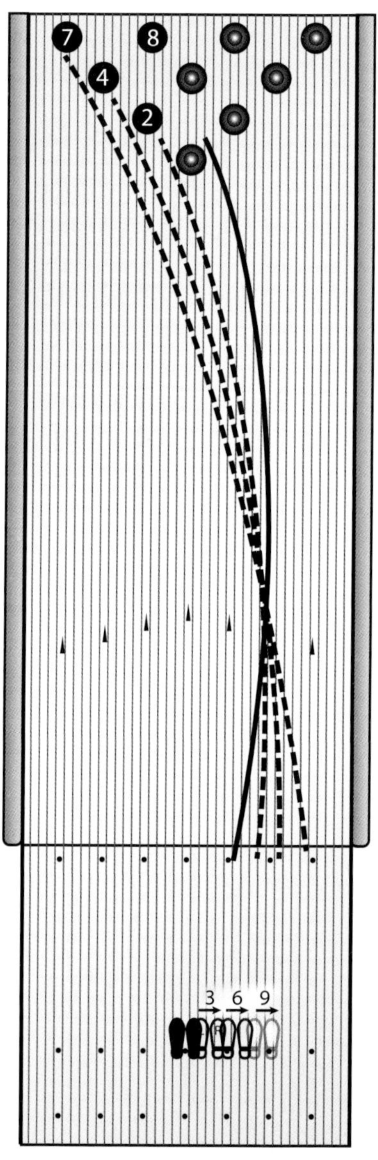

Abb. 10.6 Verwandeln der linken Spares, Rechtshänder, Spare Pin 2 oder 8, Pin 4 und Pin 7.

Rechte Spares

Bei rechten Spares finden Sie zunächst den Winkel für den Wurf auf Pin 10. Zum Abräumen der restlichen rechten Spares passen Sie den Winkel, ausgehend von Pin 10, an. Die anderen auf der rechten Seite lassen sich nach dem Bezug zu Pin 10 in zwei Reihen einteilen. Für dieses Spares bewegen Sie die Füße vom Pin-10-Wurf nach rechts, behalten aber den Zielpfeil für den Pin 10 bei.

Wurf auf Pin 10 Etwa auf Leiste 35 außen links stehen Sie im optimalen Winkel für den Wurf auf Pin 10, das Ziel liegt zwischen dem dritten und vierten Pfeil etwa bei Leiste 17 oder 18 (Abb. 10.7). (Denken Sie daran, der Rechtshänder zählt die Pfeile auf der Bahn von rechts nach links.) An der Foullinie finden Sie stets einen Punkt auf Leiste 35, am Beginn des Anlaufs jedoch nicht unbedingt.

Richten Sie Ihre Schultern auf den Pin. Gehen Sie gerade zur Foullinie, die Schultern offen, und bleiben Sie auf derselben Leiste, um den Winkel zu halten. Die Verbesserung des Wurfes auf den Eckpin wird später unter „Fehler beim Wurf auf den Eckpin beheben" ausführlich behandelt.

Pin 6 und Pins 3/9 Links von Pin 10 stehen zwei Reihen: Pin 6 und die Pins 3/9. Beim Wurf auf diese Pins behalten Sie das Ziel für Pin 10 bei (zwischen dem dritten und vierten Pfeil, Abb. 10.8).

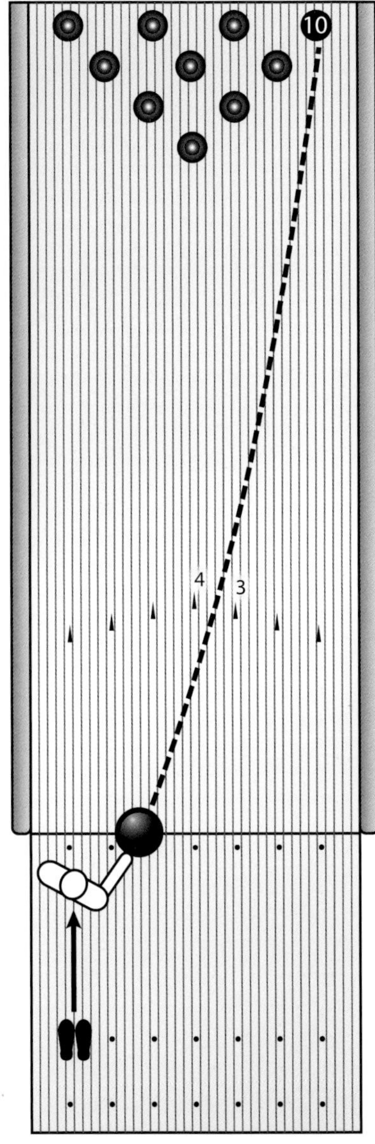

Abb. 10.7 Verwandeln des Spares Pin 10, Rechtshänder.

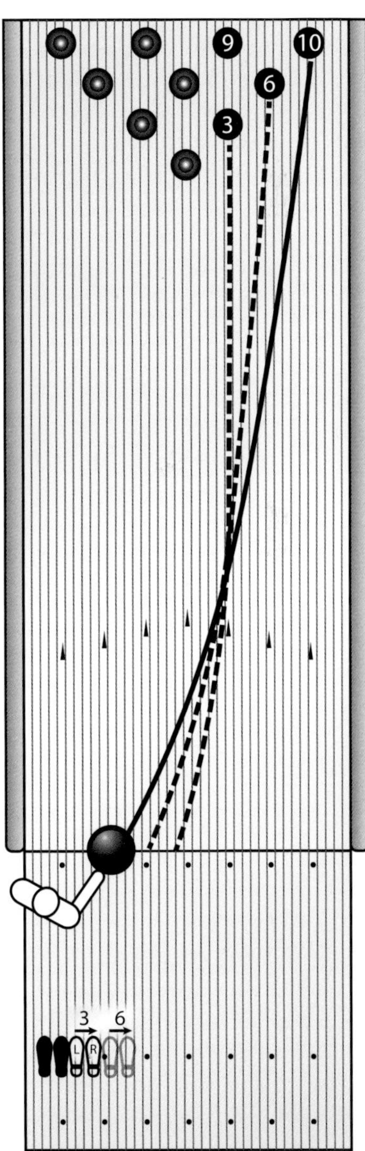

Abb. 10.8 Verwandeln der Spares Pin 6 und Pin 3 oder 9, Rechtshänder.

OPTIONALER WURF AUF PIN 3, RECHTSHÄNDER

Manche Rechtshänder sehen Pin 3 (oder 9) als nahe bei der Gasse und werfen ihn lieber von der Strikelinie. Das ist natürlich eine Option, wenn Sie für den Wurf von der Strikelinie ausgehen, bewegen Sie Ihre Füße nach links und behalten den Zielpfeil bei (Abb. 10.9). Gehen Sie drei bis fünf Leisten nach links. Je nach Bahnzustand können es auch bis zu fünf Leisten sein, denn wenn Sie nach links gehen und einen Haken werfen, schwenkt der Ball in den trockenen Bereich, wo mehr Reibung ist, und Sie müssen den Hakenlauf berücksichtigen.

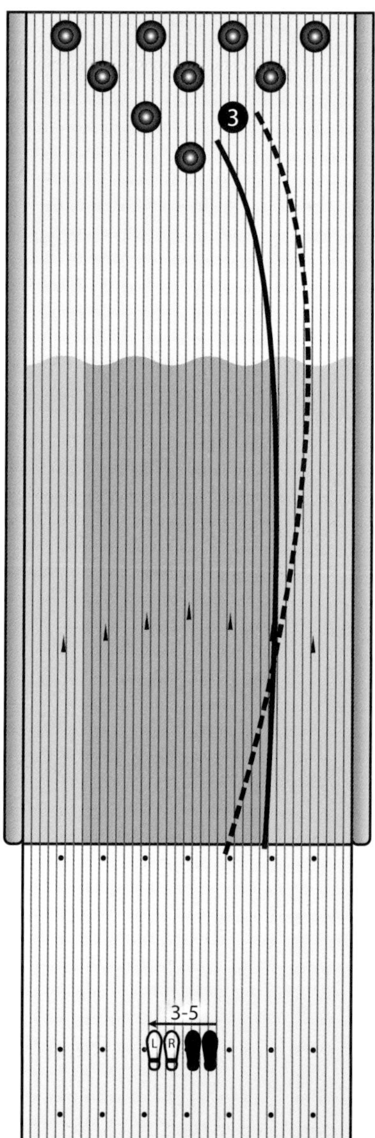

Abb. 10.9 Haken auf Pin 3, ausgehend von der Strikelinie, Rechtshänder.

Für Pin 6 gehen Sie, ausgehend vom Wurf auf Pin 10, etwa drei Leisten nach rechts. Für Pin 3 oder 9 gehen Sie etwa sechs Leisten nach rechts. (Von dieser Seite gibt es keine Bewegung um neun Leisten, denn dann wären Sie am Headpin, und das ist ein Strikewurf.) Bedenken Sie, dass die Anpassung für diese Pins nicht vom Headpin aus erfolgt. Hier kommt es auf den Bezug zu Pin 10 an.

Spares mit mehreren Pins

Bei Spares mit zwei Pins müssen Sie sich so anpassen, dass der Ball zwischen diesen Pins einläuft. Sind es drei Pins oder mehr, visieren Sie den Schlüsselpin an, das ist der, der Ihnen am nächsten steht, also am weitesten vorn.

Linke Spares

Um linke Spares abzuräumen, passen Sie Ihren Winkel von der Strikelinie aus an. Stehen noch zwei Pins, gehen Sie aus der Strike-Position nach rechts, behalten den Zielpfeil für den Strike bei und passen die Zahl der Leisten entsprechend einem Zwischenwert aus den einzelnen Werten für diese beiden Pins an.

Spare 4-7 Berechnen Sie Ihre Bewegung so, dass der Ball sowohl Pin 4 als auch Pin 7 trifft. Da Sie für Pin 4 um sechs Leisten nach rechts gehen würden und für 7 um neun, wählen Sie einen Wert dazwischen, d. h. siebeneinhalb Leisten, um die Kombination 4-7 zu räumen (Abb. 10.10).

Denken Sie daran, dass Sie mehr Spares verwandeln, wenn der Ball mehr Pins trifft. Verlassen Sie sich nicht auf den Dominoeffekt. Stehen noch Gruppen von drei oder vier Pins, dann wählen Sie den, den Sie treffen wollen, den Schlüsselpin.

Spares 2-4-5 und 2-4-5-8 Bleiben die Pins 2-4-5-8 stehen, ist Pin 2 der Schlüsselpin. Eines müssen wir gleich klären. Bei einem guten Wurf trifft Ihr Ball idealerweise den Pin etwas rechts von der Mitte. D. h., dass die Außenseite des Balles ganz natürlich Pin 5 trifft. Deshalb würden Sie um drei Leisten nach rechts gehen wie typischerweise für Pin 2 (Abb. 10.11).

Splits 2-4, 2-4-5-7 und 2-7 Bei diesen Kombinationen versuchen Sie die Pins 2-4 zu treffen, selbst beim Baby-Split 2-7, wo Pin 4 gar nicht mehr steht. Sie würden für Pin 2 um drei Leisten nach rechts gehen und für Pin 4 um sechs. Da Sie aber den Ball zwischen die Pins 2 und 4 setzen wollen, gehen Sie etwa viereinhalb Leisten nach rechts, um diese Kombination zu räumen (Abb. 10.12). *Hinweis:* Spare 2-4-7 ist für einen Rechtshänder nicht sehr wahrscheinlich, Spare 2-4-5-7 dagegen schon.

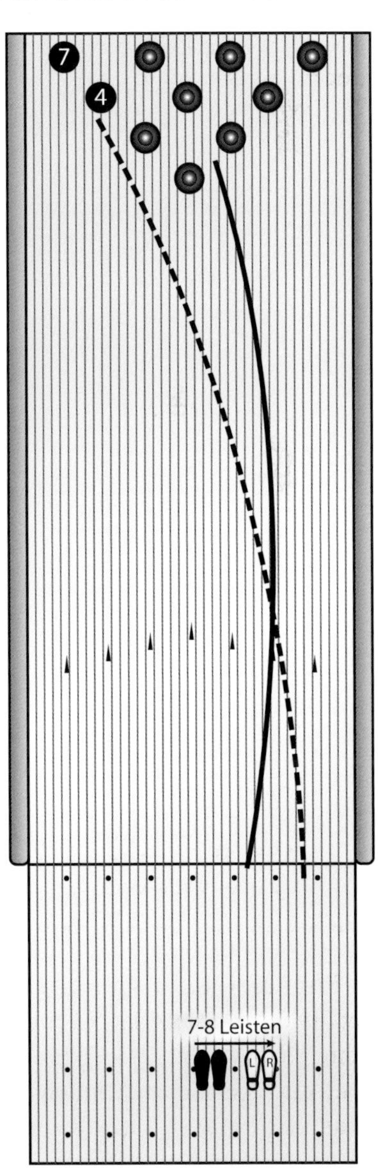

Abb. 10.10 Verwandeln von Spare 4-7, Rechtshänder.

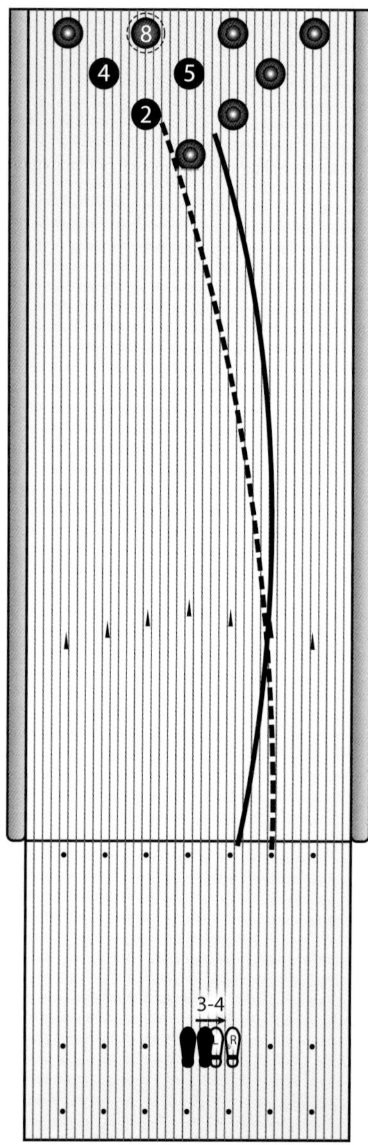

Abb. 10.11 Verwandeln von Spare 2-4-5 oder 2-4-5-8, Rechtshänder.

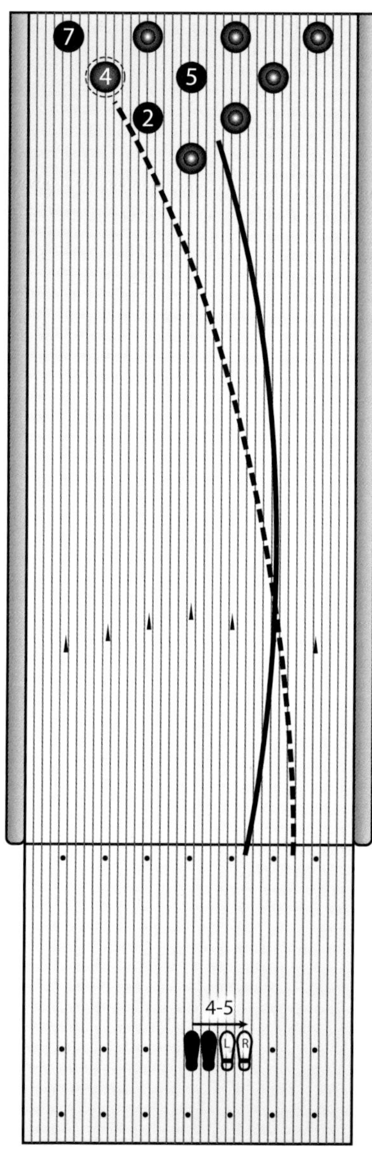

Abb. 10.12 Verwandeln von Split 2-4, 2-4-5-7 oder 2-7, Rechtshänder.

Rechte Spares

Bei rechten Spares passen Sie den Winkel anhand des Wurfes auf Pin 10 an. Die anderen Pins auf der rechten Seite lassen sich nach ihrem Bezug zu Pin 10 in zwei Reihen einteilen. Sie bewegen die Füße vom Pin-10-Wurf nach rechts, behalten aber das Ziel für Pin 10 zwischen dem dritten und vierten Pfeil bei.

Stehen noch zwei Pins, gehen Sie aus der Position für den Pin-10-Wurf nach rechts und passen die Zahl der Leisten entsprechend einem Zwischenwert aus den einzelnen Werten für diese beiden Pins an.

Spare 6-10 Berechnen Sie Ihre Bewegung so, dass der Ball sowohl Pin 6 als auch Pin 10 trifft. Bei rechten Spares gehen Sie von der Position für den Wurf auf Pin 10 aus (etwa Leiste 35). Da Sie für Pin 6 um drei Leisten nach rechts gehen würden, gehen Sie um eineinhalb Leisten nach rechts, um die Kombination 6-10 zu räumen (Abb. 10.13). Sie gehen von der Position für den Wurf auf Pin 10 aus.

Splits 3-6, 3-6-10 und 3-10 Bei diesen Kombinationen visieren Sie die Pins 3-6 an, selbst beim Baby-Split 3-10, wenn Pin 6 gar nicht mehr steht. Sie würden für Pin 6 um drei Leisten nach rechts gehen, für Pin 3 um sechs. Um den Ball zwischen 3 und 6 zu setzen, gehen Sie etwa vier oder fünf Leisten nach rechts, ausgehend von der Position für den Wurf auf Pin 10 (Abb. 10.14).

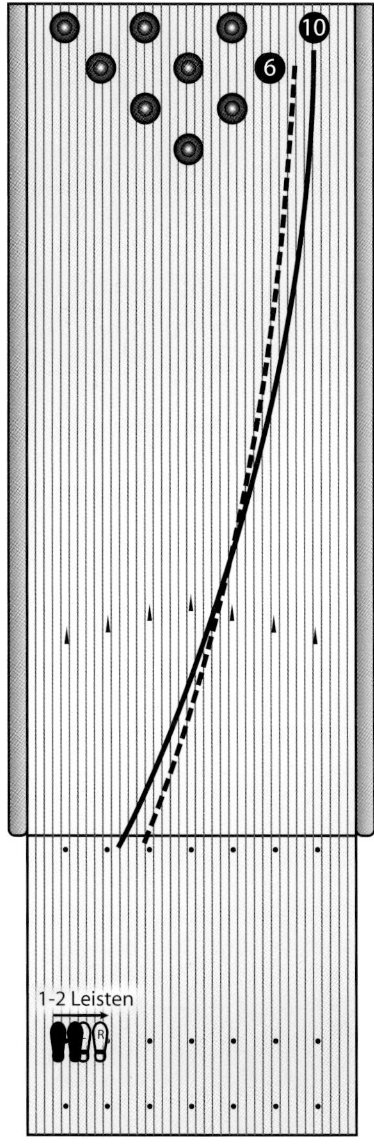

Abb. 10.13 Verwandeln von Spare 6-10, Rechtshänder.

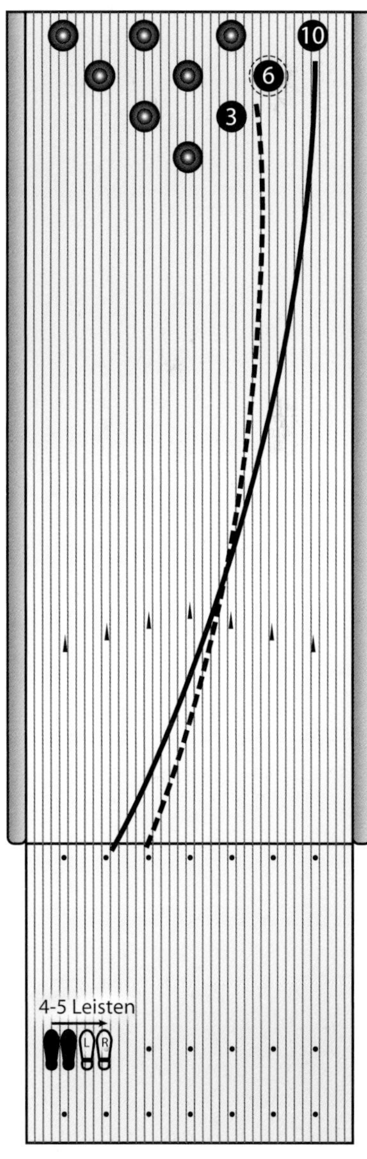

Abb. 10.14 Verwandeln des Splits 3-6, 3-6-10 oder 3-10, Rechtshänder.

LINKSHÄNDER

In diesem Abschnitt sind die Spares in rechte und linke aufgeteilt, je nachdem auf welcher Seite des Headpins sie stehen. Bei rechten Spares wirft der Linkshänder diagonal über die Bahn und richtet die Füße links von der Strikelinie aus. Bei linken Spares wirft der Linkshänder auch diagonal über die Bahn, aber von der rechten Seite des Anlaufs. Wir sprechen zunächst Spares mit einzelnen Pins an, danach von welchen mit mehreren Pins.

Rechtshänder können diesen Abschnitt überspringen.

Spares mit einzelnen Pins

Beim grundlegenden 3-6-9-System gehen Sie beim Anlauf aus Ihrer Strike-Position nach links. Passen Sie den Winkel für diese Spares von der Strikelinie von da aus an, wo Sie für einen Strikeball stehen und wohin Sie zielen. Sie bewegen die Füße nach links und behalten den Zielpfeil für den Strike bei. Wie weit die Füße nach links gehen, hängt davon ab, wie weit rechts der Pin steht. *Hinweis:* Ihre Strikelinie (und Ihr Zielpfeil) können von der in den Bildern gezeigten Ziellinie abweichen. Nehmen Sie die Anpassungen von Ihrer Strikelinie aus vor.

Bei Pins auf der linken Seite erklärte man dem Linkshänder im alten 3-6-9-System, dass er schrittweise von der Strikelinie nach rechts rücken solle. Wir wählen eine andere Strategie und entwickeln eine eigene Position für den Eckpin (Pin 7). Von dort aus nehmen wir die notwendigen Anpassungen für die anderen Pins links davon vor.

Das ist wichtig, denn es gibt einen optimalen Winkel, um Pin 7 zu werfen, er bietet die beste Fehlertoleranz zum Räumen. Wenn Sie einfach von Ihrer Strikelinie eine bestimmte Anzahl Leisten nach rechts gehen (im alten System zwölf), stehen Sie oft nicht im optimalen Winkel, um Pin 7 zu treffen. Das gilt besonders für diejenigen, die für ihren Strikeball weiter links auf der Bahn spielen.

Rechte Spares: Pins 3/9, 6 und 10

Um rechte Spares abzuräumen, passen Sie Ihren Winkel von der Strikelinie aus an. Aus der Ausgangshaltung der Strike-Position gehen Sie mit den Füßen nach links und behalten den Zielpfeil vom Strike bei. So passen Sie Ihren Winkel zum Spare an. Wenn Sie diagonal spielen, gehen Sie umso weiter nach links, je weiter rechts der Pin steht.

Rechts von der Mitte gibt es drei Reihen von Pins. Erst kommen 3/9, dann Pin 6 und Pin 10. Ausgehend vom System 3-6-9 ist es ein guter Ausgangspunkt, wenn Sie Ihre Füße pro Pinreihe um drei Leisten nach links verschieben. Sie gehen also drei, sechs oder neun Leisten nach links, je nachdem, wie weit rechts der Pin steht (Abb. 10.6).

Wenn noch Pin 3 oder 9 steht, bewegen Sie Ihre Füße von der Strike-Position also um etwa drei Leisten nach links. Für Pin 6 bewegen Sie sich um etwa sechs Leisten und für Pin 10 gehen Sie etwa neun Leisten nach links.

Behalten Sie den Zielpfeil im Prinzip bei, richten Sie Ihre Schultern auf die Ziellinie aus und werfen Sie gut – als ob Sie einen Strike werfen würden.

Linke Spares

Hierfür müssen Sie zunächst den Winkel für den Wurf auf Pin 7 finden. Zum Räumen der restlichen linken Spares passen Sie den Winkel, ausgehend von dem für Pin 7, an. Die anderen Pins auf der linken Seite lassen sich nach ihrem Bezug zu Pin 7 in zwei Reihen einteilen. Für diese Spares bewegen Sie die Füße vom Pin-7-Wurf nach rechts, behalten aber den Zielpfeil für den Pin 7 bei.

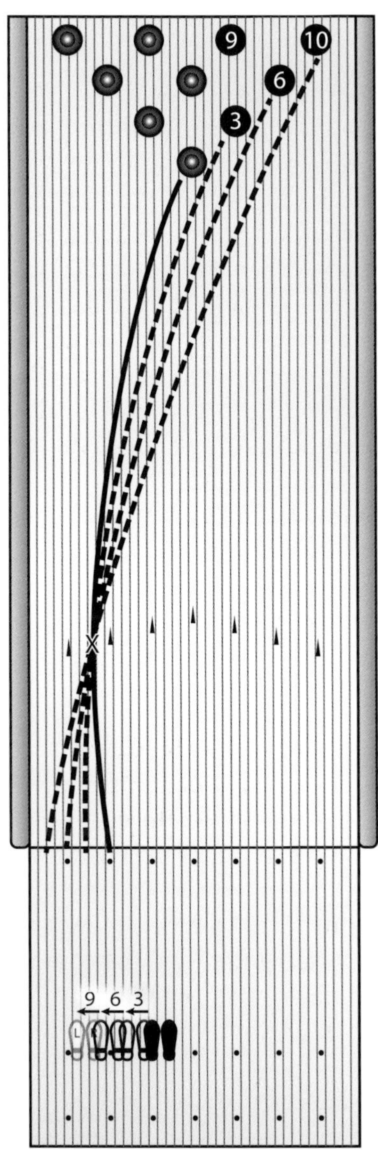

Abb. 10.15 Verwandeln der rechten Spares, Rechtshänder, Spare Pin 3 oder 9, Pin 6 und Pin 10.

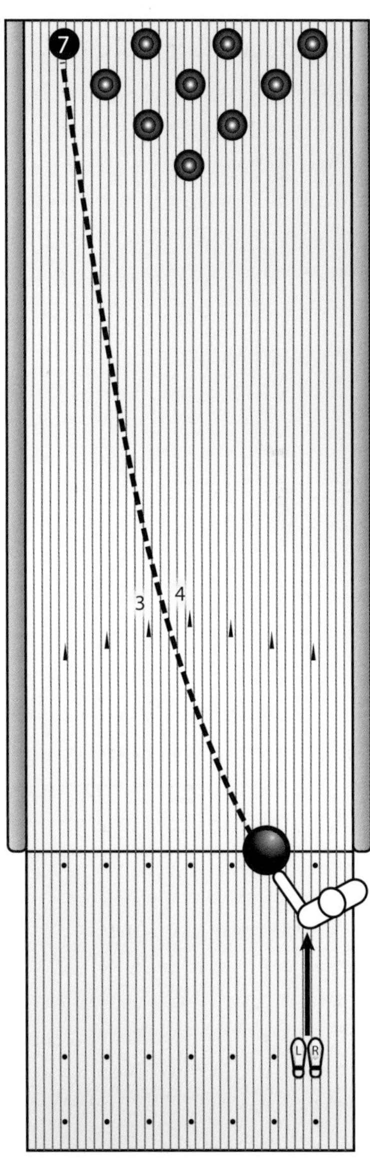

Abb. 10.16 Verwandeln des Spares Pin 7, Linkshänder.

Wurf auf Pin 7 Für den optimalen Winkel für den Wurf auf Pin 7 stehen Sie außen rechts etwa auf Leiste 35. Das Ziel liegt zwischen dem dritten und vierten Pfeil etwa bei Leiste 17 oder 18 (Abb. 10.16). (Denken Sie daran, dass der Linkshänder die Pfeile auf der Bahn von links nach rechts zählt.) An der Foullinie finden Sie stets einen Punkt auf Leiste 35, am Beginn des Anlaufs jedoch nicht unbedingt.

Richten Sie Ihre Schultern auf den Pin. Gehen Sie gerade zur Foullinie, die Schultern offen, und bleiben Sie auf derselben Leiste, um den Winkel zu halten.

Die Verbesserung des Wurfes auf den Eckpin wird später unter „Fehler beim Wurf auf den Eckpin beheben" ausführlich behandelt.

Pin 4 und Pins 2/8 Rechts von Pin 7 stehen zwei Reihen: Pin 4 und die Pins 2/8. Beim Wurf auf diese Pins behalten Sie das Ziel für Pin 7 bei (zwischen dem dritten und vierten Pfeil, Abb. 10.17).

Für Pin 4 gehen Sie, ausgehend vom Wurf auf Pin 7, etwa drei Leisten nach links. Für Pin 2 oder 8 gehen Sie etwa sechs Leisten nach links. (Von dieser Seite gibt es keine Bewegung um neun Leisten, denn dann wären Sie am Headpin, und das ist ein Strikewurf.)

Bedenken Sie, dass die Anpassung für diese Pins nicht vom Headpin aus erfolgt. Hier kommt es auf den Bezug zum Pin 7 an.

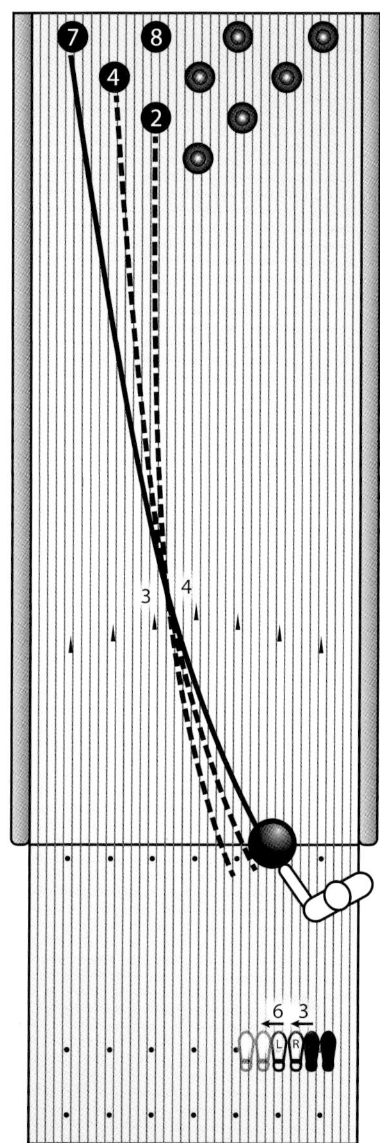

Abb. 10.17 Verwandeln der Spares Pin 4 und Pin 2 oder 8, Linkshänder.

Spares mit mehreren Pins

Bei Spares mit zwei Pins müssen Sie sich so anpassen, dass der Ball zwischen diesen Pins einläuft. Sind es drei Pins oder mehr, müssen Sie den Schlüsselpin finden (der Ihnen am nächsten steht, also am weitesten vorn).

OPTIONALER WURF AUF PIN 2, LINKSHÄNDER

Manche Linkshänder sehen Pin 2 (oder 8) als nahe bei der Gasse und werfen ihn lieber von der Strikelinie aus. Das ist natürlich eine Option. Wenn Sie für den Wurf von der Strikelinie ausgehen, gehen Sie mit den Füßen nach rechts und behalten den Zielpfeil bei (Abb. 10.18). Gehen Sie drei bis fünf Leisten nach rechts. Je nach Bahnzustand können es bis zu fünf Leisten sein, denn wenn Sie nach rechts gehen und einen Haken werfen, schwenkt der Ball in den trockenen Bereich, wo mehr Reibung herrscht, und Sie müssen den Hakenlauf berücksichtigen.

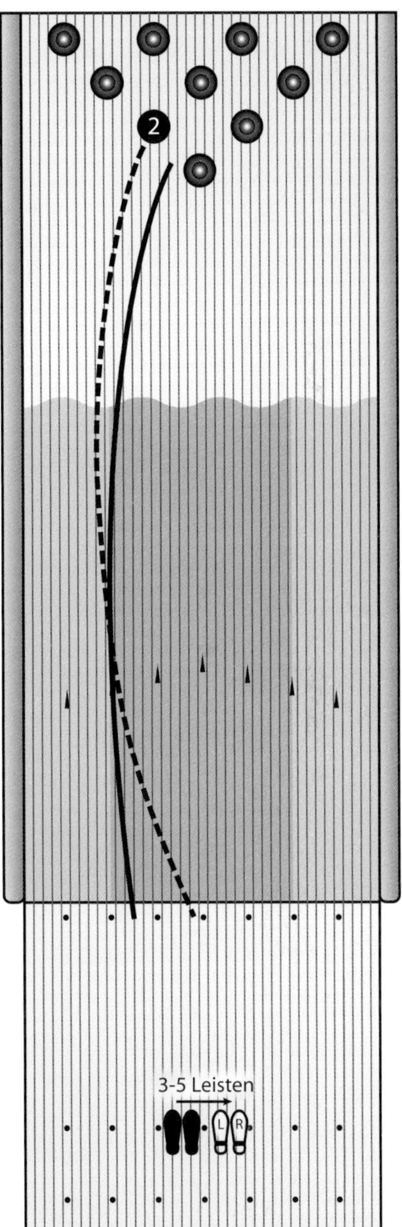

Abb. 10.18 Haken auf Pin 2, ausgehend von der Strikelinie, Linkshänder.

Rechte Spares

Um rechte Spares abzuräumen, passen Sie Ihren Winkel von der Strikelinie aus an und behalten den Zielpfeil bei. Stehen noch zwei Pins, gehen Sie aus der Strike-Position nach links, behalten den Zielpfeil für den Strike bei und passen die Zahl der Leisten entsprechend einem Zwischenwert aus den einzelnen Werten für diese beiden Pins an.

Spare 6-10 Berechnen Sie Ihre Bewegung so, dass der Ball sowohl Pin 6 als auch 10 trifft. Da Sie für Pin 6 um sechs Leisten nach rechts gehen würden und für Pin 10 neun, wählen Sie einen Wert zwischen den beiden, d. h. siebeneinhalb Leisten, um die Kombination 6-10 zu räumen (Abb. 10.19).

Denken Sie daran, dass Sie mehr Spares verwandeln, wenn der Ball mehr Pins trifft, und verlassen Sie sich nicht auf den Dominoeffekt. Stehen noch Gruppen von drei oder vier Pins, wählen Sie den Pin, den Sie treffen wollen, den Schlüsselpin.

Spares 3-5-6 und 3-5-6-9 Bleiben die Pins 3-5-6-9 stehen, ist Pin 3 der Schlüsselpin. Bei einem guten Wurf trifft Ihr Ball idealerweise den Pin etwas links von der Mitte. D. h., dass die Außenseite des Balles ganz natürlich Pin 5 trifft. Deshalb würden Sie drei Leisten nach links gehen wie typischerweise für Pin 3 (Abb. 10.20).

Splits 3-6, 3-5-6-10 und 3-10 Bei allen diesen Kombinationen versuchen Sie die Pins 3-6 zu treffen, selbst beim Baby-Split 3-10, wo Pin 6 gar nicht mehr steht. Sie würden für Pin 6 um drei Leisten nach links gehen und für Pin 3 um sechs. Da Sie aber den Ball zwischen die Pins 3 und 6 setzen wollen, gehen Sie etwa viereinhalb Leisten nach links, um diese Kombination zu räumen (Abb. 10.21). *Hinweis:* Der Spare 3-6-10 ist für einen Linkshänder nicht sehr wahrscheinlich, Spare 3-5-6-10 dagegen schon.

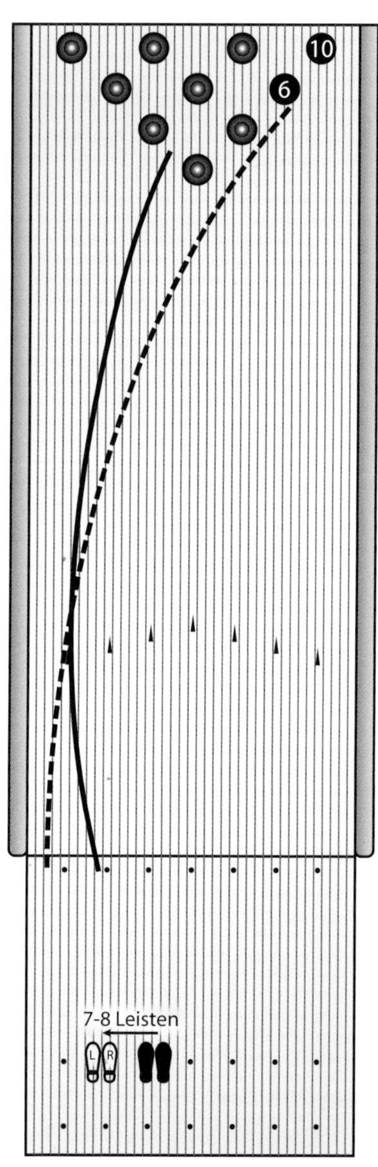

Abb. 10.19 Verwandeln des Spares Pin 6-10, Linkshänder.

Linke Spares

Bei linken Spares müssen Sie den Winkel anhand des Wurfes auf Pin 7 anpassen. Die anderen Pins auf der linken Seite lassen sich nach ihrem Bezug zu Pin 7

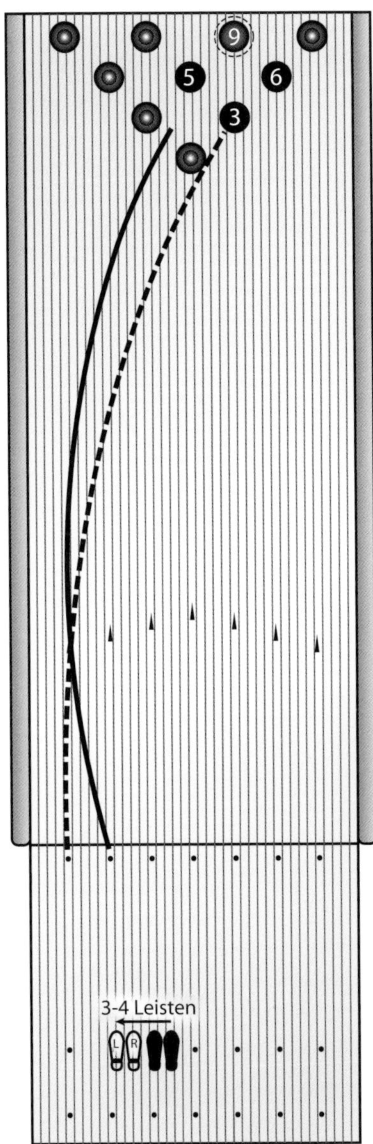

Abb. 10.20 Verwandeln von Spare 3-5-6 oder 3-5-6-9, Linkshänder.

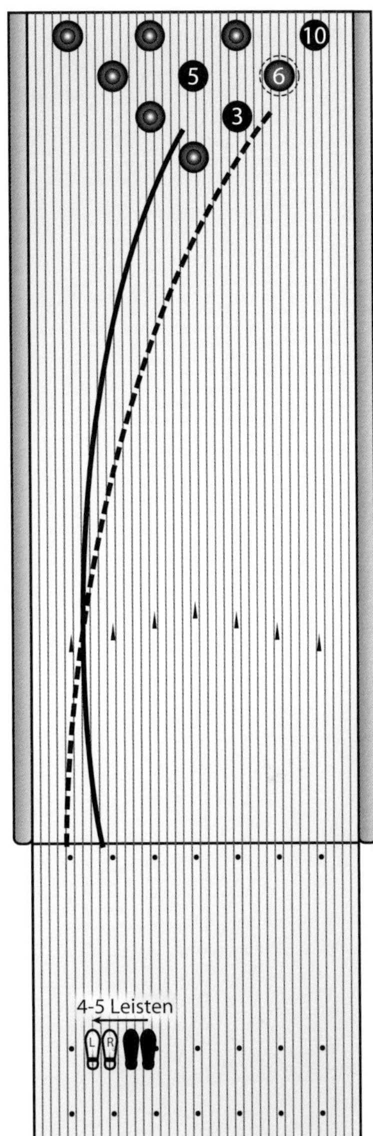

Abb. 10.21 Verwandeln von Split 3-6, 3-6-10 oder 3-10, Linkshänder.

in zwei Reihen einteilen. Sie bewegen die Füße vom Pin-7-Wurf nach links, behalten aber das Ziel für Pin 7 zwischen dem dritten und vierten Pfeil bei.

Stehen noch zwei Pins, gehen Sie aus der Position für den Wurf auf Pin 7 nach rechts und passen die Zahl der Leisten entsprechend einem Zwischenwert aus den einzelnen Werten für diese beiden Pins an.

Spare 4-7 Berechnen Sie Ihre Bewegung so, dass der Ball sowohl Pin 4 als auch Pin 7 trifft. Bei linken Spares gehen Sie von der Position für den Wurf auf

Pin 7 aus (etwa Leiste 35). Da Sie für Pin 4 um drei Leisten nach links gehen würden, gehen Sie um eineinhalb Leisten nach links, um die Kombination 4-7 zu räumen (Abb. 10.22). Sie gehen von der Position für den Wurf auf Pin 7 aus.

Splits 2-4, 2-4-7 und 2-7 Bei allen diesen Kombinationen versuchen Sie die Pins 2-4 zu treffen, selbst beim Baby-Split 2-7, wo der Pin 4 gar nicht mehr steht. Sie würden für Pin 4 um drei Leisten nach links gehen, für Pin 2 um sechs. Um den Ball zwischen die Pins 2 und 4 zu setzen, gehen Sie etwa vier oder fünf Leisten nach rechts, ausgehend von der Position für den Wurf auf Pin 7 (Abb. 10.23).

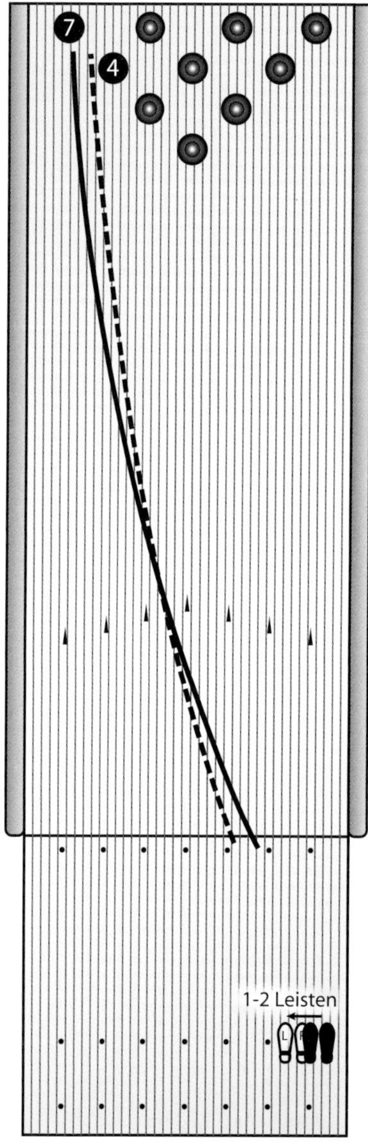

Abb. 10.22 Verwandeln von Spare Pin 4-7, Linkshänder.

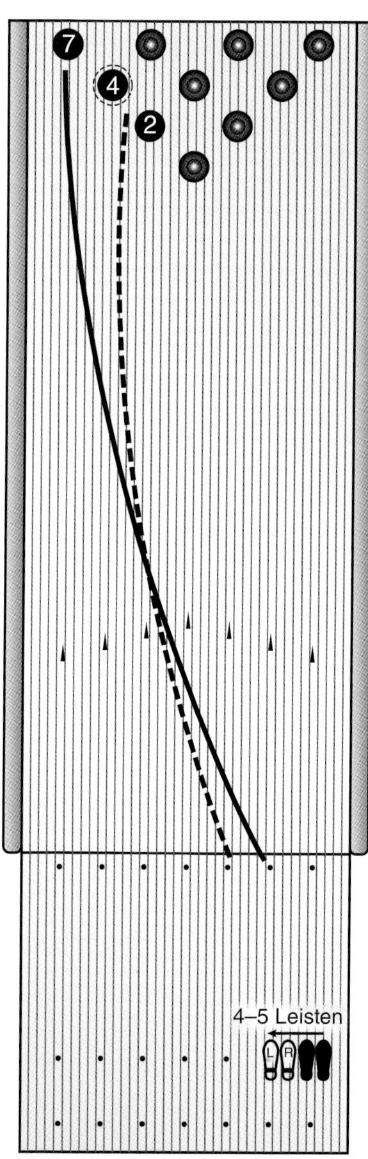

Abb. 10.23 Verwandeln von Split 2-4, 2-4-7 oder 2-7, Linkshänder.

FEHLER BEIM WURF AUF DEN ECKPIN BEHEBEN

Für Rechtshänder ist Pin 10 der Eckpin, für Linkshänder Pin 7. Die meisten Bowler beschleicht beim Eckpin so ein merkwürdiges Gefühl. Ihnen geht es bestimmt auch so. Wenn er stehen bleibt, ist das aufregender als bei anderen Pins. Vielleicht liegt es an der Herausforderung, wie er da so allein in der Nähe der Rinne steht. Vielleicht liegt es auch daran, dass er bei Ihnen am häufigsten stehen bleibt. Jedenfalls erleben viele Bowler eine mentale Blockade, wenn es um den Eckpin geht. Aber glauben Sie nicht, dass es rein mentale Gründe hat, wenn Sie ihn nicht treffen. Drei Dinge sind wichtig, um den Eckpin zu treffen: der richtige Winkel, ein lockeres Pendel und die richtige Reaktion des Balles. Fast alle, die ein mentales Problem sehen, achten nicht auf diese Aspekte.

Der richtige Winkel

Um den Eckpin zu werfen, stehen Sie etwa auf Leiste 35 und richten Ihre Schultern auf den Pin. Bleiben Sie während des gesamten Anlaufs auf derselben Leiste, aber richten Sie Ihre Schultern dabei stets auf den Pin. Wenn Sie auf den Zielpfeil zusteuern, werden Sie Ihren Winkel verlieren. Ihr Ziel liegt zwischen dem dritten und dem vierten Pfeil. Je gerader Sie gehen, desto mehr Fehlertoleranz haben Sie und desto größer ist das Ziel, um den Spare zu treffen.

Es kann eine Herausforderung sein, gerade zu gehen und dabei die Schultern auf den Pin zu richten. Rechter Fuß, Hüfte und Schulter sind um das gleiche Maß geöffnet, damit Sie Ihre Wirbelsäule nicht verdrehen. Wenn Sie das richtig tun, fühlt es sich an, als ob Sie seitwärts gehen, um gerade zu gehen, aber bleiben Sie auf den Pin ausgerichtet. Achten Sie beim Abschluss auf Ihren Fuß, um zu sehen, ob Sie noch wie beim Start etwa auf Leiste 35 stehen.

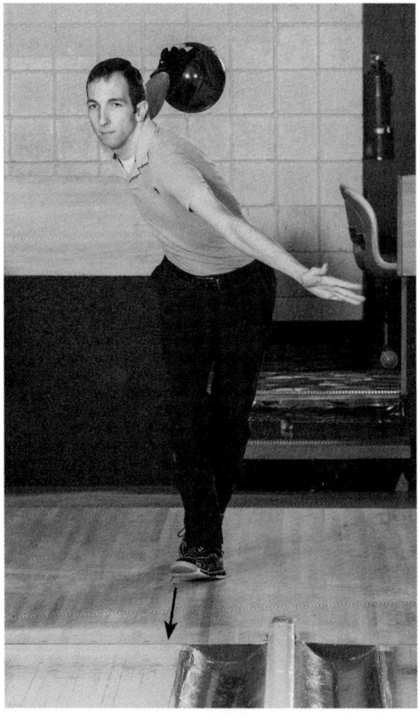

Abb. 10.24 Körperwinkel auf den Pin gerichtet, Gang geradeaus.

Häufig kommt es vor, dass man auf den Pin ausgerichtet ist und auf ihn zugeht oder man gerade geht und die Schultern in die gleiche Richtung weisen. *Sie müssen gerade gehen und die Schultern auf den Pin richten.*

Gerade beim Eckpin müssen Sie gerade gehen und dürfen nicht zum Pin abdriften. Richten Sie die Schultern auf den Spare und achten Sie darauf, dass Sie dort ankommen, wo Sie gestartet sind. Je gerader Sie gehen, desto besser wird Ihr Winkel und desto größer ist das Ziel, um den Spare zu treffen.

Ein lockeres Pendel

Auch hier heißt es: „Swing is King!“. Wenn Bowler den Eckpin verfehlen, waren sie zu angespannt. Ob sie nun den Ball steuern oder stärker werfen wollten oder einfach das Selbstvertrauen fehlte, schuld ist meist das Pendel. Lernen Sie zu entspannen und ihm zu vertrauen. Keine Alternative funktioniert!

Die richtige Ballreaktion erzeugen

Wenn Sie gerade gehen, ein lockeres Pendel haben und den Zielpfeil treffen, beobachten Sie den Ball beim Lauf zu den Pins. Schlägt er etwa am Ende plötzlich einen Haken und läuft vorbei? In diesem Fall scheinen die ersten beiden Variablen zu stimmen. Das Problem ist die *Reaktion des Balles*. Die können Sie aber nicht durch einen anderen Winkel ändern, Sie müssen an der Reaktion selbst arbeiten. Einige ändern die Ballabgabe. Mit einer flacheren Hand schalten sie die Rotation aus, sodass der Haken schwächer ausfällt. Das ist natürlich eine Option, aber Sie müssen schon sehr gut sein, um das zu schaffen und beim Strikeball den Haken beizubehalten.

Eine Alternative wäre ein Kunststoffball, der kaum Haken schlägt. Das ist sehr beliebt, weil Sie die Ausführung nicht ändern brauchen, der Kunststoffball rutscht von selbst mehr. Das hilft Bowlern, die den Wurf auf den Eckpin erzwingen wollen und wissen, dass der Strikeball einen zu starken Haken schlägt.

Im Idealfall hat der Kunststoffball das gleiche Gewicht und die gleiche Passform wie Ihr Strikeball. So haben Sie einen nahtlosen Übergang zwischen beiden. Nur unter extrem trockenen Bedingungen müssen Sie den Kunststoffball einsetzen *und* die Rotation ausschalten, damit der Ball nicht zum Eckpin einschwenkt.

Ein Kunststoffball für den Eckpin kann Ihren Durchschnitt sofort erhöhen. Kapitel 11 beschreibt ein Sparesystem mit einem Kunststoffball für alle Spares. Dabei könnte Ihr Kunststoffball zu einem viel genutzten Gerät werden.

Hinweis: Werfen Sie den Ball keinesfalls stärker, denn in der Regel ziehen Sie dann daran. Winkel, Pendel und Ballreaktion entscheiden, ob Sie den Eckpin treffen. Wenn diese drei Variablen stimmen, Sie ihn aber weiter verfehlen, arbeiten Sie an Ihrer mentalen Einstellung.

Veränderungen: Einen Kunststoffball benutzen

Es ist sinnvoll, für Spares einen Kunststoffball einzusetzen, wenn Sie das Rollen nicht flacher hinbekommen und der Strikeball einen Haken schlägt oder wenn Sie den Strikeball nicht mehr zum Haken bewegen können, sobald Sie das flache Rollen für die Spares ausgeführt haben. Die Idee ist, dass Sie an Ihrer Ballabgabe gegenüber dem Strikeball nichts ändern müssen, der Ball aber keinen Haken schlägt, weil er aus Kunststoff ist.

Das soll nicht heißen, dass ein Kunststoffball nie Haken schlägt. Rollen Sie den Ball sehr langsam, oder gibt es auf der Bahn viel Reibung, schlägt auch ein Kunststoffball einen Haken, in der Regel aber nicht und auf alle Fälle weniger als ein Hochleistungsball. Schlägt Ihr Kunststoffball einen Haken, rollen Sie ihn zusätzlich flacher. Extreme Umstände erfordern extreme Maßnahmen!

Den Wurf auf den Eckpin üben

Üben Sie den Wurf auf den Eckpin bei einem vollen Rack. Beachten Sie die drei variablen Winkel, Pendel und Ballreaktion, wenn Sie einen Fehlwurf analysieren. Üben Sie immer weiter. Sobald es einigermaßen klappt, versuchen Sie ihn dreimal nacheinander zu treffen. Verfehlen Sie ihn, beginnen Sie von vorn. Das Schlimmste, was passieren kann, ist dass Sie dann mehr Übung haben. Wenn Sie besser werden, versuchen Sie es fünf Mal nacheinander. Jedes Mal, wenn Sie treffen, werden Sie besser und bekommen mehr Selbstvertrauen. Wenn Sie wissen, dass Sie ihn bei Bedarf treffen, wird sich Ihr Pendel deutlich lockern. Kümmern Sie sich nicht darum, ihn voll zu treffen. Im Wettkampf genügt es, wenn Sie ihn auf einer Seite treffen.

ANPASSUNG AN DEN BAHNZUSTAND

Die bislang beschriebenen Bewegungen sind nur allgemein gültig, denn der Bahnzustand kann die Ballreaktion beeinflussen, wenn Sie Ihren Winkel zum Spare anpassen. Als das System 3-6-9 entwickelt wurde, wurde das Öl eher gleichmäßig aufgetragen. Mittlerweile haben wir eher ein Blockmuster (Abb. 10.25), und darauf reagiert der Ball unterschiedlich, weil er auf verschieden dicke Ölschichten trifft.

Also müssen Sie Ihre Anpassung weiter an die Reaktion des Balles auf den Bahnzustand anpassen. Wenn Ihre Bewegung stimmt, die Schultern richtig stehen, der Wurf gut ist und der Ball trotzdem nicht den Pin trifft, müssen Sie die Anzahl der Leisten anpassen, um die Sie sich bewegen, um auf den Bahnzustand zu reagieren.

Nehmen wir an, Sie gehen für Pin 4 um sechs Leisten nach rechts, passen Ihre Schultern an und machen einen guten Wurf, treffen aber nicht. In diesem Fall müssen Sie um mehr als sechs Leisten nach rechts gehen, um das Rutschen des Balles auf dem Öl auszugleichen.

Bei einem System zum Verwandeln von Spares für Fortgeschrittene (Kapitel 11) können Sie den Bahnzustand außer Acht lassen, denn Sie nehmen einen Ball, der keinen Haken schlägt oder machen eine Ballabgabe ohne Haken, um mit dem Vorteil des Diagonalspiels den Pin direkt zu treffen. Das ist eine ausgezeichnete Option, wenn Sie die Spares verfehlen, denn es ist nicht leicht zu berechnen, wie stark der Ball den Haken zu den Spares schlägt. Das funktioniert auch gut, wenn Sie unter unterschiedlichsten Bedingungen bowlen oder wenn Ihre Strikelinie am ersten Zielpfeil liegt, wo Anpassungen nur schwer vorzunehmen sind.

Ein systematischer Ansatz zum Bahnzustand und bei der Berechnung der Anpassung wird ihren Sparewurf deutlich verbessern. Sie müssen nur konzentriert bleiben und das System befolgen.

Achten Sie stets auf den Bahnzustand, besonders bei linken Spares (als Rechtshänder) oder rechten (als Linkshänder). Sie können im Hakenbereich

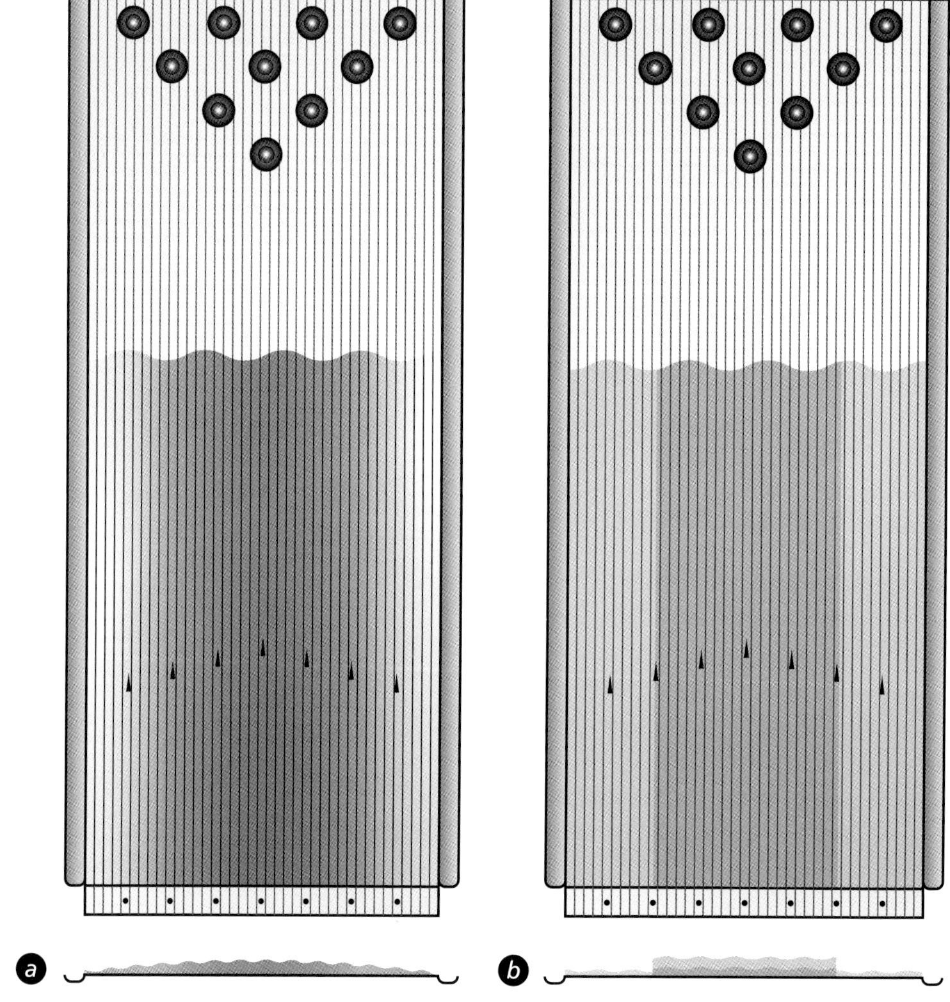

Abb. 10.25 Ölmuster: (a) gleichmäßige Verteilung, (b) Blockmuster.

Splits: Lohnt sich der Versuch?

Ein Spare gilt als Split, wenn sich eine Lücke zwischen den Pins auftut. Bei einigen Splits lohnt es sich eher, auf ein gutes Gesamtergebnis zu spielen, als zu versuchen den Spare zu verwandeln. Haben Sie einen Split mit den Pins in der gleichen Reihe und mit mehr als einer Ballbreite Abstand, versuchen Sie im Sinne des Ergebnisses möglichst viele Pins abzuräumen, besonders wenn nach einem Strike ein schwieriger Split stehen bleibt. Bei folgenden Splits spielen Sie besser auf das Gesamtergebnis: 4-6, 4-6-7, 4-6-10, 4-6-7-10, 7-9, 7-10 und 8-10.

Diese Splits sind zwar nicht in einer Reihe, aber die Chancen zu verwandeln sind kaum höher als bei denen oben. Diese Splits versuchen Sie zu räumen, obwohl das Ihr Ergebnis gefährden kann: 4-10, 4-7-10, 6-7, 6-7-10, 2-4-(8)-10 (RH) and 3-(6)-7-9 (LH).

Diese hier sind zwar schwierig, haben aber eine höhere Chance auf Verwandlung, und Sie werden sicher einen oder mehrere Pins dabei treffen. Ein Split, bei dem der Headpin stehen bleibt, heißt Washout. RH: 1-2-(4)-(8)-10, 2-(4)-10, 2-7-(8), 3-(9)-10, 4-5-(7), 4-7-(9), 5-7. LH: 1-3-(6)-7-(9), 3-(6)-7, 3-(9)-10, 2-7-(8) 5-6-(10), 5-10, 6-8-(10).

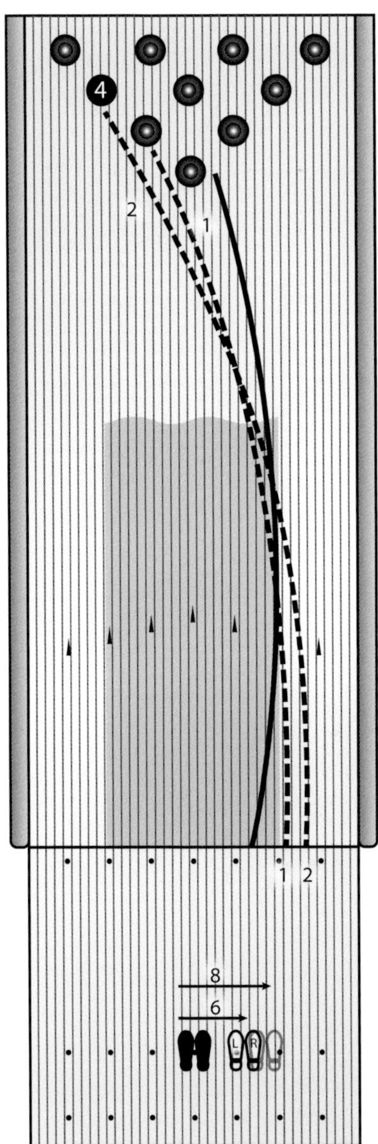

Abb. 10.26 Anpassung an den Bahnzustand, um Pin 4 zu treffen.

viel Reibung haben, aber in der Mitte der Bahn auch viel Öl. Dann müssen Sie die Anzahl der Leisten, um die Sie sich bewegen, an den Bahnzustand anpassen.

ZUSAMMENFASSUNG

Das Werfen auf Spares läuft in vier Phasen ab: Sie ermitteln die Pins, berechnen die Anpassung, drehen die Schultern und machen einen guten Wurf. Berücksichtigen Sie bei Ihren Anpassungen auch den Bahnzustand. Wenn Sie bei einem guten Wurf trotzdem nicht treffen, passen Sie beim nächsten Mal den Winkel richtig an. Seien Sie systematisch, aber flexibel.

Rechtshänder machen die Anpassungen zum Räumen von Spares auf der linken Seite des Headpins von der Strikelinie. Nehmen Sie den Zielpfeil für den Strike und bewegen Sie Ihre Füße schrittweise aus der Ausgangshaltung des Strikewurfs nach rechts.

Linkshänder machen die Anpassungen zum Räumen von Spares auf der rechten Seite des Headpins von der Strikelinie. Nehmen Sie den Zielpfeil für den Strike und bewegen Sie Ihre Füße schrittweise aus der Ausgangshaltung des Strikewurfs nach links.

Beim Wurf auf den Eckpin (Pin 10 für Rechtshänder, Pin 7 für Linkshänder) starten Sie etwa auf Leiste 35, das Ziel liegt zwischen dem dritten und vierten Pfeil. Sie richten sich auf den Pin aus, gehen aber gerade. Die restlichen Bewegungen für Spares auf dieser Seite folgen aus der Position für den Eckpin heraus. Sie behalten den Zielpfeil bei und bewegen die Füße zur Mitte.

Mit einem systematischen Vorgehen räumen Sie nicht nur mehr Spares ab, sondern können auch leichter Korrekturen vornehmen. Wenn Ihre Bewegung logisch war, Sie aber den Spare verfehlen, prüfen Sie anhand der vier Phasen, was falsch war. Waren die Schultern richtig ausgerichtet und der Wurf gut, vergrößern oder verkleinern Sie den Winkel, um den Spare das nächste Mal zu treffen.

Wenn der Bahnzustand zu schwierig zu kalkulieren ist, nehmen Sie einen Kunststoffball für alle Spares. Dazu beschreibt Kapitel 11 (Spares für Fortgeschrittene) ein System, bei dem ein separater Kunststoffball die Ballreaktion vereinfacht, sodass Sie die Anpassungen mehr routinemäßig vornehmen können.

Kapitel 11

Spares für Fortgeschrittene

Das Anpassungssystem mit dem 3-6-9-Leisten ist schon uralt und wird immer noch gelehrt. Da die Bahnen heutzutage aber anders geölt werden, sind hier erneut Anpassungen notwendig. Außerdem wird heutzutage unter so vielen verschiedenen Bedingungen gespielt, dass ein Rezept allein kaum ausreicht, um alle Spares zu räumen.

Als das 3-6-9-System entwickelt wurde, funktionierte es hervorragend, weil das Öl gleichmäßig auf die Bahnen aufgetragen wurde (ganz dünn auf den Leisten an der Rinne und von dort aus zur Mitte der Bahn immer dicker).

Heutzutage werden aber die Bahnen bei einem Hausmuster ganz anders geölt als früher. Das Öl ist zur Mitte hin viel stärker, und es gibt eine deutliche Öllinie zwischen geölten und trockenen Leisten. Der Unterschied in der Ölstärke zwischen den mittleren Leisten und denen an der Rinne ist enorm. Dadurch wird die Reaktion des Balles, wenn er durch die öligen und trockenen Abschnitte läuft, viel weniger vorhersehbar. Wenn der Ball auf dickes Öl trifft, rutscht er einfach, auf den trockeneren Leisten bekommt er einen starken Hakenlauf.

Es wird heutzutage in Bowlingcentern bei verschiedenen Bahnzuständen oder in Wettbewerben und Wettkämpfen ganz anders gespielt. Wenn das für Sie zutrifft, können Sie nicht damit rechnen, dass Ihr Ball bei den wöchentlichen Ligaspielen stets den gleichen Haken schlägt, und Ihr Winkel wird viel wichtiger, um die richtige Reaktion bei linken (für Rechtshänder) und rechten Spares (für Linkshänder) zu erzeugen. Wenn Sie deshalb Spares verfehlen und die Anpassung an den Bahnzustand frustrierend wird, sollten Sie die Reaktion aus dem Spiel nehmen. Statt weiter Ihren Sportball zu benutzen und sich anzupassen, greifen Sie dann besser zu einem Kunststoffball, der keine Haken schlägt. Er rollt gerade und ist nur von Ihrem Winkel abhängig.

Dazu kommt noch, dass jede Bewegung zur Anpassung an die Spares Sie beim 3-6-9-System zu nah an die Rinne bringt, wenn Sie weit außen spielen, also etwa beim ersten Zielpfeil. Das ist ein weiterer Grund, unabhängig vom Bahnzustand direkt auf die Spares zu zielen, zumindest als Option.

DIE SCHULTERN SCHLIESSEN

Bei einigen Spares müssen Sie zum direkten Zielen die Schultern schließen. Es fühlt sich zunächst merkwürdig an, die Schultern zu schließen, um linke (für Rechtshänder) und rechte Spares (für Linkshänder) zu treffen. Das liegt daran, dass bei allen anderen Würfen die Schultern entweder parallel zur Foullinie stehen oder etwas geöffnet sind, z. B. beim Hakenball oder bei Spares auf der anderen Seite. Wenn Sie nun die Schultern schließen, verhalten Sie sich ganz anders als sonst.

Genau das ist auch das größte Problem für die Bowler und für viele der Hauptgrund, dieses System nicht weiterzuverfolgen. Es fühlt sich zunächst fremd an, und so bleiben sie nicht dabei, bis sie die Vorteile nutzen können.

Hinweis: Wenn Sie die Schultern schließen, schließen Sie auch die Hüften und das Bein, damit Sie in der Ausgangsstellung auf Ihre Pendelseite ausgerichtet sind. So bleibt die Wirbelsäule entspannt, und Sie können die Haltung während des gesamten Anlaufs beibehalten.

Es ist auch ungewohnt, den Ball gerade laufen zu sehen. Deshalb müssen Sie die Schultern schließen, um den Ball diagonal zu werfen. Aber oft reicht es, wenn jemand im Ligaspiel einen Spare mit dem Kunststoffball direkt verfehlt, um das System aufzugeben. Das gilt besonders, wenn das Team sich beschwert und sagt: „Hättest du einen Haken geworfen, hättest du getroffen.“ Dabei hätten Sie nur den Winkel besser anpassen müssen. Es bedarf der Übung, bis man aus diesem direkten Winkel selbstbewusst spielt.

Deshalb werfen die Profis Spares öfter direkt, ob nun durch Abflachen des Handgelenks oder mit einem anderen Ball. So spielt nämlich der Bahnzustand keine Rolle mehr. Dabei müssen Sie etwas präziser sein, aber die Vorteile lohnen den Aufwand der Änderung. Ich möchte Sie ermutigen, dabeizubleiben.

Als ich das erste Mal mit diesem System gespielt habe, wollte ich den Ball immer diagonal vor meinem Körper werfen, wenn die Schultern geschlossen waren. Man muss sich daran gewöhnen, den Körper zu drehen, aber das Pendel weiterhin im rechten Winkel zu den Schultern durchzuführen. Es nutzt auch nichts, parallel zur Foullinie zu bleiben.

Wer das zum ersten Mal probiert, hat das Gefühl, gegen die Wand zu spielen! Aber glauben Sie mir, das tun Sie nicht. Es ist nur so, dass die geschlossenen Schultern sich so anders anfühlen als alles andere beim Bowlen. Am stärksten geschlossen sind sie, wenn Sie mit einem Kunststoffball auf Pin 7 (Rechtshänder) oder Pin 10 (Linkshänder) werfen.

Wenn Sie die Schultern schließen, dann schließen Sie auch die Hüften und das Bein, damit alles ausgerichtet und entspannt ist. Sie sollten Ihre Wirbelsäule

Demonstration des Schulterwinkels

Ein Partner steht hinter Ihnen und streckt seine Arme über Ihre Schultern zu den Pins (Abb. 11.1). Das zeigt Ihnen, wohin Sie sich ausrichten müssen.

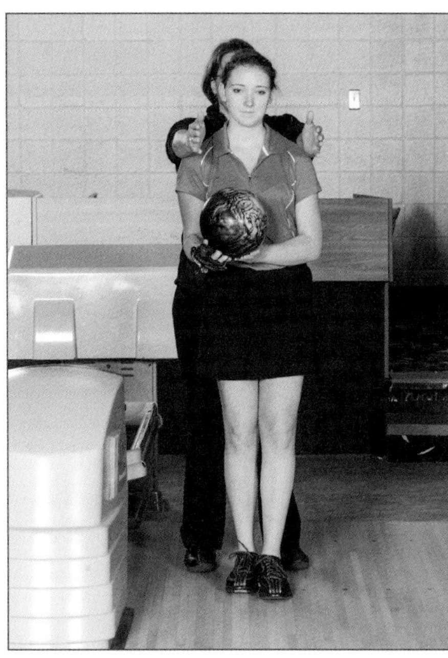

Abb. 11.1 Übung zur Demonstration des Schulterwinkels.

dabei nicht verdrehen. In der Ausgangshaltung richten Sie Schulter, Hüfte und Bein so aus, dass die gesamte Seite einheitlich auf den Spare gerichtet ist. Das größte Problem für Bowler ist wohl die Gewöhnung an dieses Gefühl, zunächst die Schultern gegenüber dem Spare zu schließen, aber trotzdem gerade im rechten Winkel durchzuschwingen.

Ich stehe öfter hinter meinen Schülern und lege meine Arme über ihre Schultern. Mit den Händen deute ich an, in welchem Winkel sie stehen, da sie selbst oft ganz anderer Meinung sind. Zumeist sind sie nicht genügend geschlossen, obwohl sie das meinen. Wenn sie aber sehen, in welche Richtung meine Arme und Hände deuten, lernen sie, die Schultern stärker zu schließen. Wichtig ist die Aufstellung zum Pendel, damit sie gerade durchschwingen können und den Spare treffen.

GERADE DURCHSCHWINGEN

Wenn Sie die Schultern zum Spare hin schließen, verspüren Sie eventuell das drängende Bedürfnis, den Ball zu ziehen. Obwohl Sie natürlich weiter den rechten Winkel zwischen den Schultern und der Pendelebene brauchen, fühlt sich das alles bei den ersten Versuchen höchst merkwürdig an. Das liegt aber einfach daran, dass Sie sonst bei keinem anderen Wurf in dieser Art und Weise geschlossen sind.

Wenn Sie zunächst ziehen, bleiben Sie dabei, bis Sie gelernt haben, sich so auszurichten und im rechten Winkel zu den Schultern nachzufolgen. Sie müssen nicht parallel zur Foullinie ausgerichtet sein. Dieser Winkel ist anders, direkter zum Pin.

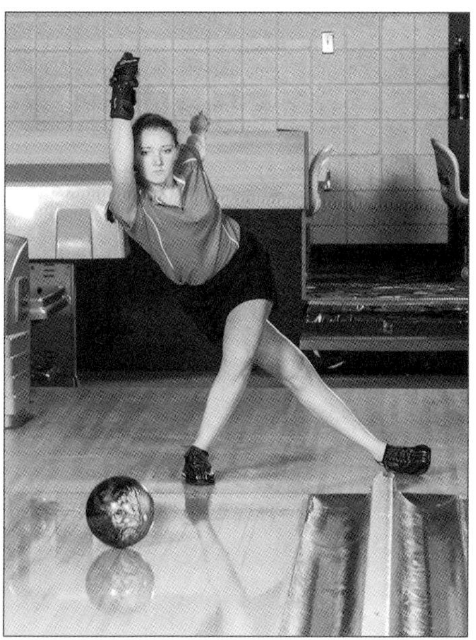

Abb. 11.2 Schultern geschlossen und im rechten Winkel durchschwingen.

DEN SCHULTERWINKEL BEIBEHALTEN

Viele Bowler haben gelernt, sich in der Ausgangsstellung auf den Spare hin auszurichten und bei der Ballabgabe gerade nachzufolgen. So verfehlen sie aber den Spare, weil sie die Schultern während des Anlaufs drehen. Die Ausrichtung der Schultern in der Ausgangsstellung behalten sie daher bei!

Sie richten die Schultern aus und bewegen dann den Rumpf nicht mehr, damit Sie während des gesamten Anlaufs auf den Spare ausgerichtet bleiben. Selbst wenn der Schwung des Pendels den Körper passiert, lassen Sie ihn nicht Ihre Schultern drehen. Wenn Sie das tun, öffnen sich die Schultern, und Ihr Pendel ist nicht mehr auf den Spare ausgerichtet. Sollten Sie den Spare trotzdem noch treffen, haben Sie den Ball gezogen. Das ist allenfalls eine Notlösung.

Viele Bowler probieren das System und geben es wieder auf, ohne sich die Zeit zu lassen, sich daran zu gewöhnen. Normalerweise sind sie nervös und geben schließlich auf, weil sie beim Versuch, gerade zu werfen, irgendwann einen Spare verfehlen. Dazu kommt dann vielleicht noch das Team und behauptet, dass der gerade Wurf schuld war. Ich sehe das anders. Es lag einzig und allein an der Ausführung.

Ich habe unter so vielen verschiedenen Bedingungen gespielt und gesehen, wie das Öl beim Hausmuster von innen nach außen schwanken kann, dass ich von Qualität und Notwendigkeit des Kunststoffballs fest überzeugt bin. So räume ich auf der Tour meine Spares ab. Die Bahn spielt keine Rolle mehr, ich brauchte nur eine saubere Ausführung. Deswegen werfen Profis die Spares direkt. Ich denke, dass die Gewöhnungsphase und der Verzicht auf den Haken ein bescheidener Preis für den Erfolg beim Abräumen der Spares sind.

Bei diesem System mit dem Kunststoffball gibt es sechs Grundwürfe für Spares mit einem Pin (Abb. 11.3). Zunächst bestimmen Sie mithilfe eines Zielpfeils nahe der Mitte der Bahn, wo Sie für die beiden Eckpins stehen müssen, und dann passen Sie den Winkel für die anderen Pins in Schritten von jeweils drei Leisten zur Mitte der Bahn hin an. Den Zielpfeil behalten Sie bei. Dieses System ist simpel, aber effektiv.

Auch das Spare-System in diesem Kapitel wird für Rechtshänder und Linkshänder separat vorgestellt. Linkshänder können diesen Abschnitt überspringen.

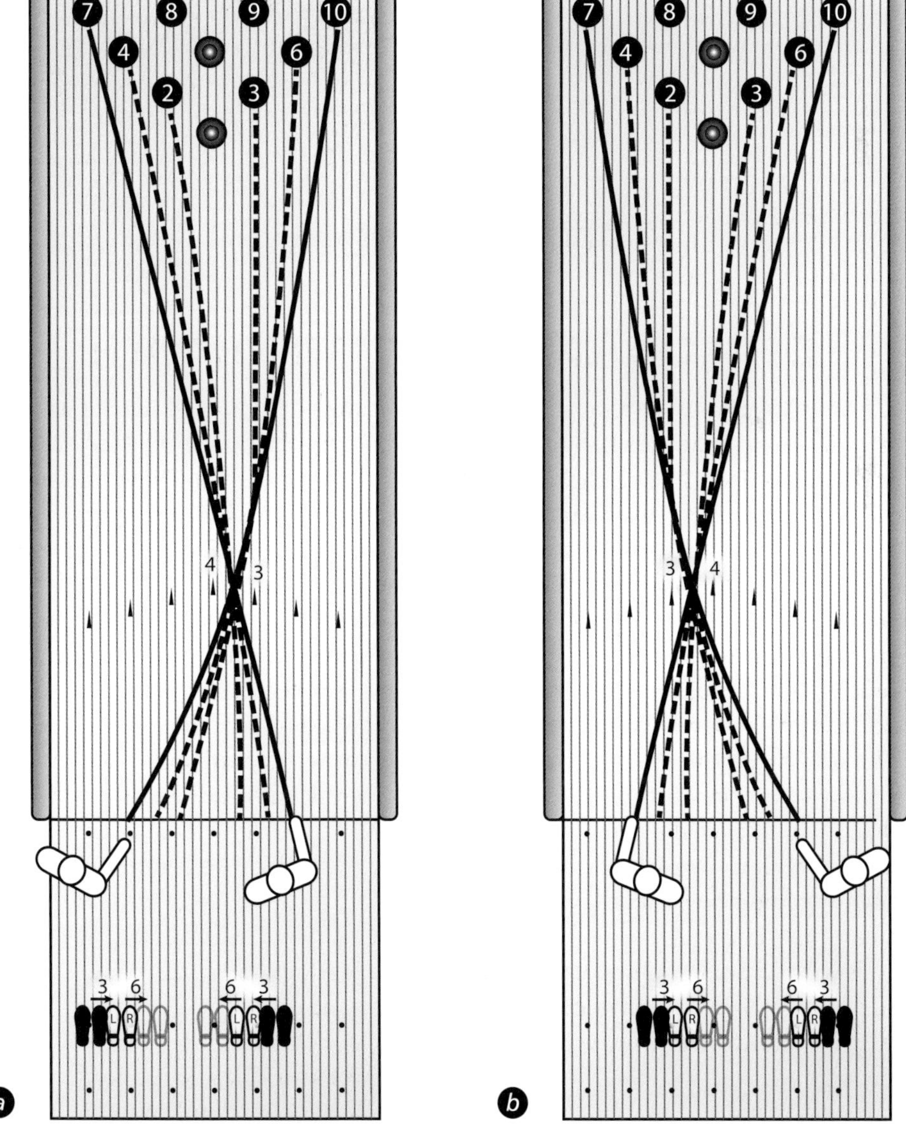

Abb. 11.3 Sechs Grundwürfe für Spares mit einzelnen Pins: (a) Rechtshänder, (b) Linkshänder.

Veränderungen: Zusehen, wie der Ball gerade läuft

Es mag ganz anders wirken zu sehen, wie der Ball gerade läuft, wenn Sie lernen, Spares mit einem Kunststoffball zu werfen. Einige Bowler schwören auf den Haken und glauben, damit eine größere Fehlertoleranz zu haben. Das ist zwar verständlich, aber der Nachteil liegt darin, dass Sie den Bahnzustand berücksichtigen müssen, und das funktioniert nicht, wenn Sie das Öl auf der Bahn doch nicht beherrschen.

Natürlich ist es eine Veränderung, sich an den gerade laufenden Ball zu gewöhnen. Jedoch müssen Sie zwar etwas präziser spielen, aber der Bahnzustand kann Ihnen völlig egal sein. Sie brauchen nicht mehr so viel mit Annahmen arbeiten. Wenn der Winkel passt und Sie sich richtig anpassen, haben Sie immer noch genügend Fehlertoleranz. Sie müssen sich auch keine Sorgen darüber machen, dass der Ball Haken schlägt oder am Spare vorbeirutscht.

SPARES MIT DEM KUNSTSTOFFBALL – RECHTSHÄNDER

Wie in Kapitel 10 sind die Spares in linke und rechte aufgeteilt, wobei das Hauptaugenmerk hier auf den linken Spares liegt. Das liegt daran, dass die Winkel für rechte Spares die gleichen sind wie in Kapitel 10. Hier benutzen Sie lediglich einen Kunststoffball, um die Ballreaktionen zu unterbinden. Der Ausgangspunkt für Pin 10 ist der gleiche, etwa Leiste 35, und auch die Anpassungen für die anderen rechten Spares sind identisch.

Anders bei diesem System ist, dass Sie beim Wurf auf die linken Spares die Strikelinie nicht verlassen. Stattdessen ermitteln Sie für den Wurf mit dem Kunststoffball zunächst einen separaten Winkel für Pin 7 und passen dann die anderen linken Spares an, indem Sie sich von diesem Winkel aus bewegen. Von Spares mit einzelnen Pins komme ich dann zu Spares mit mehreren.

Der gerade Wurf auf die Spares fühlt sich definitiv anders an. Ich erkläre Ihnen hier, was Sie zu erwarten haben, wenn Sie bei diesen Spares zum Kunststoffball wechseln. Dabei wird die Technik erläutert, auch häufige Probleme spreche ich an, die die Begeisterung für dieses System rasch schwinden lassen. Linkshänder lesen im nächsten Abschnitt weiter.

Spares mit einzelnen Pins

Bei Pins auf der linken Seite müssen Sie zunächst einen separaten Wurf auf Pin 7 aufbauen, unabhängig von Ihrer Strikelinie. Wenn dieser Winkel feststeht, bewegen Sie sich für die anderen linken Spares von dort aus und behalten den Zielpfeil für den Wurf auf Pin 7 bei.

Linke Spares

Wenn Sie die Pins mit einem separaten Kunststoffball räumen, gehen Sie für die linken Pins nicht mehr von der Strikelinie aus – mit einem ganz anderen Ball wäre das völlig sinnlos. Sie können Ihren Strike-Zielpfeil nicht für die linken Spares benutzen, weil ja ein ganz anderer Ball zum Einsatz kommt. So wie Sie für die rechten Spares einen Winkel für den Wurf auf den Eckpin (Pin 10) festgelegt haben, machen Sie das in diesem System mit dem Kunststoffball für die linken Spares mit Pin 7.

Den Wurf auf Pin 7 festlegen Suchen Sie sich ein Ziel irgendwo auf der Mitte der Bahn, etwa zwischen dem dritten und vierten Zielpfeil. Gehen Sie nach rechts und suchen Sie eine Ausgangsposition, die so aussieht, als könnten Sie von dort den Zielpfeil und dann Pin 7 treffen.

Dabei schließen Sie die Schultern zu Pin 7 hin (Abb. 11.4). Denken Sie daran, der Kunststoffball schlägt keine Haken, Sie werfen direkt auf den Pin. Das Schließen der Schultern fühlt sich merkwürdig an, weil Sie das bei keinem anderen Wurf so machen.

Wo Sie stehen müssen, ist bei dieser Seite weniger klar, denn jeder Bowler driftet anders zum Ziel, um die Schultern geschlossen zu halten und sie auf den Pin zu richten.

Es mag etwas widersprüchlich klingen, hier nicht gerade zu gehen, wo doch ansonsten immer empfohlen wird, genau das zu tun. Doch hier ist es einfach anders. Mit geschlossenen Schultern auf Pin 7 gerichtet, gehen Sie nicht gerade. Da Ihr Pendelarm rechts ist, müssen Sie Richtung Ziel gehen, um das Pendel auf der beabsichtigten Ziellinie zu den Pins zu halten und gleichzeitig den rechten Winkel zu den Schultern einzuhalten. Allerdings gehen Sie auch niemals direkt

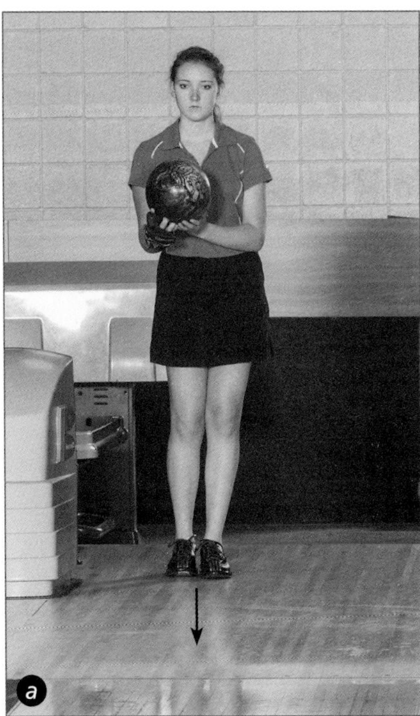

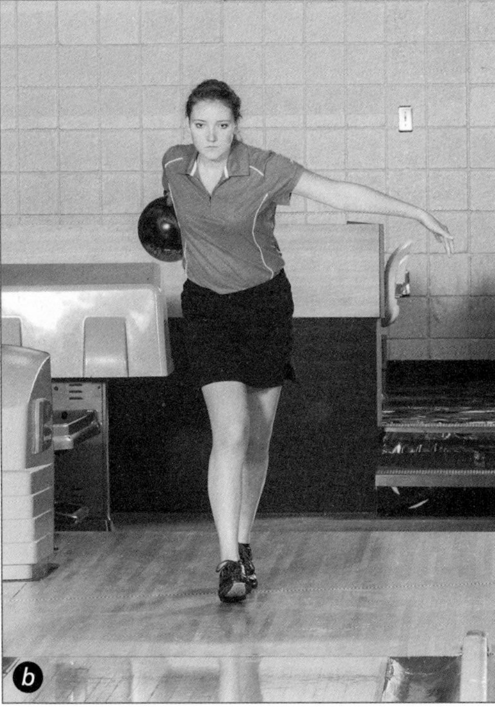

Abb. 11.4 Rechtshänder mit (a) geschlossenen Schultern zu Pin 7 hin geht (b) auf Pin 7 zu.

Veränderungen: Mit geschlossenen Schultern auf Pin 7 zugehen

Wenn Sie sich mit geschlossenen Schultern auf den linken Spare hin ausrichten, müssen Sie auf den Pin zugehen, um die Schultern geschlossen zu halten und gleichzeitig den rechten Winkel einzuhalten. Je weiter rechts Sie starten, desto mehr müssen Sie driften. Sie müssen selbst herausfinden, wie das wirkt und welche Komfortzone Sie brauchen, um mit geschlossenen Schultern das Ziel zu treffen. Es mag wie ein Widerspruch klingen, aber der Gedanke dabei ist, dass Sie auf keinen Fall weiter nach rechts in Richtung Ihres Armpendels gehen.

nach rechts *auf* Ihr Armpendel *zu. Mit offenen Schultern gehen Sie gerade bei geschlossenen Schultern leicht auf das Ziel zu.*

Manche Bowler driften mehr als andere und müssen daher weiter rechts starten. Wer weniger driftet, startet also näher am Ziel. Das können Sie durch Ausprobieren herausfinden. In der Regel startet man etwa bei Leiste 15 und geht für Pin 7 leicht auf die Mitte des Anlaufs zu. Noch einmal: Nur mit geschlossenen Schultern gehen Sie auf das Ziel zu und auch hier auf keinen Fall in Ihre Pendelebene.

Anpassung für die anderen linken Spares So wie Sie die Anpassung für die rechten Spares durch Bewegung von der Position für Pin 10 aus vorgenommen haben, tun Sie das für die linken Spares vom Wurf auf Pin 7 aus. Die anderen Pins auf der linken Seite lassen sich nach ihrem Bezug zu Pin 7 in zwei Reihen einteilen. Für diese Spares bewegen Sie die Füße vom Pin-7-Wurf nach links, behalten aber den Zielpfeil für Pin 7 bei.

Links von Pin 7 stehen zwei Reihen: Pin 4 und die Pins 2/8. Behalten Sie das Ziel für Pin 7 zwischen dem dritten und vierten Zielpfeil bei.

Für Pin 4 gehen Sie, ausgehend vom Wurf auf Pin 7, etwa drei Leisten nach links (Abb. 11.5).

Für Pin 2 oder 8 gehen Sie etwa sechs Leisten nach links (Abb. 11.6). (*Hinweis:* Von dieser Seite gibt es keine Bewegung um neun Leisten, denn dann wären Sie am Headpin, und das ist ein Strikewurf.)

Beachten Sie, dass die Anpassung für diese Pins nicht vom Headpin aus erfolgt, denn hier kommt es auf den Bezug zu Pin 7 an.

Rechte Spares

Bei den rechten Spares verfahren Sie in diesem System praktisch wie in Kapitel 10. Sie benutzen hier lediglich einen Kunststoffball. Die Anpassungen sind die gleichen wie beim Strikeball, nur werfen Sie direkt auf die Pins und nehmen die Ballreaktion aus dem Spiel. Das ist von Vorteil für Sie.

Denken Sie daran, dass Sie auf dieser Seite gerade gehen und die Schultern auf den Spare richten. Da hier die Schultern offen sind, sollten Sie an der Foullinie auf der gleichen Leiste abschließen wie in der Starthaltung.

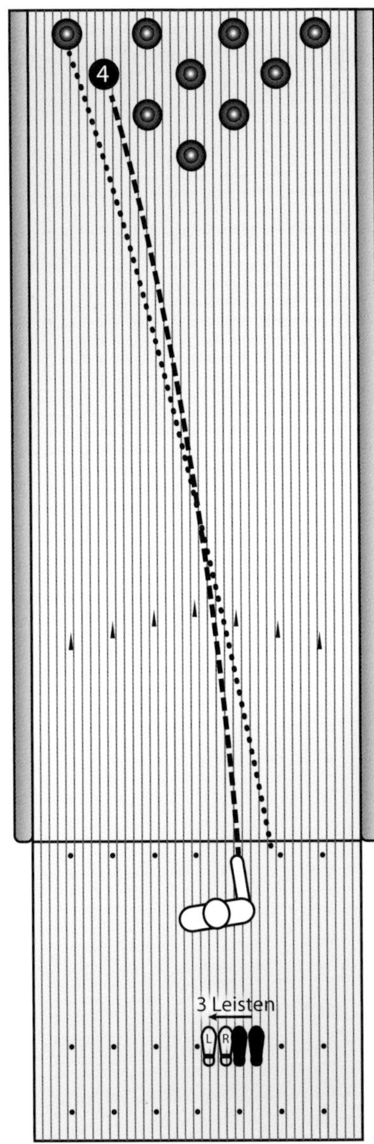

Abb. 11.5 Verwandeln des Spares Pin 4, Rechtshänder.

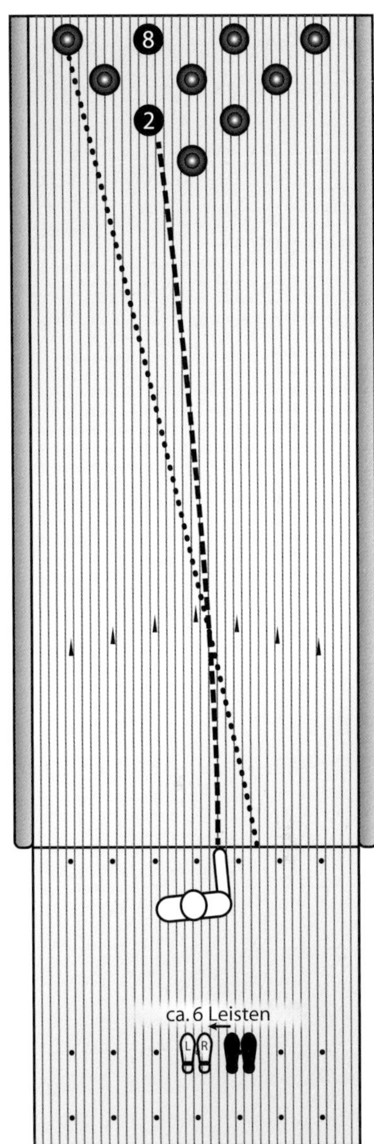

Abb. 11.6 Verwandeln des Spares Pin 2 oder 8, Rechtshänder.

Zusammengefasst hier noch einmal die Anpassungen aus Kapitel 10:

- Für Pin 6 gehen Sie, ausgehend vom Wurf auf Pin 10, etwa drei Leisten nach rechts.
- Für Pin 3 oder 9 gehen Sie etwa sechs Leisten nach rechts. (*Hinweis:* Von dieser Seite gibt es keine Bewegung um neun Leisten, denn dann wären Sie am Headpin, und das ist ein Strikewurf.)

(Siehe Abb. 10.8 in Kap. 10 oder Abb. 11.3.)

Spares mit mehreren Pins

Bei Spares mit zwei Pins sollten Sie sich in der Art anpassen, dass der Ball zwischen diesen beiden Pins einläuft. Geht es aber um drei Pins und mehr, finden Sie zuerst den Schlüsselpin heraus, also den, der Ihnen am nächsten steht, am weitesten vorn.

Linke Spares

Für die linken Spares passen Sie den Winkel, ausgehend vom Wurf auf Pin 7, an und behalten das Ziel für Pin 7 zwischen dem dritten und vierten Pfeil bei. Stehen noch zwei Pins, gehen Sie aus der Position für Pin 7 nach links, behalten das Ziel für Pin 7 bei und passen die Zahl der Leisten entsprechend einem Zwischenwert aus den einzelnen Werten für diese beiden Pins an.

Spare 4-7 Berechnen Sie Ihre Bewegung so, dass der Ball sowohl Pin 4 als auch Pin 7 trifft. Rechtshänder haben für Pin 7 einen eigenen Wurf. Da Sie für Pin 4 vom Wurf für Pin 7 aus um drei Leisten nach links gehen würden, gehen Sie nun um eineinhalb Leisten nach links, um die Kombination 4-7 zu räumen (Abb. 11.7).

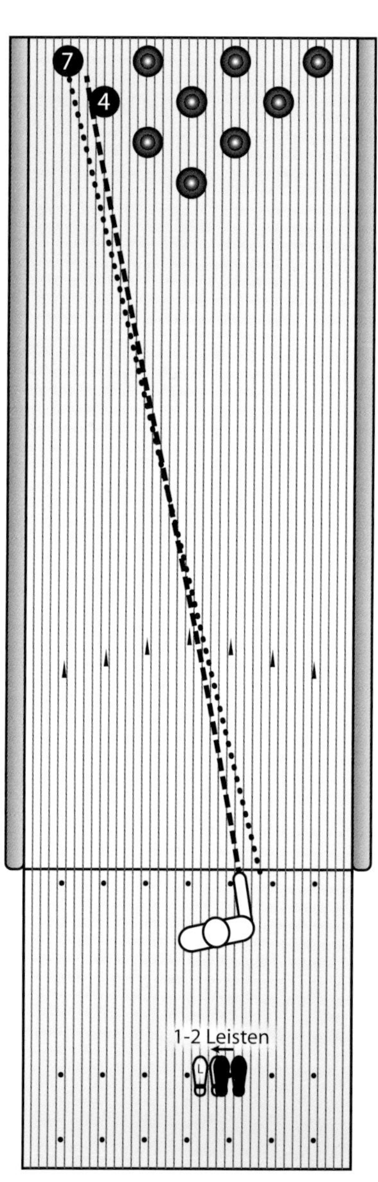

Abb. 11.7 Verwandeln von Spare 4-7, Rechtshänder.

Spares 2-4-5, 2-4-5-8 und 2-8 Bleiben diese Kombinationen stehen, ist Pin 2 der Schlüsselpin. Der Schlüsselpin ist Ihnen stets am nächsten. Sie würden normalerweise für Pin 2 vom Wurf für Pin 7 aus um sechs Leisten nach links gehen. Also versuchen Sie das auch für diese Kombinationen. Sie müssen zwar etwas präziser spielen, aber der Bahnzustand kann Ihnen dabei völlig egal sein. Die Anpassung über die Leisten müssen Sie ohnehin vornehmen.

Splits 2-4, 2-4-5-7 und 2-7 Bei all diesen Kombinationen versuchen Sie die Pins 2-4 zu treffen, selbst beim Baby-Split 2-7, bei dem Pin 4 gar nicht mehr steht. Sie würden für Pin 4 um drei und für Pin 2 um sechs Leisten nach links gehen. Da Sie aber den Ball zwischen die Pins 2 und 4 setzen wollen, gehen Sie vom Wurf für Pin 7 aus zwischen drei und sechs, also etwa viereinhalb Leisten nach rechts, um diese Kombination zu räumen (Abb. 11.9).

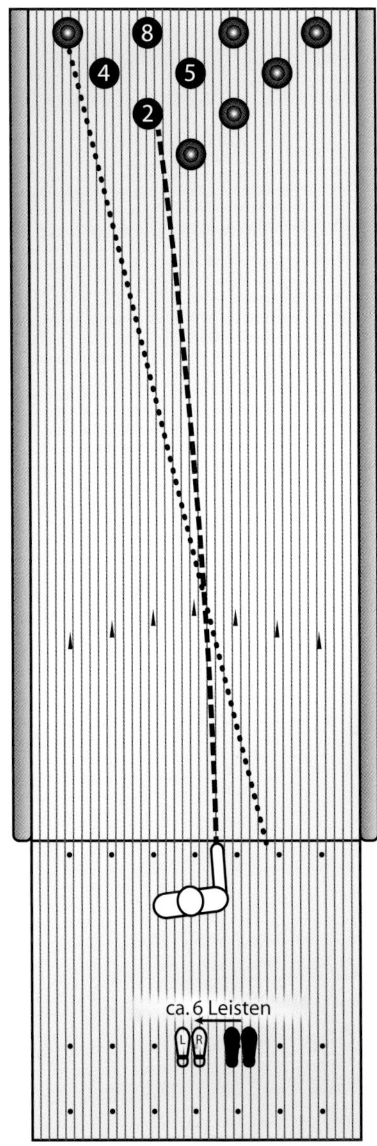

Abb. 11.8 Verwandeln von Spare 2-4-5, 2-4-5-8 oder 2-8, Rechtshänder.

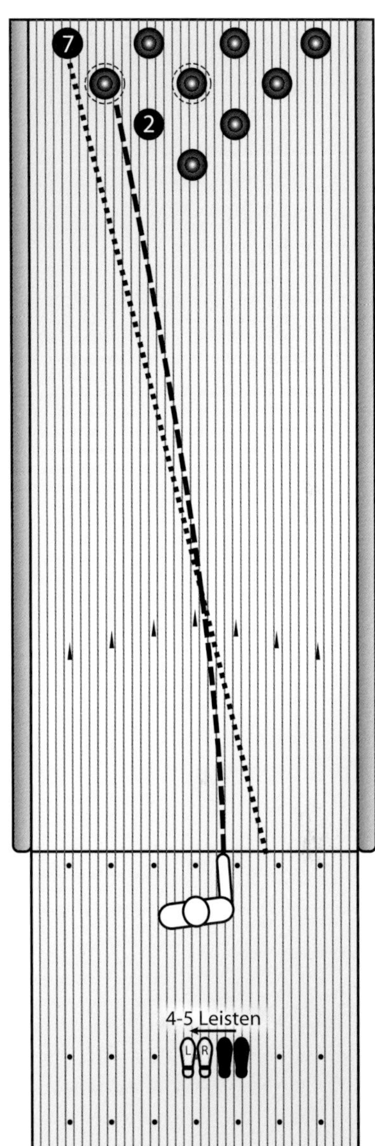

Abb. 11.9 Verwandeln von Split 2-4, 2-4-5-7 oder 2-7, Rechtshänder.

Rechte Spares: Splits 3-6, 3-6-10 und 3-10

Bei all diesen Kombinationen versuchen Sie die Pins 3 und 6 zu treffen, selbst beim Baby-Split 3-10, bei dem Pin 6 gar nicht mehr steht. Da Sie für Pin 6 um drei Leisten nach rechts gehen würden und für Pin 3 um sechs, gehen Sie, ausgehend von der Position für den Wurf auf Pin 10, etwa vier oder fünf Leisten nach rechts (siehe Abb. 10.14 in Kap. 10).

Die Anpassung für diese Pins erfolgt nicht vom Headpin aus, denn hier kommt es auf den Bezug zu Pin 10 an! Der nächste Abschnitt befasst sich mit Spares für Linkshänder. Rechtshänder können diesen Abschnitt überspringen.

Veränderungen: Optionen für eine Kombination mit Pin 2 wählen

Lassen Sie in der Hitze des Gefechts einen Spare mit Pin 2 stehen, müssen Sie strategisch vorgehen: Sie können einen Haken wie beim Strikeball werfen und sich von der Strikelinie (mit dem Strikeziel) nach rechts anpassen, oder Sie werfen mit dem Kunststoffball direkt und passen die Position vom Wurf auf Pin 7 nach links an. Sie haben die Wahl, entscheiden Sie nach Ihrem Gefühl.

Beim Kunststoffball haben Sie den Vorteil, dass der Bahnzustand keine Rolle mehr spielt, dafür müssen Sie etwas präziser spielen – Ihre Entscheidung, Ihr Spiel!

SPARES MIT DEM KUNSTSTOFFBALL – LINKSHÄNDER

Wie schon in Kapitel 10 sind die Spares auch hier in linke und rechte aufgeteilt, wobei die Betonung hier auf den rechten liegt. Das liegt daran, dass die Winkel für die linken Spares die gleichen sind wie in Kapitel 10. Sie benutzen hier lediglich einen Kunststoffball, um die Ballreaktionen zu unterbinden. Der Ausgangspunkt für Pin 7 ist der gleiche, etwa Leiste 35, und auch die Anpassungen für die anderen linken Spares sind gleich.

Anders in diesem System ist, dass Sie beim Wurf auf die rechten Spares die Strikelinie nicht verlassen. Stattdessen ermitteln Sie mit dem Kunststoffball zunächst einen separaten Winkel für Pin 10 und passen dann die anderen rechten Spares an, indem Sie sich von diesem Winkel aus bewegen. Ich beginne mit Spares mit einzelnen Pins und komme dann zu denen mit mehreren.

Der gerade Wurf auf die Spares fühlt sich definitiv anders an. Ich erkläre Ihnen hier, was Sie zu erwarten haben, wenn Sie bei diesen Spares zum Kunststoffball wechseln. Dabei wird die Technik erläutert, aber auch häufige Probleme, die die Begeisterung für dieses System meist rasch schwinden lassen.

Spares mit einzelnen Pins

Bei Pins auf der rechten Seite müssen Sie zunächst einen separaten Wurf auf Pin 10 aufbauen, unabhängig von Ihrer Strikelinie. Wenn dieser Winkel feststeht, bewegen Sie sich für die anderen rechten Spares von dort aus und behalten den Zielpfeil für den Wurf auf Pin 10 bei.

Rechte Spares

Wenn Sie die Pins mit einem eigenen Kunststoffball räumen, gehen Sie für die rechten Pins nicht mehr von der Strikelinie aus. Das wäre mit einem anders reagierenden Ball völlig sinnlos. Sie können Ihren Strike-Zielpfeil nicht für die rechten Spares benutzen, weil eben ein ganz anders gearteter Ball zum Einsatz kommt. So wie Sie für die rechten Spares einen Winkel für den Wurf auf den

Eckpin (Pin 7) festgelegt haben, tun Sie dies in diesem System mit dem Kunststoffball für die linken Spares mit Pin 10.

Den Wurf auf Pin 10 festlegen Suchen Sie sich ein Ziel irgendwo auf der Mitte der Bahn, etwa zwischen dem dritten und vierten Zielpfeil. Gehen Sie nach links und suchen Sie eine Ausgangsposition, die so aussieht, als könnten Sie von dort den Zielpfeil und dann Pin 10 treffen.

Dabei schließen Sie die Schultern zu Pin 10 (Abb. 11.10). Denken Sie daran, der schlägt keine Haken. Sie werfen direkt auf den Pin. Das Schließen der Schultern fühlt sich merkwürdig an, weil Sie das bei keinem anderen Wurf so tun.

Wo Sie stehen müssen, ist bei dieser Seite weniger klar, denn jeder Bowler driftet anders zum Ziel, um die Schultern geschlossen zu halten und sie auf den Pin zu richten.

Wo ansonsten immer empfohlen wird, gerade zu gehen, ist es hier gerade anders. Mit geschlossenen Schultern auf Pin 10 gerichtet, gehen Sie nicht gerade. Da Ihr Pendelarm links ist, müssen Sie in Richtung auf das Ziel gehen, um das Pendel auf der beabsichtigten Ziellinie zu den Pins zu halten und gleichzeitig den rechten Winkel zu den Schultern einzuhalten. Allerdings gehen Sie niemals direkt nach links *auf* Ihr Armpendel zu. *Mit offenen Schultern gehen Sie gerade, mit geschlossenen Schultern leicht auf das Ziel zu.*

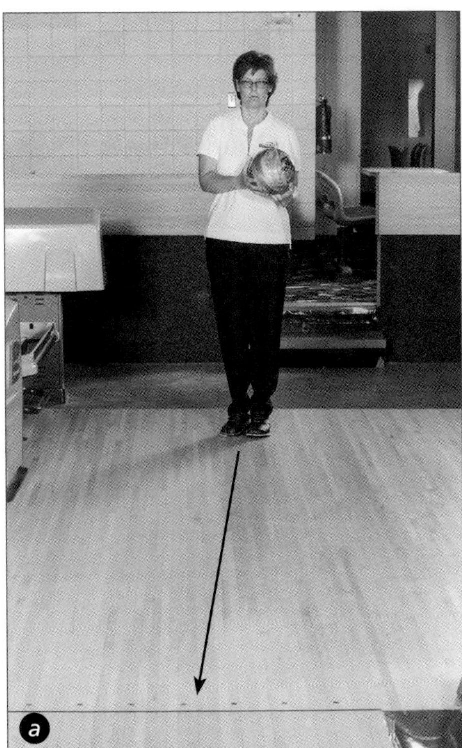

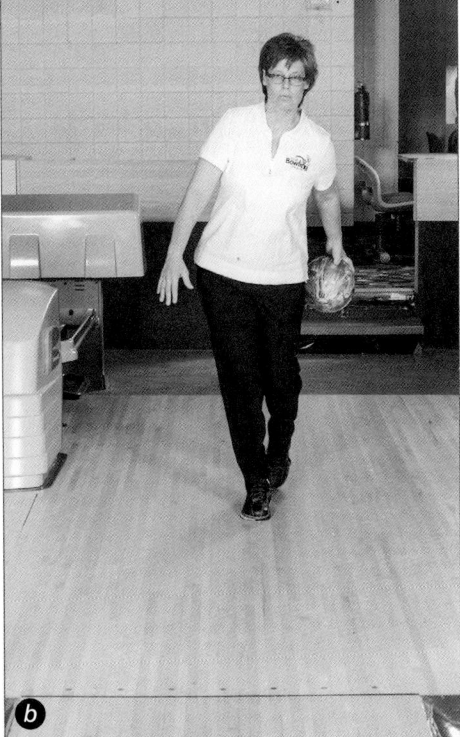

Abb. 11.10 Linkshänder mit (a) geschlossenen Schultern zu Pin 10 geht (b) auf Pin 10 zu.

**Veränderungen:
Mit geschlossenen Schultern auf Pin 10 zugehen**

Wenn Sie sich mit geschlossenen Schultern auf den rechten Spare ausrichten, müssen Sie auf den Pin zugehen, um die Schultern geschlossen zu halten und gleichzeitig den rechten Winkel einzuhalten. Je weiter links Sie starten, desto mehr müssen Sie driften. Finden Sie heraus, wie das wirkt und welche Komfortzone Sie brauchen, um mit geschlossenen Schultern das Ziel zu treffen. Gehen Sie dabei allerdings auf keinen Fall nach links in Richtung Ihres Armpendels.

Manche Bowler driften von Haus aus mehr und müssen daher weiter links starten. Wer weniger driftet, startet also näher am Ziel. Das können Sie ganz einfach durch Ausprobieren lernen. In der Regel startet man etwa bei Leiste 15 und geht für Pin 10 leicht auf die Mitte des Anlaufs zu. Noch einmal: Nur mit geschlossenen Schultern gehen Sie auf das Ziel zu und auch hier auf keinen Fall in Ihre Pendelebene.

Anpassung für die anderen rechten Spares So wie Sie die Anpassung für die linken Spares durch Bewegung von der Position für Pin 7 aus vorgenommen haben, tun Sie das für die rechten Spares vom Wurf auf Pin 10 aus. Die anderen Pins auf der rechten Seite lassen sich nach ihrem Bezug zu Pin 10 in zwei Reihen einteilen. Für diese Spares bewegen Sie die Füße vom Pin-10-Wurf nach rechts, behalten aber den Zielpfeil für Pin 10 bei.

Links von Pin 10 stehen zwei Reihen: Pin 6 und die Pins 3/9. Behalten Sie das Ziel für Pin 10 zwischen dem dritten und vierten Zielpfeil bei.

Für Pin 6 gehen Sie, ausgehend vom Wurf auf Pin 10, etwa drei Leisten nach links (Abb. 11.11).

Für Pin 3 oder 9 gehen Sie etwa sechs Leisten nach links (Abb. 11.12). (*Hinweis:* Von dieser Seite gibt es keine Bewegung um neun Leisten, denn dann wären Sie am Headpin, und das ist ein Strikewurf.)

Beachten Sie, dass die Anpassung für diese Pins nicht vom Headpin aus erfolgt. Hier kommt es auf den Bezug zu Pin 10 an.

Linke Spares

Bei den linken Spares verfahren Sie in diesem System praktisch wie schon in Kapitel 10 geschildert; anders ist lediglich, dass Sie einen Kunststoffball benutzen. Die Anpassungen sind die gleichen wie beim Strikeball, doch Sie werfen direkt auf die Pins und nehmen die Ballreaktion aus dem Spiel. Das ist von Vorteil für Sie.

Denken Sie daran, dass Sie auf dieser Seite gerade gehen und die Schultern auf den Spare richten. Da hier die Schultern offen sind, sollten Sie an der Foullinie auf der gleichen Leiste abschließen wie in der Starthaltung.

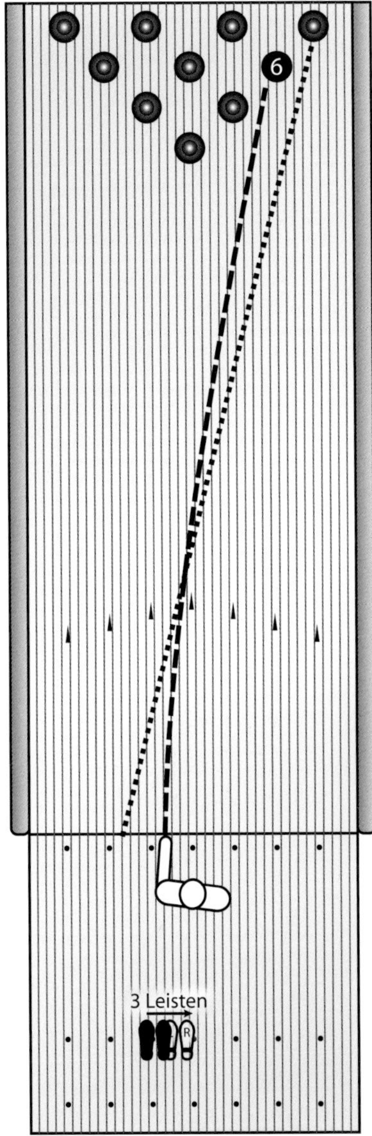

Abb. 11.11 Verwandeln von Spare Pin 6, Linkshänder.

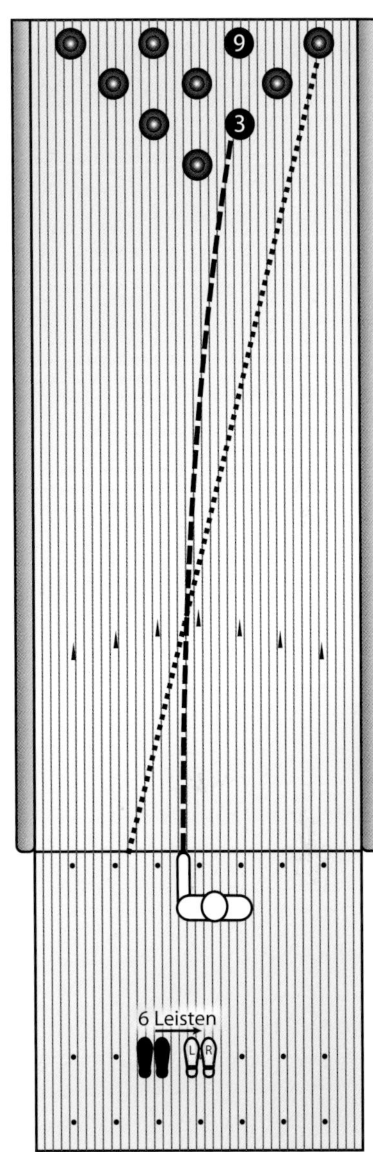

Abb. 11.12 Verwandeln von Spare Pin 3 oder 9, Linkshänder.

Zusammengefasst hier noch einmal die Anpassungen aus Kapitel 10:

- Für Pin 4 gehen Sie, ausgehend vom Wurf auf Pin 7, etwa drei Leisten nach links.
- Für Pin 2 oder 8 gehen Sie etwa sechs Leisten nach links. *Hinweis:* Von dieser Seite gibt es keine Bewegung um neun Leisten, denn dann wären Sie am Headpin, und das ist ein Strikewurf (siehe Abb. 10.17 in Kap. 10).

Spares mit mehreren Pins

Bei Spares mit zwei Pins müssen Sie sich so anpassen, dass der Ball zwischen diesen Pins einläuft. Geht es um drei Pins oder mehr, finden Sie zuerst den Schlüsselpin, also den, der Ihnen am nächsten steht, am weitesten vorn.

Rechte Spares

Für die rechten Spares passen Sie den Winkel, ausgehend vom Wurf auf Pin 10, an und behalten das Ziel für Pin 10 zwischen dem dritten und vierten Pfeil bei. Stehen noch zwei Pins, gehen Sie aus der Position für Pin 10 nach rechts, behalten das Ziel für Pin 10 bei und passen die Zahl der Leisten analog einem Zwischenwert aus den einzelnen Werten für diese beiden Pins an.

Spare 6-10 Berechnen Sie Ihre Bewegung so, dass der Ball sowohl Pin 6 als auch Pin 10 trifft. Linkshänder haben für Pin 10 einen eigenen Wurf. Da Sie für Pin 6 vom Wurf für Pin 10 aus um drei Leisten nach rechts gehen, gehen Sie um eineinhalb Leisten nach links, um die Kombination 6-10 zu räumen (Abb. 11.13).

Spares 3-5-6, 3-5-6-9 und 3-9 Bleiben solche Kombinationen stehen, ist Pin 3 der Schlüsselpin. Der ist Ihnen stets am nächsten. Sie würden normalerweise für Pin 3 vom Wurf für Pin 10 aus um sechs Leisten nach rechts gehen, also versuchen Sie das auch für diese Kombinationen. Sie müssen zwar etwas präziser spielen, aber der Bahnzustand kann Ihnen völlig egal sein. Die Anpassung über die Leisten müssen Sie ohnehin vornehmen.

Splits 3-6, 3-5-6-10 und 3-10 Bei allen diesen Kombinationen versuchen Sie die Pins 3 und 6 zu treffen, selbst beim Baby-Split 3-10, bei dem Pin 6 gar nicht mehr steht. Sie würden sich für Pin 6 um drei und für Pin 3 um sechs Leisten bewegen. Da Sie aber den Ball zwischen diese Pins setzen wollen, gehen Sie vom Wurf für Pin 10 zwischen drei und sechs aus, also etwa viereinhalb Leisten nach rechts, um diese Kombination zu räumen (Abb. 11.15).

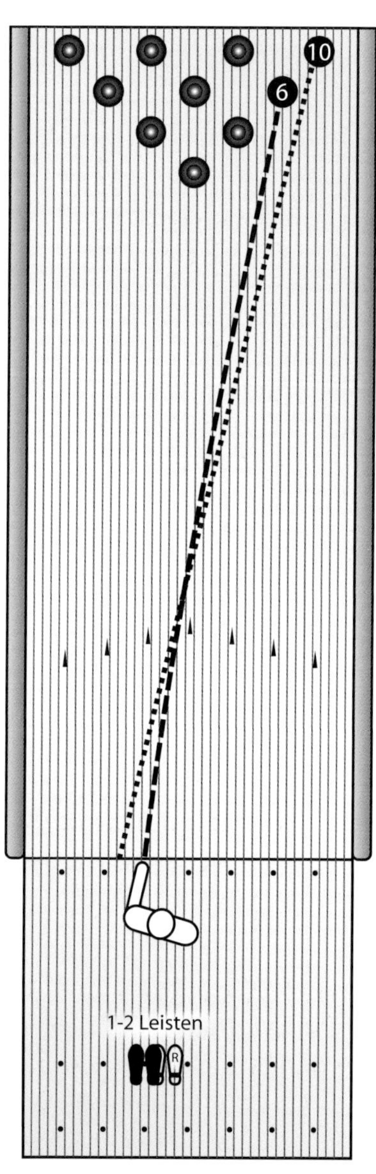

Abb. 11.13 Verwandeln von Spare Pin 6-10, Linkshänder.

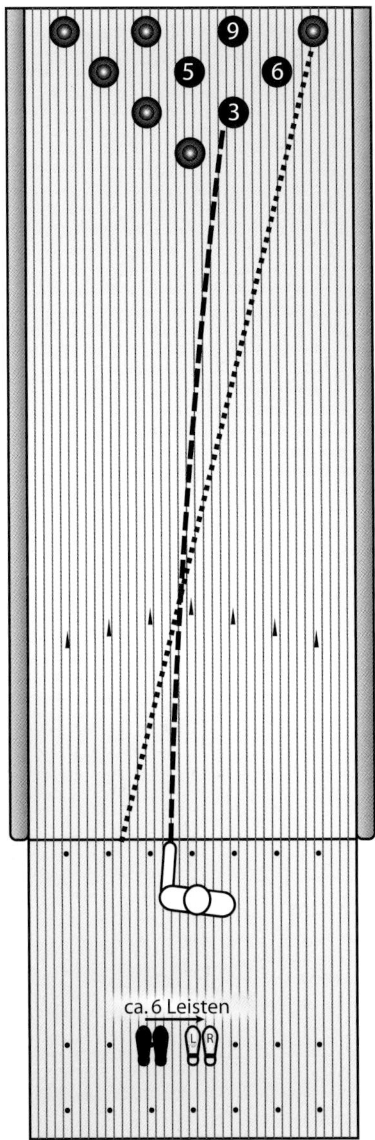

Abb. 11.14 Verwandeln von Spare 3-5-6, 3-5-6-9 oder 3-9, Linkshänder.

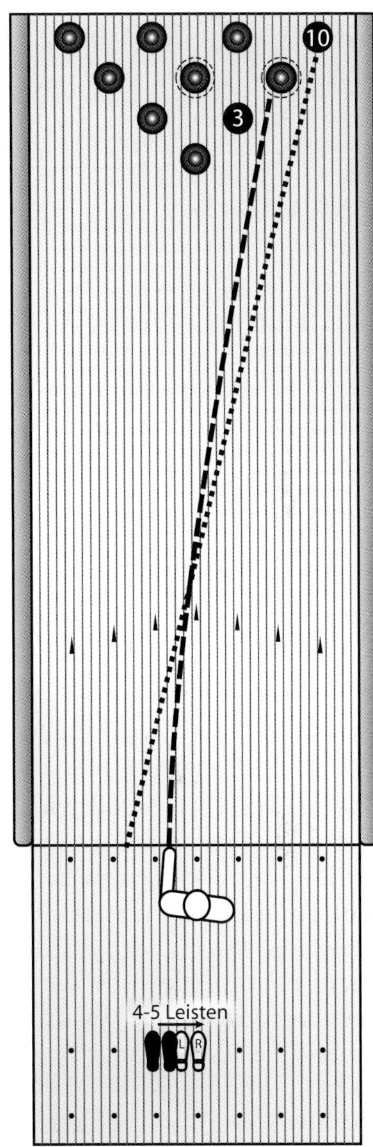

Abb. 11.15 Verwandeln von Split 3-6, 3-5-6-10 oder 3-10, Linkshänder.

Linke Spares: Splits 2-4, 2-4-7 und 2-7

Bei all diesen Kombinationen versuchen Sie die Pins 2 und 4 zu treffen, selbst beim Baby-Split 2-7, bei dem Pin 4 gar nicht mehr steht. Da Sie sich für Pin 4 um drei Leisten bewegen würden und für Pin 3 um sechs, gehen Sie, ausgehend von der Position für den Wurf auf Pin 7, vier oder fünf Leisten nach rechts (siehe Abb. 10.23 in Kap. 10).

Achtung: Die Anpassung für diese Pins erfolgt nicht vom Headpin aus. Hier kommt es auf den Bezug zu Pin 7 an.

Veränderungen: Optionen für eine Kombination mit Pin 3 wählen

Wenn Sie in der Hitze des Gefechts einen Spare mit Pin 3 stehen lassen, brauchen Sie eine Strategie: Sie können wie beim Strikeball einen Haken werfen und sich von der Strikelinie (mit dem Strikeziel) nach links anpassen, oder Sie werfen mit dem Kunststoffball direkt und passen die Position vom Wurf auf Pin 10 nach links an. Sie haben die Wahl, entscheiden Sie nach Ihrem Gefühl.

Beim Kunststoffball haben Sie den Vorteil, dass der Bahnzustand keine Rolle mehr spielt. Dafür müssen Sie etwas präziser spielen – Ihre Entscheidung, Ihr Spiel!

FEHLERBEHEBUNG

Bei diesem System müssen Sie sich Ihrer Ausgangswinkel für Pin 7 und 10 sicher sein. Die restlichen Anpassungen berechnen Sie auf der Grundlage dieser Winkel. Beim Aufwärmen können Sie probieren, Pin 7 und Pin 10 zu treffen. Passen Sie Ihren Winkel für eine optimale Reaktion daraufhin an. Die Winkel werden sich bei einem Kunststoffball nicht groß verändern, manchmal ist aber eine Feinjustierung nötig. Es wird sich aber nur um einige wenige Leisten handeln. Haben Sie den besten Winkel für die Eckpins herausgefunden, nehmen Sie von dort die Anpassungen für die anderen Spares vor.

Wenn Sie die Schultern zu den Spares hin schließen (weil der Ball gerade läuft), werden Sie den Drang spüren, den Ball in diese Richtung zu ziehen. Da Sie im rechten Winkel zu den Schultern durchschwingen müssen, ist es nötig, dass Sie den komfortabelsten Winkel von den Schultern zu den Spares finden. Schwingen Sie aber auf jeden Fall gerade durch.

Sobald Sie sich daran gewöhnt haben, dass der Ball gerade läuft, und den Vorteil genießen, dass Sie den Bahnzustand außer Acht lassen können, werden Sie Selbstvertrauen gewinnen und mehr Spares abräumen.

ZUSAMMENFASSUNG

Ob Sie in mehreren Ligen oder unter verschiedenen Bedingungen spielen, Sie können die Sparewürfe vereinfachen, wenn Sie den Bahnzustand aus dem Spiel nehmen. Es ist sinnvoll, einen Kunststoffball für Spares einzusetzen, wenn Sie das Rollen nicht flacher hinbekommen und der Strikeball einen Haken schlägt oder auch wenn Sie den Strikeball nicht mehr zum Haken bewegen können, sobald Sie das flache Rollen für die Spares ausgeführt haben. Die Idee dahinter ist, dass Sie an Ihrer Ballabgabe gegenüber dem Strikeball nichts ändern müssen, der Ball aber keinen Haken schlägt, weil er aus Kunststoff ist.

Beim System mit dem Kunststoffball gibt es sechs Grundwürfe für Spares mit einem Pin. Sobald Sie Ihre Würfe auf Pin 7 und 10 festgelegt haben, nutzen Sie diese Winkel als Ausgangspunkt für die restlichen Spares. Dabei beginnen Sie mit dem Wurf auf den entsprechenden Eckpin und bewegen die Füße um drei oder sechs Leisten zur Mitte, je nachdem, wo der stehen gebliebene Pin sich in Bezug auf Pin 7 oder 10 befindet. Ihr Ziel liegt auf beiden Seiten zwischen dem dritten und dem vierten Pfeil. Bei Kombinationen aus zwei Pins bewegen Sie sich um einen Mittelwert.

Denken Sie an die Ausgangshaltung mit dem Kunststoffball: Schultern, Hüften und Füße auf das Ziel ausgerichtet, der Schulterwinkel wird beim Anlauf beibehalten. Sind die Schultern geschlossen, gehen Rechtshänder nach links zu den Spares und Linkshänder nach rechts zu den Spares. Sind die Schultern offen, gehen Rechtshänder bei rechten Spares gerade und Linkshänder bei linken Spares gerade.

Und sagen Sie bitte nicht, dass ein Kunststoffball nie Haken schlägt, er kann das! Ist die Bahn so trocken, dass Ihr Kunststoffball einen Haken schlägt, müssen Sie ihn zusätzlich flacher rollen und den Haken abschwächen. Extreme Umstände erfordern extreme Maßnahmen!

Kapitel 12

Mentales Spiel

Ein erfolgreicher Bowler muss über die körperlichen Fähigkeiten verfügen, die Pins zu räumen, aber auch die mentale Seite des Bowling beherrschen. Mit einer starken mentalen Einstellung wird man ein guter Bowler, mit einer großartigen mentalen Einstellung aber ein großartiger Bowler. Je besser Ihr körperliches Spiel ist, desto wichtiger wird die mentale Einstellung. Die Arbeit an der mentalen Einstellung ist genau so hart wie die am körperlichen Spiel, man sieht sie nur nicht. Die Auswirkungen auf Ihre Leistungen sind aber sichtbar.

Zur mentalen Einstellung gehören die Fähigkeit zu Ruhe und Entspannung unter Stress. Ob Sie nun zum Spaß spielen und einen Strike für Ihr höchstes Ergebnis brauchen oder Sie in einer Liga für Ihr Team treffen müssen, ob Sie herausfinden müssen, wie man sich an einen schwierigen Bahnzustand anpasst oder sich in einem Wettkampf für das Finale qualifizieren müssen – wenn Sie lernen, ruhig und konzentriert zu bleiben, bewältigen Sie unter Druck die schwierigsten Situationen.

Die Kontrolle über Ihre Gefühle hilft Ihnen, bei der Sache zu bleiben und sich auf das Machbare zu konzentrieren. Sie können nur Ihre eigene Leistung kontrollieren, nicht die anderer Bowler oder gar das Ergebnis eines Spieles oder eines Wettkampfs.

Seien Sie flexibel und passen Sie sich an Ihre Umgebung an. Sie werden auf unterschiedlichen Bahnen, in unterschiedlichen Bowlingcentern und unter unterschiedlichen Bedingungen spielen. Lernen Sie, sich anzupassen und Ihre Komfortzone zu erweitern. Das ist ein mentaler Prozess.

Jederzeit gehen Ihnen viele Gedanken durch den Kopf. Die Grundlage eines guten mentalen Spieles ist es zu lernen, die Gedanken zu disziplinieren und für das Spiel effektive Gedanken zu schaffen. Dann bowlen Sie auch besser.

EINE WURFROUTINE ENTWICKELN

Wenn Sie eine Wurfroutine entwickeln, ist Ihre Technik besser reproduzierbar. Dazu zählen physische und psychische Aspekte. Im Bowling ist das genauso wichtig wie im Golf und jeder anderen Wiederholungssportart.

Eine Wurfroutine ist ein körperliches Ritual mit einem mentalen Prozess dahinter und wird bei jedem Wurf angewendet. Wenn Sie sich auf jeden Wurf gleich vorbereiten, können Sie Ihre Technik besser reproduzieren. Profi-Golfer gehen vor jedem Schlag durch eine feste Routine, denn sie müssen immer wieder gut schlagen. Diese Tipps helfen Ihnen, eine gute Wurfroutine zu entwickeln.

- Wenn Sie zu einem Wurf antreten, stellen Sie sich vor, eine Gardine fällt zwischen Ihnen und allen anderen. Konzentrieren Sie sich ganz auf den bevorstehenden Wurf.
- Visualisieren Sie den Weg des Balles zur Gasse oder zum Spare.
- Jedes Mal, wenn Sie mit dem Ball in der Ausgangsstellung stehen, wenden Sie das gleiche Ritual an.
- Klären und vereinfachen Sie Ihr Denken. Widmen Sie sich Ihrer Strategie.

Im Rahmen Ihres mentalen Prozesses sollten Sie auch eine Routine nach dem Wurf haben, um das Ergebnis zu analysieren und den nächsten Wurf vorzubereiten. Die Routine nach dem Wurf könnte so aussehen:

- Bewerten Sie das Resultat.
- Achten Sie auf die Ballreaktion und Fehler in der Ausführung.
- Konzentrieren Sie sich neu, wenn Sie einen Spare räumen müssen.

Legen Sie die Strategie für den nächsten Wurf schon fest, bevor Sie den Anlauf verlassen; überlegen Sie, welche Anpassungen für einen besseren Wurf erforderlich sind, noch bevor Sie mit den anderen sprechen, solange der Wurf noch frisch im Gedächtnis ist. Vielleicht stellen Sie fest, dass Sie nicht richtig konzentriert waren und nehmen sich vor, es beim nächsten Wurf zu sein; vielleicht war der Hakenlauf zu stark, weil Sie abgedriftet sind, dann ändern Sie nicht ihre Position, sondern achten darauf, gerader zu gehen; oder Sie waren mit dem Wurf zufrieden, müssen aber wegen des Bahnzustands Änderungen vornehmen. Legen Sie fest, wie Sie den nächsten Frame spielen und bleiben Sie dabei.

Hinweis: Anpassungen sind stets nur Annahmen – mehr haben Sie nicht. Solange Ihre Entscheidung sinnvoll ist, bleiben Sie dabei und hinterfragen Sie sie nicht mehr. Diese Klarheit wird Ihnen helfen, den nächsten Wurf besser und entspannter auszuführen. Wegen dieser Entschlossenheit kann das Pendel sogar die Qualität des nächsten Wurfes bestimmen, auch wenn die Anpassung nicht perfekt war.

Muss sich ein Golfer z. B. zwischen zwei Schlägern entscheiden, beeinflusst der Caddy mit seiner Reaktion darauf die mentale Einstellung des Golfers. Hinterfragt der Caddy die Entscheidung, kommen dem Golfer Zweifel, und er schlägt nicht so entspannt und selbstbewusst, wie wenn der Caddy seine Entscheidung klar unterstützt hätte (selbst wenn er für sich nicht so sicher war). Wer sich mit ganzem Herzen einer nicht ganz stimmigen Strategie widmet, fährt oft besser als jemand, der eine perfekte Entscheidung nur halbherzig umsetzt. Die Auswirkung auf die Qualität Ihres Wurfes kann das Ergebnis beeinflussen.

Machen Sie sich keine Sorgen, wenn Ihnen manchmal nicht nach Ihrer Wurfroutine ist, ich verstehe das. Vielleicht sind Sie über den letzten Wurf verärgert, abgelenkt durch den Glückswurf Ihres Gegners oder einfach zu faul. Es kostet viel Energie, die Routine jedes Mal durchzuführen. Wie gesagt, die Arbeit an der mentalen Einstellung ist genau so hart wie die am körperlichen Spiel, man sieht sie nur nicht. Einige der besten Bowler, gegen die ich gespielt habe, blieben eisern bei ihrer Routine. Und das war nicht immer ganz einfach. Sie hatten sich das antrainiert und machten es ganz automatisch. Damit hatten sie ein starkes mentales Spiel und warfen ganz hervorragend.

DIE EMOTIONEN KONTROLLIEREN

Bei meiner ersten Tour fiel mir das Verhalten einer erfahrenen Spielerin, Jeanne Maiden (Naccarato), bei den Qualifikationen auf. Nach jedem Spiel mussten wir ein paar Bahnen weiter, und ich folgte ihr. Ich kam auf ihre Bahn, während sie zur nächsten Bahn vorrückte. Ich war verblüfft über ihr konstantes Verhalten, ob sie nun 150 oder 250 geschafft hatte. Mir hätte man die 150 sicher angemerkt! Ich war sichtlich erschrocken. Ich ging mental vom letzten Ergebnis einfach zum nächsten Wurf. Meine Konzentration war unterbrochen, auf jeden Fall nicht durchgehend. Maiden schien aber nie ihre Stimmung zu ändern oder äußerlich auf ihre Leistung zu reagieren. Unabhängig von der Situation konnte sie stets dieselbe Konzentration aufbauen. Sie war unbeeindruckt und konzentrierte sich immer auf das nächste Spiel. Sie wusste, wie wichtig die dauernde Konzentration war und hatte gelernt, sie ständig wieder aufzubauen. Ich war stark beeindruckt. Mit einer solchen Konzentration kommt man zum Erfolg.

Waren Sie schon einmal so sauer über einen stehen gebliebenen Pin 10, dass Sie ihn anschließend nicht räumen konnten? Natürlich, ein stehengebliebener Eckpin ist frustrierend, besonders bei einem guten Wurf. Wenn Sie sich aber so ärgern, dass die Konzentration zum Räumen fehlt, wie sehr ärgern Sie sich erst danach? Sie ließen Ihre Reaktion Ihre Konzentration stören und verfehlten dadurch den Spare. Dabei war der erste Wurf gut. Sie mussten nur den Spare treffen und ihre Strategie für den Strike das nächste Mal ändern.

Es ist ein Prozess, die Emotionen beherrschen zu lernen, und das ist alles andere als einfach! Gerade als ich den Satz über den Eindruck, den Maiden hinterließ, geschrieben hatte, kam einer meiner Schüler in den ProShop. Er hatte gerade ein Spiel von mir auf YouTube gesehen und berichtete von der Konzentration, die ich ausstrahlte. Ich fand sein Timing interessant. Dann wurde mir klar, dass er ein Video gesehen hatte, bei dem ich in Topform war. Aber ich dachte sofort an die vielen Male, bei denen meine Konzentration schlecht war. Es ist demütigend, wenn man bedenkt, wie wichtig die Fähigkeit zur Konzentration und zur erneuten Konzentration für die Leistung ist.

Ich habe an nationalen Amateurwettkämpfen teilgenommen und professionell gespielt. Es ist verblüffend, wie oft auf der Amateurebene ein offener Frame auf einen anderen folgt, während das bei Profis fast nie passiert. Profis erholen sich schneller von Fehlern als Amateure. Bei diesen bleibt der Fehler länger im

Kopf. Profis lernen, ihre Emotionen zu beherrschen und zu kontrollieren, um die Konzentration zu bewahren, und sie lernen, sich erneut zu konzentrieren, ganz gleich, was vorher war. Auf der höchsten Ebene kann man nur mit Konzentration bestehen. Hier entscheidet das mentale Spiel.

Es ist egal, ob Sie gleich zu Beginn zehn Strikes nacheinander schaffen oder einen offenen Frame gehabt haben. Theoretisch sollten Sie den nächsten Wurf genau so angehen wie den letzten, unabhängig von den Umständen. Wer es schafft, ausgeglichen zu bleiben, bringt unabhängig vom Szenario seine Leistung. Es gibt nur Sie, den Ball und die Pins – jedes Mal wieder.

DIE GEDANKEN BEHERRSCHEN

Ich habe eine neue Leidenschaft, die Workouts im Gym. Seit Jahren habe ich eine Trainerin und gelernt, dass es im Workout um funktionelles Training geht. Als ich zu den Verbundübungen fortgeschritten bin, haben sie meine Balance auf Dauer verändert. Obwohl mein Körper darauf trainiert ist, balanciert zu bleiben, wundere ich mich immer noch, wie wichtig meine Konzentration für meine Balance ist. Jedes Mal denke ich dann daran, wie viel Einfluss eine gute Konzentration auf meine Karriere hatte – und auf die Karriere anderer.

Ich bin auf gute Balance trainiert. Verliere ich sie, liegt das fast immer daran, dass meine Gedanken abschweifen, die Konzentration fehlt, faszinierend zu beobachten. Komme ich wieder in die Konzentration, schaffe ich die nächste Aufgabe. Ich weiß, wie wichtig die Beziehung zwischen der Fähigkeit zur Konzentration und der Leistung ist. Das scheint logisch, ist aber verblüffend, wenn das in anderer Umgebung auch gilt. Das ist ein einfaches und doch tief gehendes Konzept. Es kommt auf die Fähigkeit zur Konzentration an, immer wieder.

BEHERRSCHEN SIE IHR KÖNNEN

Lernen Sie, sich nur um das zu kümmern, was Sie beherrschen können, und den Rest zu lassen. Sie können nur Ihre eigene Leistung und Ihre eigene Reaktion auf Ihre Umgebung kontrollieren.

Wie oft lassen Sie sich von einem anderen Spieler ablenken? Das Problem liegt nicht in ihm, es liegt alleine in Ihrer Reaktion. Sie können nicht kontrollieren, was ein anderer Spieler tut, sehr wohl aber Ihre Reaktion darauf. Der andere Spieler hat nicht Ihre Konzentration geraubt. Seine Aktionen haben nur Ihre Fähigkeit gestört, sich auf das zu konzentrieren, was Sie kontrollieren können.

Haben Sie sich schon von einer Pechsträhne die Konzentration rauben lassen? Die Pechsträhne ist nicht das Problem, sondern Ihre Reaktion. Sie können den besten Wurf ausführen und Ihre Strategie anpassen, nur darüber haben Sie Kontrolle. Sie schaffen 279 Punkte und verlieren doch, wenn Ihr Gegner 280 hat.

LEISTUNG UND ERGEBNIS

Sie können Ihre Leistung kontrollieren, aber nicht das Ergebnis. Deshalb sollten Sie sich auf Ihre Leistung konzentrieren und nicht auf das Ergebnis.

Was Sie kontrollieren können, sind gute Würfe, die Anpassung an die Bahn und das Räumen der Spares. Diese Strategien sind leistungsorientiert. Das Ergebnis können Sie nicht kontrollieren. Sie glauben vielleicht, dass Sie sich auf 300 Punkte konzentrieren können, dabei können Sie nur so gut wie möglich werfen und am Ende des Spieles auf das Ergebnis sehen. Das Ziel 300 ist ergebnisorientiert, das Ziel, gute Würfe für 300 Punkte zu machen, ist leistungsorientiert. An diesem Ziel können Sie arbeiten und es kontrollieren.

Meine Tour-Zimmergefährtin Liz Johnson wurde gefragt, wie sie nach einem erfolgreichen ersten Jahr das zweite angeht und wie sie mit einem schlechten zweiten umgehen würde, das so viele heimsucht, besonders nach einem erfolgreichen ersten. Ihre Antwort war klassisch: „Ich konzentriere mich immer nur auf einen Wettkampf. Ich kann mich nur auf den nächsten Wettkampf konzentrieren." Sie sagte weiter: „Eigentlich kann ich mich nur auf den nächsten Block konzentrieren. Nein, ich konzentriere mich auf jedes Spiel." Dann hatte sie es: „Ich konzentriere mich nur auf gute Würfe und das Abräumen der Spares, mehr kann ich nicht kontrollieren." Diese Antwort gibt einen Einblick in die Mentalität eines Champions. Johnson hatte eine erfolgreiche Karriere, sie gewann mehrere Profi-Titel, dreimal die US Open. Sie hat für die Vereinigten Staaten im Team USA gespielt und spielt national und international. Sie ist wirklich ein großer Champion.

Wer einen Gegner schlagen möchte, konzentriert sich auch auf das Ergebnis, aber Sie können die Leistung Ihres Gegners nicht kontrollieren. Sie können sich ausschließlich auf die eigenen Würfe konzentrieren, eine Strategie für den Bahnzustand entwickeln und Ihre Spares abräumen – und wenn Sie dann hochsehen, darauf hoffen, dass Ihr Ergebnis besser ist als das Ihres Gegners.

Tatsächlich spielt jeder Bowler sein eigenes Spiel gegen die Pins, und wer mehr Pins umwirft, gewinnt am Ende. Ich habe schon mit 150 gewonnen und mit 250 verloren.

SIE ODER IHRE STRATEGIE?

Eine schwierige Frage! Eine schlechte Reaktion des Balles können Sie nicht auffangen. Erfolglose Bowler versuchen manchmal, ihre Form zu verbessern, um bessere Ergebnisse zu erzielen, obwohl die schlechte Reaktion des Balles das Problem ist. Wenn Ihre Bahnstrategie nicht gut und Ihre Ballreaktion schlecht ist, d. h. mit wenig Fehlertoleranz, müssen Sie an Ihrer Bahnstrategie arbeiten, um bessere Würfe zu erzielen. Mit etwas mehr Fehlertoleranz werfen Sie besser, denn Sie können Ihr Pendel entspannen.

Das Anspannen des Pendels geschieht unterbewusst. Daher ist es nicht einfach festzustellen, ob es an Ihnen oder an der Reaktion auf der Bahn, also der Strategie, liegt. Meine Geschichte vom Sam's Town Invitational aus Kapitel 5 zeigt, welche Auswirkung die Ballreaktion auf das Pendel hat. Ich verdiente mein Geld mit Bowling und erkannte dennoch nicht, dass ich meine Strategie ändern musste, um lockerer zu werden, zu treffen und zu siegen!

Das ist nicht leicht, wenn man ein Typ ist, der sich mehr über eigene Fehler ärgert als über eine Pechsträhne. Oft suchen Sie die Schuld bei sich und wollen

Veränderungen: Was für ein Bowler sind Sie?

Ich frage das, damit Bowler sich selbst einschätzen lernen: Ärgern Sie sich mehr über eine Pechsträhne oder einen schlechten Wurf? Wer richtig konzentriert ist, regt sich mehr über den schlechten Wurf auf, weil er weiß, dass er nur den Wurf richtig kontrollieren kann, nicht jedoch das Ergebnis. Ich bin fest davon überzeugt, dass Glück und Pech sich die Waage halten. Eine Pechsträhne fällt uns sofort auf, eine Glückssträhne vergessen wir schnell. Ihre Antwort auf die Frage zeigt, ob Sie ein leistungsorientierter oder ein ergebnisorientierter Bowler sind.

die Ausführung perfektionieren, wo es tatsächlich an der Strategie des Bahnspiels liegt. Durch die richtige Ausrüstung, Linie oder Ballabgabe schaffen Sie Freiraum bei weniger perfekten Würfen. Dann entspannt sich Ihr Pendel, und Sie werfen wieder besser.

In der Hitze des Gefechts ist es oft schwierig zu erkennen, dass es an der Strategie liegt. Wenn Sie nicht merken, dass die schlechten Ergebnisse an der Ballreaktion liegen, verspannen Sie sich nur noch mehr, wenn Sie besser werfen wollen. Die schlechten Ergebnisse frustrieren Sie noch mehr, und Sie werden noch angespannter. Ich kann das verstehen, ich war auch so ein Typ.

Beim Sam's Town Invitational regte ich mich über meine eigenen Würfe auf. Und ich war sauer auf meinen Ballexperten Doene, der dem Ball die Schuld gab. Ich wusste nur, dass ich besser werfen musste, er zwang mich, den Ball zu wechseln. Und plötzlich lockerte sich mein Pendel! Hätte ich nicht die Strategie geändert, dann hätte ich nur weiter versucht, besser zu werfen. Doene sah aber, dass ich keinerlei Fehlertoleranz hatte, um mich zu entspannen und den Ball einfach laufen zu lassen.

SPEZIFISCHE ODER ALLGEMEINE ANZEICHEN

Immer wieder müssen Sie an einer bestimmten Fähigkeit arbeiten, um Ihre Leistung zu verbessern. Wenn Sie noch an etwas in Ihrem Spiel arbeiten, das ohne Aufmerksamkeit nicht funktioniert, arbeiten Sie an dieser speziellen Erscheinung. Wenn Sie den Ball spät stoßen, konzentrieren Sie sich darauf, ihn früher zu stoßen. Je häufiger Sie beim Training daran arbeiten, desto weniger müssen Sie im Spiel daran denken.

Wenn Ihre Ausführung zu stimmen scheint, arbeiten Sie an allgemeineren Dingen wie Ihrer Entspannung und dem sauberen Abrollen des Balles aus der Hand. Mit diesen allgemeineren Ideen erhalten Sie Ihre Leistung.

Sie denken immer an irgendetwas. Also nutzen Sie die Gedanken, ob Sie nun an Spezifischem oder Allgemeinem arbeiten, um das Gesamtgefühl zu erhalten.

DAS SELBSTGESPRÄCH – POSITIV ODER NEGATIV

Da wir zu der Realität werden, die wir denken, versuchen Sie sich positiv zu beeinflussen. Das mag besonders schwierig sein, wenn Sie schnell mit sich

Veränderungen: Gebote und Verbote

Konzentrieren Sie sich beim Bowlen auf das, was Sie wollen, und nicht auf das, was Sie nicht wollen – und immer auf positive Dinge, nie auf negative.

Denken Sie an das, was Sie können, nicht an das, was Sie nicht tun wollen. Beeinflussen Sie sich also positiv, nicht negativ. Also sagen Sie sich nicht, dass Sie beim nächsten Wurf nicht ziehen wollen, sagen Sie sich, dass Sie sich entspannen und einfach pendeln wollen. Ihr Hirn erinnert sich eher an das Verb des Gedankens. Im ersten Beispiel lautet es *Ziehen.* Im zweiten *Entspannen und Pendeln.* Beim ersten Gedanken werden Sie wieder am Ball ziehen und beim zweiten Ihr Pendel entspannen.

Ich achte beim Trainieren meiner Schüler sehr darauf. Ich bitte die Bowler, das zu tun, was ich möchte, und sage ihnen nicht, was sie nicht tun sollen. Es kann sehr kontraproduktiv sein, etwas vermeiden zu wollen.

frustriert sind. Statt der Abwärtsspirale negativen Denkens zu folgen, bringen Sie sich mit positiven Gedanken in Stimmung, gerade wenn es schwierig wird.

Reden Sie mit sich selbst, wie Sie andere ermutigen. Wenn Sie beim Bowlen gewinnen wollen, hören Sie Ihre eigene Stimme am stärksten. Denken Sie ermutigend. Damit kreieren sie eine Aufwärtsspirale, die ist angenehmer und produktiver.

Achten Sie darauf, was Sie wollen, es könnte tatsächlich eintreten. Die Mutter eines jungen Mädchens fragte mich, wie sie reagieren sollte, wenn ihre Tochter beim Bowlen so schnell deprimiert ist. Das Problem kenne ich nur zu gut. Es kommt nur darauf an, bei der Sache zu bleiben. Wenn das Mädchen so weit ist, dass es seine Ausführung und seine Strategie beurteilen kann, ist es offensichtlich deprimiert, weil seine Leistung nicht stimmt. Sie muss sich auf das konzentrieren, was sie tun muss, und nicht auf das, was ihr misslingt. Im Idealfall sollte sie anhalten und überlegen, warum ihre Leistung schlecht ist und sich dann auf das Gelernte konzentrieren. Hier geht es wieder darum, seine Emotionen zu kontrollieren, damit sie sich in Ruhe auf das Problem konzentrieren kann.

Manchmal weiß man nicht, woran es liegt. Das ist wirklich frustrierend. Manchmal muss man innehalten, sich wieder auf das konzentrieren, was man tun kann, und an der Wurfroutine arbeiten.

Wichtig ist, Fehler beheben zu können. Liegt es an der Reaktion, der Ausführung, fehlender Konzentration, übertriebener Anstrengung, Anspannung, fehlender Praxis oder an etwas anderem? Hier ist es sehr hilfreich, bei einem Trainer zu lernen. Sie müssen Ihr Spiel kennen, um zu wissen, was Sie tun müssen. Und Sie müssen klar bleiben, um sich an die Dinge zu erinnern, die Sie können, wenn Sie diese brauchen.

NEU KONZENTRIEREN

Auch Ihnen wird es sicher passieren, dass Sie sich von Ihrer Aufgabe ablenken lassen. Wenn Sie müde sind, abgelenkt, eine Pechsträhne haben oder von Ihren Gefühlen überwältigt werden, haben Sie ein mentales Problem. Hier ist es wichtig, sich erneut zu konzentrieren und seine Gedanken einzufangen.

Jedes Mal, wenn ich dieses Konzept unterrichte, fällt mir etwas Bestimmtes ein: Ich war im Fernsehen mit dem Titelspiel der Sam's Town Invitational und war bei jedem Frame auf meine Leistung konzentriert und nichts anderes – so sehr, dass ich aufstand und die Pins auf meiner Bahn neu aufstellen ließ, als meine Gegnerin nach ihrem letzten Wurf aus dem Anlaufbereich kam. Sie sah mich verblüfft an und sagte: „Was machst du da?". Ich sagte: „Ich lasse die Pins für den nächsten Wurf aufstellen, denn sie stehen nicht richtig." Sie antwortete: „Aber das ist der zehnte Frame." Oh nein, sie hatte noch einen Wurf, weil sie gerade getroffen hatte. Ich hätte warten müssen mit dem Neuaufstellen. Ich wusste nun auch, dass es der zehnte Frame war und war dadurch so abgelenkt und nervös, dass ich meine Konzentration verlor.

Nun kamen all die Gedanken, die ich in den Frames zuvor nicht im Kopf gehabt hatte – der Titel, die Trophäe, das Geld, das Major, nun konzentrierte ich mich darauf. Ich wusste, dass diese Gedanken Probleme brachten und hatte nur noch wenig Zeit, bevor ich dran war. Ich wusste, dass ich treffen musste.

Verzweifelt versuchte ich, mich wieder auf die Leistung zu konzentrieren, ich dachte an die anderen Würfe, nicht bei dieser Show, sondern die ganze Woche. Ich konzentrierte mich auf meine Leistung, auf einen guten Wurf. Nur noch ein Frame.

Ich konzentrierte mich ganz auf den Frame, rief meine Wurfroutine ab, konzentrierte mich auf einen guten Wurf. Dann ging ich zum Anlauf und warf. Ich wusste, der Wurf war gut, aber würde er treffen? Es schien ein Ewigkeit zu dauern, bis der Ball über die Bahn lief, aber er traf! Weil ich mich neu konzentrieren konnte, nachdem ich die Konzentration verloren hatte, gewann ich das Major.

SELBSTVERTRAUEN DURCH KOMPETENZ

Selbstvertrauen ist keine Zauberei. Einige haben zwar mehr Selbstvertrauen als andere, aber im Allgemeinen erwächst Selbstvertrauen aus Kompetenz. Je kompetenter Sie sind, desto besser Ihre Ergebnisse und desto stärker das Vertrauen in Ihre Fähigkeit.

Selbstvertrauen muss man sich erarbeiten. Kompetenter zu werden kostet Zeit und Mühe. Sie brauchen auch Hingabe und Konzentration. Was tun Sie, wenn Sie den Eckpin nicht gut treffen? Sie üben mehr und finden heraus, weshalb Sie ihn nicht treffen und lernen dann, ihn wieder sicher zu werfen. Wenn Sie sehen, wie Sie treffen, haben Sie mehr Selbstvertrauen, sodass Sie ihn das nächste Mal treffen.

Wenn ich jemanden sehe, der etwas gut kann, frage ich mich, wie oft er das getan haben muss. Wenn Sie mehr Selbstvertrauen brauchen, um Pin 10 zu treffen, dann üben Sie es. Notfalls nehmen Sie Unterricht. Lernen Sie, produktiv daran zu arbeiten, und Sie werden besser und gewinnen Selbstvertrauen zurück.

ATMEN UNTER DRUCK

Mit der Bauchatmung können Sie Ihre Herzfrequenz senken, Ängste beherrschen und Ihren Körper entspannen. Ich unterrichtete eine Collegiate-Bowlerin, die im Fernsehen um die nationale Meisterschaft kämpfte, und sie verriet mir, dass die Arbeit an der Atmung ihr am meisten geholfen hatte.

Und so funktioniert es: Langsam durch die Nase einatmen, damit das Zwerchfell während des Einatmens absinken kann. Ihre Nase dient als Filter für die Atemluft. Das erweitert den Bauchraum und gibt der Lunge in der Brust mehr Platz, damit die Lungen sich erweitern und jeden Lappen mit Luft füllen können. Nehmen Sie sich vier Sekunden Zeit für das Einatmen, halten Sie den Atem an und zählen Sie bis Acht. Dann atmen sie vier Sekunden durch den Mund aus. Das machen Sie, bis der Körper sich beruhigt. Sie atmen durch die Nase ein und durch den Mund aus, bis Sie bereit für den nächsten Wurf sind. Das können Sie im Spielerbereich tun, während Sie auf Ihr Spiel warten, oder vor dem nächsten Wurf, wenn Sie meinen, Ihre Herzfrequenz senken zu müssen.

DIE MENTALITÄT AUF DIE BEDINGUNGEN EINSTELLEN

Angesichts der vielen Bahnzustände, die es gibt, müssen Sie eventuell Ihre Erwartungen an die Bedingungen anpassen. Wenn Sie einen Durchschnitt von 210 gewohnt sind, aber auf einem viel schwierigeren Muster spielen, müssen Sie Ihre Erwartungen anpassen, damit Sie bei einem schlechteren Ergebnis nicht enttäuscht sind.

In meinem ersten Jahr am College spielte ich großartig, traf gut und siegte oft. Ich gewann in jenem Jahr den Collegiate-Titel für Frauen und durfte dann die USA im World Cup vertreten. Das war meine erste internationale Erfahrung. Wir spielten in Seoul in Südkorea.

Ich spielte den ersten Block und schaffte einen Durchschnitt von 190. Ich war jung und schäumte vor Wut, denn ich war an die Ergebnisse am College gewöhnt. Dort schaffte ich in Wettkämpfen öfter einen Durchschnitt von 220. Mir war es peinlich, dass ich mein Heimatland im Ausland vertrat und dann nicht so gut spielte wie zu Hause. Mental war ich erledigt und schämte mich.

Als ich aus der Pause zurückkam, war ich immer noch am Boden zerstört wegen meiner schlechten Leistung. Ich hatte gar nicht gemerkt, dass ich Fünfte war! Aber mental hatte ich schon aufgegeben. Ich wusste nicht, dass ich meine Mentalität an die Bedingungen anpassen musste. Sie waren so viel schwieriger, ganz anders als zu Hause, aber ich sah das nicht und gab mir die Schuld. Hätte ich damals bloß erkannt, dass es genügt hätte, die Gasse zu treffen und die Spares zu räumen. Das habe ich später gemerkt, als es zu spät war. Ich hatte meine Lektion bekommen.

Das war nicht einfach, aber wichtig. Unter schwierigeren Bedingungen braucht man mehr Geduld, und man muss seine Erwartungen an das Ergebnis anpassen. Auf Tour waren die Bedingungen bei den großen Wettkämpfen meistens schwieriger. In den Blocks am Vormittag war es oft schwerer zu treffen als später, wenn das Ölmuster zusammengebrochen war und die Bedingungen besser wurden. Dann wurden auch die Ergebnisse besser, aber für den Vormittag brauchte man eine andere Mentalität.

Das gilt auch für Sport- und Wettkampfmuster, wo es schwer ist, die Gasse zu treffen, oder für längere Muster, wo zunächst der Winkel zur Gasse recht flach ist. Aus so einem Winkel ist es schwer zu treffen. Gehen Sie davon aus, dass u. a. Pin 5 stehen bleibt und dass Sie ihn verwandeln müssen. Bis das Ölmuster zusammenbricht, müssen Sie mit dieser Reaktion leben.

Bowler, die jeden Frame nutzen, um Punkte zu sammeln, halten durch und Ihren Durchschnitt, bis die Strikes kommen. Die Spares sind absolut erforderlich. Es kann frustrierend sein, wenn die Strikes ausbleiben, aber man sollte sich auf die möglichen Spares konzentrieren, bis die Bahn besser wird.

Wenn Strikes selten sind, vergrößern verpasste Spares das Problem noch, denn Sie müssen anschließend doppelt so gut sein. Und wer die Spares verpasst, fällt schnell zurück. Dann kommt die Angst, dass man nicht aufholen kann. Das setzt in Ihren Gedanken eine Abwärtsspirale in Gang und führt zu schlechteren Leistungen.

Passen Sie Ihre Mentalität an die zu erwartenden Ergebnisse an und konzentrieren Sie sich besonders auf die Spares. Diejenigen, die unter schwierigen Bedingungen konzentriert arbeiten, sind den anderen voraus, wenn die Strikes dann endlich kommen.

ZUSAMMENFASSUNG

Für ein großartiges mentales Spiel müssen Sie Ihre Emotionen in den Griff bekommen und Ihre Gedanken disziplinieren. Sie müssen besser denken, um besser zu spielen. Vergessen Sie Ihre Fehler und konzentrieren Sie sich auf den nächsten Wurf.

Im digitalen Zeitalter geht alles viel schneller, uns stehen ständig viel mehr Interaktionen zur Verfügung, sodass unser Gehirn so viel mehr aufnehmen kann. Um diese Reizüberflutung auszugleichen, müssen wir unsere Fähigkeit zur Konzentration entwickeln. Arbeiten Sie an einer Wurfroutine, um Ihre Energie zu sammeln und Ihre Gedanken zu konzentrieren.

Konzentrieren Sie sich auf Ihre Leistung, nicht auf das Ergebnis. Konzentrieren Sie sich auf das, was zu tun ist, und nicht auf das, was nicht zu tun ist. Trainieren Sie sich in positiven Begriffen, nicht in negativen. Und bedenken Sie, je mehr Sie an etwas arbeiten, desto kompetenter und selbstbewusster werden Sie.

Sie müssen dazu Ihr Selbstgespräch beherrschen. Mit Atemtechniken kontrollieren Sie Ihren Körper und bereiten sich unter Druck vor. Entwickeln Sie eine Wurfroutine, um die Konzentration zu erhalten und die Technik wiederholen zu können.

Wenn alles nicht klappt, überdenken Sie Ihre Strategie. Das kann zwar sehr schwer sein, aber Sie werden überrascht sein, wie eine andere Bahnstrategie sich auf das Pendel auswirkt. Ich spreche da aus Erfahrung.

Und es kann schwieriger sein, einen mentalen Ausrutscher zu überwinden, als die ganze Zeit mental stark zu sein. Das mentale Spiel kostet viel Arbeit! Dazu ein Zitat von Aleta Sill, die als erste Frau im Bowling eine Million Dollar gewonnen hat: „Champions haben ein kurzes Gedächtnis.“

Kapitel 13

Open Bowling, Ligaspiele und Wettkämpfe

Das Freizeitbowling wird auch als Open Bowling bezeichnet. Das lässt sich dann durchführen, wenn die Bahnen außerhalb der Ligaspiele zur Verfügung stehen. Die Kosten hängen vom Bowlingcenter und der Verfügbarkeit der Bahnen ab. Es gibt immer wieder Sonderangebote. Sie können immer dann spielen, wenn keine Ligaspiele, Gesellschaften oder Sonderbuchungen anstehen.

Viele Bowlingcenter bieten organisierte Ligen an, in denen Sie auf Freizeit- oder Wettkampfniveau mitspielen können. Das Ligaspiel ist eine Gelegenheit für Bowler zu spielen, andere Bowler zu treffen und Spaß daran zu haben.

Viele Bowlingcenter bieten unterschiedliche Ligen an. Diese unterscheiden sich in der Dauer, im Umfang, der Größe der Teams und im Niveau. Die einzelnen Ligen nutzen unterschiedliche Zählweisen, um die Punkte aus den Teamwettkämpfen zu zählen und jede Woche den Stand der Liga zu ermitteln. Zu den wöchentlichen Kosten zählen die Bowling-Gebühren, aber unter Umständen auch Beiträge zu einem Topf, der am Ende der Saison nach den Ergebnissen und eventuellen Einzelpreisen ausgeschüttet wird. In den Ligen der Deutschen Bowling-Union (http://dbu-bowling.com) zahlen Sie Gebühren für Meisterschaften, Ligen und Turniere.

Sie können ein Team bilden oder bei einem Team wegen Aufnahme nachfragen. Es gibt Ligen auf unterschiedlichem Niveau. Näheres erfahren Sie bei Ihrem Bowlingcenter. Dort können Sie auch Freundschaften schließen und im Team spielen. Oder Sie gründen ein Team mit Freunden, Familienmitgliedern, Bekannten oder Kollegen. Sie haben die Wahl!

LIGASPIELE

Wenn Sie in einer Liga spielen wollen, erkundigen Sie sich bei Ihrem Bowlingcenter. Es gibt Hausligen für Damen und Herren, aber auch gemischte auf ganz unterschiedlichem Niveau. Manche wenden sich an Freizeitbowler, andere an Bowler mit höheren Ambitionen. Auch die Bahnzustande sind unterschiedlich. Lassen Sie sich dort beraten. Wer mit anderen auf gleichem Niveau spielt, fühlt sich sicherer und kann in Ruhe an seinen Fertigkeiten arbeiten.

Die Ligen sind von unterschiedlicher Dauer. Die Saison kann von 14 bis 36 Wochen dauern. Die Spiele finden zu unterschiedlichen Zeiten an verschiedenen Tagen statt. Meist wird wöchentlich gespielt, manchmal auch im Zwei-Wochen-Rhythmus. Auch an Wochenenden sind Ligaspiele beliebt. Die Ligen können für Einzelspieler oder Doppel ausgelegt sein, in der Regel hat ein Team aber drei bis fünf Mitglieder.

Die Zählweisen sind ganz unterschiedlich. Die meisten Ligen arbeiten mit Handicap und es gibt welche, die sind eher wettkampforientiert, dort zählen nur Punkte. Bei einem Handicap bekommen Sie pro Spiel eine bestimmte Zahl Pins gutgeschrieben, basierend auf dem Unterschied zwischen Ihrem Durchschnitt und dem Standarddurchschnitt der Liga. Bei einer Scratch-Liga zählen nur die selbst erzielten Punkte. In der Regel gibt es eine Obergrenze für den Teamdurchschnitt. In dem Fall darf der Gesamtdurchschnitt der Spieler eines Teams der Vorsaison nicht über einer bestimmten Zahl liegen. Das erhält die Wettkampffähigkeit.

Die Handicaps basieren auf dem Durchschnitt, der jede Woche protokolliert wird. Zur Ermittlung teilen Sie das Gesamtergebnis durch die Zahl Ihrer Spiele. Wenn Sie eine Serie von 450 gespielt haben (insgesamt in drei Spielen), teilen Sie 450 durch drei und erhalten den Durchschnitt von 150. In den Ligen werden alle gefallenen Pins aller Spiele gezählt und durch die Gesamtzahl der Spiele geteilt. So wird Woche für Woche der Durchschnitt für jeden Spieler ermittelt.

Es gibt einen Spielplan. Jedes Team spielt jede Woche auf einer anderen Bahn. Teams, die sich eine Doppelbahn teilen, spielen in dieser Woche gegeneinander. Die Bowler spielen ein volles Spiel und wechseln bei jedem Frame die Bahnen. Bei den meisten Ligen werden drei Spiele gespielt. Die Punkte werden nach den Regeln der Liga gezählt, und der Stand wird jede Woche aktualisiert.

Der Liga-Sekretär kümmert sich um die Daten jedes Bowlers, jedes Teams und der ganzen Liga. Jede Woche zeigt eine Übersicht über die Position der Liga (Abb. 13.1), die aktuellen Stände, die Bahnen für jedes Team sowie die Durchschnitte jedes einzelnen Spielers, nach Teams sortiert.

Sie können als Team in eine Liga einsteigen oder ein Team um Aufnahme bitten. Die Ligen laufen das gesamte Jahr, aber häufiger im Herbst und im Winter. Der Spätsommer ist eine gute Zeit für die Frage nach Plätzen für die Herbst- und Winterligen. Zu Ende des Frühjahrs können Sie sich nach den Sommerligen erkundigen.

Einige Bowler können keine ganze Saison spielen, weil sie schon wissen, dass es Terminkonflikte geben wird oder sie aus anderen Gründen eine bestimmte

LEAGUE STANDINGS
COUNTRY LANES
PAGE 1

LEAGUE #325: TUESDAY MIXED LEAGUE
WEEK #22 - 2/11/14

TUESDAY - 7:00 P.M.
LEAGUE PRESIDENT:
LEAGUE SECRETARY:
LEAGUE SANCTION NUMBER: 0

90% OF DIFF - 7 POINTS
PHONE:
PHONE:
RESULTS-WEEK 6 OF 15 (31)

TEAM STANDINGS	LANE	WON	LOST	PINS	--SEASON-- WON	--SEASON-- LOST
1. # 4-COUNTRY'S BAR BUMKINS	4	28	14	43858	85	62
2. # 3-BYTE ME	16	28	14	43850	92	65
3. # 5-A PETER JAMES SALON	11	27	15	47846	88	59
4. #10-10 IN THE PIT	12	25	17	43107	94	63
5. #13-THE BESTIES	9	23	19	41942	81	66
6. #12-BLURRED PINS	6	23	19	39154	74	73
7. #11-TEAM 11	15	22	20	43223	82	65
8. # 1-TEAM 1	14	21	21	46487	68	79
9. # 9-THE WRECKING BALLS	7	21	21	41143	76	71
10. # 6-ALETA SILL'S BOWLING WORL	3	19	23	47274	66	91
11. # 2-TROPHY WIVES	8	16	26	45918	79	68
12. # 8-TEAM 8	10	15	27	40735	73	74
13. # 7-ONE BALL @ A TIME	5	* 13	22	33219	51	89
14. #14-TEAM 14	13	0	35	1800	0	140

*=TEAM NEEDS MAKEUP

TEAMS THAT NEED MAKEUPS	WEEKS TO BE MADE UP
# 7-ONE BALL @ A TIME	21

HIGH SCR. GAME--MEN	HIGH SCR. SERIES--MEN	HIGH AVERAGE--MEN
290 AMOS HINCKLEY	758 ROD RADANT	213.3 ROD RADANT
290 ROD RADANT	730 RYAN HINMAN	209.8 RYAN HINMAN
279 RYAN HINMAN	715 TODD GROVER	202.3 TIMOTHY COOK

HIGH SCR. GAME--WOMEN	HIGH SCR. SERIES--WOMEN	HIGH AVERAGE--WOMEN
299 JOANN LEBIEDZINSKI	774 ALETA SILL	217.5 ALETA SILL
279 ALETA SILL	675 JOANN LEBIEDZINSKI	189.3 JOANN LEBIEDZINSKI
266 WENDY BRAY	598 JOY TEETZEL	173.9 JOY TEETZEL

HIGH SCR. GAME--TEAM	HIGH SCR. SERIES--TEAM
900 ALETA SILL'S BOWLING WORL	2467 ALETA SILL'S BOWLING WORL
900 TEAM 1	2403 TEAM 1
873 A PETER JAMES SALON	2376 A PETER JAMES SALON

1ST	LAST WEEK'S HIGH SCORES	***2ND***
276 ROD RADANT	MEN HIGH GAME SCRATCH	237 GEORGE MILLER
758 ROD RADANT	MEN HIGH SERIES SCRATCH	662 RYAN HINMAN
268 ALETA SILL	WOMEN HIGH GAME SCRATCH	211 LESLIE ANN THOMPSON
708 ALETA SILL	WOMEN HIGH SERIES SCRATCH	525 WENDY BRAY

Abb. 13.1 Beispiel für ein Übersichtsblatt.

Zeit nicht spielen können. Einige Teams führen Spielerlisten mit mehr Mitgliedern, als sie brauchen, sodass Bowler ein- und ausgewechselt werden können. Einige Ligen erlauben auch Ersatzspieler. In der Regel gibt es Bestimmungen, wie mit den Ergebnissen abwesender Bowler zu verfahren ist.

WETTKÄMPFE

Die Teilnahme an Wettkämpfen erweitert Ihre Erfahrungen erheblich. Die DBU organisiert Turniere in Städten und Bundesländern, aber auch auf nationaler Ebene. Weitere Turniere werden vor Ort von den Bowlingcentern organisiert. In Ihrem Bowlingcenter erhalten Sie weitere Informationen.

Veränderungen: Einen Trainer engagieren

Die DBU kümmert sich auch um die Qualität ihrer Trainer, um Sportler dazu zu bewegen, ihre Fähigkeiten auszubauen und zu erweitern. Trainer werden auf den Ebenen A, B und C ausgebildet. Ohne Trainer werden Sie es schwer haben, Ihr Niveau zu steigern. Mit einem guten Trainer kann sich jeder Bowler verbessern. Suchen Sie sich einen Trainer, um zu lernen, sich zu verbessern und mehr Spaß am Spiel zu haben.

Für Jugendliche gibt es eigene Veranstaltungen. Um den Nachwuchs kümmert sich die Jugend der Deutschen Bowling Union.

Dazu gibt es in den USA reisende Ligen und andere Turnierorganisationen, die Wettkämpfe für Mitglieder und Gäste anbieten, in denen die Spieler an ihren Fertigkeiten feilen können. Einige bieten auch College-Stipendien an. In einigen Bowlingcentern gibt es eigene Wettkämpfe und Stipendienprogramme.

In den USA finden die spannendsten Wettkämpfe der Jugend an den Colleges statt, da lässt sich auch Geld für sein Studium erspielen. Neben örtlichen Verbänden und Bowlingcentern bieten auch viele College-Teams Stipendien an. Dazu muss man nicht unbedingt ein NCAA-College besuchen.

Und neben dem Team USA gibt es auch ein Junior Team USA. Wer auf örtlicher Ebene einen Gold-Status erreicht hat, kommt in das Auswahlverfahren für das Junior Team USA. Im jährlichen nationalen Junior-Gold-Turnier werden die Mitglieder des Teams ermittelt.

Sie finden weitere Informationen unter http://dbu-bowling.com.

ZÄHLEN

Der Liga-Sekretär protokolliert zwar alle Ergebnisse, aber auch Sie selbst sollten beim Bowlen mitzählen können. In fast allen Bowlingcentern wird automatisch gezählt, dennoch sollten Sie wissen, wie die Ergebnisse überhaupt zustande kommen, um die Bedeutung Ihrer Treffer in bestimmten Situationen selbst einschätzen zu können. Inzwischen wissen zu viele Bowler nicht mehr, wie wichtig bestimmte Würfe für das Ergebnis sind, besonders nach einem Strike oder Spare.

Die Zählung basiert auf zwei möglichen Bällen pro Frame. Ein komplettes Spiel umfasst zehn Frames. Das erste Ergebnis wird in den oberen Frame eingetragen. Die umgeworfenen Pins werden mit einer Zahl vermerkt, Strikes und Spares mit einem Symbol. Strike, meist mit einem „X“ dargestellt, bedeutet, dass alle zehn Pins mit einem Wurf geräumt wurden. Ein Spare, meist mit einem „-“ dargestellt, heißt, dass alle zehn Pins mit zwei Würfen geräumt wurden. Das Ergebnis wird von Frame zu Frame addiert und unten in den Frame eingetragen. Abb. 13.2 zeigt ein Beispiel für einen Punktezettel.

Jeder Frame wird separat eingetragen und zum nächsten Frame addiert, um das Ergebnis zu erhalten. Die Werte für die Strikes und Spares hängen von der

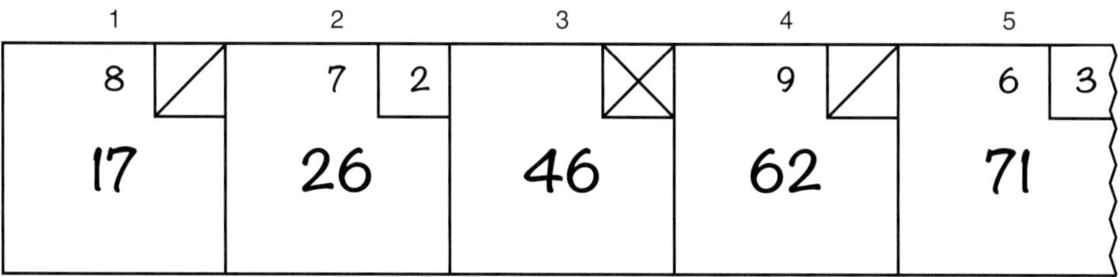

Abb. 13.2 Beispiel für einen Punktezettel.

Pinzahl der folgenden Würfe ab. Wenn Sie wissen, wie man zählt, können Sie einschätzen, was ein Strike oder Spare für Sie in einer bestimmten Situation wert ist, je nachdem, wie viele Pins in den nächsten Würfen fallen.

Zum Bestimmen des Ergebnisses für einen Frame zählen Sie die in diesem Frame gefallenen Pins zusammen. Strikes zählen 10 plus der gesamte Pinfall der nächsten beiden Würfe. Spares zählen 10 plus der gesamte Pinfall des nächsten Wurfes. Wenn Sie also im ersten Frame 8 haben und die beiden verbliebenen im Spare räumen, haben Sie für diesen Frame mindestens 10 sowie die im nächsten Wurf gefallenen Pins. Wenn Sie beim ersten Wurf im nächsten Frame 7 erreichen, addieren Sie 7 zu dem Spare aus dem vorherigen Frame und erhalten 17 im ersten Frame. Haben Sie 2 beim nächsten Wurf, erhalten Sie insgesamt 9 für den zweiten Frame und addieren das zum Ergebnis des ersten Frames und haben so ein Ergebnis von 26 im zweiten Frame. Ein Strike im nächsten Wurf ist mindestens 10 im dritten Frame wert, je nach der Gesamtzahl der Pins, die bei den beiden nächsten Würfen gefallen sind. Wenn Sie im vierten Frame 9 treffen und einen Spare erreichen, addieren Sie weitere 10 zum Ausgangswert 10 des Strikes. Addiert zu vorherigen Frame kommen Sie auf 46 im dritten Frame. Der Wert des vierten Frames hängt vom Pinfall des nächsten Wurfes ab. Wenn Sie im fünften Frame 6 werfen und dann nur weitere 3, addieren Sie 6 zum Spare im vierten Frame, das sind insgesamt 16, und addieren das zur vorherigen Gesamtsumme des dritten Frames. Damit haben Sie 62 im vierten Frame, und für den fünften Frame addieren Sie insgesamt 9 Pins zum Gesamtergebnis des vierten Frames, das sind dann 71 im fünften.

Üben Sie beim Freizeitbowlen im Bowlingcenter das Zählen. Bei den meisten Bowlingcentern erhalten Sie die Punktezettel bei der Auskunft. Die wurden vor der automatischen Zählung benutzt oder werden es noch, wenn die Technologie versagt. Auf jeden Fall können Sie mit dieser altmodischen Zählung Ihre Ergebnisse mit denen des Computers vergleichen. Nutzen Sie das, um eventuelle Fehler in Ihrer Rechnung zu finden.

Wenn Ihre Zählung von der automatischen Zählung abweicht, kann es an der Zahl der Pins liegen, die Sie aufgeschrieben haben. Dann lag es nicht an der Addition von Frame zu Frame, sondern an Ihrer Erinnerung, wie viele Pins Sie umgeworfen haben. Dann müssen Sie mit dem Computer aushandeln, wer recht hat!

DEN DURCHSCHNITT ERMITTELN

Nach dem Bowlen berechnen Sie Ihren Durchschnitt für den Tag durch Errechnen des Gesamtergebnisses (die Ergebnisse aus allen Ihren Spielen) und teilen das durch die Gesamtzahl Ihrer Spiele. Manchmal gibt auch der Computer Ihnen diese Informationen.

Wenn Sie zum Üben gekommen sind, ging es Ihnen wohl eher um Fertigkeiten als um ein gutes Ergebnis. Es ist gut zu spielen, um sich zu verbessern, ohne auf die gefallenen Pins zu achten. Trotzdem können Sie auch hier den Durchschnitt ermitteln, einfach um das zu lernen. Der Computer tut es ohnehin, er weiß ja nicht, dass Sie nur üben. Wenn Sie an Ihren Fertigkeiten arbeiten und nicht auf die Pins achten, sollten Sie daran denken, dass Sie nur üben, den Durchschnitt zu errechnen. Dann kann der Durchschnitt wesentlich niedriger sein als sonst, denn Sie haben ja nicht versucht, die Pins zu werfen.

BOWLING-ETIKETTE

Bei Ligaspielen oder auch beim Freizeitbowlen sind gleichzeitig so viele Bahnen belegt, dass in Regeln festgelegt wird, wer wann bowlen darf. Bowler auf nebeneinanderliegenden Bahnen sollten nicht gleichzeitig bowlen. Sie müssen die Regel der Höflichkeit einhalten, damit durchgehend gespielt werden kann. Man muss auch jedem Bowler erlauben, sich auf seinen Wurf zu konzentrieren. Es gehört zur guten Etikette, nach rechts und links zu schauen, bevor man die Anlaufzone betritt, damit man nicht gleichzeitig mit einem anderen Bowler spielt.

Sind zwei Bowler auf nebeneinanderliegenden Bahnen gleichzeitig spielbereit, besagt die Etikette, dass der rechte Spieler zuerst wirft. Sie können einfach davon ausgehen und den Spieler rechts werfen lassen oder ihm aber ein Zeichen geben. Dazu reichen ein Nicken, eine Handbewegung oder ein kurzer Satz. Wenn Sie das getan haben, kann der rechte Spieler entscheiden zu werfen oder Ihnen die Höflichkeit erweisen. Dann haben Sie das Recht zu werfen. Dank dieser Höflichkeit wird niemand zu sehr abgelenkt und die Spiele können zügig durchgeführt werden.

Sprechen Sie einen Bowler in der Anlaufzone nicht an. Manche Spieler haben eine Routine vor dem Wurf, die beginnt, wenn sie losgehen und den Ball nehmen. Dann sollten Sie nicht stören, denn sie bereiten sich auf ihr Spiel vor. Wie ausführlich besprochen, ist wie bei allen Sportarten Konzentration auch beim Bowlen wichtig. Das Liga-Bowling ist zwar eine gesellige Veranstaltung, aber für einen guten Wurf braucht jeder Spieler etwas Zeit, um sich zu konzentrieren.

Diese Bowling-Etikette gilt auch beim Freizeitsport. Je nachdem, wie voll es im Bowlingcenter ist, haben Sie vielleicht niemanden rechts und links neben sich. Ist es nicht so voll, können aber auch Bowler ein paar Bahnen weiter ablenkend wirken, also sollten Sie auch hier höflich sein. Das ist nicht entscheidend, aber es kann beiden helfen, sich zu konzentrieren, auch wenn einige Bahnen dazwischenliegen.

In der Regel hat der Bowler rechts Vorrang. Wenn er Sie vorlässt, erweist er Ihnen die Höflichkeit, zuerst spielen zu dürfen.

DER LETZTE FRAME

Bowling hat einen großen Vorteil gegenüber anderen Sportarten: Verschiedene Generationen können zusammen spielen. Ob Sie es als Freizeitvergnügen betreiben, in einer Liga spielen oder Wettkämpfe betreiben wollen, das Bowlen kann ein Einzel-, Team- oder sogar Familiensport sein. Es bietet die Gelegenheit, aus dem Haus zu kommen und sich zu treffen, ohne groß an Ergebnisse zu denken. Mit Handicaps können Spieler verschiedener Generationen, Fähigkeit und Erfahrung zusammen spielen und Spaß miteinander haben.

Bowling ist ein Spaß für Freunde und Familien, als Freizeitvergnügen oder als organisierter Wettkampf. Es macht Freizeit- und Wettkampfsportlern gleichermaßen Spaß. Wundern Sie sich nicht, wenn Sie dabeibleiben.

Und je mehr Sie wissen, desto mehr haben Sie noch zu lernen.

Die Autorin

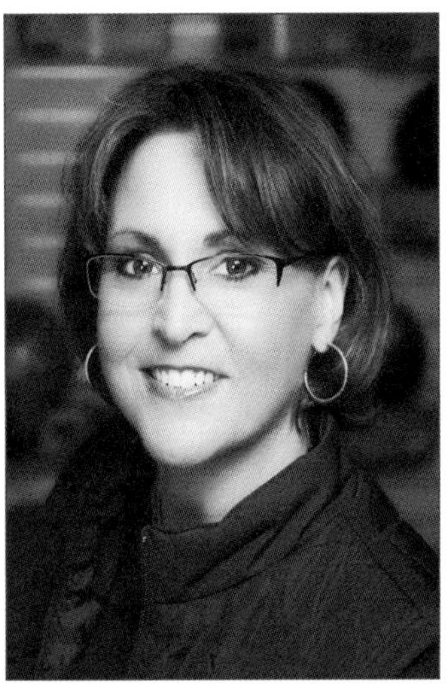

Michelle Mullen, Gold-Trainerin des United States Bowling Congress (USBC), hat über drei Jahrzehnte Bowler aller Niveaus trainiert. Sie ist zusammen mit der berühmten Profi-Bowlerin Aleta Sill Eigentümerin von Your Bowling Coach (www.yourbowlingcoach.com). Beide betreiben auch Aleta Sill's Bowling World, einen erstklassigen ProShop in Metro Detroit.

Mullen hat Meisterschaften auf verschiedenen Ebenen gewonnen, bei High-School- und College-Wettkämpfen sowie bei regionalen wie nationalen Wettkämpfen der Professional Women's Bowling Association (PWBA). Sie hat vier nationale Titel (darunter ein Major) und unerreichte neun regionale Titel in der PWBA. Dazu war sie die regionale PWBA-Spielerin des Jahrzehnts 1990–1999. 1985 spielte sie beim World Cup in Seoul, Südkorea, für die USA, und sie war auch schon Trainerin des US-Teams.

Auch als Schriftstellerin und Autorin ist sie international bekannt. Für das *Bowlers Journal International, Bowling Magazine, Bowling This Month, Asian Bowling Digest* und viele andere hat sie Artikel geschrieben. *Grundlagen des Bowling* wurde schon ins Russische und in chinesische Kurzzeichen übersetzt. Mullen ist Mitglied der International Bowling Media Association.

Michelle Mullen mag Workouts, Gartenarbeit und Kochen, aber sie kümmert sich ganz besonders um heimatlose Tiere in Not. Zusammen mit Sill veranstaltet sie einmal im Jahr das „Bowl-4-Animal Rescue" (bowl4animalrescue.org), wobei 100 Prozent der Einnahmen an örtliche Tierschutzvereine gehen. Mullen stammt aus Chicago und lebt in Livonia, Michigan, mit ihren drei Hunden und vier Katzen. Ihre Lieblingsrasse sind „Tierheimtiere".